XIN
SHENGHUI

婴父 著

ZHENGZHOU
1948—1958

新省会
郑州 1948—1958

河南文艺出版社
· 郑州 ·

图书在版编目(CIP)数据

新省会:郑州:1948-1958 / 婴父著. -- 郑州:河南文艺
出版社,2024.11. -- ISBN 978-7-5559-1789-2

Ⅰ.G127.611

中国国家版本馆 CIP 数据核字第 2024F0D404 号

策　　划　　党　华
责任编辑　　党　华
责任校对　　殷现堂　梁　晓
装帧设计　　吴　月
封面摄影　　魏德忠

出版发行　　河南文艺出版社
社　　址　　郑州市郑东新区祥盛街 27 号 C 座 5 楼
承印单位　　郑州市毛庄印刷有限公司
经销单位　　新华书店
开　　本　　700 毫米 × 1000 毫米　1/16
印　　张　　28
字　　数　　362 000
版　　次　　2024 年 11 月第 1 版
印　　次　　2024 年 11 月第 1 次印刷
定　　价　　70.00 元

印厂地址　　郑州市惠济区清华园路
邮政编码　　450044　　电话　0371-63784396

目录
Contents

引子　从 1954 年说起

如果你有心选择一个年份作为切口，研究中华人民共和国成立初期的政制建设进程的话，毫无疑义，你应该选择 1954 年。这一年对中国人而言，是值得反复回放、深入研究、不吝点赞的一年。年轻的共和国在这一年主动完成了几个具有"奠基""固本"意义的动作：

一件事，是召开了第一届全国人民代表大会。

之前，由于召开全国人民代表大会的条件尚不成熟，因而由中国人民政治协商会议代行其职权。1953 年，经普选产生了全国各级人民代表大会代表（像许多孩子起名叫"建国""援朝"以纪念出生年份的重大事件一样，这一年出生的孩子有不少都名叫"普选"），而且，全国范围大规模的军事行动业已结束，土地改革基本完成，国民经济恢复的目标全面实现，第一个国民经济五年计划顺利起步，人民的组织程度、觉悟水平、文化素养达到空前的水平，因而，召开全国人民代表大会的安排终于在 1954 年的 9 月份实现。由此，在中华人民共和国成立五周年的时候，新中国的根本政治制度——"人民代表大会制度"正式建立：宣告中华人民共和国的一切权力属于人民，人民行使国家权力的机关是全国人民代表大会和地方各级人民代表大会。全国人民代表大会是最高国家权力机关，地方各级人民代表大会是地方国家权力机关。人民代表大会制度体现了我国人民民主专政的国家性质，是我国建立其他国家制度的基础。人民代表大会制度是加强党的领导、人民当家作主与依法治国的有机统一。

全国人民代表大会代表由省、自治区、直辖市人民代表大会和军队选举产生。这一年，郑州籍军旅作家魏巍当选全国人大代表，他代表河南人民、也代表郑州百姓进入中南海怀仁堂（这时天安门广场西侧的人民大会堂尚未开建）参加了第一次全国人代会。在这个光荣的时刻，他动了思乡之情，他把家乡的命运和国家的进步联系在一起，赶写了一篇散文《寄故乡》。他饱含深情写道：

　　不论走到什么地方，人总是爱他的故乡的。尽管他乡的水更甜，山更青，他乡的少女更多情，他乡的花草湖光更温柔；然而，人仍然是爱他的故乡的，爱它的粗朴的茶饭更好吃，爱他的乡音更入耳，爱他的纯朴的丝弦更迷人！

　　因此，故乡啊，当我听到你选我做你的代表的时候，不能不拨动我一种特殊的感情，这是在领受母亲温柔嘱托时的感情，这是在领受父亲严肃命令时的感情，这是一个忠诚的士兵，注视着连长信任的眼光，领受战斗任务时的感情。故乡啊，作为你的忠诚的儿子，我将如何地竭尽心力，完成你托付的一切啊。

　　故乡，你曾是一块多灾多难的地方。人们曾带着深沉的感情感叹过，中华民族的灾难是沉重的，而你，是灾难中的灾难，是人民的牢狱和坟场。在那黑暗的年代里，我听见过憔悴的母亲在黑窗户里面的绝命时的呻吟，我听见过哥哥那个失业工人的沉重的叹息，我看见过邻家姑娘十四个钟头换来的两毛钱如何被强盗们夺去，我看见过我的姐姐全家大小睡着的一领破席。我看见过，我还看见过无数的乡亲，他们从大破产的农村中流浪到城市，把亲生的女儿送到妓院，自己流落为军阀的士兵和盗匪。故乡啊故乡，我不爱你吗？可是你是一个怎样的故乡啊，你生产了那么多的棉花和小麦，可你却是连黑窝窝头都不让人吃饱的故乡啊。因此，我不能不离开你，我愿走得越远越好，我的头不愿再回一回，我的眼不愿再望你一望。故乡啊，我不是恨你，而是爱你，你若不在烈火中再生，你就同那些糟践你、凌辱你的恶魔一同在烈火中灭亡……

故乡，你醒来了。你在生命垂危的时候醒来了。你在共产党的雨露中醒来了。脚踏着欢腾叫啸的黄河，眼望着红光万火的北京，你伸展着你的身子，舔着你的伤口。曾几何时，家人的书信飞来，朋友的书信飞来，乡亲的书信飞来。故乡啊，你已经变成了我的美丽的故乡了。我问，我散步的那条小路呢？他们说，铺着柏油的林荫大道。我问，那路边的茅棚呢？他们说，已经变成了一片高楼……

故乡，我的历尽苦难而终于走向幸福的故乡，你走过的道路，我是知道的；你的心愿，我是了解的，我将怀着你的意志和心愿，踏上怀仁堂的石阶；我将怀着你们满腔的热诚与感激，走到毛主席的身边。通过《中华人民共和国宪法》的时候，我将怀着对社会主义故乡的渴望，举起我的双手。选举中华人民共和国主席的时候，我将用我们千千万万父老的感激的热泪，写上象征着我们全体人民、各个民族光荣与希望的名字——毛泽东。父老们！我将怀着你们这样的心愿和意志，以尊严而又虔诚的步子，走向怀仁堂去。

魏巍的话虽为文学语言，却能代表家乡的纯朴民意。

再一件事，就是颁布了中华人民共和国首部《宪法》。当然，这也是第一次全国人民代表大会的重要成果，但仍然要单独讨论它在中国当代史上的意义。因为这部宪法诞生于1954年，中国法律界习惯称之为"五四宪法"。毛泽东主席亲自组织并亲自动笔参与了这部宪法的起草工作。毛主席在起草、修改过程中，不仅确定宪法的总体框架和编写原则，而且亲自拟定和修订具体条款的表述。宪法草稿中曾指出"这是我国的第一部宪法"，毛主席认为不妥：谁说是第一部？晚清光绪年间有一部《钦定宪法大纲》，民国早期北洋军阀曹锟和民国晚期蒋介石政权都公布过《中华民国宪法》，怎么能说过去没有宪法呢？要尊重历史，不能虚化历史。当时曾有人提议将这部宪法定名为"毛泽东宪法"，宪法草案还写进了赞扬毛泽东的文字，毛主席对此坚决予以拒绝，并要求删除宪法草案中颂扬自己的条文。

"五四宪法"在第一次全国人代会上获得全票通过。这是中国历史上第一部社会主义类型的共和国宪法，它是一百多年来中国人民英勇斗争的历史经验的总结，是中国近代关于宪法问题和宪政运动经验的总结，也是新中国成立初期，中国人民进行社会主义建设的初步探索成果。"五四宪法"的诞生，是新中国走向依法治国的象征，同时它也普及了全国人民的宪法意识和法律意识，让建设法治国家日益成为全国各族人民的共同愿景。

1954 年 10 月 1 日，国庆节，也是中华人民共和国成立 5 周年纪念日，天安门广场举行了盛大的阅兵式和群众游行活动。游行队伍抬着巨大的《中华人民共和国宪法》典册模型进入广场，护卫宪法的工人、农民徐徐将宪法打开，"一切权力属于人民"八个大字照亮天地，天安门上下一片欢腾，欢呼声和鼓掌声经久不息。

《中华人民共和国宪法》由人民出版社出版，新华书店发行，在全国许多地方印刷厂印制，发行量高达 2000 多万册。郑州印刷厂（后改称河南省第二新华印刷厂）承担了部分印制宪法的光荣任务，留下了一段小小花絮。接到任务后，全厂干部职工情绪高涨，全力以赴，连夜赶印，争取让新中国第一部宪法早日发送到读者手中。正当滚筒印刷机不断转动，部分已经完成装订时，突然共产党员钱润波同志发现有一处"国徽"的徽字被误排成"微"字。差之毫厘谬以千里。厂领导当机立断要求停机改版，他说："我们不急着追究谁的责任，当务之急，是要完美地按时完成印制任务！"工人们加班加点改版印制，已经装订成册的割掉旧页换上新页，差错得到及时纠正，产品按时出厂。印制在小册子封面上的鲜亮国徽熠熠闪光，工人们怀着特殊的情感，将成品送出厂门。

还有一件事，这一年全国大区级党政机构全部撤销。此前，在中央政府和省、直辖市、自治区级行政建制之间存在大区级行政建制，由解放战争时期的战略区演变而成，全国分设东北、西南、华东、中南、西北五个大区（华北区的机构和干部在 1949 年中华人民共和国成立之初已融入国家机构之中，成为国家机关创设时依托的基本力量）。1954 年 4 月 27 日下午，毛泽东主持召开中共中央政治局扩大会议，决定撤销大区一级党政机构，增设中央部分机构，强化中央政府的集中统一领导。6 月 19 日，中央人民政府委员会第三十二次会议通过中央人民政府《关于撤销大区一级行政机构和合并若干省市建制的决定》。中央肯定大区建制发挥的作用："中华人民共和国成立以来，大区一级行政机构代表中央人民政府领导和监督地方政府，对于贯彻中央政策，实施人民民主建政工作，进行各种社会改革运动，恢复国民经济，以及在经济建设、文化建设和其他各方面的工作，都起着很重要的作用，都胜利地完成了它的任务。"

中央也说明了撤销大区建制的意图："现在，国家进入了有计划的经济建设的时期。国家计划经济的建设，要求进一步加强中央集中统一的领导。为了中央直接领导省市以便于更切实地了解下面的情况，减少组织层次，增加工作效率，克服官僚主义，为了节约干部加强中央和供给厂矿企业的需要，并适当地加强省市的领导，撤销大区一级的行政机构，是完全必要的和适时的。"

另有一件事，不太引人关注，实则对我国现代化建设意义重大：1954 年 6 月全国第一次城市建设会议在北京召开——因此这一年，堪称中国城市规划元年。会议提出，为了配合苏联援建的新建厂矿项目，必须完成重点城市的城市规划工作。其中完全新建的城市与工业建设项目较多的扩建城市，应在 1954 年完成总体规划设计。其中新建工业特别多的个别城市还应完成详细规划设计。旧有工业城市与大城市应积极收集各种资料，积极进行城市规划工作。1954 年 8 月 22 日《人民日报》头版专门刊发《迅速做好城市规划工作》的社论，由此，城市规划工作有史以来首次上升为国家战略。中华人民共和国成立之前，党中央高瞻远瞩，对城市工作开始重视。但直到这一年才开始在技术层面对全国的城市建设进行统一谋划，分类指导，科学管理。这次会议之前一年半，有一次基础性、前置性的工作会议——1952 年 9 月上旬，国家建筑工程部召开城市建设座谈会，华东、华北、中南、东北、西南、西北六个大区财经委员会及部分大城市的代表参加了会议。会议目的是初步了解全国城市建设工作的一般情况，交流经验，更着重研究今后的方针和方法，以便有计划地逐步地加强城市建设工作，以适应今后（"一五"时期）大规模的经济建设和文化建设的需要。会后建工部党组向中央作了专题报告，提出了今后城市建设应根据国家长远建设计划，分别不同性质的城市，有重点、有步骤地进行改建和新建。按国家五年经济建设计划草案，拟将全国城市（当年统计数字为 157 个）划分为四类：第一类为新的重工业中心，共 8 个：北京、包头、大同、西安、兰州、成都、齐齐哈尔、大冶至武汉区间。第二类为今后五年中工业发展比重较大的城市，共 14 个：鞍山、抚顺、本溪、哈尔滨、沈阳、吉林、太原、石家庄、郑州、洛阳、武汉、邯郸、湛江、迪化等。第三类为五年中建设一部分工业的城市及旧有的大城市需要改建者，共 17 个：长春、佳木斯、大连、天津、唐山、上海、青岛、南京、杭州、济南、重庆、昆明、内江、贵阳、广州、湘潭、襄樊。

在这个城市名单中，第一类、第二类相加的 22 个城市几乎都是东北、华北和中西部城市，若不是还有一个"湛江"，东南部地区就"剃了光头"，这体现了当年国家工业发展的地域导向。郑州被明确列入今后五年工业发展比重较大的城市，并和武汉、洛阳、湛江一起成为中南区工业发展的标志和重点。建工部党组认为，以上 39 个城市为五年内第一批开始进行改建和新建的城市，当前主要任务是先做基础工作，即迅速进行调查测量，准备各种必需的资料，集中力量进行城市的规划设计工作。我们在以上名单中已经找不到河南省会开封的踪影。显然开封属于第四类城市。第四类为除上述 39 个城市外的其他城市，建工部党组认为，这些城市一般没有大的发展，应采取维持的方针。其中有些省的政治、文化或交通中心，视实际需要在节约原则下，经批准后可酌量进行一些修建工作。1952 年建工部召集的这次座谈会规格并不算高，事后向中央所作汇报也只是部门建议，但我们是不是从中已经隐隐约约看到了河南相关城市的"命运线"的走向？

对当年的河南省而言，1954 年更是一个特殊的年份。这一年河南省最重要、对长期发展影响深远的一个事件，就是河南省会由开封迁往郑州，以此为标志，中原城市群重新洗牌，几个主要城市的经济地位、文化身份的认定和排序发生了颠覆性的变化，"郑汴洛"作为河南核心城市铁三角的代称开始叫响并沿用至今，而开封、洛阳、郑州三个城市在这一年面临着全然不同的生存境遇和发展拐点。

先说开封。号称七朝古都的开封，新中国成立后这几年的经历相当复杂。1948 年开封历经两度解放。第一次在 1948 年 6 月，解放军华东野战军发动强攻打入城内，与国民党军队展开了激烈巷战。蒋介石飞临开封察看、督战，并曾进入郑州指挥反扑。解放军激战数日终获胜利，控制全城，国民党省政府主席刘茂恩化装出逃。这次开封解放，是解放军在全国战场首次解放一座省会城市，让蒋介石暴跳如雷，寝食难安。为了集中力量寻机歼灭敌人的有生力量，解放军三天后又主动撤离开封，将空城留给敌人。第二次解放在 1948 年 10 月，中共中央中原局第一书记、中原野战军政委邓小平和中原野战军副司令员兼华东野战军司令员陈毅亲自指挥了解放郑州战役，郑州成为解放军东进的战略支点，东边 70 公里之外的开封守敌见大势已去，望风而逃，弃城保命，豫皖苏军区解放军占领开封。开封两度解放，市民群众经历了过山车一样的沉浸式体验后，开始意外地遇到了城市的高光时刻。解放军接管开封的军管会称为"开封特别市军事管制委员会"，开封人民政权成立时（1948年11月），干部群众见到的名称也是"开封特别市人民政府"——大家既疑惑，又喜悦，因为民国早期只有南京、上海、北平、汉口这样的城市才被称为"特别市"。1930年以前，中国所谓的特别市是指直属国民政府管辖的城市，1930年国民政府公布《市组织法》后，特别市改称"院辖市"，意指由行政院直接管辖；1947年《中华民国宪法》公布，院辖市改称"直辖市"。特别市这个称谓让开封人对自己这座千年古都的未来前景产生了丰富联想和无限期待，有老派文人开始吟诵"琪树明霞五凤楼，夷门自古帝王州"的诗句。不过，开封特别市这个名称很快就取消不用（1949年1月），批准成立特别市军管会和特别市人民政府的上级机关为豫皖苏行政公署暨豫皖苏军区，是隶属于中原解放区的一个二级子区域的领导机关，不可能赋予开封近似于直辖市一样的行政规格。迄今为止，没有发现任何文献资料可以解释、说明或者记录当时命名的依据和决策过程。用同类比对的方法或许可以解释这件事：山东省省会济南先于郑州和开封于1948年9月解放，当时济南曾冠以"特别市"的字样（1949年5月去掉了这个冠词），也许当年"开封特别市"的命名者仅仅是对邻省省会城市的一种仿制而已，毕竟当年还处于战争年代，中国共产党高层还没有来得及研究制定适用于全国的城市等级制度和命名规范。查历史资料可知，当年济南解放时，华东军区决定成立济南特别市军事管制委员会，随即山东省政府（中国共产党领导下成立的全国第一个省级政府）决定成立济南特别市市政府。济南如此命名，据有关文史资料，主要因为"济南是关内解放的第一个大城市，也是关内我军接管的第一个省会，因此，为了区别于其他一般的城市，就由中共华东局直接领导，称'特别市'"。济南和开封政府机构的命名分别有不同的决策主体，但均有一定的随机性，和国家层面的制度设计、行政建制并无关系。一句话，开封人想多了。

另外，让开封人兴奋的是，1949年3月中原解放区临时人民代表会议在开封召开，选举产生了以邓子恢为主席的中原临时人民政府——这是大区级的政权建构，辖区所及，超出河南省范围，覆盖到安徽、湖北等省份。开封在早已习惯的省会角色之外，又成为广袤中原的政治中心。河南省人民政府同年在开封成立，开封坐实红色省会的地位。中原临时人民政府副主席吴芝圃身兼三级职务，既是大区的重要领导，又是开封的市委书记兼市长，还是河南省人民政府的主席，这也许可以视作开封城市地位蒸蒸日上的象征。

然而，1949年5月江城武汉宣告解放，按照中央的布局，邓子恢率领中原临时人民政府机关全体人员移师汉口南京路，开封不再具有红色中原政治中心的地位。元代设立行省制度后，开封历元、明、清、民国四个朝代始终为省级行政机关驻地，可谓大宋首都、四朝省会，1954年10月底河南省级领导机关迁往郑州，开封省会地位又拱手让人，勉强保留省内城市第二把交椅的位置。之后城市运势更是江河日下，一度（1958年—1962年）沦落为县级城市。

再说洛阳。号称十三朝古都的洛阳1954年前后也许并不认可开封有资格稳坐次席。洛阳先于郑州、开封两市解放，也像开封一样经历了一次反复——1948年3月和4月华东野战军、晋冀鲁豫野战军两度攻克洛阳。洛阳为我掌握后，豫西解放区和太岳解放区连为一片，打通了华北与中原的通道，陈毅、邓子恢奉调到中原局、中原军区任职，刘伯承、邓小平来往于河南宝丰县中原局中原军区总部驻地和河北平山县中央所在地之间，走的都是这条线路；刘杰率领的晋察冀解放区2000多人的南下干部大队和金明率领的华东局3000多人的南下干部支队抵达鲁山，走的也是这个通道。洛阳解放让中原形势为之一振，但就城市规

9

模而言，洛阳城当时只有 7 万人左右，不及郑州解放时人口（16.4万）的一半，不及开封解放时（近 30 万）的三分之一。当时的洛阳经济落后，民生凋敝，城市影响力远逊于开封和郑州，新中国成立后，开封和郑州被确定为省辖市（全省唯此两个），而洛阳市则归属洛阳专区，属于县级市等级。

1954 年情况发生重大变化。请看 1954 年 4 月河南省政府发布的公告：

河南省人民政府令

【54】府民政字第三十三号

为适应国家经济建设需要，加强对重点城市的领导，特决定将原委托洛阳专署领导的洛阳市，改为省人民政府直接领导。希即遵照！

主席　吴芝圃

一九五四年四月十九日

洛阳升格为省辖市，是因为这时候的洛阳已经荣幸地被中央确定为重点建设城市。1953 年斯大林在世时就已决定援助中国建设 156 个大型工业项目，中央决定将拖拉机、矿山机械、滚珠轴承等五六个大型项目放在河南。至于放在河南什么地方，并无定论。当时有两种比较集中的意见，一是主张放在郑州——郑州已经中央批准即将成为省会，应当集中力量优先建设首位城市；二是主张放在洛阳，适度形成郑洛双联布局。这两种意见在北京有争论，在河南争得更厉害。两种意见相持不下。1953 年 12 月，中共中央政治局委员兼国家计划委员会主任李富春（两个多月前接替高岗计委职务）亲自来河南考察、比选项目厂址，陪同前来的还有国家计委谢北一（河南老乡，新中国成立前后在洛阳工作过，后来曾任国家建委副主任等职）和多位工程技术人员，另有资料显示，苏联专家西新斯基也参加了这次选址调研活动，苏联专家的个人倾向，据说对郑州更有兴趣。在河南活动期间的主陪者则是河南省财政经济委员会副主任兼计划局局长邵文杰。

李富春首先视察郑州，看了郑州郊区的地形，听了关于郑州规划和发展情况的汇报，然后带领众人乘火车到洛阳视察。在洛阳先后察看了两处选址位置，一处是城西涧河以西地区，一处是城东北平乐村以西地区，并了解了这两个地区的地质情况。

李富春听取了关于在郑、洛两个城市选址的不同意见及其理由。主张在洛阳选址的理由主要有二：一是工程地质条件好；二是从战争角度考虑，洛阳山河形势比郑州优越，易守难攻。主张在郑州选址的理由也主要是两条：一是具有明显的交通优势；二是郑州地下古墓少，不会动辄遭遇古迹，工程基础投资较少。据邵文杰撰文回忆，郑洛往返途中，乘坐的专列上有专设的会议室，车上的讨论和争论始终没停。邵文杰承认他个人是支持选址洛阳的，他的出生地在新安县，当年属于洛阳专区，参加革命后又长期在洛阳周围工作、战斗，相对于郑州，他对洛阳更熟悉，也更有感情。李富春专门听取邵文杰的意见时，他还另外补充了一条洛阳方案的有利条件：洛阳水资源更加丰富，工业用水更容易解决。在李富春看来，邵文杰的意见既是个人意见，也是来自河南省级主管部门的意见，其权重在最终决策的权衡中是可想而知的。在李富春的考量中，天平已向洛阳倾斜。李富春回京后，经国家计委研究，提出了将几个重点工程安排在洛阳涧河西岸、谷水村东的意见，首先是拖拉机厂的落地方案，报党中央批准。毛泽东主席亲自听取了汇报。毛主席说："洛阳九个朝代的皇帝都住得下，还放不下一个拖拉机厂吗？"一锤定音，洛阳拉开架势，开始了大规模的工业化建设，城市运势一路看涨。除国家投资、技术装备和全国各路专业人才源源不断流向洛阳外，河南在全省选调了大批优秀干部支援洛阳的重点建设。大家熟知的焦裕禄同志当年也是调干队伍中的一员——焦裕禄时任共青团郑州地委第二书记，被调到洛阳矿山机械厂筹建处办公室秘书组负责资料工作——许多久经考验担任过相当职务的干部不计个人得失，响应国家召唤，投身时代洪流，以参与工业建设为荣。

《河南日报》记者唐凤纪1954年被任命为驻洛阳记者组副组长，夏天某日，乘火车到洛阳赴任。他撰文回忆了初到洛阳的观感：

"……在洛阳老城民主路的北端，原来的洛阳旧县衙的大门两旁，新挂着市委、市政府两块显赫的大牌子。市委宣传部的全体人员，全装在一座很大的房子里办公，当地人管它叫'九间房'。房子有一排大红漆柱子，很像一座殿堂，就在这排大红柱下，加了我一张三斗桌。后来得知，邓小平同志从西柏坡南下赴宝丰途经洛阳时，曾在这个房间里向当地的党政领导干部传达过刚刚开过的党的七届二中全会精神。""洛阳老城处在古隋唐城遗址上，武则天时期的遗迹常有所见，街道很窄，低矮的铺面房，灰不溜的色调，颇有名实难副之感。但是，它却蕴（孕）育着生机，就像是一棵枯树又发出了枝枝新芽那样。在很不显眼的街巷里，挂着'第一拖拉机厂筹建处'、'矿山机器厂筹建处'以及什么'城市规划处'、'公用事业管理处'等未曾听过的生疏名字。街道上处处堆放着灰、砂、石等地方材料，从祖国四面八方调来的老八路，以及操着山南海北口音的技术干部和工人，熙熙攘攘涌到了大街小巷。和那墙壁上战争留下的弹痕，小巷里躺着的国民党青年军遗弃下来的被顽童们磨得光滑发亮的坦克壳体，两相对照，标志着一个时代的结束，一个新时代的开始……""一个新型的城市正在骚动于母腹之中……在国家'一五'计划时期，苏联援建的156项工程中，洛阳占了5个，加上我国自行设计的5个大中型国家工程，合起来就是后来大家常说的洛阳十大厂。再加上与之相配套和服务的地方工程，洛阳的建设任务是很繁重的。中央和省市不得不调集大批人力物力去支援。洛阳一时为全国所瞩目。"

1954年全国第一次城市建设会议，对全国的城市进行了分类排队。"除北京系首都特殊重要外"，全国其他城市被划分为四个类型：有重要工业建设的新工业城市、扩建城市、可以进行局部扩建的城市和一般的中小城市。其中第一类"有重要工业建设的新工业城市"，榜上有名的是太原、包头、兰州、西安、武汉、大同、成都和洛阳等八个城市，这就是广为人知的"八大重点城市"概念的来源。会议指出："这些城市过去没有工业基础，公用事业基础也没有，有了工业则近代化的设备必须配合格，这是第一个五年计划中的重点建设城市。"会议强调，这类城市必须首先积极进行城市规划。

洛阳第一拖拉机厂开工建设，多项在全国榜上有名的大型项目展开布局……在1954年这个时间节点上，开了挂的洛阳，城市地位不用说已经是超越开封，直追郑州。

书归正传，我们再来说说郑州。1954年10月30日，河南省级领导机关的大部队浩浩荡荡由汴入郑。11月1日，郑州开始以新省会身份示人，成为河南省政治、经济和交通中心。除这个头衔晋升之外，还有一件事让郑州历史文化身份的定位也发生了变化：1954年11月4日《河南日报》头版头条报道郑州举行联欢晚会庆祝省会迁郑，头版的右下角另刊载消息《郑州发现的商代文化遗址有重要研究价值，中央和省市文化部门决定扩大郑州市文物发掘工作》。消息称：

……1950年在郑州市南关外二里岗一带发现商代文化遗物后，郑州市文教局即上报省文教厅及中央文化部。中国科学院考古研究所副所长夏鼐、考古专家裴文中及文物工作干部多人，曾数次来郑调查了解，认定为殷商文化遗址无疑。中央文化部并于1952年10月派考古人员，来郑进行首次实习性的发掘，在清理商代文化遗址中，发现商代文化遗址下边，又有新石器时代的龙山文化遗址存在。

随着1953年国家有计划的经济建设开始，郑州市建立了文物工作组，将近两年来在配合基本建设进行的文物调查和发掘中，已发现遗址及墓葬中出土文物两万多件，遗址陶片四百多箱，商代墓葬群、战国墓葬群及汉唐宋等历代墓葬七百多座。不仅证明了遗址分布的广阔，而且有许多重要文物陆续出土。如在南关外商代文化遗址中发现炼铜遗址一处，有炼铜用的炼炉，铸铜器用的模子以及铜刀、铜斧、铜箭头等物。另在省直机关工地的商代文化遗址中，发现制造骨器的地方一处，出土的有骨器材料、半成品、成品及磨制骨器用的砺石等物。其骨质经考古专家裴文中鉴定，部分骨器、半成品是用人骨作原料。这些重要的文物是研究我国商代劳动生产情况的珍贵资料。再从郑州殷商遗址上层出土的遗物看，它和安阳小屯殷墟出土的遗物相似，但是中层和下层出土的遗物和殷墟并不完全相同。因此郑州商代文化遗址，可能比安阳殷墟要早。

由于上述商代文化遗址的重要发掘，更引起各级人民政府文化机构及学术界的重视。上月二十八日，文化部社会文化管理局副局长王冶秋，中国科学院考古研究所副所长夏鼐、尹达，南京博物院副院长曾昭燏等到达郑州，同省市文化部门负责同志共同研究，在密切配合基本建设进行中，扩大文物发掘工作，文化部并决定调华东文物工作队来郑支援。本月一日，王冶秋、尹达、曾昭燏等人亲赴市文物仓库和各文物发掘工地视察。

像人生际遇一样，一座城市风生水起的时候，各种锦上添花也会纷至沓来。郑州的老城墙被中国考古界权威机构确认为商代都城遗址，有人认为是商代中期"中丁迁隞"的隞都，有人认为是商汤革命成功后修筑的第一都城亳都（亳都说日益成为主流意见），无论是隞都还是亳都，这都是当年考古界认定的全国范围内最古老的古代都城遗址，没有之一。在这之前，郑州史学界只能把自己的历史推进到东周管国，而郑州城池的历史一直沿袭着各种旧志的统一说法：建于唐朝武德四年唐高祖李渊时期。郑州处在洛阳、开封两大著名古都之间，西距洛阳140公里，东距开封70公里，两都之间没有生成和发育一个新的大都市的空间，所以，一直以来，人们都戏称郑州为洛阳的东郊，开封的西郊，历史上的郑州州官工作职责中相当比重是承担着"接待办主任"的任务，在汴洛的公私交流中，迎来送往，陪吃陪喝。三座城市貌似"哑铃结构"，两端雄强饱满，郑州只是中间的一个连接体、一个抓手而已。晚清的郑州作为一个典型的传统型城市暮气沉沉，萎靡不振，因为张之洞筹划的南北交通动脉京汉铁路线贴身通过被注入了现代活力——1804年世界上第一台蒸汽机车诞生后整整100周年，郑州火车站建成，又因为横贯东西的陇海铁路再次穿越郑州，郑州成为中国版图上最重要的一个十字形铁路枢纽，郑州的城市地位腾空而起，迅速向现代工商业城市转型蝶变。郑州的交通优势和战略方位，让它饱受战乱之苦，现代史上最激烈的"中原大战"在这里角逐，抗战时期这里又成为对垒前沿，上有敌机轰炸，下有人为的黄河决口，郑州经历了高强度的战争摧残。即便如此，都没有改变郑州一路上行的态势。因为在中国现代史上郑州是一个起点低、起步猛、起飞快的经典案例，所以又被包括开封、洛阳在内的全国旁观者戏谑地称为"暴发户"。让人大跌眼镜的是，这个"接待办""暴发户"不但在郑州火车站建成50周年之际正式攀升为河南的首席城市，而且历史学、考古学的研究成果证明，这座城市历史悠久，出身高贵，若论资排辈的话，作为商代首都，理应当仁不让排在东周都城洛阳和北宋都城开封的座席之前。不可否认，商都身份，让高歌猛进的郑州人更增添了几分文化自信，在介绍城市前世今生的文案中增加了更多有趣的说辞，在城市发展的空间营造中，郑州也更加珍惜屈曲延伸在城区中心地带的老城墙的残垣断壁，任它们安静地散发丰富的历史信息，无声地讲述从三代到清朝和民国的陈年旧事。李富春来河南，在郑洛间比选项目地址时，有人把郑州地下没有古墓等文化遗存当作优势，想必这位先生后来会承认自己失言，郑州地下原来也到处是商周器物、历代宝藏啊。

郑州解放前城市略图

资料来源：郑州市档案馆编《郑州解放》，中国档案出版社，2011 年版

1954 年这一年，也是郑州市经济发展、城市进步的"大年"，有几个值得一提的标志性事件：当年首日，郑州市自来水公司举行放水仪式，城市居民有史以来第一次喝上自来水。继井水厂投入使用后以贾鲁河水为水源的柿园水厂开工建设，城市生产生活用水将得到集中供应和安全保障，标志着城市基础设施建设进入大规模、现代化阶段。郑州市第一条雨水管道——金水路雨水管道建成，也标志着郑州市排水系统将开启雨污分流的新时代，实现城市管网的细分和升级。城市公交开始运营，郑州有史以来有了第一条公交线路，城市公共交通开始告别黄包车、小毛驴，由人力时代、畜力时代，递进到机械时代、电气时代，有限的几条线路开始展示明显的外部效益。位于二七路和太康路交叉口的河南人民剧院落成，标志着郑州文化消费场所的硬件设施在国内开始达到一流水平。以上这些进展在全省范围拔尖领先，郑州处处弥散着新锐的、现代的气息，让人刮目相看。更加引人注目的是，五万枚纱锭的国营郑州第一棉纺织厂在这一年建成投产，大型棉纺企业集群化建设首战告捷，标志着郑州发展成为全国性纺织基地的蓝图开始变为现实。国棉一厂在五一节举行了投产仪式，全场职工向毛主席发出了致敬电，工人代表们手捧着他们第一批产品的样品登上火车，前往北京，求见毛主席，让领袖亲眼看看他们的成就，分享他们的快乐。

这是一个自信心爆棚的年代，一个淳朴而又浪漫的年代。

在新中国，省会变迁河南并非孤例，但也不是普遍现象。其他案例包括：

案例一：河北省会民国时期先后设在天津、北平、保定等地，新中国成立后又历经了保定、天津、保定的去而复返，迟至 1968 年"文化大革命"期间石家庄才晋升河北省会。

案例二：安徽省会民国时期随着政坛变幻、战火明灭而数度变化，流动在安庆、蚌埠、六安、合肥、芜湖、屯溪之间；新中国成立后，中共中央华东局因干部不足而延缓建立安徽省级政权,迟至1952年才重新建立安徽省,改变了皖北行署(驻合肥)和皖南行署(先驻屯溪,后驻芜湖)分治安徽的局面,将省会确定在合肥。

案例三:江苏省民国时期苏州、南京、镇江都曾为省会,其中抗战时期更是颠沛流离,省级政权机构甚至流落省外;1949年6月江苏全境解放,设苏北行署(先驻泰州,后驻扬州)、苏南行署(驻无锡)和南京直辖市三个省级行政区;1952年末才恢复江苏省建制,省会临时定在镇江;1953年初,南京撤销直辖市建制,交江苏省管辖,江苏省会迁入南京。

案例四:吉林省会民国时期长期设在吉林市,短期(不足两年)曾迁往长春市;1953年长春被确定为直辖市,1954年又降格为省辖市,一年之内大起大落,同年吉林省将省会吉林市移往长春。

案例五:黑龙江省在新中国成立后由黑龙江省和松江省合并而成,1954年省会由齐齐哈尔迁往哈尔滨(哈尔滨和长春一样有不足一年的直辖市经历)。

案例六:内蒙古自治区1947年在共产党领导下开始建立体制,首府设在乌兰浩特,中华人民共和国成立后迁往张家口(察哈尔省省会),1954年,内蒙古和绥远省合并,新的内蒙古自治区首府从张家口迁往归绥市,并将归绥改名为呼和浩特。

分析起来,以上案例有两个共同之处,一是这些省会的变迁多数发生在1954年及其之前,一般与行政区划调整、地方建制变化有关,和国家在建立人民代表大会制度、公布宪法之前紧锣密鼓完善各种国家和社会制度的努力完全一致;二是这些省会变迁各有缘由,既不是中央统一的政策部署,也不是最高决策层的授意和决断。除河北省会最后两次变迁时间较晚外,其他案例决策主体和主要推手基本上都是大区级和省级党政机构。以上省会变迁的案例,每一例都有因有果,情节丰富,甚至曲折迂回，跌宕起伏；每一例都牵扯相关省区的大局、多座城市的关系和千百万民众的福祉，都是共和国当代史上值得研究的专题。

可惜关于这一领域的研究一直比较薄弱。以河南省会变迁为例，迄今为止很少有相关的当代史史学专著，偶见的著作和文章中也鲜有涉及"变迁动力""初始动议""决策过程""操作技术"等核心议题，对这些最关键的问题几乎所有的文章都语焉不详，扑朔迷离。这和当年的资料、档案、文献的缺失有很大关系——由于那个时候的机构、个人缺乏史料意识和相关制度，现在让我们研究和再现历史场景、历史过程时困难重重，偶遇只言片语，便深感弥足珍贵。

省会迁郑的主要理据是什么？是何时报请批准的？

请看 1952 年 8 月 5 日河南省人民政府向中南军政委员会打的报告：

> 我省省会开封位置偏于全省东部，指导全省工作多不方便，郑州市则为中原交通中枢，为全省经济中心，将来发展前途尤大，如省会迁往该市，则对全省工作指导及上下联系均甚便利，对该市发展也大有裨益。再者若省直机关继续住（驻）于开封，人多房少，日愈不敷，势必另行添建，需要开支巨款，而去年曾购置大部建筑器材，运存郑州工地，长期搁置堆放，易造成物质的损失和浪费，在经济上也很不合算，且在郑进行修建，对救济目前失业工人亦亟需要。为此省人民政府委员第十三次会议暨省协商委员会常驻委员会第十次联席会议一致通过，决定将省会迁往郑州市，并成立省直建筑委员会，在省府领导下，驻郑统一进行修建与筹备工作，争取明年即行迁移。特此报告，望批示。

> 谨呈　主席林　代主席邓　中央政务院

> 主席吴　副主席牛、嵇
> 河南省人民政府（印）

这个报告是 1952 年 8 月河南省人民政府报送直接上级中南军政委员会并抄报中央人民政府政务院的正式报告，也是就省会迁郑问题上报的唯一的正式文件。

　　如文中所述，省会动迁的理由有三条：一是开封位置有缺陷，二是郑州发展有优势，三是在郑的有关修建工程应加快。稍加研究你会发现以今天的眼光和标准看，这份正式报告的文字并不严谨妥帖：一是开封距郑州只有 70 公里，怎么就算作"偏于全省东部"呢？二是当年郑州虽然发展潜力巨大，但还算不上现实中的经济中心。三是你还没有报请批准，怎么就"购置大部建筑器材，运存郑州工地"了呢，这不是未批先建，自作主张吗？

　　关于省会动迁的理由，1954 年 10 月 28 日省直机关大队人马已陆续开始驱车上路时，河南省委副书记赵文甫在留汴和迁郑单位联席会议上说："把省直机关迁到郑州，其意义主要是为了领导方便，因为郑州地处本省交通中心，有京汉、陇海两铁路交叉点，除南阳外，均在铁路线上，这是较开封好的地方……这是迁郑的唯一目的。" 1954 年 11 月 1 日，省级机关在郑正式开张的第一天，赵文甫在省直各部委党组、直属党委和郑州市委负责干部会议上讲话，继续阐明省会动迁的理由："省会迁郑的唯一目的是加强对工农业及其他各方面工作的领导，舍无其他……一句话，便于领导全省的工作，领导工作方便。首先，地理适中，交通方便，除南阳不临铁路外，其他均在铁路沿线，特别是对工业大城市，尤其是对洛阳的领导，当然对其他新乡、平顶山也较为方便。"他的两次讲话，基本可以代表当时省级领导对省会迁郑的站位角度和基本认知。

　　再看另外一份重要文件——

　　中央人民政府政务院 1952 年 9 月 26 日致函中南军政委员会（政政

齐字第一二二号）：

    中央内务部转报中南军政委员会一九五二年九月四日（52）会厅
经（二）字第四三四四号函及河南省人民政府一九五二年八月五日
（52）府秘字第七七号报告均悉。河南省省会拟于一九五三年由开封
市迁移郑州市。经核同意。希即转知该省照办。

                                    中央人民政府政务院（印）
                                    一九五二年九月十九日

    中央政府批复速度之快，令人不可思议。

    这是政务院的正式行文，同意了河南省会动迁的意见。此外对这份
简短的文件，你读后还会有两条发现：一是增加了确凿明晰的动迁时
间，河南省政府向中南军政委员会的报告中使用"争取明年"的词语，
显然中南大区向中央转报时做了补正。从历史资料上看，1952 年 8 月 5
日，河南省人民政府向中南军政委员会提交请示，不足半月的 8 月 18
日，中南军政委员会已先期对河南省政府行文批复同意，并拟文转呈中
央人民政府政务院请求批准，动作如行云流水，迅速而流畅。二是从行
文时间可以看出中央的动作之快让人意外。中南军政委员会 9 月 4 日向
中央发文报告，政务院 9 月 19 日就行文批复，仅半月时间，其间还有
经中央内务部的转报环节。这么短的时间，按当年的技术条件仅够收
发、传送、呈报和拟文批复、首长审签的周期，根本不够安排上下沟
通、部门协商、专业评估、会议决策的常规流程。

    从向中南大区报告，到政务院最终批复，只用了一个半月的时间，
显然，这次报批，是一次按规定走的程序——之前，河南省、中南大区
和政务院领导三个层级之间就河南省会动迁问题应该是已经达成了

默契。

根据郑州城市建设史料显示，郑州市老城区通往东北部新建区的主干道"人民路"，正式命名于1954年，早在1951年即开工建设，开工时路名另有其名，赫然称作"省府大道"。这印证了我们的猜测。说明最迟于1951年省会迁郑这件事就已经敲定，并且广为人知，不是什么秘密。另外，1951年4月成立的郑州市建设委员会，主任由河南省人民政府副主席牛佩琮兼任，省政府领导担任冠名郑州的工作机构的职务，不能不说是一种超常规的安排，这显然也和省政府高度关注、直接参与新省会规划建设的筹划和操作有关。

那么在这之前，关于省会迁郑的议题，哪些领导机关、权威机构做出过相应的指示或决定呢？

当年的情况，现在几乎无人能说得清楚了。

郑州市人民政府首任市长宋致和与第二任市长王钧智都是省会迁郑事件的主要当事人和实际操盘手。笔者有幸拜访过宋致和老人，他在北京木樨地住所接待了我们几位来自他第二故乡的访客（2000年11月11日，访谈者婴父、于德水、徐顺喜等），宋致和深情地回忆了他1948年10月22日骑马从慕霖路、顺河街（后来的解放路）进入郑州市区的生动细节，回忆了解放初期他和夫人李清林（曾任郑州市人民法院院长和郑州市人民政府副市长）在郑工作的一些情况。关于省会问题，他回忆说，刚解放的时候郑州就被确定为省会，因此郑州的干部信心大增，热情高涨，各项工作取得了很大进展。但他没有具体谈及决策过程、主要决策者等情况。

王钧智1952年由洛阳市市长任上奉调入郑，担任副市长职务（可证当年郑、洛两市行政等级之间的差距），省会迁郑前他还担任过"郑州市欢迎省会迁郑委员会"的主任。这位百岁老人面对关于省会迁郑决策问题的请教（2022年4月9日，访谈者婴父、朱宝山、王力）时说：

我 1952 年才调到郑州，那时候市政府上上下下都知道郑州已定为省会。但具体决策过程我也不太了解，只知道刚解放上级领导就是这么定的。

忠于上级，服从指挥，不究原委，抓好落实——当年即便是这样的高级干部也很少遇事"打破砂锅问到底"，他们在战争年代长期形成了这样的质朴作风。

1954 年 10 月河南省会由开封迁至郑州，这作为一个重要的历史事件，从外部看，它应该有一个宏大的历史背景和开阔的主角城市场景；从内部看，它应该有一个从肇始到推动、到成功的完整流程；从公众史学叙事的角度看，它应该有一个由多元化的集体记忆和私人记忆构成的证据链；从非虚构文学写作应有之义的角度，它还应当具有符合逻辑的推理、演绎，还应当涉及个体的情感、命运与生存境遇……

以上这些，可以算作本书的构成要素和写作追求。

讲述省会迁郑的旧事，没有更多的翔实资料可供援引，笔者只好采用"六路并进"的方法进行研究和写作：一是寻找资料，集腋成裘；二是比对文献，辨别真伪；三是田野调查，尽可能全部踏勘历史现场，在空间叙事中还原历史细节；四是采用口述史的研究方法，采集当事人和参与者的私人记忆材料；五是影像记录与影像表现，既包括寻求相关人物和场所的历史影像，也包括用摄影的辅助手段配合文字进行历史叙事；六是采集当代史学者的相关见解，或邀请有关话题的研究者发表高见。另外，为了在本书的叙事中既能够对涉及的城市环境、空间节点及相关文史信息有足够的描写，又不会因而过多地横生枝节影响文气的流畅和阅读的节奏，本书专门设置"老郑州城市微观地理小词典"将词条镶嵌到相关的段落之间。阅读这些词条，有助于对老郑州和本书内容增加深度了解；忽略这些词条，也不影响通篇叙事的连续性和完整性。跳过不读，也是一种节省时间的阅读方法。这种文本创新的方式，足下以为然否？

郑州是这次省会动迁事件的一号主角，又是这段中原故事的主要场景，还是启动这个历史过程的初始动力和强劲推手，更是这个重大决策的受益者、大赢家，最终还是河南省这个战略性投资项目红利的放大器和经营者。我们关于这件事的各种疑惑，应该以 1954 年为生发点，在郑州解放前后大约十年间的奔涌向前、波澜壮阔、惊涛拍岸的历史巨流和浪花中去寻找答案，破解谜团。

第一章　定中原

　　秋天是郑州四季中最美的季节。一城秋叶纷纷，有春天的色彩斑斓，无春天的干风和沙尘；当晴空一碧如洗，有夏天的艳阳高照，无夏天的酷热与暴晒；满目行人衣装各异，有冬天的清凉渐至，无冬天的苦寒彻骨。秋天的鸽哨最为动听，由远及近，由近及远，距离的变化让单调的音节变得悠扬悦耳——像街坊邻居的小孩儿不约而同成群结队在街巷里追逐奔跑那样，来自不同鸽舍的家鸽结成飞翔的军团在树梢和屋瓦、茅草的上空反复盘旋，转着一个又一个圆心不断挪移的大圈，仿佛要在俯临的棋盘一样的街区中寻找什么秘密。走在街巷之中，你会无意间邂逅几株菊花，它们在窗台上或墙角处舒展线形的花蕊展示单纯的色彩，再转过几个街巷，你会嗅到似有似无的桂花香气。各种树叶从树梢降落下来，大如手掌，小如雀羽，颜色不一，或杏白，或蜡黄，或铁锈红，起风时，干枯的大树叶摩擦着地面不肯快速前行，发出薄铁皮的声响。秋天下雨绝不会像夏天那样暴雨倾盆，秋雨是柔性的，和缓的，中庸的，适可而止的，在你开始厌倦时，它一定会戛然而止，绝不会挑战你的忍耐限度。雨霁的天更是天高云淡，据说明清两代的郑州人喜欢秋晴之日登城楼望嵩岳，这时候，远山如画屏，仿佛触手可及，可见前工业社会大气的纯净度、透明度之高，令人艳羡。秋晴之日，市民百姓不论贫富，都习惯晾晒衣裳，消除潮气。有钱人晒的是锦帽貂裘，显露的是殷实富足，贫寒之家却晒出了长短不齐捉襟见肘，有时候却也能显示一下人丁兴旺的阵容和女主人缝缝补补的巧思和女红。

　　中华民国三十七年——公元 1948 年 10 月 22 日，星期五，农历戊子（鼠）年九月二十。皇历上说这一天：宜打扫，宜沐浴，宜破屋，宜祭祀；忌结婚，忌开业。真够准的，这一天郑州解放，中原野战军将郑州国民党守军扫地出门，国民党郑县当局的破房子轰然倒塌，当天大部分的沿街商铺也都应激性歇业，关门闭户。

十岁的史金腾手拿酱油瓶沿着东大街往西走，时间已过中午，妈妈让他去打酱油，嘱咐他快去快回，他却一边走，一边东张西望，漫不经心，郑州老话叫作"卖夜眼"。

前几天一直下雨，天刚放晴，东大街上还有一片一片断断续续的积水，像镜子一样闪闪发亮，映照出天光云影。街上行人很少，宁静无声，小金腾远远看见一位漂亮的中年女士，脱下脚上的绣花鞋，提在手里，然后光着脚小心翼翼地挑拣着水浅处跳过水坑。

小金腾来到东大街、西大街、南大街、县前街的十字路口，十字路口东南有一家酱菜铺，是他平日打酱油的地方。

📖【老郑州城市微观地理小词典】

中山大十字街

郑州解放前城市路网总图中有一个醒目的由城市干道交会形成的十字构图，其由东大街、西大街、南大街和县前街（今称管城街）组成，而北大街向东错位，没有参与构图。明清两朝至民国初年，东大街称敏德街，西大街称里仁街，南大街称咸宁街，北大街称清平街。民国十六年（1927年）冯玉祥入主河南，其第二集团军总司令部驻扎郑州，他对郑州市政关切程度不亚于省会开封，亲自指导、操作郑州各种城市管理和建设发展项目。为了纪念革命先行者孙中山先生，他将郑县政府礼堂改名为中山大礼堂，将东大街改称中山东街，南大街改称中山南街，西大街改称中山西街，县前街改称中山北街，四路交会的十字路被称作中山大十字街。

史金腾准备走进酱菜铺，无意间，他朝西边张望了一眼，一下就惊呆了——他没想到自己见证了这座城市的一个历史性时刻。他回忆说（2023年8月28日，访谈者婴父、刘方明；2023年12月13日，访谈者婴父、党华），从西大街过来一支身穿便衣的队伍，有二十来人，头上扎着白毛巾，手执短枪和长枪，从眼前风一样飘过，脚步极快，脚下却悄无声息，穿过十字路口向县政府方向奔去。

他呆呆地看着，不知道发生了什么事情。

他后来才知道，这一天是郑州现当代历史的分水岭——昨天是国民党政权统治时期的最后一天，今天郑州实现了政权更替，是郑州解放的第一天。几个月前，郑州增加了大量的满口四川话的国民党军队，在郑州城墙四周修筑碉堡、暗道，装甲车在城内轰鸣，转来转去，宪兵队脚穿大皮靴，肩挎卡宾枪，列队在大街上耀武扬威。各城门和外部道路的出入口都有士兵把守，盘查可疑人员，空气中弥漫着大战即将来临的味道。不久后四川口音的军队调往徐州，郑州城的守军变更为满口黄河北口音的军队，大量的军人拥进城内，不少兵痞军纪废弛，到处占用民房，史金腾叔叔的婚房也被一个营长强行占用。没想到这些平日飞扬跋扈的国民党兵如此熊包软蛋，当解放军大军10月21日形成合围之势时，闻风丧胆，22日凌晨弃城北逃，解放军对敌作战全部集中在城市外围，让城内百姓免遭血光之灾，解放军实现了和平接管。史金腾看见的那一队便衣军人，正是豫西军区参与郑州接管工作的部队，按照事先的严密计划，前往占领国民党郑县政府和河南省第一行政督察专员公署，为即将诞生的地方人民政权准备办公场所。

1954年郑州印刷厂承印《中华人民共和国宪法》时及时改正错排铅字的青年党员钱润波，郑州解放那年是郑州《中报》的印刷工人，十六七岁。《中报》由三青团郑州督导处1945年接受日伪资产后创办，有中共地下党员以该报编辑身份在郑活动。1948年10月22日中午，钱润波看到了与史金腾同样的一幕。他的回忆与史金腾的记忆形成相互支撑，相互补充，虽有差异，但大体一致——

中午时分，钱润波离开南下街北口紧靠西大街的中报社，到老坟岗去取修理的汽灯，因为还没有修好，便扭头回来，走到长春桥（现二七塔的位置），突然听到有人喊"八路来了！""八路来了！"许多路人都在盲目地奔逃——很多老百姓并不知道共产党领导的人民武装力量现在叫作"人民解放军"，大家还习惯于以"八路"相称，而且国民党当局的污名化宣传让大家已经心生戒惧。老百姓一边喊一边跑，吓得正在街头执勤的警察把帽子摘下猛地往地上一扔，也像兔子般奔跑起来。他把帽子扔在地上，也许是为了消除大檐帽产生的风阻，以便跑得更快，也许按照心理学的分析，这是个下意识的动作，折射出他强烈希望摆脱警察身份在新的生存环境中可能给他带来的不利影响，以图求生。这个时候街上的店铺闻声而动，纷纷出来上了门板，关张大吉。

钱润波跑回中报社，大家赶快关门——社长、总编、编辑、记者早些天已不见踪影，现在社中只有一两位工友。他们透过门缝往外瞧，街上静悄悄不见一个人的影子。突然有几个身穿便衣的解放军前哨，手里掂着手枪走了过来，接着有成队的解放军顺着墙边谨慎地前进。钱润波看到的解放军应该和史金腾看到的前往国民党县政府的是同一支队伍，因为此时此刻，他们都身行在中山大十字街口。钱润波回忆，这一天的郑州城分外安静，夜里大家提心吊胆，和衣而卧，很久不敢入睡，但整个夜晚万籁俱寂平安无事。

三义街小学学生武克华那年九岁，家住乾元街，当天下午正在菜市街东头华美医院附近和五六个小伙伴玩耍，突然听到"八路来了""八路来了"的喊声，还听到了两声枪响。定神看时，已有一队身穿粗布军装、手执枪械的军人站在他们面前。但他们并没有惊慌，更没有奔逃。

据武克华老人回忆（2014 年 4 月 26 日，访谈者婴父、武静彬），当年国民党当局宣传共产党主张"共产共妻"，把共产党描绘成青面獠牙、穷凶极恶的模样——记得华美医院外墙上有一幅手绘宣传画，画面是共产党人捉拿老百姓放到磨盘中碾轧的场景，鲜血流淌，充满暴力。但武克华有一位干亲姑姑在大光明电影院当放映员（后来得知她丈夫是中共地下党员）多次对武克华说：别听他们瞎说，共产党可不是他们说的那种样子，都是些好人。武克华是个孩子头儿，他不慌张，大家也都有了主心骨，跟着武克华围到了这队战士的旁边。领队者佩带着手枪，国字脸，大眼睛，很英俊的样子，对武克华说："小同学，快回家吧，外边危险。"说话的声调带着浓重的豫西口音。说完一队人马快步向华美医院里的圣德中学校园走去。武克华和小伙伴们只好散去，各回各家。

圣德中学是解放前郑州的一所知名学校。校址原在西郊碧沙岗，距市区边沿四五公里，还隔着一条平汉铁路，孤悬城外，时局吃紧，害怕战火迫近，校长吴惠民忧心忡忡。恰巧这时候市内华美医院歇业南迁，部分房舍闲置，校长吴惠民决定将数百名师生全部迁回城内，借用这座教会医院的洋房办学。

📖【老郑州城市微观地理小词典】

华美医院

郑州现代史上重要的历史故事现场，位于今菜市街。1904 年，美国基督教浸礼会牧师施爱礼（音译，下同）夫妇、牧师陆德恩夫妇和医生劳莪丹先后来郑传教，1906 年在靠近郑州城墙东南角的城外花地岗一带购置土地 90 亩，在此建成教会中心、浸礼会教堂。1910 年劳莪丹医生建成黑铁屋顶的西式建筑"燕形楼"，正式开设医院，这是郑州建立最早的西式医院，也是西医传入郑州的开端。郑州末代知州暨郑县首任县知事叶济对该院的开办曾给予积极协助。1911年定名"美华医院"。1926年，由于北伐战争，教会医院停办，美籍人员撤离郑州，返回美国。冯玉祥率部进入郑州，将司令部"八大处"设在这里。1934年美籍医师艾义梅等人来郑再次接收医院，改"美华医院"为"华美医院"，以示对华尊重。抗战胜利后，美籍医师艾义梅去而复返，1947年4月接收华民医院，1948年1月艾义梅又率众南迁，租飞机一架空运华美医院医疗设备、器械等到武汉又转往桂林，带走职工25人。圣德中学遂迁入部分空置建筑，充任临时校舍。华东野战军首次解放开封战斗中，蒋介石曾秘密飞抵郑州，在华美医院燕子楼中召见顾祝同、刘峙等将领，面授机宜，指挥国民党部队负隅顽抗。郑州解放后，1949年12月基督教浸礼会在华美医院基础上改名为"华民医院"，继续开业。1951年1月郑州市卫生局按"美资管理委员会"指示，接收华民医院，后曾改称"河南省第二人民医院"。1962年改名"郑州市第三人民医院"延续至今。

1906年在花地岗（现菜市街东段位置）建成的浸礼会教堂，当时四周一片空旷　摄影佚名

郑州解放前夕，郑州有 20 余所学校师生奉命弃校南迁，圣德中学校长吴惠民对本校师生说："共军能不断取胜，一定是有纪律的队伍，必不会加害于学校。我们学校抗战时饱受颠沛流离之苦，这一次我们既不南迁，也不解散，请大家安心向学，切勿惊慌。"所以，郑州解放这天校内一切如常，教室里不断传来琅琅读书声。据当年圣德中学教务主任王惠广回忆，这天下午他正带着几个师生巡逻护校，走到校门口朝外观望，看到几名身穿灰黄色军装的解放军战士提着枪大步流星地向校门走来。王惠广惊愕中将大门打开，走上前来的一位为首的解放军严肃地问："这是啥地方？"

王惠广回答："这是学校，圣德中学。"

解放军同志顿了一下，说："学校我们就不进了，把门关上吧。"说完几位解放军转身离去。王惠广松了口气，心中佩服校长吴惠民具有政治远见，想起那些仓皇上路逃离郑州的其他学校同人，感觉有些可怜可笑。王惠广将刚才发生的事向吴惠民校长做了汇报，吴校长沉思了片刻，请他通知全体师生在学校操场上集合。

数百名学生黑压压站到了旗杆下面，吴惠民走上前去，高喊了一声："降旗——"

一位青年教师两手交互拽着绳子，将青天白日满地红的中华民国国旗降了下来。圣德中学在校长的带领下用一个极具仪式感的广场行为，向一个旧时代做出果决的告别。傍晚时分，又有几位穿军装的同志来到圣德中学，对学校处变不惊坚持上课表示嘉许，在笔记本上记下校长的名字很快就走了。

吴惠民步行回家，睡了一个安稳觉。明月当空，分外皎洁。

解放前的几个月是郑州现代史上最昏暗也最混乱的一段时间。当年的老报纸保留了一部分相关的历史信息。1948 年 9 月 20 日《申报》报道《中原的苦难》以及之前的几次报道，记者通过采访河南城市乡间，勾画出国民党统治末期的民生艰辛，也让人清楚地看到国民党政府基层治理的低效混乱，看到郑州及附近区域承受的沉重灾难。1948年国民政府不顾身处战乱之中河南人民的死活，继续采取高压政策横征暴敛。河南省政府前主席刘茂恩，在华东野战军第一次解放开封的时候化装出逃，解放军主动退出后，他返回省城，惊魂未定，和《申报》记者谈到国民政府征粮问题时说：还要河南出粮?! 不是河南人肯出不肯出的问题，而是河南根本就没有粮了。

国民政府压省政府，省政府只好将压力往下传导，向各行政督察专员公署施压，专员公署派员督征，县长下乡坐征。河南第一行政督察专员公署设在郑州，所辖汜水县政府派人拿着镣铐下乡催粮，结果逼死人命十多条，征粮依然不足三成。所辖广武县派员催粮，越县境到荥阳县去抓粮户，结果引起一场骚动和反抗。而催征、督征、坐征的结果，根本不能从农村已经空了的粮仓凭空变出一粒麦子来。1948年的河南，既有战火，又有水灾，申报记者的词语曰："千里平原间，阡陌已失去原形。"汴郑间的粮荒虽不自今日始，但在今日却显得更严重。河南省田粮处曾电请粮食部救灾接济，两个月过去，石沉大海，未见下文。

国民党军队视郑州为中原的堡垒，为了据守郑州，一直在修建城防工事。据城防司令部负责人报告，从1947年9月到1948年6月，10个月时间共征集民夫1000万人次。

《申报》报道说：

> 这笔账也可以算算，三百天中出了一千万工，平均每天要有三万三四千人为郑州城防而工作。
>
> 别看郑州人口多，其中有十多万人是外面来的难民，郑州城区的人口不过二十万至二十五万，除去老弱妇孺和享有不被摊派权力

（利）的人，少壮人总数在十万人上下，做一个除法，就是每个少壮每三天得做一天工，这也是议长痛切陈述的一点：这十一年中郑州哪一天不在做工事？然而工事在哪（儿）呢？

战乱经年，民困已极，偏偏摊派特多，征役繁复，这是专门负责摊派的镇保长头疼的事。郑州城乡有九个镇（表述有误，其实是郑县有九个乡镇——婴父注）已有八个镇长向县长提出辞呈，在开封失陷以前的开封报纸上，"坍保"、"亡村"等字眼，差不多天天可以看到。

"坍保""亡村"就是说乡镇保长被催粮要粮的人逼得没有办法，于是一逃了事免得挨打。在情况最恶劣时，开封城厢内二十多条街上的保甲长们全部逃光。要粮的部队见到保甲人员就抓，暂时看押，粮齐了，才准许放出。

这是一个笑话：郑县参议会冯议长，在座谈会上含着眼泪说：老百姓有多少粮食都缴给政府，政府还再要些什么呢？记者偶然向另一位谈起，他说："我可以回答——要命！！！"

当年郑州有民谣曰：

> 粮食是县长的
> 儿子是老蒋的
> 发财是当官的
> 吃苦是百姓的

郑州人自古就有以民谣讽刺时事的传统，言简意赅，一针见血。

解放之前为了征兵，国民党征办人员和保甲长到处抓壮丁已是普遍现象。有具体史料显示：一些青壮小伙怕当壮丁，到处流浪有家难归，有的青年不惜自残逃避兵役，如郑州西大街青年许留保自己弄瞎了自己的一只眼睛，阜民里青年马尾巴割掉了自己的一个脚趾。1948年国民党撤离郑州前还抓走了一些青年，解放后杳无音信，不知死活。

郑州解放前不久，郑州驻防的国民党军队有一次紧急换防。此前驻防郑州的是孙元良部整编第四十七军。孙元良（台湾著名演员秦汉之父）生于四川成都，军中有不少川籍士兵，满口四川方言，所以史金腾回忆中对此印象深刻。1948年8月，蒋介石为了准备在长江黄河之间与解放军决战，组建了4个兵团，四十七军被扩编为第十六兵团，孙元良任兵团司令兼徐州"剿总"郑州前进指挥部副主任，10月6日奉徐州"剿总"总司令刘峙之命离开郑州，向东开进，加强徐蚌方向的防御。郑州防务移交给了四十军李振清部。陆军中将李振清以第十二绥靖区司令官、四十军军长的身份进驻原郑州绥靖公署大院。这个时候，驻守郑州、开封的国军主力均已东去，洛阳已被刘邓大军四纵、九纵先期解放，郑州守军孤立无援，李振清嘴上强硬，在中原野战军陈兵郑州南部的巨大压力下，内中早已丧失坚守的斗志。李振清这个人高马大的山东大汉，抗日战争中参加台儿庄大战时作战勇猛，头部受伤血流满面依然顽强指挥本团作战，从此得了一个"李铁头"的称号。1945年参加内战，时任106师师长，随四十军军长马法五率部从河南新乡出发北上进犯晋冀鲁豫解放区，曾逞强用狠，赤膊上阵，在邯郸战役中让晋冀鲁豫解放军一纵严重挫败。1945年10月被刘伯承、邓小平指挥的晋冀鲁豫解放军主力部队三面合围，穷追猛打，四十军军长马法五被俘，李振清在混战中身负重伤，带了一个连趁着夜色仓皇潜逃。回到安阳后，李振清收容溃逃和被解放军释放的官兵，被任命为重建后的四十军军长，依旧驻防新乡。这次他临危受命，充任郑州守备，面对南线刘邓大军，他余悸犹存，丧失自信，无心练兵备战，天天到三多里"珍珠泉"浴池泡澡解压。

三多里

旧街巷，现已不存。在今火车站东广场占地范围之内。三多者，祝颂吉语也，指多子、多福、多寿。语出《庄子·天地》。新中国成立前国民党郑州军警联合稽查处大队长、郑县总工会理事长陈耀龙在这里开办"珍珠泉"浴池，设有专门的贵宾间，设施豪华，既是他个人寻欢作乐的淫窟，又是他交结权贵，为之提供特殊服务的社交场所，郑州解放前后这里又成为国民党特务的活动据点。1966年三多里曾改名为"三同里"。

李振清天天在"珍珠泉"泡澡，水汽氤氲之中，他貌似晕头转向，处在浑浑噩噩的状态。陈耀龙为他安排年轻貌美的女子搓澡，他眼角一挑，挥手屏退。见他并不喜欢这一口，只好安排一个专业搓澡工过来服务。那搓澡工拿着热毛巾准备往他身上搭，先猛吃一惊，倒抽了一口凉气，只见李振清头上、手背上、左胳膊上、后脊梁上都有大大小小的伤疤，如同钢板的焊缝，凸起而光滑。这些伤疤既有日本鬼子给他留下的战功勋表，更多的是刘邓大军教训他的惨痛记号。

其实李振清在浴池蒙□的水汽中高度清醒，他眯着眼睛，是在思考如何应对他面前的危局。作为久经沙场的职业军人，他已经看懂了天下大势，获悉了刘邓大军近日向郑汴运动的动向，再次面对刘邓，他的自尊、自信已经瓦解。他在"珍珠泉"私下跟下属做好了10月22日弃城北逃、向新乡靠拢的安排，并指定四十军参谋长尹继英少将全权指挥撤退行动。三十六计，走为上计。拼死守城的下场，必然全军覆没，洛阳、开封都有样子在先。弃城而走，或许还有一线生机。

10月21日李振清先于部下秘密出逃。这是他的部队、也是正在向郑州包抄的中原野战军参战部队都事先没有料到的。他前一天大摇大摆坐上他的敞篷吉普车上街巡视，像个一流的演员，扮演了一位器宇轩昂、坚守城池、处变不惊的高级将领角色，为了鼓舞士气，驱车在大同路、德化街、西大街、北大街、营门街、天成路、东西太康路、铭功路、慕霖路、二马路、一马路、杜家花园、操场街巡视一圈，尽可能让更多的沿途士兵看见自己的身影。次日由司机冷恩宝驾车带着主任参谋袁培经以检查前哨阵地名义来到东郊野外的飞机场。此时正值秋收季节，田野里不少农民都在摘绿豆、收玉米。据袁培经撰文回忆当时情景，李振清从吉普车上"搬下一个箱子，打开箱子，里面放着土靛染的两套毛蓝土布对襟夹袄，半旧土布手工做的布鞋，旧马虎帽，半旧黑束腰——旧社会河南劳动人民经常系在腰间的布带，俗称沾带，既能当毛巾，又可当垫肩"。李振清用这些东西一化装，俨然一副典型的豫北农民形象。为了打扮得更加逼真，他们又拿银圆从农田中干活的农民身上换来了破旧的衣裳，让袁培经换上，两人第二天在渡口搭船渡过黄河时，听到了西南方向炮声隆隆枪声阵阵，他们只能默默祈祷，败局无可避免，只祈愿他的弟兄们不要被全歼殆尽。这一天，正是 1948 年 10 月 22 日，他们听到的枪炮声，是中原野战军秦基伟的九纵部队正在老鸦陈和薛岗一带追歼他们的残部。

李振清把郑州丢了，等于蒋介石把中原丢了——开封的国民党守军闻风丧胆，两天以后也学着李振清的样子，弃城而逃。

中原既是历史文化概念，又是历史地理概念，还是解放战争时期的战略板块、政治建制、施政区域概念。解放战争时期的中原，指中国版图的中部地区，地跨鄂、豫、皖、苏、陕五省，北至黄河，东起运河，南临长江，西接伏牛、汉水，地域辽阔，人口密集，物产丰富。

得中原者得天下。中国人民解放军占领了华北、东北之后，中原地区成为天下焦点。中原逐鹿，势在必行。中原胜负，决定着国共两党谁能最终掌握中国政权。

历史重任落在了邓小平身上，党中央和毛主席把"经略中原"的任务交到邓小平手中。

邓小平（1904—1997），中华人民共和国开国元勋之一，以毛泽东为核心的中共中央第一代领导集体的重要成员，党的第二代中央领导集体的核心，中国社会主义改革开放和现代化建设的总设计师。原名邓先圣，学名邓希贤，四川广安人。早年赴欧洲勤工俭学，1924年当选为旅欧共青团执行委员会书记局委员，同时转为中国共产党党员。1926年在莫斯科中山大学学习（俄文名伊万·谢尔盖耶维奇·多佐罗夫），1927年回国。土地革命时期，曾担任中共中央秘书长，中国工农红军第七军政治委员、前委书记，红军总政治部秘书长等职务，1934年随中央红军长征。抗日战争时期，先后任八路军政治部副主任，八路军一二九师政委，晋冀鲁豫中央局书记、晋冀鲁豫军区政委。解放战争时期，任中国人民解放军晋冀鲁豫野战军、中原野战军、第二野战军政委，晋冀鲁豫中央局书记，中原局、华东局第一书记。中华人民共和国成立后，先后任中共中央西南局第一书记、西南军区政委，中央人民政府政务院副总理兼财经委员会副主任，中共中央秘书长、中央组织部部长，中央政治局常委、中央委员会总书记。"文化大革命"时期，受到错误的批判，失去全部职务，后一度复出，周恩来总理病重后，在毛泽东主席支持下，曾主持党、国家和军队的日常工作，后又受到"四人帮"反党集团的迫害。1977年党的十届三中全会以后，先后担任中共中央副主席，全国政协主席。1978年底，党的十一届三中全会开辟了中国改革开放和集中力量进行社会主义现代化建设的新时期，并形成了以邓小平为核心的中国共产党第二代领导集体。之后任中共中央军委主席、中央顾问委员会主任。1989年退休。之后仍然关心党和国家的事业，1992年视察南方，发表重要谈话，总结了改革开放的重要经验，引导中国现代化建设沿着正确轨道进入新的发展阶段。1997 年 2 月 19 日去世，享年 93 岁。

解放战争的三年，是邓小平和刘伯承从率部强渡黄河，到经略中原，直到在江淮河汉之间取得全面胜利，进而跨过长江直捣南京的三年，在这三年中，邓小平是我党我军中原战略区的最高政治领导人。

1948 年上半年，中原地区主力部队包括刘邓、陈粟、陈谢三大主力，人数达 30 多万，加上各军区地方武装共 50 多万人，不仅作战方面需要统一协调指挥，部队的军需供给也必须统筹安排，这就需要一个强有力的协调各方面统一行动的指挥机关。这个时候，解放军在中原已经站稳脚跟，中原解放区的地盘也已形成较大规模，要高标准完成经略中原的任务，进一步把中原建设成为解放军继续南下的前进基地，就必须根据实际需要，加强领导力量，加强组织建设。1948 年 4 月 20 日，邓小平与刘伯承联名向中共中央上书，强调"中原局辖区甚大，领导力量极嫌薄弱"，建议中央调华东野战军司令员兼政治委员陈毅、华东局副书记邓子恢来中原局担任领导职务，同时组建中原军区和中原野战军。

1948 年 5 月 9 日，中共中央、中央军委决定加强中原局：第一书记邓小平，第二书记陈毅，第三书记邓子恢，副书记李雪峰；以刘伯承、邓小平、陈毅、邓子恢、李先念、宋任穷、粟裕、李雪峰、陈赓、张际春、谢富治、刘子久 12 人为中原局委员。同时建立中原军区及中原野战军：司令员刘伯承，政委邓小平，第一副司令员陈毅（仍兼华东野战军司令员和政委）、第二副司令员李先念，副政委邓子恢、张际春（兼政治部主任），参谋长李达，副参谋长曾希圣。中原局和中原军区主要领导人的工作分工为，刘伯承和陈毅主要抓军事和作战，邓小平集中精力抓政治领导、党政建设，邓子恢主要抓整个解放区的地方工作。

中原局和中原军区所辖各解放区的区划和部队的建制也做了适当调

整。经过调整，中原局领导的解放区由原来的 6 个增加到 7 个，即：鄂豫、皖西、桐柏、江汉、豫皖苏、豫西、陕南。中原军区下辖七个解放区军区，第一、二、三、四、六、九、十计七个纵队及三十八军，并指挥华野第三、八、十纵队。中原局和中原军区总部所在的豫西解放区以伏牛山、嵩山为中心，北至黄河，南依桐柏，东到平汉铁路，西临陕南，人口约 1200 万人。中共豫西区委、行署和豫西军区也在这个时候（1948 年 6 月初）成立，党委书记张玺，行署主任李一清，区党委隶属中原局，下辖六个地委和洛阳市委，郑州解放后，变为下辖七个地委和郑州市委——洛阳市确定由一地委领导。1949 年组建的中共河南省委、省人民政府从干部来源结构看，基本上是由豫西区和豫皖苏解放区为班底的，尤以豫西区为主。其中从晋察冀南下豫西的干部和山东支援豫西的干部占了相当比重。

这个时候的邓小平，40 岁出头（44 岁），古人称"四十曰强"，正值强盛之年，他身经百战，经历了中国革命各个时期的考验，特别是在和刘伯承亲密合作中，指挥八路军一二九师的敌后抗战和领导开辟太行、太岳、晋南、冀鲁豫等抗日根据地的斗争中积累了丰富的领导经验，具备领导解放战争中一个战略区的政治领导人的能力和智慧。

1948 年 5 月 19 日，中原局第一书记、中原军区政委邓小平和中原军区司令员刘伯承率领领导机关进驻河南宝丰县，中原局第二书记陈毅、第三书记邓子恢，由山东经河北邯郸、山西晋城、河南洛阳来到宝丰。中共中央中原局、中原军区由此形成了坚强的领导团队和指挥中心。几位主要领导个性鲜明，各具特色，但相互尊重，高度配合，大家在一起工作，融为一体，结下了终生不改坚如磐石的深厚情谊。

在刘伯承、邓小平、陈毅、邓子恢四位中原局领导人中，刘伯承年岁最长，性格沉稳，学养深厚，博古通今，有名将之风，不但深受我军将士尊敬，在国统区民间也备受赞誉，老百姓都视其为传奇人物。河南当年有两句对刘伯承的称赞词："一刘战败七个刘，一只眼战胜十四只眼。"一刘即指刘伯承，也有赞其帅才"一流"的意思，七个刘则指当年河南国民党军政头目和交战敌军首领刘峙（国民党郑州绥靖公署主任）、刘茂恩（河南省主席）、刘艺舟（河南省保安副司令）、刘积学（河南省参议会议长）、刘汝明（国民党第四绥靖公署主任）、刘汝珍（国民党六十八军军长）、刘暨（河南省政府调查室主任）。一只眼是说刘伯承一眼失明，独眼可观天下，十四只眼是说这七名刘姓官员、将领都戴着眼镜，却昏暗不明，形同睁眼瞎。刘伯承说话，既有斩钉截铁之语——"狭路相逢勇者胜"是他改造古语创造的名言，还有风趣幽默之语——"不管黑猫白猫，逮住老鼠就是好猫"，这句话今天大多数人会误认为是邓小平的原创，其实这句话由巴蜀乡村俚语演变而成（原始说法是"黄猫黑猫"），战争年代刘伯承、邓小平在军中都很喜欢说这句话，每到战前动员，刘邓总是以此提醒大家开动脑筋，发散思维，灵活运用各种战术，去消灭敌人争取胜利。刘伯承、邓小平合称"刘邓"，是中国革命史上著名的黄金搭档，有"刘邓不可分"的美谈。邓小平作为中原局一把手，代表党中央在中原战略区实施统一领导，他的年龄却是最小的，他和刘伯承生肖同属龙，刘伯承年龄比他整整大了一轮。邓小平事刘如长兄，挺进大别山途中路过黄泛区湿地沼泽，邓小平亲自搀扶刘伯承深一脚浅一脚跋涉前行；夜深人静在作战室一起对着地图研究敌情制订战役计划，邓小平常常亲自为视力不好的刘伯承掌灯，查找坐标。邓小平性格坚毅，沉稳如山，毛主席曾夸奖他"是开钢铁公司的"，形容他意志坚定，举重若轻，坚持原则，不可撼动。他说起话来词语简洁朴素，向无虚词，务求精当，开门见山直奔主题。有关资料显示，他耳朵略有重听，一生中从不会与人窃窃私语。别人发言，他喜欢让人说完，很少半路打断、中间插话，喜欢安静地倾听，仿佛是一种享受。他不会像陈毅那样爆发出声震屋瓦的大笑，他的笑是用嘴角向上轻轻挑起的微笑。刘伯承、邓小平、陈毅都是四川人，陈毅初临宝丰，刘邓前去迎接，陈毅哈哈大笑，握住两人的手说："老乡见老乡，两眼泪汪汪呀。"从此，三人在一起聊天，仿佛上演方言剧，你一言我一语，尽是川味儿幽默。陈毅年龄居中，性格豪爽，富有文采，喜欢谈天说地，演讲时汪洋恣肆，囊括古今。邓子恢年龄居次，生于闽中，曾东渡日本求学，性格恬淡宁静，率真自然，勤于研究，善于思考，学识丰富，目光深邃，有长者气度大家风范。每遇陈毅长篇大论海阔天空时，经常风趣地插科打诨，把现场气氛推向高潮。

　　正是这样一个金牌团队，把"经略中原"战略从"闯中原""战中原"推进到了"定中原"的历史节点。

中原军区司令部 1948 年夏秋之间的驻地——河南省宝丰县
商酒务镇皂角树村，一个有望楼的院落　婴父摄影

41

中原军区司令部会议室，解放郑州战役曾在这里酝酿谋划　婴父摄影

　　经略中原，郑州一直是邓小平最为关注的中原城市。晚清名臣张之
洞、盛宣怀修筑京汉铁路，选定线位时舍开封、洛阳而取郑州，铁路开
通运营后，尤其是陇海铁路与京汉铁路在郑州形成十字后，郑州一夜晋
升全国性交通枢纽，战略地位中外瞩目。北洋时期，直奉军阀在这里拥
兵争锋；冯玉祥两度入主河南，在开封处理政务，却将军队驻扎郑州，
控制四向，决定进退，并首开"郑州市"行政建制；抗战时期，日寇
两度争夺郑州，视郑州为中原心腹之地，曾策划建立以郑州为省会的伪
"中原省"；抗战胜利，国民党军第一战区在郑州隆重举行受降仪式，
接受中原地区暨郑州、开封、洛阳、新乡日寇投降；蒋介石发动内战，

又毫不犹豫选定郑州为国民党在中原地区的军事指挥中心，成立"郑州绥靖公署"，下辖军队驻守范围超过河南省界。应该说，每座城市都是一定时段一定地理区域的政治、经济、文化、军事、外事、交通、产业和人口聚集的中心，每座城市都是多种功能的复合体。这些功能或强或弱，既可以叠加，随着环境条件的变化，也可以增强或者被纾解、疏离、弱化，被其他城市承接替代。从晚清到解放战争时期，郑州的各项城市功能，不断增加，不停强化，成为中原军事中心战略要地和全国性的铁路交通中心、中原地区物流输配中心和农副产品交易中心，这些功能显然超过了省会城市开封。战争年代，以军事价值为导向，有军事地位就有政治地位，郑州城市影响力的急剧上升是可以想象的。1946年6月国共谈判最终破裂，蒋介石发动对解放区的大举进攻，内战全面开始，郑州绥靖公署主任刘峙所辖兵力全部投入进犯晋冀鲁豫解放区的重点行动。1946年8月刘邓大军为斩断敌军的运输大动脉陇海铁路，在兰封（今河南兰考）至徐州之间发动攻势，歼敌5000余人，破袭和控制铁路150公里，也让郑州绥靖公署焦头烂额。刘峙组织反扑，刘邓首长指挥部队佯装大步撤退，同时安排伏击，诱歼了国民党军精锐部队整编第三师，活捉中将师长赵锡田（国民党陆军司令顾祝同的外甥），刘峙因此被蒋介石撤职。刘邓大军强渡黄河和挺进大别山后，面对的敌方军队也主要是郑州绥靖公署统辖的部队。郑州和徐州两个铁路枢纽城市始终是蒋介石军事布局的战略支点。时间到了1948年下半年，"战郑州"和"战徐州"成为中共中央、也成为邓小平常思常想的两大命题。

阅读历史文献可知，至迟在1948年6月20日（华东野战军首次攻入开封城占领省政府之日），刘邓向中共中央军委发电提出了发起郑州战役的作战部署，作战目的是歼灭郑州守敌孙元良的国民党四十七军，同时围点打援，消灭从东南两个方向前来增援的敌人。刘邓分析说：

"郑州城防比开封强，但比洛阳弱，郑州以南以东地形均好，利于设野战。"8月中旬，中原野战军向中央军委报送的秋季作战方案中进一步提出，在我华东野战军逼近和攻击济南、徐州时，郑州孙元良部可能向东增援，中原野战军即可以主力部队围歼郑州之敌。

1948年7月25日，邓小平与刘伯承、陈毅握别，乘坐缴获的美式吉普车从河南宝丰县商酒务镇皂角树村出发，前去参加中共中央在河北西柏坡召开的政治局会议（史称"九月会议"），中原局的日常工作托付给陈毅负责。8月上旬到达西柏坡，见到毛主席。毛主席握着邓小平的手，端详着他消瘦的脸，心疼地说：三年没有见面，邓小平瘦成邓小猴了。你瘦喽，中原解放区却强壮喽。

毛主席十分重视中原战局和中原解放区的发展情况，在政治局会议前多次找邓小平谈话。按照毛主席的要求，邓小平连续几天伏案写作，给中央提交了中原局工作的书面报告。

1948年9月8日，中共中央政治局会议在西柏坡中央机关小食堂正式召开。一个月之前国民党统治集团为挽回颓势，8月上旬在南京召开军事检讨会，蒋介石在会上承认："就整个局势而言，则我们无可讳言，是处处受制，着着失败。"他斥责国民党高级将领们"精神堕落，生活腐化，革命的信心根本动摇"，要求他们振作军心，提高士气，加强"精神的武装"，使"军事转危为安，转败为胜"。会议决定将作战重点置于黄河以南、长江以北地区——蒋介石何尝不知"得中原者得天下"的古训，他要调兵遣将，在中原地区与共产党一决高下。他要求在这一地区内，各绥靖区国军配合地方武力追堵兼施，国军主力精锐之师则编组形成强大兵团，对解放军"猛烈追剿"。同时牵制东北、华北解放军，屏障黄河以南的中原战场。

中共"九月会议"则研究了更加宏大的主题：毛泽东作了重要报告，分析了国际形势、战略方针和战略任务，提出"军队向前进，生产长一寸，加强纪律性，由游击战争过渡到正规战争，建军 500 万，歼敌正规军 500 个旅，五年（1946 年算起）左右，根本上打倒国民党统治"等要求，还指出未来的人民政权，是要"建立无产阶级领导的以工农联盟为基础的人民民主专政"，要"建立民主集中制的各级人民代表会议制度"。毛主席的报告贯穿一个主题，战胜蒋介石，建设新中国——从1954 年第一次全国人民代表大会的召开和同时颁布的宪法内容，可以看到毛主席和中共中央政治理念的始终不渝、制度设计的持续推进，可以看到清晰的历史逻辑演进线路。

会议关于军事斗争安排方面指出，人民解放军仍然全部在长江以北地区和华北、东北作战，要准备打若干次带决定性的大会战。全国作战的重心在中原（中共中央的部署与蒋介石的部署既不谋而合又针锋相对）。要敢于打前所未有的大战，敢于与敌人的强大兵团作战，敢于攻击敌人重兵据守和坚固设防的大城市，以夺取全国胜利。

9 月 14 日会议结束，邓小平没有在西柏坡停留，立即整理行装返回豫西。毛主席、周恩来副主席（中央军委副主席兼总参谋长）都来送别，毛主席说："我们每次见面，形势都有好大变化。我们明年再见面，相信有更大的胜利！"周副主席轻抚着邓小平的肩头说："中原的位置太重要了，要靠你们去挖蒋介石的命根子，消灭他的主力部队，说不定抄他南京老窝的任务也靠你们完成呢！"

邓小平回答："党中央看得远。我回去和刘伯承同志很好地研究一下，我们应该发挥更大的作用。主席给我们的任务，我想一定能完成！"

邓小平回到中原局研究的第一项工作，就和郑州战役有关：敌情有变。敌人正在调整部署，抢占先机，严防我军进攻徐州，孙元良的四十七军已扩编为第十六兵团，已于 10 月 6 日开始离郑，向徐州进发。黄维兵团也可能东进。刘邓和陈毅、李达等研究后立即应询致电中央：陈锡联率一、三、九纵集结于禹县、襄城、叶县，等待战机；陈赓率四纵和陕南主力（在方城周围）、六纵（在唐河以南）就地等待战机。陈锡联、陈赓两集团待敌情大定后，相机攻击郑州或南阳，或尾击孙元良、黄维两敌，以策应我徐州作战。特报请示。

10月11日，中央军委致电刘邓：你们应立即部署攻击郑州一线，牵制孙元良兵团不得东进，否则孙兵团抵达徐州，将妨碍华东野战军的作战行动。

10月12日，刘邓致电中央军委：遵令决定陈锡联率一、三、九纵攻歼郑州之敌，预定十八日开始战斗，陈赓率四纵十八日到襄城，并继续移靠攻郑部队，准备打援。

10月13日，刘邓和陈毅、李达等经过缜密思考，致电中央军委，建议推迟进攻郑州时间，把攻郑时间定在淮海作战前5日开始行动。

10月14日，再向中央发报，报告了攻击郑州的作战计划，主要是两个方面。其一是作战时间、参战部队、战役目的：如果华野确定10月28日在徐州一带发动攻势，则中野决定组成陈锡联兵团（率一、三、九纵队）于20日开始围攻郑州，陈赓率四纵跟进加入作战。攻郑的目的，是吸引孙元良兵团全部回援，如果兼能吸引杜聿明、邱清泉兵团的一部分援兵效果更好。其二是作战中针对可能出现的情况提出的不同战法：一旦开战，如果能迅速拿下郑州城，则占而守之；如攻势开始，孙元良被迫回援，攻城又一时难以得手，就优先考虑在野战中歼灭孙元良之一部；如果攻城和打援均不顺利，就放孙元良部进入郑州城，我军则在外部对其进行钳制，使其不得东进，他若敢强行东进，我军则组织歼孙之战。

10月18日，刘邓和陈毅、邓子恢致电中央军委：鉴于郑州、开封等地敌情变化，我们再三考虑，攻郑时间应在23日开始，迟则将失去歼灭四十军的战机。并向中央军委报告说，邓小平、陈毅即日将赴郑州前线指挥作战，使用陈赓四纵电台，请军委与他们联络。中央军委当日复电，同意他们的意见，同时提示他们，守郑敌军可能逃跑，应安排主力部队在郑州、中牟之间向郑州攻击，避免敌人从东面向开封逃跑。刘邓和陈毅等深入研究后认为，郑州守敌配备的重点在西北方向，若逃跑则向北的可能性较大，应事先断绝郑州至黄河铁桥的道路截堵北逃之敌。

为了读者阅读顺畅，也为了节省篇幅，本书对中原局与中央来往电文做了简约化处理。这一段时间"郑州"成了通信电波中频频出现的关键热词。

10月18日当天，刘邓签发中原军区郑州作战的命令，着陈赓、陈锡联、谢富治统一指挥攻郑作战，参战部队分为"东集团"和"西集团"两个作战集团，陈锡联指挥一、三纵为东集团，由城南至东北方向实施攻击；陈赓指挥四、九纵为西集团，由城西南至正北方向实施突击，九纵并派出有力部队在郑州城与黄河铁桥之间预设阵地，阻击新乡之敌南援，防备郑州守敌北逃。

10月20日，中原军区高层领导开始分成南北两组分别行动，刘伯承、邓子恢、李达在豫西指挥第二纵队、第六纵队、陕南第十二旅和江汉、桐柏两军区主力，把黄维、张淦两兵团引向平汉路西大洪山与桐柏山区，减轻即将开始的郑州作战压力，邓小平、陈毅、张际春则从皂角树村向北进发，与陈赓四纵会合，指挥和督导郑州战役。当天晚上，邓小平和陈毅、张际春抵达禹县十三帮会馆（位于今禹州市文卫路中段路西）。会馆始建于清同治十年，由药行帮、药棚帮、祁州帮、甘草帮等十三个药帮集资共建。占地二十亩，内有戏台、药王庙、议事厅等，建筑群坐北朝南，布局规整严密，青砖灰瓦，起脊挑檐，是禹县最讲究的传统建筑群落，现被征用为中野四纵司令部，里面可以容纳数百人。院子里不断有人进进出出，电台嘀嘀收发报的声音通夜不断，一派大战将临的气氛。

禹县十三帮会馆，解放郑州前的中原野战军四纵指挥部　婴父摄影

　　陈赓见到邓小平、陈毅，跑步向前，两腿并拢，右臂高升，庄重地行礼致敬，大家热烈寒暄。邓小平心情愉快地说："今天是个好日子。"指指陈毅，又指指陈赓，再指指自己说："陈粟大军，陈谢大军，刘邓大军，以郑州战役为起点，三路大军正式连接一体，协同作战。"

　　陈毅拊掌称赞："要得，要得！政委总结得好！"

　　从1947年开始，中原大地上有三个解放军作战集团，号称三路大军，同时由中央军委直接指挥，一是晋冀鲁豫解放军后称中原解放军的刘邓大军，二是华东解放军的陈粟（陈毅、粟裕）大军，三是晋冀鲁豫野战军四纵及其由四纵主导的九纵、西北民主联军第三十八军和豫陕鄂地方部队，号称陈谢大军（陈赓、谢富治），四纵本是刘邓大军的编内部队，是刘邓大军的一部分，但中央军委将其作为战略机动部队使用，此前直接听命于中央。陈赓多次在大会小会上讲："我们这支部队的底子本来就是一二九师三八六旅，是晋冀鲁豫野战军的一部分，因为作战形势需要，我们在一个地区单独活动了一段时间，现在我们又归建回到老窝，归刘邓首长直接指挥。前一段通讯社、报纸为了宣传和吓唬敌人，称我们为陈谢大军。我陈赓何德何能，敢与刘邓、陈粟相提并论?!"陈赓从来不允许部队中各级指战员自称"陈谢大军"，他平生淡泊名利，在荣誉和个人地位问题上保持着高度清醒。

陈赓认为邓小平的说法高度概括，既如实描述了前一个时期中原我军的实际状况，又抓住了眼下郑州之战的精义，不能反对，但既旷达又细致、既端庄又诙谐的陈赓还是有办法表达他需要表达的那层意思：他缩了一下脖子，转了两圈眼睛，做出惶恐不安的表情，笑着露出整齐的白牙，伸出小拇指头："我们，只是这个，一路小军。"

在场的人都笑了起来。

简单吃了晚饭，邓小平、陈毅、张际春在一起研究郑州战后接管问题。

作为政委，从八路军一二九师开始，与刘伯承一起驰骋疆场攻城略地，早已是家常便饭，但作为主帅，亲率十万大军，攻占中原重镇，这在邓小平个人军事生涯中是从来没有过的——我们现在所能看到的中央给他们的电报，抬头始终是"陈、邓"，把陈毅排在邓小平前面，这不过是在保持战争年代始终如一的"武在前，文在后"的电文规则，作为中共中央中原局的书记、中原军区政治委员的邓小平理所当然是郑州战役指挥系统的一号首长，而中原局第一副书记、中原军区第一副司令员陈毅则是二号首长，这在党史、军史中是没有疑问的。邓小平除批准了作战部队的战场部署外，还主导了占领郑州的接管安排。

10月21日，邓小平、陈毅、张际春致电中央，报告攻占郑州后有关工作的考虑和安排。电报说，对郑州有可能实现巩固性占领。为切实保证社会秩序，准由本市工商学界及社会团体组织治安秩序委员会。成立军事管理委员会负责城市接管工作，由张际春任军管会主任，指定九纵秦基伟为警备司令……

当天晚上，各参战部队按照事先部署陆续到达指定位置，形成对郑州的四面合围，一场围歼战、攻坚战的布局业已完成。子时以前，"东集团"之一纵部队进至郑州城东北侧（今郑东新区CBD附近），三纵部队进至城东南十里铺一带；"西集团"四纵部队进至城南郭店（今新郑郭店镇郭店村），而九纵则在22日上午到达郑州城西北贾鲁河以西的兰寨、石佛、百炉屯一带——兰寨村位于今郑州高新区雪松路与药厂街交会处附近。《兰寨村志》记载，1948年10月21日夜九纵部队"入住本村不惊动老百姓，露宿街头。天亮，村民看到不同往常的大兵很是吃惊，不可思议"。兰寨村上一年曾住过国民党军队，搜刮百姓，杖毙逃兵，把整个村子闹得鸡飞狗跳。这次见到不入民宅、纪律严明的军队，相形之下让他们顿生好感。

邓小平、陈毅、张际春与陈赓四纵主力同行，当晚在郭店安营扎寨。作战处和通信分队立即搭设电台，布置地图，建立四纵前线指挥部，供邓小平等首长指挥郑州战役全局。

22日清晨5时，中野一纵在杨勇司令员指挥下分别攻占祭伯城、飞机场（今郑东新区CBD地区），切断郑州守敌可能东逃的线路，扫除郑州城外部敌军力量。

📖【老郑州城市微观地理小词典】

祭伯城

祭字作为郑州地名用字时普通话读音 zhai，读寨；郑州方言读音 zha，读炸。清乾隆《郑州志》曰："祭伯城，在州东北十五里，今废。周公第五子所封地。"祭伯城乃西周方国祭国都城，周公姬旦封其第五子于此。祭国地近殷商旧都，东临圃田大泽，水美土沃，物阜民丰，是周公治国的东部重要支点。春秋时期，祭国被郑国吞并，郑庄公赏给宠臣祭仲作为他的采邑。祭伯城城址面积约两平方公里，2013 年国务院公布祭伯城遗址为全国重点文物保护单位。2016 年郑东新区在平安大道与农业东路交叉点位置建成占地 3 公顷的祭伯城遗址公园。

郑州城内守军接到消息，6 点钟开始弃城沿郑新公路（郑州至新乡）向西北方向溃逃。九纵在城北的部队通过前伸侦察和通过监听敌军电话获取了敌军逃跑的情报，在须水镇九纵前线指挥所指挥战斗的秦基伟司令员，果断将预定的城市攻坚战的部署，调整为野外歼灭战。郑州城西北方向的九纵部队两个旅成为主战部队，郑州战役实际上成为郑北战役。秦基伟用电台向四纵指挥所中的邓小平、陈毅等报告了有关情况和战斗决心，邓小平当即指示：一定要歼敌于运动之中，不能让他们跑掉！

📖【老郑州城市微观地理小词典】

老鸦陈

郑州古村落，因乌鸦而得名，原名"老鸹陈"，郑州方言读"老瓜柴"——"柴"是陈的转音，把韵母 en 变音为 ai，仄声改平声，声调向

51

上，便于张开口型，放大音量。而郑州人自古以来称乌鸦为老鸹，鸦是书面语而非口语，改"老鸹"为"老鸦"是普及普通话后对地名的雅驯化处理，削弱了方言特征。老鸦陈村位于今郑州市惠济区，江山路从村中穿过。村庄靠近贾鲁河，曾是古代运粮水道。传说东汉末年张角"黄巾起义"时曾在此建仓储存粮草，称为"黄巾宝屯"。黄巾军被击败后，这里又转手成为曹操的军需仓库。明朝陈姓兄弟从山西移民郑州落脚至此，修房舍，建家庙，繁衍生息渐成聚落，尤其广植树木蔚然成林，大批乌鸦在这里翔集不去，长期栖息，村庄故而得名。1948年10月22日，这里成为郑州战役中"老鸦陈围歼战"的主战场。当时的老鸦陈是个500多户人家的大村庄，分南北两寨，寨墙高一丈五，上宽三尺，外有护寨沟，寨内瓦舍栉比，俨然一座小城。当日中午，郑州逃敌的大部分及其指挥机关被解放军压缩到老鸦陈寨墙之内，敌军辎重塞道，人马混杂，少数脱逃，大部分被俘被歼。1960年2月，时任中共中央总书记邓小平同志偕彭真、刘澜涛等到此视察。

关于郑州战役的具体过程和战绩情况各种军史资料都有详细的记载和生动的描述，兹不赘述。用简单几句话概括一下：中野主力四个纵队十万大军围上来，给李振清造成心理压力，这是郑州国民党守军决定北逃的直接原因。从这个意义上说，四个纵队均有贡献。但除一纵在城东发生局部战斗外，三纵、四纵虽充分热身，但都没有获得下场的机会。郑州之战英豪云集，陈赓、陈锡联、杨勇都是驰誉晋冀鲁豫的名将，但这一次都扮演了配角，资历最浅的秦基伟叱咤风云，一展雄风，成功扮演了"男一号"的角色，获得重大战果，歼敌和俘虏敌军1.1万人，毙伤敌四十军少将参谋长尹继英、一〇六师少将师长赵天兴，俘获了敌九十九军参谋长佘庭辉少将等多名少将级军官，缴获枪炮弹药无数，九纵部队在兵员和装备方面得到全面补充，军队士气和战力有了进一步提升。

还需要补充一点，以守军全部逃离城区和中原解放军接管城市为标志，1948 年 10 月 22 日被确定为郑州解放日。但郑州战役当天并未结束，根据秦基伟回忆文章记载，一路向黄河岸边追击的九纵部队、豫西第四军分区部队于 23 日、24 日和北逃敌军、黄河南岸守军在邙山头、黄河南岸火车站等地发生了激烈战斗。

📖【老郑州城市微观地理小词典】

邙山头

黄河南岸郑州段丘陵为黄土高原余脉，几座山峰古称广武山，亦称岳山，是刘邦、项羽楚汉相争的著名古战场，"汉王城""霸王城"所在地。"邙山"在黄河南岸洛阳段，东端结束于伊洛河入黄河处以西。将广武山误称为邙山始于抗日战争时期。国民党军队三十八军十七师和新编三十五师曾在广武山一带英勇抗敌，牺牲 2400 多人。因三十八军防区绵长，遂将郑洛一带黄河南岸山丘统称邙山。解放郑州战役，中野解放军使用的作战地图沿袭了国民党军队标注，邙山解放后渐成公称。1987 年，郑州市成立邙山区（郊区与金海区合并而成），在学者们长期的正名呼吁下，2004 年，邙山区更名为惠济区（因古运河惠济桥得名）。广武山一带现已融入黄河文化公园，成为郑州黄河游览观光胜地。

至 10 月 24 日 19 时，郑北歼敌战才告结束。因而九纵作为邓陈首长指定的警备部队在 25 日才举行入城仪式，出现在郑州街头。

关于邓陈指挥解放郑州战役的指挥部位置何在，迄今没有确切的表述和权威的认定。有文史爱好者甚至少数官方媒体提出，邓陈离开禹县后曾在郑州城南十八里河村驻扎，指挥部应该设在此地。依据之一，是当地百姓有过郑州解放前夜村里驻扎过部队的传说；依据之二，一位参加过郑州解放战后接管工作的地方干部的一篇回忆文章中有此说法。这篇文章其实漏洞百出，多个时空节点无法与各种军史资料一致，不少细节描写貌似生动活泼一波三折，其实一望可知有悖军事常识。至少三条原因可以肯定，邓陈指挥部设在十八里河村的说法难以成立。一是根据二野及参战纵队的军史资料记载及高级将领们的回忆文章，邓陈首长战时是和主力部队在一起的，而不是和地方干群混合行军的。二是邓陈当时并没有自己独立的指挥部和参谋机构、电台设施，他们是依托四纵指挥所掌控局势的，是和陈谢在同一位置的。中央军委10月22日中午给华东野战军几位领导的电报中说："陈毅、邓小平二同志现用陈赓、谢富治电台在郑州附近指挥作战，你们及进入鲁西南之三纵，均应经陈谢台与陈邓密切联络，以利配合。"此电为毛主席亲自拟文、签发，内容应准确无误。郑州战役主战部队首长秦基伟在回忆文章中也说："当时，陈邓首长在四纵指挥所，我向他们报告了纵队决心。"三是根据有关资料的记载，郑州解放前夜，陈谢的四纵所在位置在郑州城南郭店（今属新郑市郭店镇。郭店镇因郭店村而得名，郑州市至新郑的公路从郭店村中穿过，交通便利）。郭店距郑州中心城区近三十公里，在这个位置设置战役最高将领的指挥所是符合战时规则的。这个距离与邓陈首长下午出发，晚间抵达郑州大同路的相关记述也吻合。所以"十八里河说"不太可靠，姑且存疑，有待学者、文史爱好者和军史迷们进一步考辨求证。

接到城区情况的报告后，一纵、三纵、四纵和豫西军区、豫西行署的部分同志已先期入城，占据敌人的军政机关，控制城市重要的要害设施和空间节点，维护、稳定社会秩序，开展街头宣传工作。陈赓司令员命令指挥所工作人员也尽快完成转移，进入郑州城中预定位置，设置新的指挥所，完善相关保障条件。在进入郑州前专门向通信科科长戴其萼交代："指挥所转移得快，指挥中断的时间就少，到郑州要高标准布置通信设施，为邓政委、陈司令员搞好服务，他们既要和中央军委总部首长联系，又要和刘（伯承）司令员联系，还要想办法和华东野战军联络，通信保障任务很重，要争取搞到大功率电台。另外，到郑州看能不能缴获几辆通信指挥车，指挥部一边机动，一边调兵遣将，那就好了！"——在延安，陈赓见到过一辆美军通信车，车上地图、电话、发报机一应俱全，据说无线电话可以直通美军夏威夷基地，他好生羡慕，朝思暮想能有一台这样的先进装备。

戴其萼回答："保证完成任务！"

陈赓挥挥手："好，去吧。找不来，你就给我造一个！"

戴其萼坐上卡车和通信科的同志带着电台先于首长们向郑州开进。

戴其萼（1918—2005），河北沧县人，1932年参加革命，前后参加过抗日战争、解放战争、抗美援朝战争，1953年跟随陈赓参与创办中国人民解放军军事工程学院（简称"哈军工"），长期担任导弹工程系主任，为我军培养了一大批军事工程专业人才和优秀指挥员，俞正声、彭小枫、粟戎生、罗东进、刘太行、邓先群等新一代领导和将领都出自他的门下。戴其萼从小就读于教会学校，积累了扎实的科技知识，而且心灵手巧，废弃残旧电器一经他的修理装配，点石成金，立刻起死回生。之前他为陈赓改装过一台五灯交流收音机，音质纯净，没有一丝杂音，陈赓爱不释手。陈毅发现了，拔下插头抱起来就走，边走边笑着说："打你的土豪，分你的浮财……"

邓陈首长和陈赓等四纵领导也准备向城内进发，邓小平坐上吉普车，拍着车门说："出发喽，去做几天郑州市民喽！"

陈毅说："要得。晚上我就替你们侦察一下，郑州有啥子好吃的小吃。"

陈赓这回伸出的是大拇指："好！"

郑州战役的顶层设计者、主要指挥者们满怀胜利的喜悦，乘车在一望无际的黄淮平原的夕照中向北开进。

时任中共中央中原局书记、中原野战军政委的邓小平和时任中原野战军副司令员兼华东野战军司令员的陈毅指挥了解放郑州战役。这是众所周知的史实。——毛泽东主席 1948 年 10 月 22 日下午 1 点钟给华东局和华东野战军负责人的电报中也使用了"指挥"这个词语，电文说："陈毅、邓小平二同志现用陈赓、谢富治电台在郑州附近指挥作战。"权威地证明了这种说法。但邓小平本人另有说辞。他在 1989 年 11 月 20 日会见编写第二野战军战史的老同志时有一个篇幅不短的讲话，其中有一段专门讲战役指挥问题，他说："从战争一开始，每一次的具体作战，指挥的都是各纵队的头头。刘邓没有亲自到战场上指挥过一个战斗行动。羊山集战斗就是陈再道指挥的，好几个战斗是陈锡联指挥的，双堆集战斗有一面是王近山、杜义德指挥的，也有是陈赓、杨勇、苏振华指挥的。我们没有发现过下面有什么不对的，也没有纠正过任何纵队领导同志指挥过的战斗。我们如果对指挥有意见，发现有不妥的地方，有电话可以联络。这种做法对增加上下级之间的相互信任，提高部队的战斗力很有好处。还可以锻炼指挥员的主动性，讲句哲学语言叫发挥能动性。野战军的领导人相信自己的部下，下面也相信领导，这种互相团结、互相信任的关系从作战一开始就是这样的。这是个了不起的力量。二野所以能锻炼成这么样一个了不起的部队，主要靠的这一条。"

邓小平是战略区的领导人，承担责任的是中原大局，心中思考的不是细枝末节，不会去替代下级研究战场上的战术动作。结合解放郑州战役的实际，与其说是邓小平、陈毅指挥了郑州战役，不如说邓陈首长靠前督战，为解放郑州确定了目标，鼓舞了士气，输送了能量。今天的郑州人津津乐道邓小平亲自指挥解放郑州战役的故事，显示了对邓小平的崇敬和追怀，也增添了这座中原名城的骄傲与自豪，其实，遵从邓小平的说法，也许更能体现出他的博大胸怀和战略高度。他在郑州解放后入住郑州五日，在这里整军肃纪，指导地方政权建设，运筹帷幄，谋划和拉开淮海战役的大幕，更是郑州人应当珍藏的历史记忆和历史荣光。

有些战役，邓小平承认是他指挥的，例如闻名中外的"淮海战役"（郑州战役从某种意义上说是淮海战役的前哨战，是淮海战役的前奏和序曲），淮海战役是解放战争时期与国民党军队决战决胜的三大战役之一，关系全国解放的战略大局，由二野、三野联合作战。邓小平回忆说："淮海战役成立了总前委，由五个人组成，其中三个人是常委，我当书记。毛主席对我说，我把指挥权交给你。这是毛主席亲自交代给我的。淮海战役的部署决策是我根据中央军委和毛主席的指示主持决定的。渡江作战，部队突破江防后，我的指挥部在三野指挥部，张震是参谋长。渡江战役也就是京沪杭战役的实施纲要是我起草的。"

邓小平、陈毅、张际春等中野首长在郑州连头带尾待了六天时间，每天的工作日程都和淮海战役有关——下面我们会详加描述。邓小平一刻也没有放松，进入了陇海战役的战前状态。

车队应该是从南关大街进入的市区，所有的商铺门店都已关门，没有路灯，没有行人，街面上出奇的安静。

"郑州百姓有福啊，没经枪炮惊吓，没受战火涂炭，平平安安就变成了解放区。洛阳、开封老百姓没有这个福气。"邓小平在车上感叹。

"没有发生攻城战、街巷战，我们是不战而屈人之兵，善之善者也。城外又消灭了敌人的有生力量，堪称精彩战例呀。"陈毅在后座回应。

在昏暗的街道中转来转去，大约在晚上11点前，车辆抵达目的地，一个大院的门口。大门是砖石牌楼的制式，月光和路灯下，牌楼横枋上青天白日的圆形徽章清晰可辨。九纵司令员秦基伟、四纵政治部保卫部部长刘子毅和十几位参谋、通信、警卫人员早已在门前等候。

陈赓给邓陈首长介绍："这是刘子毅，四纵政治部保卫部部长。既是侦察英雄，也是反侦察高手，解放洛阳时，临时干过公安局长。"

英武帅气的刘子毅跨步上前敬礼说："报告邓政委、陈司令员，这里是你们的驻地，也是刚刚安顿好的中原军区前线指挥部和四纵司令部。秦基伟司令员的警备司令部正在清理，近日也在这里办公。过去这里是国民党郑州绥靖公署所在地，是国民党军队在中原的首脑机关。报告完毕。"按照解放战争时期我军接管城市的工作规则，首长进城前保卫部门、城工部门会全面掌握城区各种背景资料，供做决策参考。

"哦，郑州绥靖公署？"邓小平满面春风，笑意盈盈——他一辈子从不放声大笑，依陈毅看来，今天小平的眉开眼笑已经是难得的开怀样态了。邓小平说："我们抄了刘峙的老窝喽！"陈毅哈哈大笑，声震树梢："徐州剿总刘总司令小心脏受不了喽，我们今晚先剿了他的老窝！"

📖【老郑州城市微观地理小词典】

郑州绥靖公署

国民党郑州绥靖公署即大同路一号院，南邻大同路，西邻南下街，东邻南顺城街，紧靠郑州西城墙"地平门"（民间习称"小西门"）。这里是郑州沦陷时期亲日反动组织郑州新民会的旧址，1945年10月国民党第五战区司令部准备进驻郑州，经郑州地方官员王光临、崔国庆等人筹划，选择这里改造为郑州绥署长官司令部的大院，这里随即成为国民党中部地区军事集团的指挥中心。绥署直属八大处分别安排在汉川街、延陵街、南下街、操场街等地。郑州绥靖公署下辖5个绥靖区：第四绥靖区（开封）司令官刘汝明，第五绥靖区（信阳）司令官张轸，第六绥靖区（商丘）司令官周岩，第十二绥靖区（新乡）司令官王仲廉，第十三绥靖区（南阳）司令官王凌云。郑州绥署布防范围是河南全境，山东菏泽、济宁、聊城三个专署，河北大名、邢台两个专署，山西晋城、长治两个专署，基本上覆盖了整个黄淮平原。郑州绥靖公署兵多将广，实力雄厚，有关资料显示，刘峙当时下辖21个军53个师，加上归他指挥的国防部直属工兵团、炮兵团、辎汽团、宪兵团、交警队，总兵力27万余人，是蒋介石投入兵力最多的绥靖公署。

"绥靖"一词颇有古意，表面意思是通过安抚的手段达到安定平稳的局面——蒋介石其人一贯喜欢做表面文章，讲求文辞细节——关心抗战后中国国内局势并一度充当国共调停者的美国人是看不懂这个汉语词语的。这个词含义隐晦含蓄，其实暗含杀气，有一种平定暴动制止叛乱的潜义，矛头所向，一望可知。土地革命时期，国民党政权在"围剿"红军过程中就开始在靠近苏区的地域划定"绥靖区"，在区域内或临近的中心城市设立绥靖公署，揽当地军政权力于一身，以图强力高效完成"剿灭"红色武装的任务。抗战胜利后，国民党推广绥靖区体制，集中在与中共根据地交叉的地域统筹军政力量抢占地盘。至1947年4月，国民党政权共设立了19个绥靖区，至1947年底更增至近40个，"绥靖区"制度在内战的第一、二线普遍推广开来。1947年3月，蒋介石改郑州绥靖公署为陆军总司令部郑州指挥部，顾祝同任主任。之后先后更名为徐州"剿匪"总部郑州指挥部，徐州"剿总"郑州前进指挥部等，孙震、杜聿明、孙元良等先后在这里主持。解放郑州战役前夕，孙元良东调徐州，临时由李振清坐镇，面对我中原野战军攻势仓皇出逃。以上人等你方唱罢我登场，都曾做过这大同路一号大院的主人。郑州解放后，中原局部分机关曾在这里办公，后一直为部队资产，现为武警招待所。原有建筑惜已不存。

刘子毅引导邓小平、陈毅等来到绥署大院花木深处一座别墅式红砖房里，这是刘峙盘踞郑州时的住所，内部有暗道通往地下办公室，既可防空，又能做战时应急指挥所使用，邓小平、陈毅两位首长在郑期间就住在这里。邓小平、陈毅等在院子里巡视了一圈，见院中既有多辆军车，又拴了十几匹各种颜色、高矮不一的战马，其中一匹枣红色的高头战马是秦基伟的坐骑，今天下午才从战场上下来，脖子里鬃毛在月光下泛着水一样的幽光，看到自己的主人走来，以为又要出发，立即发出咴咴的叫声，前蹄在草地上抓刨。秦基伟走上前去，拍拍马背，又轻轻抚摸丝滑的马脖子，枣红马打着响鼻回应秦基伟，人与马交流的场面，简单而温馨。陈毅打趣说："它给你说啥子？"

秦基伟回答："它说首长们辛苦了，早早休息。"

邓小平呵呵笑了："你翻译给它，请它注意休息，我们马上就要工作了。"

院子里一片笑声。

四纵政治部保卫部部长刘子毅和四纵司令部通信科长戴其萼前来报告，绥署大院警卫严密，撒下明岗暗哨，院内进行了搜查、清理，作为中野前线指挥部的各项准备工作已全部到位，内部电话线路已经敷设，作战室已布置完毕，电台已架设，机务员、报务员全部就位待命，等候指示。

邓小平、陈毅夸奖鼓励刘子毅、戴其萼的工作后，回到红房子，口授电文，向中央军委报告：

（一）郑州之敌于今晨向新乡撤退，被我九纵一个旅截击于郑州以北三十里处，正战斗中。我主力黄昏后加入战斗，郑州城已于二十二日午被我占领。（二）我们拟在现地休息两天，调整部队，于二十五日开始东进，攻占开封。如开封之敌东逃，则遵来电出商丘，或直出徐蚌，协同华野作战。

电文发出，邓小平递给陈毅一支烟，问陈毅："仲弘兄，入驻郑州，不可无诗呦。"

陈毅徐徐吐出烟雾，说："尚未成篇，只有两句。"他一边踱步，一边仰天吟诵道：

战罢郑州望徐州，敌酋巢穴任我收。
王师北定中原日，落花流水金陵愁。

第二章　居大同

从进入郑州当晚算起，再算上离开郑州挥师东进那一天为止，邓小平、陈毅等中原局首长一共在郑州驻留了六天时间。根据各种史料记载和私人记忆资料的补充，我们可以大体还原和再现这几天的相关城市场景、历史故事，展示其中一些珍贵的细节和片段。

10 月 22 日郑州解放之夜，前半夜邓小平没有休息，这是他在郑的第一个工作时段。万籁俱寂，明月高悬，在郑州儿童史金腾、武克华和印刷工人钱润波、中学校长吴惠民安然入睡的时候，邓小平、陈毅在用电台和远在河北西柏坡的中央军委联系，报告郑州战况。

刘子毅也没有休息。

刘子毅（1917—1954），河北省衡水市冀州区码头李镇人，我军安全保卫工作专家，1936 年加入中国共产党。解放战争中，先后参加了洛阳、郑州、南昌、赣州、广州等城市的解放和接管工作，在各地深入开展"肃特"斗争，为部队锄奸反特、保卫指挥机关安全作出过重要贡献。郑州解放前，刘子毅曾参加解放洛阳战役——洛阳首次解放，担任过洛阳公安局副局长；二次解放，改任局长（公安局设在县前街原警察局旧址，今老城区民主街 14 号），对战后接管城市有丰富的实操经验。在地下党员的协助下，刘子毅带领公安战士在北大街亚洲旅馆内，抓到了蒋经国亲信、绥靖总队总队长郭仲蓉布置的特务电台台长，缴获了收发报电台工具。经过教育，特务们愿意立功赎罪，刘子毅就让他们继续和南京特务机关保持联系，套取情报，进一步了解敌特情况，成为我军情报史上的精彩片段。郑州解放，他又担任郑州市公安局局长，继续沿用洛阳的经验，大胆逆用缴获电台和坦白从宽、戴罪立功的敌特人员，套取了大量情报。据中共郑州市委代理书记谷景生当年 12 月份的工作报告，刘子毅带领我军保卫干部和市公安局干警用这种办法获取了军统在漯河、南阳、商丘、安阳和新乡等地 23 人、敌绥靖总队 35 人的分布情况，以及保密局豫站的迁移情况、中统局在徐州成立特区的情况等，敌情报系统大量机密为我掌握，无所遁形，成为我肃清敌特、稳固政权、稳定社会等工作的重要依据。可惜天妒英才，刘子毅因病于 1954 年去世，年仅 37 岁。去世前，任云南省公安厅厅长。

戴其萼也没有休息。他根据陈赓的要求，连夜联系各作战部队，查看缴获敌军的物资中有没有陈赓朝思暮想的那种通信指挥车。之后数日，终究是寻找无果。戴其萼很沮丧，陈赓和他商量，能不能用缴获的中吉普车自行改装一台指挥车："你不是万事通吗，为啥不能装配一台？那我们邓政委指挥淮海大会战，就威风多了！"

戴其萼惭愧地说："技术难度超过了我的能力，我现在还没有这个本事……"

后来在 1950 年初，二野四兵团部队一路打到昆明，完成在大陆驱逐蒋介石集团最后一战，一路上缴获了许多当年国民党部队最先进的通信车，戴其萼兴冲冲地向陈赓报告，陈赓摇摇头，惋惜地说："不打仗了，没啥子用喽……"

戴其萼曾撰文回忆说，这时候二野四兵团指挥部用上了 BC610 型报话两用机，是 450 瓦大功率通信指挥车，车后还挂着大功率的发电机拖斗，必要时首长可以直接讲话指挥部队。

这些都是后话。

当天晚上前半夜，陈毅、陈赓、秦基伟也没有休息。据《秦基伟回忆录》记载：22 日进城当晚，陈毅在陈赓、秦基伟的陪同下，巡视查看了郑州市容。

大同路 1 号院，七十多年后的今天已变得面目全非
婴父摄影

　　我军许多将领战争年代都有一个良好习惯——战场、阵地、住所凡有变化，必亲自踏勘现场，熟悉环境，以备紧急情况下有所应对。在绥靖公署周围几个街区转了一圈，陈毅、陈赓、秦基伟走回大同路上。陈毅一边走，一边夸奖九纵的作战行动迅速、果断、勇猛、顽强，感叹道：九纵是中野部队中最年轻的纵队，现在已经成熟了，可以打大仗了！

　　秦基伟说："陈司令员，你是在表扬我师父吧——陈赓司令员是师父，我是徒弟，这两年都是四纵老大哥带着我们九纵打仗，我们不出点成绩怎么能说得过去！"

　　陈赓说："少来这一套，别往我身上扯。你没有理解陈老总的意图啊，老总表扬你，是要你请客的！"

　　三人都笑了。陈毅说："对头！你打了蒋委员长的土豪，我们要打你的土豪。"

秦基伟说："事儿不大，我就这么几个伙食尾子，都共产了吧。"

三人都很开心，突然间都觉得饿了，四下寻找饭馆。郑州的饭馆一般都很晚才打烊，吃食花样丰富，服务也好，唱迎唱送，无奈这会儿时间已在半夜，所有的饭馆无不关门熄灯。陈赓发现一家小饭馆中有点微弱的亮光和响动，便故作神秘地对陈毅说："我猜有人偷窥我们。"他走上前去，轻轻敲响漏光的门板：老板，开门，肚子饿了，弄点吃的。

门开了，一个十五六岁的小伙计瑟瑟发抖，他看到了三人的军人装束和秦基伟腰间的佩枪。他低声下气地说："对不住长官，老板不在，大师傅也回家了，没人下厨啊……"

陈赓说："莫怕！我们吃饭给钱的。不用大师傅，我就是大师傅。"不由分说，进到店中，陈赓请陈老总和秦基伟在餐桌前坐下，自己钻进灶火间，打量一下案边和架上残存的食材，开始动手起火，添汤烧水。不多时，陈赓端上来三大碗热气腾腾的榨菜肉丝面，大海碗里有稀有稠，上面还撒着芫荽，漂着小磨油的油花。人的快乐有时候很简单，汤汤水水下肚，饱了肠胃，热了身体，驱散了深秋的寒意，将帅之间的情谊更加暖意融融。

陈毅端起碗，喝尽最后一滴汤汁，说陈赓的厨艺真是不错。

秦基伟说："郑州饭馆的碗真大呀，一碗就能吃饱。"

陈赓说："今天不算数啊老秦，今天是我请客，改天你再补一顿。"

陈毅笑了："要得，要得。打到徐州，要补一桌酒席！"

睡眼惺忪的饭馆小伙子早已没了畏惧，只觉得三个大兵全无半分杀气，满脸和气。他无论如何不会意识到，当天半夜，他无意间见到了中国当代史上的三位传奇式人物：圆脸庞的那位后来是共和国元帅、国务院副总理，国字脸的那位是开国大将、抗美援朝中的中国人民志愿军副司令员、中国人民解放军副总参谋长，瓜子脸的那位是开国中将、解放郑州战役主战部队的司令员、抗美援朝著名的上甘岭战役的指挥员、改革开放时期的国务委员兼国防部部长。若知道眼前人物的来历，他一定会惊愕不已无所适从的，事后够他吹一辈子的牛了。小伙计无所知无所求便无所失，他恭恭敬敬送走三位自己下厨还照付饭钱的客人，关门睡觉去了。

远在河北平山县西柏坡总部的毛泽东主席当晚也没有休息。他从延安时期开始一直有秉烛伏案通夜工作的习惯。收到邓小平、陈毅发来的关于郑州城已被占领的电文后，非常高兴。他立即亲笔为新华社撰写题为《我军解放郑州》的通稿——毛主席落款时间为10月22日，其实准确地说，毛主席奋笔疾书的时候已经是23日的凌晨时分了。通稿全文如下：

> 我中原人民解放军于今日占领郑州。守敌向北面逃窜，被我军包围于郑州以北黄河铁桥以南地区，正歼击中。郑州为平汉、陇海两大铁路的交点，历来为军事重镇，蒋介石因徐州告急，被迫将驻郑兵团孙元良部三个军（按：国民党军队从10月起整编师均改称为军，整编旅均改称为师）东调，郑州守兵薄弱，我军一到，拼命奔逃。现郑州东面之中牟县、北面之黄河桥均被我军切断，逃敌将迅速被歼。

毛主席第一时间命新华社将郑州解放的消息用电波向各地发出，用意明显：在淮海战役正在调兵遣将、国共双方即将决战之前，分享这个胜利的消息，既鼓舞解放区军民的斗志，又给国民党军队施加压力，投射阴影。

几个小时之后——第二天清晨5点，毛主席给邓小平回电："占领郑州甚慰。你们休息两天即东进攻占开封甚好……"

中共中央委员会同时驰电祝贺郑州解放：

刘伯承、邓小平诸同志及中原人民解放军全体同志：

　　济南、锦州、长春解放之后，郑州又告解放，陇海、平汉两大铁路的枢纽为我掌握，对于整个战局极为有利。特电祝贺。

中国共产党中央委员会

　　邓小平后半夜睡了两个小时，如同快速充电，起床后精神抖擞，第一件事就是冲凉水澡。警卫员提着一个木桶，陪他一起走到屋外，只见他赤身裸体，胯间只系了一条长毛巾，别看他个头低矮，但肩宽胸阔，腹肌隐现，清瘦中有一种凛凛然的劲健。1936年年底，邓小平曾得过一次严重的副伤寒。那次康复之后，他特别注意锻炼身体，开始每天洗冷水浴，十余年如一日，坚持不辍，无论春夏秋冬，每天清晨，他都用一桶冷水从头到脚一注而下。

　　新的一天由此开始。

　　10月23日，这一天工作日程超级饱满。

　　这天上午，邓小平和张际春敲定郑州市军管会人员构成并签字发布，由四纵政治部工作人员毛笔抄写放大，在城市四关和重要建筑上张贴，同时印制成对开尺幅的传单，和事先准备好的中原军区安民告示、邓子恢副政委亲自拟文的中原军区政策宣传布告一起在全市分发。

　　第一份成立军管会的布告贴在绥靖公署的门外，立即有人围观，年轻人还边看边读，以便身后不怎么识字的年长者知晓：

　　　为保护郑州市解放后全市人民生命财产及公私工商企业文化慈善团体机关之安全，并严防反动分子破坏捣乱秩序，以维持全市治安，着即成立郑州市军事管制委员会。在军事管制期间，该会即为郑州市军事政治最高领导机关。并指派张际春、刘岱峰、孔祥祯、秦基伟、李成芳、姚继鸣、李一清、宋致和等为委员，以张际春为主任、刘岱峰为副主任。

"张际春是干啥的？这些人一个都不认识。"有人嘟囔着说。

"你说话真洋气，你要认识一个，你还会站这儿——你不早吃香的喝辣的去了。"有人哧哧地笑。

"我是说，布告上应该注上他们的头衔、身份。"说话者显然有点文化。

布告还没念完，读者、观者、听者已开始交头接耳，对布告内容感到新鲜好奇。

郑州普通百姓对刘伯承、邓小平的名字也许有所耳闻——抗战时期，他俩作为第十八集团军一二九师军政主官已名列国民革命军抗日名将序列，内战爆发后依然是中原逐鹿的主角，敌我双方的广播电台经常性地播报他们的行踪。但对军管会张际春、刘岱峰、孔祥祯、秦基伟、李成芳、姚继鸣、李一清、宋致和 8 位组成人员几乎一无所知，依我们今天的眼光看来，这个阵容简直是八仙过海，各有神通，他们中的每一位都堪称星光熠熠照耀后人，他们在解放战争、社会主义建设和保卫国家安全的岗位上，都是国家栋梁级的人物。

张际春（1900—1968），湖南宜章人，解放郑州时 48 岁，时任中原野战军副政委兼政治部主任，是刘伯承、邓小平的重要助手，接管郑州工作的核心人物。1926 年加入中国共产党，参加过井冈山革命斗争、中央苏区历次反"围剿"斗争和二万五千里长征。抗日战争时期曾任延安抗大政治部主任、抗大代理政委兼军政委员会主席，八路军野战政治部副主任，晋冀鲁豫军区副政委兼政治部主任；解放战争时期长期担任中原野战军（二野）第二副政委兼政治部主任，进军大西南后，兼任重庆市军事管制委员会主任。中华人民共和国成立初期，任西南军区副政委兼政治部主任，西南军区党委第一副书记。1954 年离开部队，调任中共中央宣传部副部长，后兼任国务院文教办公室主任。值得一提的是，1955 年 9 月解放军首次授衔，解放战争五大战略区同样职务的干部中，东北野战军政治部主任谭政和华北军区政治部主任罗瑞卿被授予大将军衔，西北野战军政治部主任甘泗淇和华东野战军政治部主任唐亮被授予上将军衔，唯独中原野战军政治部主任张际春没有参加授衔，以他在军中资历、军功业绩和时任职务，他大概率会被授予大将军衔——1954 年初党中央调他任中共中央宣传部副部长，戎马半生，转移到非军事部门工作，既是重大转折，又是严峻挑战，还要做出个人名利的牺牲（这个时候军队已经开始评衔工作），他义无反顾，不计得失，脱下军装，告别战友，愉快走向新岗位。

郑州解放后实行军事管制，军管会主任张际春是事实上当时的最高军政领导

在刘邓大军中，张际春有"老妈妈""妈妈政委"的名声。这个美名由来已久，至少在延安抗大时期，他的"妈妈"之名已广为流传。在中原野战军官兵心目中，刘伯承司令员的风格是威严而亲切，纵论战场形势和战略战术，鞭辟入里，语言幽默通俗易懂，善用民间俗语；邓小平政委则严肃冷峻，既不开玩笑也不发脾气，说起话来干净利索，语气平和却字字如钉，入木三分，不可移动；张际春副政委兼政治部主任则平易近人，宽厚仁慈，有长者之风，抓工作严谨周详，待下属体贴入微。解放郑州战役之前驻宝丰县柳林村时，一位地方干部到野政组织部联系工作，在村头遇见张际春，向他打听组织部地址，张际春说："农村也没个街道门牌号码，不太好找，我领你去吧。"事后那人知道为他带路的竟然是"三号"首长，不禁愕然："我还以为是咱们的炊事员哩。"——在晋冀鲁豫时期的刘邓大军中他是"三号"首长，坚决贯彻落实一号、二号首长的决策部署，用组织措施、宣传力量保障部队的战斗力和精神面貌达到理想状态，同时维系官兵之间、军民之间的血肉联系鱼水之情，他是刘邓的好搭档、好助手、好战友。

刘岱峰（1913—1990）山西盂县人。郑州解放时35岁，时任中原野战军供给部部长、中共中央中原局财经委员会副主任（中原局副书记邓子恢任主任），经济工作专家，是接管郑州工作的重要人物。中共中央军委决定发动淮海战役后，周恩来副主席并指定总后勤部部长杨立三、华野后勤部部长刘瑞龙、中野供给部部长刘岱峰共同筹办淮海战役后勤保障工作。杨立三、刘瑞龙、刘岱峰组成"淮海后勤三巨头"，在邓子恢的统一领导下，精彩完成了淮海大战的后勤保障工作。郑州市一直是这个后勤指挥中心的交通保障中心。刘岱峰主要负责驻守郑州，组织军工生产和运输调度。刘岱峰直到1949年上半年仍留在郑州二野办事处，负责二野整个后勤工作和前方与后方的联络任务。淮海战役结束后，刘岱峰又参加了渡江战役、进军大西南战役，之后辅佐邓小平主持西南财经工作。中华人民共和国成立后曾任中共中央西南局财经委员会副主任兼秘书长（主任为邓小平），云南省人民政府副省长兼省财办主任，国家建委副主任，国家计委副主任等职。

孔祥祯（1904—1986），山西晋城县人，解放郑州时 44 岁，时任中共中央中原局组织部副部长、城市工作部部长；1925 年入党，曾任八路军一二九师情报处处长等职，接管郑州时负责干部调配工作。中华人民共和国成立后，历任国家建委党组副书记、副主任，交通部副部长、党组书记，轻工部党组书记、第一副部长。

秦基伟（1914—1997），湖北黄安（今红安）县七里坪秦罗庄人，解放郑州时 34 岁。时任中原野战军九纵司令员，是解放郑州战役主战部队的军事主官，并短期兼任郑州警备司令部司令员。1947 年 8 月，奉命组建晋冀鲁豫野战军第九纵队并任司令员。1949 年该纵队改称第二野战军第十五军，任军长。新中国成立后，率部参加抗美援朝作战，任中国人民志愿军第十五军军长，亲自指挥了举世闻名的上甘岭战役。1953 年起，历任云南军区副司令员，昆明军区副司令员、司令员。"文化大革命"期间受到迫害，蒙冤离职放逐湖南。1973 年恢复工作后，先后任成都军区司令员，北京军区第二政委、第一政委、司令员。1988年当选为中央军委委员、国务委员，任国防部部长，后任第八届全国人大常委会副委员长。1955 年被授予中将军衔，1988 年被授予上将军衔。秦基伟是我军富有传奇色彩的名将之一。他出身贫寒，8 岁丧父，10 岁丧兄，孤身支撑门户。13 岁参加黄麻起义，15 岁参加红军，19 岁任红四方面军总部手枪营连长。抗战爆发，秦基伟受命以"游击战教官"身份独自到山西太谷一带组织抗日武装，不到一个月就组织了 300 余爱国青年攻下了太谷县城，打出"太谷抗日游击队"的旗号，任总指挥。1945 年 8 月，他曾身穿便衣夜闯日寇据点，老区人民至今传说他"像走亲戚一样那么轻松地端掉了日寇炮楼"，称他为"秦大胆"。抗美援朝战争中，1952 年 10 月他率部在上甘岭战役中作为主战部队，坚守阵地 40 天，顶住了"世界战争史上最猛烈的一次火力攻击"，惊天地泣鬼神，取得了战役胜利。改革开放后受中央军委委托，成功组织了华北实兵实弹战役大演习，1984 年任中华人民共和国成立 35 周年国庆大阅兵总指挥，收获了国内外的关注和赞誉。

李成芳（1914—1984），湖北麻城县人，解放郑州时 34 岁，时任郑州解放主战部队——中原野战军九纵政治委员。之后任第二野战军第十四军军长。中国人民志愿军第十五军代军长，西南军区副参谋长，武汉军区副司令员，第五机械工业部部长，武汉军区第一政委。1955 年授中将军衔。

姚继鸣（1901—1957），北京南郊姚家坟村人，解放郑州时 47 岁，时任中原野战军参谋处处长，负责军管会秘书处工作，我军情报和后勤专家。中华人民共和国成立后任西南军区后勤部第一副部长兼军运部长，西南建筑工程管理局局长兼党组书记，1954 年任中央建筑工程部安装总局局长。1957 年因病去世。

李一清（1908—1996），原名李浴源，山西省昔阳县人，解放郑州时 40 岁，时任豫西行署主任，是郑州成立人民民主政府后的上一级政权组织的领导人。河南全省解放后，任河南省政府副主席，协助邓子恢同志组建中原临时人民政府，任中原临时人民政府副主席。中华人民共和国成立初期，任中南军政委员会委员兼财经委副主任。1954 年 11 月，奉调筹建武汉钢铁公司，担任武钢首任党委书记，为新中国钢铁工业奠基发展立下了功勋。1960 年秋，从武汉调往广州，任中共中央中南局书记处候补书记兼计委主任。1963 年任中共中央中南局书记处书记。"文化大革命"期间受到迫害，粉碎"四人帮"后，李一清调任邮电部党组副书记、第一副部长。

宋致和（1915—2013），曾用名宋志一，河北省唐县人。解放郑州时 33 岁，负责军管会市政部工作，是郑州市人民民主政府的候任市长人选。接受过高等教育，曾就读于北平中国学院（抗战时期是沦陷后北平仅有的两所不在日伪控制之下，而为重庆国民政府承认学历的高等学校之一，后改称中国大学，1949 年停办，部分院系并入华北大学和北平师范大学）。参加郑州接管工作之前任豫西行署第二副主任兼秘书长。

以上八人，以张际春为总负责，在郑州军管时期各负其责，稳定了时代更替交接关键时刻的社会秩序，既坚定有力又温和从容地掌控了局面，为郑州市新的人民政权的诞生奠定了基础，创造了条件。这些人的名字，有一些至今郑州人耳熟能详，有一些则罕有人知。历史记忆的确如此，正如同一幅山水画卷，景物有主有从，色彩愈远愈淡……

郑州人历来有爱看热闹的习惯，绥署门外观看军管会布告的人越聚越多。这时候，军乐响起，一支解放军的宣传队来到绥署门前小广场"光碾地儿"招徕观众，开始街头表演。

📖📖【老郑州城市微观地理小词典】

光碾地儿

1945 年抗战胜利后，国民党郑州绥靖公署工兵十三团整修大同路，将大同路改造为郑州首条混凝土路面的市政道路。绥靖公署的正门也由面向南下街，改为向南面向大同路。大门前正对面一并修建了一个混凝土面层的小型广场。广场中设有旗杆，绥靖公署常在这里举办活动，每周一例行举办升旗仪式。小型广场长 60 余米，宽 30 余米，面积虽然有限，但开阔，有小型市民广场的格局，没有正式命名，老百姓习惯称之为"光碾地儿"——光碾，在郑州话里是平展、光滑的意思。

广场上军队文工团的表演相当精彩，有街头剧，有快板，还有小合唱。十几位年轻的文工团员高唱《郑州解放之歌》：

十月二十二，
伟大的那一天，
哗啦啦砸开了铁锁链！
咱们的郑州解放了，
翻开雾云见晴天。

市民十六万，
受苦又受难，
盼来了共产党拯救咱！
人民的救星来到了，
搬掉头上三座大山。

同胞四万万，
跟党心相连，
解放了全中国做主人！
咱们的祖国富强了，
共产主义早实现。

四分之二的节拍，曲调欢快热烈，歌声高亢嘹亮。市民观众下意识地报以热烈掌声。解放军进城第二天，军管会成立几小时，《郑州解放之歌》就开始唱响，解放军宣传工作效率之高、战斗力之强令人钦佩，亦足见解放郑州各项准备工作之严密之周详。

在"光碾地儿"表演的文艺战士应该是中原野战军政治部文工团的部分成员。有资料显示，郑州解放当天晚上，中原野战军政治部宣传部敌工科科长尹超凡带领文工团进入城区，参加城市接管，开展文艺演出，宣传发动群众，树立军队形象。中原野战军带入郑州城的不仅有随时准备战斗的枪炮，更有面向群众直入人心的歌声。尹超凡也是郑州军管会宣传部的成员。

另据有关资料，著名军旅音乐家时乐濛时任豫西军区政治部宣传科科长，刚刚主持创办豫西军区文工团，也率团参加了郑州解放后的街头演出，之后又跟着中原野战军主力部队，参加淮海战役战地宣传工作，经张际春协调整合，豫西军区文工团编入二野三纵文工团，由时乐濛任团政委。又率团参加了二野解放大西南战役；新中国成立后，历任重庆军管会文艺处副处长、川东军区文化部副部长、西南军区战斗文工团政委、中国人民解放军总政文工团副团长、解放军艺术学院副院长兼音乐系主任。是中国音乐家协会第三、第四届副主席。

时乐濛抗战前曾在郑州扶轮第一小学担任音乐教师，在郑州度过一段难忘的青春岁月。这次身穿戎装旧地重游，自然是感慨万千。很快他自作词曲，用最快的速度，写出了供战士们行军高唱的战歌。

邓小平在院子里踱步，听到了"光碾地儿"传来的歌声和老百姓叫好的声浪，露出满意的微笑。老百姓的快乐很简单，你给他一缕阳光，他报以一片灿烂。

绥靖公署面朝"光碾地儿"的外墙上，还张贴了刘伯承、邓小平、邓子恢、张际春等首长共同具名的中原军区布告：

……

本军宗旨，解放人民，爱护国家，保卫和平，实行民主，改善民生，抗战八载，中外同钦，为国杀敌，功在人民。蒋党进攻，忍无可忍，奋起自卫，百战百胜。为救祖国，中原进军，救民水火，出死入生，义旗所指，如响斯应。人民协助，屡歼匪军，所向披靡，中外震惊，全国战局，日异月新。本军官兵，上下平等，为民服务，纪律严明，说话和气，买卖公平。借物送还，损坏赔银，男女有别，老幼相亲。不许勒索，不许拉丁，民夫担架，给价包运，无偿派差，一概不准。本军保护，各界人民，约法三章，不分富贫：第一不要，勾通敌人；第二不要，破坏我军；第三不要，违反法令。本军保护，均负责任，人民负担，合理公平，取消苛杂，赋税减轻。公粮田赋，一年两征，工商营业，税率从轻。减租减息，农民翻身，已得利益，坚决保证，勤劳致富，生产日增，组织农会，民主参政。地主减租，依照法令，合法权益，允予保证。逃亡地主，返回家庭，政府宽大，勿再心惊。开明士绅，协助本军，反蒋反美，尤所欢迎。豪强恶霸，欺压平民，经人告发，依法严惩，霸占财产，发还原人。工商业者，自由经营，取消限价，依照行情，禁止垄断，交易公平，官僚资本，收归国营。工人加资，要看情形，当前利益，生活要紧，劳资两利，是总方针。组织工会，团结工人，发展生产，经济繁荣，雇佣自由，应予保证。文化教育，百年大计，公私学校，照旧办理。经费不敷，政府调剂，奴化课程，应予废弃。知识青年，民族精英，为民服务，才有前程，工作就学，都所欢迎，思想自由，学术前进。至于宗教，信仰由人，耶稣天主，佛道回僧，九流三教，帮口洪门，只要守法，各自安生。教堂财产，依法保证，守法外侨，待遇平等。蒋府机关，银行仓库，官员经理，概不逮捕，照常供职，等候接收。有功者赏，破坏必究。战争罪犯，决予严惩，天涯海角，追缉不停。劝告蒋军，赶快觉醒，反正起义，无上光荣，放下武器，优待欢迎，参加我军，一视同仁，回家就业，给资放行。国民党员，特务三青，首恶必办，胁从不问，其系被迫，情有可悯，欲图自救，快离火坑，政府登记，准予自新，交出物证，无罪身轻。立功者赏，前途光明，执迷不悟，自误前程。至于蒋匪，县区武装，劫杀民众，危害地方，本军剿办，决不姑宽。放下武器，不咎既往，携枪归来，分别有赏。尚有土匪，扰乱安宁，本军剿办，定予肃清，念其为匪，多非本心，生活所迫，误入匪群，改邪归正，既往不论，若再害人，决不容情。解放战争，胜利前进，爱国运动，全国响应。革命高潮，雷霆万钧，蒋党崩溃，局势已明。爱国志士，识时英俊，江湖豪侠，一致振奋，自救救国，勿后于人。有志青年，踊跃参军，军民协力，同德同心，活捉蒋贼，打到南京，全歼蒋匪，驱逐美军。消灭反动，铲除暴政。联合政府，全国组成；民主奠定，永固和平，国家统一，独立繁荣，中华民族，万载长青。

这些文字，乃中原局第三书记、中原军区副政委邓子恢于郑州解放前夜灯下亲自撰写拟定，1900多言，用四言韵文全面宣传我党我军政治主张和新区各种政策，体现了作者较高的文学修养——目光高远，内容丰富，词语雅致，节奏铿锵，朗朗上口，既具古风，又有新意，便于传播，适用范围也不限于郑州一地。在郑州张贴后立即收获不少好评，当场就见有人立地传抄。有人评价说：布告都能写成这个样子，可见共产党人才济济。即便拿去当作语文教材，也堪称范文无疑。

随着全国解放战争的胜利发展和中原地区的大好形势全面形成，建立一个全区性的人民政权组织势在必行。这一天，邓小平签发中原局向中共中央的报告，建议成立中原临时人民政府。报告指出："因诸种条件限制，中原临时政府成立还不可能采取人民代表会议形式。我们拟由中原局发出提议，各行署响应，由各行署推选代表举行行政联席会议（或行政扩大会议），通过这一会议来成立中原临时政府，再由临时政府定期召开人民代表会议来正式成立中原人民民主政府。"还提出："除行署代表外，尽可能吸收部分职业或群众团体代表，并聘请部分工商领袖、开明绅士、社会贤达、名流学者参加会议，以扩大会议的民主范围。"战事之间，邓小平依然在经略中原，谋划全局。

报告中没有涉及中原临时人民政府的驻地问题。但情景互生，他应当是属意郑州这个战略要地的。

本日，邓小平、陈毅、张际春等以中原局和中原军区的名义决定，九纵政治部主任谷景生任郑州市委代理书记。

本日晚，张际春在绥署军管会办公室主持召开军管会第一次汇报会，听取各方面汇报接管情况。城北追歼战基本结束，正在打扫战场，市内和战场缴获物资正在统计中。城中局面平稳，相当一部分商铺可以正常营业，铁路、邮电等系统员工自觉保护资产，欢迎军队接管。尽管长期以来国民党反复洗脑，对共产党实行污名化的宣传，但市民温和平静，对解放军毫无敌意，对新生活充满期待。解放军秋毫无犯的严明军纪给郑州市民带来极大好感。市政部部长宋致和反映，在接管国民党县政府暨河南省第一行政督察公署时发现建筑设施毁坏严重，门窗无一完好，县政府大院里一片狼藉，据分析这些破坏行为既包括国民党军政人员逃亡撤退时的自毁，更因为一部分流氓无产者和城市贫民的激情泄愤，现正在设法保护维修。总之，各方面进展顺利，只有城市烧煤和粮食供应趋向紧张，张际春要求豫西行署尽快向郑州调煤，致电中共中央华北局，请他们支援粮食。

本日晚上，还发生了一件中原野战军军史上非常著名的故事——"秦基伟看戏"。

秦基伟忙完军务，换上便装，将手枪藏在腰间，到值班室和九纵司令部值班参谋桑临春打招呼："我出去一趟，四下转转。"

桑临春一看司令员的打扮，说："不带警卫员不行啊！"

秦基伟笑了："实话实说，我想找个戏园子看梆子戏。郑州的名角多，唱得好！带着警卫员咋看戏？"

桑临春了解首长的爱好，提醒说："天太晚了，人家都该散场

陈毅、陈赓和秦基伟三人郑州解放当晚在大同路中段下馆子的地方，今天也无从寻迹　婴父摄影

了吧?"

秦基伟得意地说:"我打听过了,这儿天各家戏园子都不开张,只有一个地方叫老坟岗大坑戏院,照常演出,一直唱到天亮。"

打完招呼,让值班人员知道自己的去向,秦基伟便走出绥署,从大同路,拐到德化街上。这是郑州市最繁华的一条商业街,暮色苍苍,仍有部分店铺尚未打烊。

【老郑州城市微观地理小词典】

德化街

德化街南起大同路,北至长春桥(今二七广场)。清朝末年这一带是郑州西关外的一片荒野,蓬蒿丛生,鸟雀纷飞,地片名称为"野鸡岗"。1906

年卢汉铁路通车，这里始成街道。最初该街以苑陵街口为界南段称"天中里"，北段称"惠仁街"——典出《孔子家语·宪问》："或问子产，子曰：惠仁也。"事关子产故事。弟子原宪请教老师孔子，问他对郑国名相子产有何评价。孔子说：子产施行仁政，惠泽民众。子产是郑州历史文化名人，郑州城当年乃子产采邑，历史上多有涉及子产典故的命名案例。不过阳春白雪和者必寡，普通市民认知有限，惠字与毁字谐音，惠仁被解读为"毁人"，在郑州方言里恰好有"毁人"一词，是"坑人""害人"的意思。清末举人、曾为军界大佬的鄂籍商人刘邦骥（本街最大的地产业主）召集众商家合议，将两段街道进行整合，重新统一命名。据说有位名叫潘殿元的商人，提出改名"德化街"的方案，取尊崇商德，以德化人之义，最合众人心意，得到一致通过。郑州解放时这条街上集中了小有天饭店、鸿盛久布店、精华眼镜店、三友鞋店、京都老蔡记馄饨馆、葛记焖饼店、老天成金饰行、胜利理发厅、天一泉浴池等著名商号，人气之旺有"天天如赶会，日日似过年"的说法，直到20世纪末，德化街一直被视为郑州市的"王府井"。2000年前后德化街改造为商业步行街。改造效果不尽如人意。有评论说：青砖灰瓦民国风不见了，小街深巷的尺度推翻了，空间组织松散了，连规整的建筑界面也被解构了……加之业态问题，德化街处在一种不温不火的状态，难以继续维持郑州商业地标的地位，期待再度进行空间整合与功能重塑。

秦基伟早已打听好了看戏的路线，他快步如风，穿过德化街继续向北，过长春桥，上坡，在长春路上左拐向西，通过三兴里时，已经听到大坑剧场传出的紧锣密鼓和高腔大调。郑州解放前后，几家著名的戏院因为均有国民党军政警特人员的参股，惶惶不可终日，全都处于歇业观望状态，只有金水河河北沿老坟岗地区是三教九流和城市贫民杂居之地，生活如常，毫无顾忌，大小多处设施简陋的席棚结构的剧场天天人气爆棚，河南梆子（当时尚无豫剧之名）豫西调大师周海水（豫剧大师常香玉曾拜其门下）的众多徒弟在这里轮番上场，展示他们"太乙班"的强大阵容。这天晚上的戏据说是周海水徒弟"十八兰"之一崔兰田主演的《秦香莲》，秦基伟买票入场，挤到前面，打算过一过他的戏瘾。台上旦角果然扮相清雅出众，声调哀婉凄美，打动人心。

> 夫君得中状元郎
>
> 我携儿扶女来探望
>
> 沿门乞讨到汴梁
>
> 沐池宫院将门闯
>
> 他一脚踢我倒在了宫门旁
>
> 冤情满腹我讲不尽
>
> 相爷你要为民妇作主张
>
> ……………

台上的拖腔千回百转，全场观众沉浸在情境之中不能自拔。秦基伟这边已经入戏，没想到绥署大院中出现了情况。

桑临春在值班室刚接完一个电话，正在写电话记录，电话铃声再次响起，竟然是邓小平打来的："我是邓小平，帮我找一下秦基伟同志，请他来我这里一下！"

桑临春愣住了，他停了几秒钟，说："报告首长，秦司令员外出了……"

"外出了，做啥子去了?!"

桑临春忠诚老实："报告首长，秦司令员看戏去了。"

什么，脱岗看戏？这还了得。邓小平有些动怒："好吧，叫他回来后立即来见我！"

秦基伟看戏归来，颇为惬意。见到热锅上的蚂蚁一样坐立不安的桑临春，问清缘由马上紧张起来，跑步去见邓小平，主动为自己脱岗看戏作检讨。

邓小平说："打完胜仗还不到 24 小时，感觉很不错嘛！"

秦基伟脸热了起来。

邓小平说："刚进郑州，敌情复杂，工作千头万绪，你还身兼郑州警备司令，随意离开工作岗位，离开参谋和警卫人员，纪律忘到脑壳后头了。部属们都向你学习，郑州起步可能乱了套喽。"

秦基伟沮丧地说："我错了。"

邓小平平静地说："一个月前的中央'九月会议'，毛主席除了部署全局，主要讲了一个问题——加强纪律性，革命无不胜。毛主席点名叫我发言，我讲的是我们中野打算如何抓纪律。这一次，你撞到我枪口上了。"

秦基伟的汗出来了。

邓小平说："你给我一个检讨，我给你一个处分。"

秦基伟看了半场《秦香莲》，受了一个处分，在中野全军通报批评。

桑临春为此很是难过。

桑临春，时任中原野战军九纵司令部作战科参谋。桑临春为纵队首长打了胜仗立下大功却很快受了处分感到难过，但他并没有因此内疚。有人认为他多个心眼为秦基伟编个外出事由遮挡过去，并非难事，为何不能动动脑筋对首长加以保护呢？但桑临春认为，自古军中无戏言，更容不得谎言，替领导撒谎可能给领导带来更大的损失甚至政治灾难。实事求是成本最低，收益最大。从桑临春的简历上可以看出，他并没有因此失去秦基伟对他的信任，以后十五军入朝作战的经历表明他仍然追随在秦基伟的左右，始终受到重用——志愿军司令部营级参谋，十五军炮兵司令部作战训练科科长、团参谋长、副团长，空降兵四十四师司令部副师级副参谋长、师党委委员。曾立一等功 2 次，小功 3 次，在朝鲜获三级国旗勋章。

关于秦基伟因看戏受处分的事，著名军旅作家徐贵祥在他的传记文学作品《秦基伟上将》一书中谈及这段故事，他为秦基伟看戏辩解道：

> 较起真来，他这次行动并不完全是为了看戏。
>
> 郑州刚刚解放数日，百废待兴，虽然大局稳定，但国民党残余势力尚未完全肃清，封建的残渣余孽也趁基层政权尚未建立健全之机，四处活动，兴风作浪。反动的帮会组织和黑社会也伺机而动，骚扰社会治安。秦基伟微服外出，也有实地考察、暗中察访的意思。身为警备司令员，他有必要走进群众之中，听听人民的声音。

不过，在秦基伟将军自己的回忆录谈及此事时，他显得更直率、真实。他是一位戏曲爱好者，既喜欢京剧，也喜欢河南梆子。他承认他看戏主要是为了欣赏河南地方戏的艺术特色，也为了休息放松一下。他说："我比较喜欢河南的豫剧，觉得豫剧唱腔，七拐八拐，很有韵味。一年四季都是作战，难得有个进城消闲的时候。没想到看了一场戏闯了一次祸。"

闯祸的不止秦基伟一人。第二天上午，九纵后勤部部长杨以山闯了一个更大的祸。

10 月 24 日，一大早，杨以山带了一位参谋，前往陇海花园，去拜访郑州陇海铁路管理局的主事者。

陇海花园

　　位于今陇海路中段，郑州铁路文化宫一带。始建于 1915 年，20 世纪
30 年代又进行了大规模改扩建，始称陇海花园。陇海花园由陇海铁路局营
建，初期为机关营造园林环境，兼建设铁路苗圃，继而面向市民大众，整
合空间资源，规划建设成向市民公众开放的城市公园。陇海花园东侧称"陇
海院"，系陇海铁路局办公场所，这里也是郑州现代史上最重要的地理节
点。直奉战争期间张学良曾在这里驻扎；1927 年武汉国民政府北伐军和冯
玉祥国民革命军第二集团军在郑州会师，汪精卫、冯玉祥、唐生智、孙科
等在这里召开郑州会议；抗日战争期间（1938 年）这里是孙桐萱第三集团
军司令部所在地，第一次郑州沦陷，这里又成为驻郑日寇的总部。郑州解
放前铁路局在这里办公。陇海花园占地约 5 公顷（另外连接着占地 500 亩的
苗圃），整个花园园中有园，层层递进，树木成林，花卉遍布，春光秋色，
景随时变。池塘深广，澄澈如碧，白鹅戏水，游鱼来去，坡岸驳岸兼而有
之，芳草萋萋，杨柳依依。陇海花园第一任主管为比利时植物学家爱尔斯
先生，他精于园艺，精心培植了许多中外珍稀花木。陇海花园花木种类众
多，尤以丁香和桂花最为有名。丁香花开时，如云如雾，花香亦在隐隐约
约似有似无之间，据说当年陇海铁路管理局局长钱宗泽最爱此花，所以园
中老圃便因而格外用心，悉心栽培，宠溺式养护，没几年便形成一丛丛一
簇簇的紫丁香、白丁香的族群，外埠花痴竟有专程来郑入园访花探花者。
陇海铁路工会每年中秋在陇海花园组织铁路员工和青年学生举办中秋赏月
晚会和游艺活动，在"桂花园"吟诗作对，祭拜月神。20 世纪 30 年代的
《陇海铁路年鉴》中说："郑县中秋游艺活动，向以陇海花园为盛。"这里作
为郑州人中秋活动的传统场所，持续了 20 多年，直到抗战全面爆发。陇海
花园主建筑为陇海大礼堂，是郑州当年最大的会堂和演艺场所。礼堂南侧

为仿古建筑"众乐轩"，红墙绿瓦，窗明几净，为平民饮茶品茗、纹枰对弈之所。"众乐轩"匾额系钱宗泽的手迹，颇有米襄阳笔意墨趣。离众乐轩不远的场地上有一个巨大的象棋盘，长约 50 米，宽约 20 米，面积上千平方米。棋盘平整光滑，横竖线条由白色石子镶嵌打磨而成，棋子为白砂石质地，直径约 40 厘米，厚度约 15 厘米，重量在 15 公斤左右。弈棋时，双方各有二人参与对垒，皆执长棍，沿线推移棋子，两人协力方能将石棋推送到位，一局结束，棋手们无不筋疲力尽，汗流浃背，足见在此下棋，既是脑力劳动，又是体力劳动，既是自娱，又是表演，趣味盎然，所以常常观者如堵。花园中还笼养有珍禽异兽，散布各处，大象、虎、豹、狼、猴、鳄、蛇、孔雀、锦鸡、鸳鸯等，最受少年儿童喜爱。抗战中，郑州两度沦陷，数十次遭受敌机轰炸，园中景观大多毁于战火。郑州解放时，陇海花园的游憩观赏功能已不复存在。1951 年，陇海大礼堂完成重建，陇海花园被改造成铁路工人文化宫。1952 年 10 月 31 日，毛泽东主席第一次到郑州视察，曾经入园巡视。毛主席对铁路部门的领导说，在郑州火车站还是席棚的情况下，你们就先建了这么好的铁路工人文化宫，可见你们对文化和宣传工作的重视。

杨以山无事不登三宝殿，他此行的目的是到这个郑州最有实力的机构借两辆吉普车，供纵队首长使用——秦基伟一直骑着他的枣红马行军作战，参加活动，据九纵二十六旅向守志旅长撰文回忆，在郑州北郊阻击战中，"当时，秦基伟司令员一直随我旅指挥战斗。在战斗发起冲锋时，我和他骑马跟随一线部队出击"。秦基伟作为郑州警备司令，骑马在市区来往，虽然看上去英武神勇，有古典战将风范，但消耗体力，也过于引人注目——大量敌特尚未肃清，有较大的安全隐患。杨以山打听到郑州陇海铁路局有一个很大的车队，而且有多辆吉普车，可做军车使用，便上门拜访，客客气气地商量，看能不能暂借一二，用完璧还。

对方非常配合，立即找司机将车主动送到了绥署大院。

这两辆八成新的吉普车看上去和邓小平、陈毅的那辆算是同款，只是车身涂装略有不同，是青灰色的民用版而不是棕绿色的军用版，看上去更为时尚。杨以山端详着两辆美式吉普车，脸上笑开了花。他上去试坐，晃动着自己的身体模拟野外颠簸行进的状态，很是满意。秦基伟还没看到这两辆车，倒是先让邓小平看到了。

"什么，借的，在哪里借的？"邓小平问。

杨以山老实回答："陇海铁路局。"

邓小平瞪圆眼睛，闪着锐光："乱弹琴！带着枪去借东西，那能叫借吗？！铁路局虽然是个专业部门，但和国民党的体系有扯不清的关系，是我们重点团结利用的对象。郑州解放，他们对共产党心存疑虑，惶惶不可终日，不知道共产党会怎样对待他们，你明借暗要，不是抢也和抢差不多，违反我军城市政策，破坏我军形象，你知道会有多大的不良后果吗？中原野战军中，还没有出现过这种事情。不撤你的职，不足以挽回影响，不足以警醒军队！"

杨以山蒙了。中野政治部立即下发了免去他九纵后勤部部长职务的决定。这个决定，震动了中野全军。

杨以山（1915—1995），安徽六安市狮子岗乡人。1930年参加少年先锋队，1931年参加中国工农红军，同年加入中国共产主义青年团，1933年转为中国共产党党员。土地革命时期，历任红四方面军总部筹粮队副队长、担架队队长、征粮队队长，噶曲河兵站站长，参加了二万五千里长征。抗日战争时期，任抗日军政大学供给部军需科科长，八路军总部直属队供给处处长，太行军区第八军分区供给处处长，参加过百团大战和太行根据地反扫荡战役。解放战争时期，历任晋冀鲁豫军区第九纵队供给部副部长，中原野战军第九纵队后勤部部长，第二野战军卫生部供给部部长，参与组织了洛阳、郑州、渡江战役的后勤保障工作。

中华人民共和国成立后历任西南军区后勤部财务部副部长，昆明军区财务部部长、后勤部副部长，西藏军区后勤部部长，成都军区后勤部部长，成都军区顾问——享受大军区副职待遇。他是第五届全国人大代表。1955年被授予大校军衔，1964年晋升少将军衔。荣获二级八一勋章，二级独立自由勋章，二级解放勋章，一级红星功勋荣誉章。1995年4月5日因病在成都去世，享年80岁。

从杨以山的履历和一些军史资料上看，他被撤职只是很短暂的一段时间，大约在淮海战役前后的一百来天，很快又被起用，而且在追随刘邓大军渡江作战、进军大西南、解放西藏中作出了重要贡献。邓小平是爱护干部的，特别是杨以山这样少年时就参加红军投身革命的干部。处分、惩罚不是目的，抓住个案整肃风纪防患于未然，才是邓小平带兵治军的出发点、着眼点。

秦基伟在回忆录中说："现在想来，小平同志确实是一位了不起的政治家和军事家。郑州打下来后小平同志马上就动手抓苗头，一抓一个准。我记得就是在这前后，为了根绝进城后出现的政策问题，小平同志召开了一次干部会。大家到齐了，还不知开的是什么会，见邓政委来了都很高兴，都伸出手来想跟邓政委握手。但没想到，邓政委却把手一甩，说，我们今天要开一个不握手的会。他问大家，我们部队中违反群众纪律的问题你们知道不知道？我们违反纪律的人虽然只有百分之三，但也够严重的了。但是，更严重的是我们百分之九十七的人对百分之三的人采取了自由主义。这一下，把大家震了。邓政委不仅批评了违反纪律的人，而且批评了对错误行为采取自由主义的人。小平政委这一手来得很过硬、很及时，不然的话，形势好了，城市占了，条件改善了，如果没有坚强的纪律约束，部队就要出乱子。"

邓小平、陈毅安排通知解放郑州参战部队（一纵、三纵、四纵、九纵和豫西军区）团以上干部下午在绥署大院开会。一纵司令员杨勇、三纵司令员陈锡联上午就提前赶到，欲寻陈赓、秦基伟聚首神聊，陈赓告诉他俩："别去打扰老秦了，他正在屋里做功课嘞。"

二人不解，陈赓悄声说："挨批了，正在闭门思过，给邓政委写检讨。不如我陪你们逛一逛大同路吧，我可是老郑州啊！"

陈赓领着陈锡联、杨勇走出绥署大门，陈赓伸手往东西两个方向指了指说："我们现在住的这条街，名叫大同路。号称郑州第一街。这个绥署大院在大同路的最东头，早先是座庙，叫作吕祖庙。"

📖【老郑州城市微观地理小词典】

吕祖庙

古代郑州民间有"仙人吕洞宾凌虚游郑州"的传说，说吕洞宾曾在郑州空中盘旋俯瞰，最后降落在城墙西南角"夕阳楼"遗址歇脚。清康熙十八年(1679年) 郑州知州赵鼎臣根据郡中士绅建议，在城墙西南角偏北不远处修建了一处人造景点"吕祖轩"——亦称"印月轩"，郑州百姓习惯称其为"吕祖庙"，辟园林，立碑刻，建祠宇，塑神像，供百姓顶礼膜拜，亦为文人士子丰富游观之所。《乾隆郑州志》记载："大门外有蓬莱仙境四大字，石刻系仙笔。"搞得神乎其神。乾隆十三年，署知州何源洙率士绅重修。之后历任知州，或有增建，或有修葺，陆续添加了亭台回廊、匾额楹联，景观环境日臻完善，据《民国郑县志》描述，这里"可以邀月，可以迎风；花光午静，柳露晨流，眺览之余，不复作尘寰中想""入门小憩，则烦襟尽涤，俗念顿消，恍置身洞天福地""眺望平畴，远风遥青，当户则心旷神怡，徘徊不欲去"。清末修建京汉铁路郑州段，这里被用作工程指挥部，加建工棚后供工程管理和技术人员办公、议事和临时居住之用。1927年冯玉祥入主郑州，在这里设立平民医院(院长李梦坡)，1933年平民医院改称郑县县立医院，后迁往兴隆街(今火车站东广场以东)。抗战时期郑州两度沦陷，这里被汉奸外围机构占用。抗战胜利后国民党郑州绥靖公署入驻，又成为河南全境的国民党军指挥中心，直至郑州解放。

📖【老郑州城市微观地理小词典】

大同路

郑州西城墙外全部新建区域的初始起点和生长轴线，也是民国时期郑州最繁华的街道之一。清光绪二十二年（1896年）修建卢汉铁路，路经郑州的铁路线位选定在郑州古城以西，距西城墙一公里左右的位置。经与地方官员协商，郑州段工程指挥部设在西城墙外的吕祖庙中——究其原因，一是这里有现成房舍，可以即时入驻；二是属于公共资产，不必扰民，亦不用支付房租；三是离铁路工地较近，城外一片旷野，偶有更近一些的零星农舍不适合使用。铁路开工之后，管理人员、技术人员、材料供货商和施工者在施工现场和吕祖庙之间每日来来往往，人踏车轧，自然而然开辟出一条与铁路垂直（路径最短）的道路，这就是大同路最初的形态，《民国郑州志》称之为"马路大街"。平汉铁路1906年全线通车，陇海铁路汴洛段1909年建成开通，郑州形成铁路枢纽，于是大批筑路工人、铁路员工、行旅客商和物流转运的需求拉动了火车站与老城区之间的开发建设，陆续有人在大路两边搭设席棚，建筑房屋，道路两侧开始出现简易客栈、货栈、餐馆、商店，逐步形成街衢。这些长长短短的街巷，因为是自发而非自觉的建设，缺少城市规划的指导，形成了不规整的路网格局。《民国郑县志》将这些街巷以马路大街为轴线，分作"马路南各街衢"（宏农里、升平里、上元街、文寿里、花地岗、余庆里、钱塘里、南川街、乔家门街、东兴街、敦睦东里、敦睦西里等）"马路北各街衢"（保寿街、汉川街、丁字街、延陵街、天中里、德化街、苑陵街、石平街、天牲街、福寿街、三多里、凤鸣街、朝阳街、智仁里、兴隆街、票房后街、顺河街等）两部分，体现了这一地区开发建设的空间逻辑——这些街衢基本上构成了民国五年（1916年）前后郑州西城外平汉铁路以东以马路大街为基准和轴线的城区框架。马路大街本身也日见繁华，后来郑州当局嫌马路大街之名同义重复，改名为"大通路"，取交通便利四通八达之意。1927年冯玉祥主豫，用孙中山"世界大同"理念将路名谐音更替为"大同路"。之后20年间，大同路上商业繁盛，业态丰富，名店林立：银行、金店、旅馆、饭店、西餐馆、糕点房、绸缎庄、服装店、百货店、中药房、西药铺、书局书店。1938年农历正月十五，日本侵略军轰炸郑州，大同路受到严重破坏，抗战胜利后才逐步恢复元气，但始终没有达到全盛时的状态。过去大同路路面一直是泥结碎石结构，1946年绥靖公署工兵十三团将其改造为混凝土路面，这是郑州第一条也是解放前唯一的混凝土路面的城市道路。所以，无论从城区开发时序排列、主次衡量，还是从繁华程度、路面结构，大同路都堪称现代郑州第一街。

20世纪30年代的大同路街景（与德化街交会处）
历史资料

陈赓领着陈锡联、杨勇在大同路上，一路从东头走到西端，也不进入商家店铺，只是在街上观赏市容，不多时走到了大同路西端的大金台旅馆门前。

📖【老郑州城市微观地理小词典】

大金台

郑州大金台旅馆创建于民国二年(1913年)，与开封鼓楼街、汉口大智门、陕州观音堂火车站等地的大金台旅馆联号经营，是当时的品牌名店。坐落在商业繁华区大同路西首路南，面对车站，位置优越。全旅馆共有100多个房间，近200个床位。店员伙计70人，硬件和服务在郑州均属一流。旅馆大门上高悬大漆金字招牌，大厅内悬挂"仕宦行台"金字匾额，以耀店威。全店分三进五院，各院连通又自成格局，辟有花园，筑有假山，奇花异卉，掩映其间，入夜灯火楼台，如园似宫，笙箫鸣奏，伴客作乐。大金台的客房分为甲、乙、优、福、禄、禧六个等级，前五个等级设施虽依序有差，但全部陈设讲究，或富丽堂皇，或清丽典雅，唯"禧"字号房间稍具平民化色彩，设备简便，价格较低，满足不同消费层级的需求。大金台的服务也极尽完善，客人先进下榻房间再办登记手续，各级客房一律供应膳食，甲等山珍海味、鸡鸭鱼肉，乙等时令果蔬、猪牛羊肉，其他等级也有火锅、面食供应，对经常来住的客人第一顿饭另奉送四两酒、两个菜，以示接风洗尘。客人采买物品、购买车票、托运行李各种事务都可嘱托旅馆茶房代办，客人遗留物品，旅馆会登记在册，妥为保管，最久的保管期长达十年以上。所以，论条件，论服务，论口碑，称大金台为郑州第一店实不为过。平汉铁路路政人员来郑督察，必下榻此店。当年郑州头号大棉花行玉庆长和刘万顺转运公司都在大金台长期包房，用于招待大客户和地方官绅。1924年暑期鲁迅和好友孙伏园等应邀赴西安讲学，往返经郑州，皆下榻该旅馆，并借机游览市区。1934年5月，小说家张恨水从北平出发作陕甘之游，在郑州逗留，也在此小住。1938年2月郑州遭日寇军机轰炸，该店北楼和南楼上部被炸毁，损失惨重，被迫停业，抗战胜利后重新开业，但繁华不再，只能维持运营。1950年因严重亏损，再度停业。1984年秋，因火车站广场改造，大金台彻底拆除。

陈赓指着门头上的大字说："没想到，旧地重游。我以前在这里住过呀！"

陈锡联和杨勇都很惊奇："啥时候？"

陈赓说："那是在1932年10月，红四方面军过了平汉路，我率领十二师与敌军作战，在新集胡山寨激战三天，我的膝盖中弹受伤，不能继续随军行动，党决定让我秘密去上海治疗。在南阳一带辗转了好几天才来到郑州，准备转乘陇海路火车经徐州去上海。因为怕暴露身份，就买了一身讲究衣服，头上戴顶礼帽，打扮成有钱人的样子，住进了这家在当时算是很阔气的旅馆。我寻思自己过去没有在郑州活动过，应该不会被人发现吧，简直是无巧不成书，没想到第二天就被人认出来了！"

"啊，咋回事？"两人异口同声问。

"旅馆里住着一个胡宗南部队的军官，我从街上回来，他一边剔着牙一边大摇大摆往外走，和我撞了个正着。他也是黄埔军校出身，看见我眼儿都直了，向我打招呼：这不是陈赓学长吗？久违久违……"

"你咋说？"陈锡联问。

"阿拉上海人，做生意的——我用上海话和他周旋。我在上海住过，上海方言我是说得来的。哈哈哈哈……"

"他啥反应？"杨勇问。

"他迟迟疑疑说：我认错人了，我的朋友是湖南人。哦，是芙兰人——我装得很轻松，用湖南话和他调笑。他相信自己看走了眼，自嘲地笑笑就扬长而去啦。出了这种情况，谁知道他会不会向上报告，我就没敢再在郑州停留，当天就上车去了徐州，溜之乎也。"

陈赓的故事，让两位战友笑逐颜开。陈赓说他是老郑州，大概这就是出处所在。

陈赓（1903—1961），原名陈庶康，湖南省湘乡县人，中国人民解放军最具传奇色彩的高级将领。1922年加入中国共产党，黄埔军校第一期毕业。1925年参加广东革命军二次东征，战场上危急时刻帮助阵中督战的蒋介石脱离险境，对蒋有救命之恩。1926年奉命到苏联短期学习特工业务，1927年回国参加南昌起义，1928年在上海中共中央特科工作，1931年任红四方面军师长，1932年负伤经郑州转到上海就医，1933年因叛徒出卖被捕。在被拘押过程中，以坚强的毅力对抗了刑讯逼供，拒绝了蒋介石本人的当面诱降，后经党组织和宋庆龄先生等营救脱险回到中央苏区，任中国工农红军第一步兵学校校长。参加二万五千里长征，到达陕北后任红一军团第一师师长。抗日战争和解放战争时期，任八路军一二九师三八六旅旅长，太岳军区、太岳纵队、晋冀鲁豫军区四纵队、中原野战军第四纵队司令员，第二野战军第四兵团司令员兼政治委员，参与指挥解放洛阳、解放郑州战役，参加淮海战役、渡江战役和解放大西南作战。新中国成立后任西南军区副司令员兼云南军区司令员、云南省人民政府主席。1950年作为中共中央代表赴越南帮助越南军民的抗法战争，1951年赴朝参战，任中国人民志愿军副司令员兼第三兵团司令员、政治委员。陈赓一生中既有在隐蔽战线工作的经历，又长期驰骋沙场统率千军万马；对外作战，分别击败过日军、法军、美韩军队暨联合国军，这种经历在中国古今战争史上是绝无仅有的。1952年创办解放军军事工程学院并亲任院长兼政委，后任解放军副总参谋长、国防部副部长等职。

1955 年陈赓被授大将军衔

陈赓一行回到绥署大院，正遇见四纵司令部作战科科长彭一坤，见他缩着脖子，瑟瑟发抖的样子，上前捏了捏他的袖子，问："病了吗？天这么冷，为啥穿这么单薄？"

彭一坤答："只有这两件衣服，还没有发冬装。"陈赓入郑前曾下令，进入郑州的部队将缴获、查封的物资一律移交刘岱峰领导的军管会统一保管调配使用，四纵后勤部冻结发放物资，更不得擅自挪用。时值深秋初冬转换之季，一场秋雨一场寒，那种低温虽不酷烈，却是深入肌骨的。

陈赓说："走，我给你们要。"

他带领司令部几名参谋，找到军管会副主任刘岱峰，努起嘴唇，打了一个嘲讽的呼哨："你现在是大老财啊，接管了那么多物资，总得对弟兄们表示表示吧。"

刘岱峰很痛快："请陈司令员直说，解决什么问题吧？"

"你看这天气，总不能让他们冻得筛糠吧！给他们加点衣服，再请大家洗个澡，暖和暖和，怎么样？你现在可是郑州地主啊！"

大家如愿以偿。刘岱峰安排管理被服的同志给几位参谋各发了一条马裤一件粗布棉衣，还到德化街"天一泉"浴池洗了一次澡。从澡堂出来，几位年轻参谋红光满面，幸福感爆棚。他们回到绥署大院又见到陈赓，陈赓上下打量着说："都整得这么英俊，看着都像新郎官了！"

这件事提醒了刘岱峰，他一方面安排清理缴获物资中的被服，统一分配给各部队及时发放，同时召集中野后勤部各家被服厂研究安排军装生产问题，要求快马加鞭全力赶工以满足部队不断壮大和季节更替的需要。

陈赓他们逛大同路的时候，邓小平正在和中央军委总部联系。他提出中原野战军自郑州挥师东进的方案，并根据昨晚获得的情报，预计"开封驻敌时刻准备逃跑，我仍计划捉捕，但最大可能是无战斗占领开封"。邓小平报告中央军委自己的近日安排："我们确定于二十五日夜（天雨可能推迟一天），先以一、三、四纵东进，九纵以一个旅暂时担任郑州城防，一个旅位于郑州中牟之间，该纵主力待机东进。此时我军主力二十七日可占开封。"邓小平给中央军委的报告发出时，开封守敌在我军强大攻势下，向郑州守敌学习，已经开始弃城东逃了。豫皖苏军区解放军当日进入开封城，开封继 6 月份首次解放后实现二次解放——郑州解放后，整个中原对敌斗争的形势，已经进入摧枯拉朽的节奏。

下午，邓小平、陈毅在绥署"中正堂"召开中野在郑部队团以上干部大会，传达学习中央"九月会议"精神，并为挥师东进做战前动员。

📖 【老郑州城市微观地理小词典】

中正堂

　　郑州绥靖公署礼堂名曰"中正堂"，建于 1947 年，位置在大同路绥署大门右侧，长 32 米，宽 21 米，高 17 米，建筑面积 672 平方米。钢筋混凝土结构，据说使用的钢筋、水泥、木料等是占用了花园口堵口工程的施工材料。有一部分青砖是拆毁中牟县古城墙运来的。礼堂内部设木质舞台，听众席宽敞明亮，连椅后背设置案板以供放置茶水文具。许多国民党军政要员如顾祝同、范汉杰、白崇禧、何应钦、杜聿明、陈诚、邱清泉、孙元良、张轸等高级将领都曾在这里参加会议，出席各种活动。绥署原来的大门开在南下街上，大门朝西，1947 年建成"中正堂"并在院内扩建房舍之后，在大同路上新开面南的正门，据说是受到了堪舆学家的指点。

　　邓小平作主体报告，首先讲解党中央"九月会议"确定的战略目标：根据党中央的部署，用五年的时间建设 500 万人的人民解放军，歼敌 500 个旅（师），大约用 5 年时间从根本上推翻国民党反动统治，解放全中国——邓小平风趣地说："有个外国香烟牌子叫三五牌，很有名的，畅销全球。我们的目标很好记，也是三个五！不过，第三个五也许会打折，会提前！"

　　邓小平特别强调了城市工作问题，要求加强城市工业、交通的管理工作，全党全军认真研究和端正执行新区和城市政策，全力恢复和发展解放区的工农业生产。毛主席的"军队向前进，生产长一寸。加强纪律性，革命无不胜"的要求必须全面贯彻，模范执行。邓小平特别强调了纪律问题，他说：在当前步步胜利的大好形势下，在今后大兵团协同作战的情况下，必须加强组织纪律性。他说：严格执行三大纪律八项注意，严格执行新区政策，这是战争形势发展的要求，必须引起我们每个

96

同志的高度重视，在大兵团协同作战中，如果纪律破坏了，整个战斗、战役就要失败。只有一切行动听指挥，坚决执行上级的命令，严格请示报告制度，才能形成整体合力，实现战役目标。

邓小平还展望了下一步东进作战参加淮海大会战的前景。他说：刘伯承司令员讲过，蒋介石是基督徒，他是要死在十字架上的。十字架在啥子地方？一个在郑州，平汉铁路和陇海铁路的十字交叉点，一个在徐州，陇海铁路和津浦铁路的十字交叉点。郑州解放了，开封随之解放，郑州、开封、洛阳三大中原城市为我掌控，我们完成了党中央交给我们经略中原的任务，打通了中原解放区和华北解放区，蒋介石再无翻盘可能。党中央毛主席根据目前形势和敌我力量对比，要求我们转入战略进攻，下面我们要在徐州这个十字架上决战决胜，为打过长江，全面解放江南地区奠定基础。蒋介石反动集团为了挽救其灭亡的命运，避免在分散和野战中被歼，将主要机动兵团布防于徐州两翼，以刘峙为首，集结了邱清泉、李弥、黄百韬、孙元良 4 个兵团以及刘汝明、李延年两个绥区的部队，与我对垒。我们要按照党中央毛主席的要求，对他们分期歼灭，决不能让敌人主力退居江南。敌军若退守江南，我们渡江作战将会困难重重，更严重的是会拖延全国解放的时间。我们有党中央毛主席的英明指挥，有在座各位的英勇奋战，有中野、华野两大野战军的密切配合，有解放区人民的大力支援，一定会所向披靡，大获全胜。

陈毅司令员也发表了长篇讲话。他着重讲解了中原形势，高度评价了解放郑州的战略意义。讲解了下一步中野东进，与华野紧密配合协同作战的安排。他联系部队指战员的思想实际，用鼓动性的语言给大家加油打气：大家不是说郑州之战打得太顺，不够过瘾吗？本来准备到开封再打个大仗，没想到敌人望风而逃，硬是没给我们消灭他们的机会。你们不要急嘛，养兵千日用兵一时。你们不是要打大仗吗？我们很快就要有大仗、恶仗可以打喽。打起来，你们可不要叫苦啊，你们的部队是铁打的还是蜡做的，就看下一步你们的表现喽！下面的战役会是一次大仗、恶仗，我们必须有充分的思想准备，也许会付出惨痛的代价、做出巨大的牺牲，我们可能要有成千上万的将士光荣牺牲。但我要告诉你，这也是决定中国命运的一仗，这一仗打得好的话，我们很可能就要坐上火车攻占南京喽，我们就把蒋介石的桌子彻底掀翻喽！

大家听了，群情振奋，血脉偾张。

陈毅还专门讲了如何对待俘虏的问题。他说："老根据地能参军的人已经很紧缺了，今后我们要多靠俘虏补充部队。敌军部队的士兵大部分也是农家子弟出身，本色是善良百姓，受裹挟才穿上那身衣服的。俘虏过来跟着我们，经过教育就可能成为合格的革命军人。今后我们要让老根据地休养生息，在新解放区动员一部分人参军，更重要的是善待俘虏，用他们补充军队。你们不要挑肥拣瘦，个头小的不要，年岁大的不要，脸上有麻子的不要。又不是挑新郎官，要是抓到我这么大年纪的你们要还是不要？冲锋陷阵我可能跑不快了，不过。"他用手夸张地在下巴上摸了一把："把我的脸一刮，样子还是看得过去的，当个伙夫、马夫总还可以吧！"大家忍俊不禁，笑声一片。

邓陈首长当时还没有使用"淮海战役"这个说法——当时全军尚未为这次大战正式定名，讲话时多用淮海大会战的说法，国民党军使用的名称为"徐蚌会战"。有些文学作品和影视作品中我方高级将领满口事后才规范统一的概念，不能不说是一种穿越。

10月25日清早，洗完凉水澡，邓小平就收到毛泽东亲自起草同时发送豫南刘伯承和郑州邓小平的中共中央的电报：

> 刘伯承、邓小平诸同志及中原人民解放军全体同志们：
>
> 郑州解放，歼敌万余，开封守敌弃城东窜，开封遂告第二次光复，

从此，中原三大名城洛阳、郑州、开封均入人民解放军掌握，对于今后战局，极为有利。特电祝贺。

中国共产党中央委员会

解放战争年代，以中共中央名义发给各中央局和各野战军的电文是总部的最高规格。电文中首次出现"中原三大名城"的说法，高度概括了中原城市群的基本格局，直到如今，依然适用。

这一天，邓小平、陈毅和陈赓等中野将领围坐一堂，继续研究部队离开郑州开赴淮海大会战前线的行军问题、集结地问题、战场环境问题、后方保障问题，向中央军委发电，报告相关的意见建议。

邓小平面临重大问题深入思考时，喜欢徐徐漫步。这是他的终身习惯。这一天他突然要到绥署外街道上走一走，警卫员提醒他："首长，戴上帽子，天凉了。"

邓小平这时留着光头。邓小平、陈毅、张际春以及远在豫南的刘伯承、李达等首长这个时期全部都是光头——历史影像记录了战争年代临战状态下的军人特点。剃光脑袋有两大优点，一是清爽简便，洗头容易，没有洗浴条件时头上也不会生虱子；二是战场上不幸头部受伤，容易寻找和清理伤口，便于手术。国共双方将领大抵相同。

邓小平戴上帽子，走出绥署大门，在"光碾地儿"兜了一圈，从大同路西行右转，走到了绥署西侧的街上。邓小平招手叫住一个过路的青年说："讨教一下，这条路是啥子路？"

青年人看到邓小平的身后近处和远处有多个战士跟随，紧张起来："你说啥？"

邓小平说："我打听一下这条路的路名。"

青年人怯生生地说："这条路叫南下街。"

南下街

《民国郑县志》中《郑县城及四关图》显示，郑州西城门外西大街的延长段称西门大街，向西第一个十字路口，继续向西改称西郭门大街，向北则称北郭门大街，向南称南郭门大街，绥靖公署西墙外的路段原为吕祖庙街，是南郭门大街的延长线。北郭门大街南高北低，往北一路下行，民间习称"北下街"，正式名称久而不彰，渐渐不为人知。依照地名的对称性规律，南郭门大街连同吕祖庙街也随之被改称为南下街。南下街地势趋于水平，并无坡度，得"南下"之名，纯为与"北下"对偶。

邓小平听了呵呵而笑，扭身对身后的警卫战士说："我们住处的街道名字都很好嘞，大同路，天下大同，这是孙中山先生的理想，也是共产党人的理想。南下街，南下南下，大军南下，东进之后必然南下，这是大吉之兆啊！"

邓小平回到绥署大院，与陈毅、陈赓等继续研究作战事宜。他们准备明天即整装出发，带领部队向东开进，用十天时间（包括途中休整一天）行军，到达永城、亳州、涡阳一带接敌，对国民党孙元良部发动攻击。这时候，他们听到了室外传来整齐雄壮的军歌声和此起彼伏的欢呼声——九纵二十六旅接替三纵七旅担任郑州警备任务，二十六旅正在组织隆重的入城仪式和街道游行。

这一天是多云天气，空中云朵形态多变，明暗层次丰富，如同泼墨画卷，显得朴素而华滋。在街道上行进的解放军队伍严整的军容、严明的纪律和威武雄壮的阵势，让夹道欢迎的郑州市民大开眼界。中原野战军政治部《解放郑州》小报上有这样的记载：

"解放军战士们身穿草黄色新棉军衣，头戴此次歼敌所缴获的深绿色崭新钢盔，步枪刺刀闪闪发亮，无数挺轻重机枪泛着青光。雄壮整齐的部队在街道上穿过，威武的炮兵行列在洋灰大道上隆隆前进。战士们红光满面，精神焕发，高唱雄壮的《人民解放军进行曲》和《三大纪律八项注意》歌。群众极为兴奋，互以喜悦羡慕的眼光投视，并不断报以掌声和欢呼。""一群青年学生议论：解放军士气、武器，都比国民党军队强！""德化街与大同路交叉口处一个面铺的小伙计大声嚷道：雄赳赳的，真是打胜仗的队伍！"

解放郑州主战部队中野九纵二十六旅举行入城式，郑州市民上街欢迎
图片来源：郑州档案馆编《郑州解放》（中国档案出版社，2011）

根据二十六旅旅长向守志将军的回忆，在郑州战役中仅二十六旅就俘敌 8300 余名，缴获迫击炮 44 门，轻重机枪 200 余挺，长短枪 2800 余支，子弹六十万发，军车 30 余辆。这些人员和物资一部分用来自我补充，做到编制满员，枪弹充足，用不完的上交支援给了兄弟部队。经过补充的二十六旅，装备精良，士气高昂。为了充分显示军威，震慑敌人残余势力，入城部队行进线路的设计有意在郑州老城内大同路、德化街、西大街、东大街等主要街道绕了一个大圈。无数市民百姓拥上街头争相观看。

史金腾家住东大街沙家大院，此刻正在家中玩耍，小伙伴从外边跑到院子里喊他："快去看快去看，大街上可热闹啦。"沙家大院的街坊邻居们纷纷跑了出来，一起拥上街头。

📖【老郑州城市微观地理小词典】

沙家大院

位于东大街西段路南(据《管城回族区文物志》记载门牌为东大街 163 号)，清代大型传统民居，是清代爱国将领沙春元故居。沙春元，字梅芳，回族，郑州东大街人，清道光十二年(1832 年)壬辰科武进士，以蓝翎侍卫任山西吉州营都司。咸丰六年(1856 年)任天津镇标右营游击，旋调任大沽口营副将。1858 年 5 月 20 日，英法侵略军 26 艘大小舰艇麋集海上，向直隶总督发出最后通牒，限两小时内交出大沽口炮台。身为副将，沙春元率兵英勇抗敌，不顾敌军炮弹横飞，挺身炮台指挥若定，并亲自点燃巨炮，奋起迎击，激战两个多小时，击毁敌舰三艘，毙伤敌官兵八九十人。终因寡不敌众，身负重伤，以身殉国。由于直隶总督以及提督、总兵等文武官员怯战而逃，全军溃散，炮台失陷，清廷被迫求和。沙春元牺牲后，入祀京师昭忠祠，并赐云骑尉职衔，后被誉为清代"回教名贤"。沙家大院为三进青砖灰瓦传统建筑，门楼上悬有"进士第""大夫第"匾额。民国时期沙家家道中落，将闲置房屋典当或出租以改善生计，新中国成立前后更成为各姓混居的大杂院。2000 年前后在旧城改造中被拆除。沙家后人现仍居东大街、唐子巷一带。

小金腾和小伙伴们跑到街头，东大街上人山人海，观者如堵。解放军的队伍昂首阔步，在市民围观中更加精神焕发，士气高涨。这时候行进的队伍中突然有一个扛大枪的士兵快步走出来走到史金腾面前，说："金腾，你还认识我吗？"

小金腾吓了一跳，解放军叔叔怎么会认识我呢？定睛一看，这不是前段时间住在自己家后院的国民党军高班长吗？

高班长说："嘿嘿，俺现在是解放军战士嘞！"说罢挥挥手，回到了队伍中。

小金腾迷糊了：他不是国民党兵吗，怎么又成了解放军啦？！

后来小金腾才知道，解放军实行优待俘虏的政策。解放郑州战斗中负伤的国民党兵一律给以救治，愿意回老家的给路费，愿意参加解放军的热烈欢迎。许多国民党兵经过教育，掉转枪口，参加了解放军，解放军的队伍因而迅速扩增，变得更加壮大了。

关于当年解放军进入城区的时间，不同的回忆录和文史资料有着不同的说法，这是不难理解的。因为中原野战军一纵、三纵、四纵、九纵的部分部队都曾先后奉命进入过城区，担任警备和临时执行任务。他们入城的时间和线路各不相同。10 月 25 日这一天，第九纵队第二十六旅接替第三纵队第七旅担任郑州警备，部分部队留守郑州直至年底。三纵七旅则于当日撤出城区。关于这件事，邓小平曾留下总结论述——1948 年 11 月 20 日邓小平为部队纪律、物资供应和城市警备问题致电中央军委和毛主席，总结接管郑州的经验和得失，提道：原定九纵担任郑州警备任务，但九纵又是主战部队，追歼逃敌后整理部队、处理俘获占用时间，故迟至两日后才派部队进入市区，而先期进入市区的一、三纵队未领受城防任务，均停留在规定区域之内，导致警备部队缺位，部分市区没有部队维持秩序，形成不必要的混乱。后来多次指定临时性警备部队，八天之中多次交接，专责性不够，有些部队未等警备部队接替到位便开拔离郑，城市少部分资产被流氓分子趁隙窃取。邓小平建议，城市警备工作纲要须在所有部队中进行宣传教育，在攻占某城时，最好指定不担任主攻任务的部队任较固定性的城市警备，而且最好在军管期内不进行更替。

10月25日这一天郑州市军管会主任张际春同样日程满满。圣德中学校长吴惠民被他邀请到办公室见面。

吴惠民（1908—1995），河北省临漳县人。1927年黄埔军校四期政治科毕业，翌年投身北伐战争，先后在叶挺将军之独立团、叶剑英将军之教导团任政治指导员，并参加了著名的广州起义。抗日战争时期任国民革命军炮兵六旅政治部上校主任和第三集团军总司令部上校秘书，之后专职办学，任郑州桐萱中学副校长（校长为第三集团军司令孙桐萱），郑州圣德中学校长。晚年任郑州市政协委员，郑州市基督教三自爱国运动委员会副主席，基督教协会副会长、牧师等职。

军管会主任专门派人前来，通知约见，吴惠民不免有些紧张。他虽然在国民党军队中任职多年，但从未与共产党的军队为敌，自忖无罪，却仍免不了心存忐忑，决定带上副校长王永康一同前往，地点就是大同路绥靖公署。两人一路步行走到绥署大门口，被站岗的解放军战士拦住："有啥事情？"

"军管会长官张际春首长召见。"吴惠民回答。

站岗的战士立即示意放行，显然事先已有人打过招呼。

张际春满面笑容与他握手，让他一下子就放松下来。张际春说："本来我是要到学校去看望你们的，没办法，事情太多走不开，只好劳驾请你们来见我喽，抱歉抱歉！"

张际春的湖南话口音很重，但他的热情和客气让吴惠民彻底放心了。郑州市民并不知道邓小平、陈毅这些地位更高的领导此时也在郑州，也在这个院内开会，只知道军管会主任是共产党、解放军解放和接管郑州的最高首长，所以对这个重要人物的威严与伟岸形象充满想象，见到张际春邻家兄长一样的谦和，听到他礼貌尊重的表达方式，感到如沐春风。

张际春说："好多学校都南迁了，你们圣德中学却不动如山，留在郑州，坚持上课，迎接解放，难能可贵呀。"

吴惠民连连作揖："不敢当，不敢当。"

张际春说："这就是进步的表现，和那些轻信国民党反动派宣传的人高下立判。从现在起，你们学校已经进入人民的队伍中来了。回去告诉全体教职员工继续留任，好好工作，放心教学，有什么困难我们都会想方设法帮你们解决。"

吴惠民校长和王永康副校长一道回答："一定一定。"

张际春询问了一些郑州教育界、文化界的情况，还请教了郑州民间风习、历史掌故的几个问题。好在吴惠民住郑多年，熟悉郑州各行各业，有问必答，详略得当，大家谈得很是投缘。告别时张际春握着吴惠民的手说："改日我一定到贵校参观拜访。"

出了军管会大门，两位心情舒畅，快步如飞，回到学校和老师们分享今日经历。教职员工无不欢欣鼓舞，心潮澎湃，几位老教师开始回忆校史，追溯学校经历过的变局。1938 年蒋介石炸开花园口黄河大堤，以水代兵阻滞日寇西进和南下。滔滔黄河水沿中牟、尉氏、鄢陵、扶沟、西华方向南流，沿岸数百万百姓倾家荡产，流离失所，大量难民逃至郑州。国民党政府救济不到位，郑州基督教、天主教中外牧师、神父们倡议成立了"郑州国际救济会"，分别向"加拿大红十字会"和英国、美国的"基督教援华会"请求捐款，救济滞留郑州的难民。1939

年收到部分国际捐款，收容了800多名难童和流亡青少年，在郑州市二马路盐业银行仓库，开设了一所"国际救济会难童学校"，免费吃住，并提供一些基础教育。1942年吴惠民受聘担任郑州国际救济会委员兼难童学校校长，难童学校中学部独立出来，改称"郑州市圣德中学"，吴惠民任校长，迁往郑州西郊碧沙岗，在冯玉祥先生当年创建的国民革命军烈士祠中上课。1942年6月，吴惠民到重庆拜见时任中央军事委员会副委员长的冯玉祥先生，向他报告郑州圣德中学以碧沙岗为校址，收容抗日流亡青少年的情况，冯玉祥先生是"碧沙岗"地产及相关设施法律意义上的产权持有者，他对吴惠民的工作深为嘉许，亲手书写字据："愿将郑州西郊碧沙岗国民军烈士祠及所有园林捐给郑州圣德中学作为永久校址。"同时，冯玉祥先生还分别写信给碧沙岗烈士祠专职看守人葛心田（冯玉祥原副官）以及当时郑州地方行政官员，通报这个决定，请他们予以协助。因此，圣德中学从1942年春到1944年春的两年间获得了一个宁静优美的学习环境，让学生们继续接受正规教育。1944年4月日寇侵占郑州。吴惠民带领全校800名师生向西安方向徒步转移，一路跋山涉水，历经千辛万苦，落脚到陕西凤翔王堡村张家大院。抗战胜利后，1946年2月圣德中学归返郑州，回到碧沙岗校址。1946年因"郑州国际救济会"不再提供经费支持，学校开始向社会募集资金，改名为"郑州私立圣德中学"，1948年夏郑州解放前几个月，为避战乱圣德中学迁往菜市街华美医院。圣德中学的教职员工们没有想到，郑州解放，身处这样剧烈的社会变革，他们没有遭遇险境，反倒如沐春风，如饮甘露，他们庆幸本校没有听信谗言踏上逃亡之路，再尝颠沛流离之苦。他们由衷希望解放军能够长期稳定地驻扎下来，并且不断取得新的胜利，为百姓创造平安宁静的生活。

张际春没有食言。他没有随邓小平、陈毅一同离郑，又在郑州停留了一段时间。郑州市人民民主政府宣告成立后，张际春带领郑州市委宣传部部长兼文教局局长漆鲁鱼等亲临圣德中学，给全体师生讲话，对学校坚守郑州迎接解放的行动再次给予肯定，并给大家介绍："这位就是新的文教局局长漆鲁鱼同志。今后全市学校的政治学习、课程安排、财产管理、人事调动都由市文教局负责。大家有啥子建议意见，也找他去说。"果然，漆鲁鱼非常重视圣德中学，调学校部分教师前往鲁山（豫西区委和豫西行署所在地）、开封和市里参加学习。这是后话。

10 月 25 日这天张际春还到印刷厂察看调研昨日创刊的《郑州新闻电讯》报的印制和发行情况——郑州《中报》社址在南下街路西，报社有十多个工人负责排字、印刷和外运工作。郑州解放时《中报》已停刊多日。郑州解放第二天上午，两位持枪的解放军战士来到报社门口，贴上了郑州军管会的布告："查《中报》系国民党三青团报纸，即日起由郑州市军管会接管。"工人们看了以后拍手称快，高兴得手舞足蹈起来。他们知道自己的报纸每一期都在丑化共产党解放军，本来担心被查封歇业，大家全部失业，谁知道报社被解放军立即接管，变成了共产党解放军直接管理的机构。10 月 24 日即开始印刷《郑州新闻电讯》，八开四版，每天一期，大家越忙碌越开心，忙得饭都顾不上吃了。中午时分，张际春带着警卫员走进厂里，看到一个年纪不大的工人一边摇机器，一边啃馍吃，走过来问："年轻人，你贵姓?"

小伙子吓了一跳，还从来没人和他说话时如此客气，他仿照老板搭话的范式回答："免贵，长官，我姓钱。"

张际春笑了："好，你这个姓好，吉利，富贵。叫啥名字?"

"我叫钱润波，长官。"

"哈哈，名字也不错，润是有余的意思，你的财富会像大海波浪一样无穷无尽。"张际春和他打趣。看看周围，问他，"怎么只剩下你一个人呀?"

"他们都去吃饭了。"

"你也吃过饭再干吧，歇一会儿。"

钱润波说："不行啊，手摇机器印得慢，误了出报可是大事！我这样两不耽误！"

张际春伸出大拇指，连连称好，问："这么大的馍，能吃几个？"

钱润波害羞地说："能吃仨。"

张际春拍了拍钱润波的肩膀："好！能吃才能干，吃饱好好干！"

钱润波不知道张际春的身份，但看得出来这是一位解放军大官，慈眉善目的神态，朴素温和的话语，让这位印刷工人倍感温暖。几天前，他还是国民党党团媒体的雇工，风雨飘摇，时常有失业之忧；在十字街口亲眼见证了解放军接管城市的初始画面，没想到几天后自己就变成了共产党新报刊的工作人员，精神饱满地投入工作之中。他望着张际春离去的背影，心中的安全感、归属感油然而生。

钱润波印刷的《郑州新闻电讯》从10月24日创刊，一直出到12月31日停刊，取而代之的是1949年1月1日创刊的中共中央中原局机关报《中原日报》。至1948年底，中原地区进入了这样一个特殊时期，前方继续进军开辟新的解放区，后方开始大范围恢复、大规模建设、大幅度社会改革，中共中央中原局为适应这一时期形势需要，更好地宣传、动员、团结4500万中原人民，为夺取全面胜利而斗争，决定创办中原局机关报《中原日报》，作为指导全区工作的武器。社址在郑州市东三马路，发行部门设在南下街，中原局宣传部副部长熊复任社长兼总编辑。

📖【老郑州城市微观地理小词典】

东三马路

民国初年郑州火车站地区已日渐繁荣。郑县城工局整修火车站附近道路，改土路为碎石泥浆混凝土路面，以成路先后为道路命名，由车站向南道路(原称票房后街) 命名为一马路，向北至正兴街命名为二马路。20 世纪 20 年代，在郑经商者、铁路员工家属在一马路南段东西两侧经商居住，渐成街道，后向东延续至南关德济桥附近，经整修规范后称之为三马路。后来以乔家门为界，以西称为西三马路，以东称为东三马路。东三马路上有 20 世纪 20 年代南京国民政府铁道部设立的郑州扶轮中学旧址和 20 世纪 30 年代日本驻郑州领事馆旧址。日本在中原开办外交机构，舍当年省会开封和著名古都洛阳而独取郑州，显示其对郑州战略地位的判断。这里后来成为日本军国主义分子搜集中国军事情报、从事特务活动的场所和基地。不少日本特务穿着外交人员的外衣，进行不可告人的间谍活动，为侵华战争提供了很多军事情报。1937 年七七事变后，郑州当局在这座领事馆中查抄出很多特务活动的罪证，拍成照片，在报纸上公开曝光。1945 年日本投降后，这里是郑州绥靖公署民事处和外事处。1947 年，国民党实行戡乱政策，郑州戡乱委员会成立后在此办公。

经过半个多月的筹备，《中原日报》于 1949 年元旦面世，以对开四版铅印形式出版，每日一大张。它的出版，受到党中央和中原局的高度重视，也受到中原解放区干部群众的热烈欢迎，被认为是中原党的建设的重大事件。毛泽东主席亲笔为《中原日报》题写了报头。

报纸出版后，经由中原各地邮局迅速发往各解放区和中原野战军各部队。为了办好这份报纸，中原局宣传部号召各地党组织积极支持报纸的出版发行，并把提供稿件当作一件政治任务来抓。在全区各地，分别建立了《中原日报》通讯联络站，选聘了许多兼职通讯员。报纸文章和报道文风正派，内容真实，形式活泼，既报喜也报忧，既及时传达党的路线方针政策，还及时反映人民群众的批评建议；既发布中共中央和中原局的文件，又报道各地军事战况、政权建设、人民支前、工农运动等方面的情况，全面反映了中原地区在全国黎明时段的真实面貌。在淮海战役期间，《中原日报》每天还出版一张号外，读者对象锁定前线指战员和后方群众，大部分送往前线，报告战场形势，传递胜利捷报，鼓舞军民斗志。钱润波他们一家的印刷能力不够了，好几家旧报社的印刷厂整合起来，共同承担印报任务。郑州市在这个时期，发挥了中原地区宣传和舆论中心的职能作用。即便中原人民政府在开封成立，开封成为红色中原的政治中心，《中原日报》仍然在郑州编辑发行，新成立的新华社中南总分社也设在郑州，郑州市依然发挥了红色中原新闻舆论中心的作用。1949年5月底，《中原日报》出完第148期，随着中共中央中原局的撤销而停刊，报社人员分流到《河南日报》和武汉《长江日报》工作。下半年（7月1日）《郑州日报》创刊。社长就是那位身兼郑州市委宣传部部长和郑州市文教局局长的漆鲁鱼。

10月25日晚上郑州开始下雨，26日一直淅淅沥沥下个不停。不能按原定时间启程离郑，邓小平这一天和张际春一起与地方领导干部见面，商量和安排工作。

郑州市军管会委员、豫西行署主任李一清和豫西军区副司令员文建武应约前来。邓小平告诉他们："大战即将开始，郑州的地位非常重要，是大战的一个主要支撑点。豫西解放区、华北解放区的支前物资只能靠郑州转运，你们一定要保证黄河铁桥的安全，保障铁路、公路交通运输畅通无阻，把各种物资及时运往前方。"

按照邓小平的指示，豫西行署和豫西军区很快采取了一系列措施，成立了陇海平汉铁路郑州联合管理委员会，专门负责铁路交通问题，豫西军区根据邓小平的指示，派出得力干部、抽调精锐部队成立豫西军区交通支队守卫黄河铁桥，保证了大桥安然无恙，在后来整个淮海战役期间，一列列军用物资通过黄河铁桥在郑州转经陇海铁路驶向淮海前线，有力地支援了前线的部队。

张际春当着邓小平的面表扬文建武："你们的文工团很厉害哟。我在街头看到这些娃娃的演出，郑州、开封刚解放两天，就听到他们编的新歌喽。"

文建武说："是很厉害，他们文工团的政委厉害，时乐濛，是个作曲家，延安鲁艺出身，能文能武。"

"噢，是他呀，我晓得的。像你的名字一样文武兼备，以文建武！"张际春说，"瘦脸盘，深眼窝，两个眼睛挨得近。"

文建武笑了："是他。张政委记性真好。"

张际春说："在延安他就很有名了，《兄妹开荒》就是他的作品嘛。"

张际春转身对邓小平说："邓政委，他们豫西军区文工团不错，四纵、九纵的文工团更不简单，郑州街头到处是他们的宣传队，部队战士都在高唱郑州解放之歌，士气很旺。"

邓小平说："宣传工作也是战斗力嘛。你们豫西军区再为前线作点贡献如何？"

文建武胸脯一挺："服从命令。"

邓小平笑着对张际春说："请豫西军区忍痛割爱，我们把时乐濛他们那个文工团带上，参加大战，加强宣传，鼓舞士气。"

送走李一清、文建武，郑州军管会委员、军管会市政部部长宋致和应约向邓小平、张际春报到。

1948年5月，宋致和协助刘杰带领晋察冀南下干部在一个深夜从白坡古渡渡过黄河，绕过洛阳到达中原局驻地宝丰县，受到刘伯承、邓小平、陈毅、邓子恢等首长的接见。宋致和被分配至豫西行署任副主任兼秘书长。被邓小平选中，作为郑州解放之后的城市领导人选，开始准备接管工作。10月22日傍晚他带领朱翔武（豫西行署办公厅民政组组长）等人进入郑县政府和河南第一行政督察专员公署，接管敌产，调研城市基本情况，制定地方管制方案，谋划稳定社会、恢复生产的具体措施。

邓小平看宋致和浑身衣服被雨水打湿，头发上还在滴水，请宋致和坐下，取来毛巾让他擦拭，问他："怎么样，郑州的情况吃透了没得？"

宋致和回答："这几天主要是弄清家底，掌握动向。"

"对头。要做到有的放矢。"邓小平说，"临时叫你过来，来不及通知张玺同志喽。不过，我今天谈的内容，邓子恢政委还会找他谈的。"

邓小平告诉宋致和，基于今日对郑州局势的分析判断，决定尽快成立郑州市人民民主政府。原先有成立市政维持会的设想，鉴于目前的形势进展——汴洛皆在我手，郑州城市内部也相对平稳，又鉴于郑州的城市地位和它下一步应该发挥的作用，决定一步到位，成立新的人民政权。

邓小平说，过去我们考虑过郑州解放后的各种情况，其中有一个可能，就是蒋介石不愿老老实实完全放弃中原，战局会多多少少出现一些波动，一些反复，我们进入郑州可以称之为临时性占领。政权建设暂时为"维持会模式"，啥子是维持会模式？维持会模式就是暂时不要另起炉灶，可以利用一下旧有的保甲组织执行政令，联系市民，维护社会稳定。这样成本较低。待时机成熟，尘埃落定后再搞正式的基层政权建设。眼下中原局面比较乐观，开封守军望风而逃，蒋军主力回缩徐州，准备在那里与我们较量。中原之局，他们是难以翻盘了。这样，我们对郑州的占领就可以称之为巩固性占领，对，是巩固性占领而非临时性占领，下决心近日尽快成立郑州市人民政府。你们要迅速把牌子挂起来，把工作搞上去。

邓小平说：郑汴解放，全国瞩目，党中央毛主席都很高兴。郑汴郑汴，我把郑排在汴的前面，这不完全是因为郑州的解放比开封早一两天。按理说开封是省城，地位应当更高些，但从郑州对全国解放战争的影响看，它要比开封地位重要得多，搞好交通支援前线的担子也更重些。环顾中原解放区，郑州是第一位的战略支点和建设重点。国民党政权过去把郑州看得很重，我们看得更重一些，它的地位是开封、洛阳都不能比的。毛主席在洛阳解放后专门给我们发过一个电报，要求我们以后接管每一座城市都一定要选好市委书记和市长，市委书记和市长必须委派懂政策、有能力的人担任。因为今后我们的工作重心要由农村转移到城市喽。懂得城市的同志并不很多。致和同志，你参加过石家庄的城市接管，有一定的城市工作经验，选你来郑州，是中原局的慎重选择，豫西区党委张玺同志对你有不错的评价，相信你能干好。邓子恢同志主管解放区地方党政工作，有什么事你也可以直接向他请示——过些天他就要坐镇郑州，指挥淮海大会战的后勤工作嘞！

邓小平嘱咐宋致和：政府成立后的重点工作当然是恢复生产，恢复经营，恢复城市的活力。这是个持续的工作。要实现这个目标，前提是要稳定社会。郑州解放之前，大部分重要罪犯都已经望风而逃，残余势力一定不少，但主要不是大鱼，差不多都是小鱼小虾，翻不起大浪的。切勿大捕大抓，对潜伏的敌特、谍报人员，要尽可能掌握线索，秘密调查，一网打尽。要利用好旧机构的旧职员，对普通旧职员可让他们继续效力，让他们做好新旧交替的事情，看守房产、档案、账目，对他们短期培训教育后实行甄别，合格者再正式录用。不要急于搞市民、工人斗争，不要把农村土改的工作方法用于城市工作。禁止乡村农民团体进城捉人。如果有人举报、控告罪犯，你们市政府要依照法治原则按手续、按程序办理。官僚资本要搞好登记，维持运转，我们有人才、有能力时接管过来，私人工商业要明确保护政策，让他们安心做生意。优先考虑民生事务，让老百姓过上平安顺遂的好日子，我们的各种阻力就会小得多，市民百姓才会真心拥护共产党的领导。

邓小平特别强调铁路的地位：郑州是靠铁路起家的城市，铁路管理机构要设在郑州，郑州要管好铁路，用好铁路，铁路的警备由郑州负责。

张际春安排工作人员记录邓小平今天的谈话内容，在记录稿上略去了一些对宋致和的讲解、交代，补充添加了对宣传工作的要求和对开封工作的指导，编成《中共中央中原局关于占领郑汴的几点指示》一文，当天晚上由邓小平签字后发出。邓小平的嘱咐，成为郑州市之后多年的工作指南。他关于郑州城市地位的评价，既给宋致和增加了压力，又提供了动力，成为他在郑州十年如一日坚持不懈奋力前行的引擎。

10月27日，雨霁天晴，邓小平和陈毅率领中原野战军主力离开郑州，挥师东进，拉开淮海战役的序幕。

第三章　东进与南下

邓小平、陈毅率领中原野战军四个纵队从郑州出发，沿陇海路东进，奔赴淮海前线——四个纵队并不是同时出发同步行军的，一纵、三纵提前开拔，邓陈首长与四纵同行，九纵最后出发。经过郑州战役，刚刚成立一年零三个月的九纵，士气高涨，战斗力剧增。据秦基伟回忆，解放郑州之役，九纵人力物力都得到补充，10 月 31 日，除留下二十六旅七十八团负责郑州城防外，九纵主力（其余两个旅五个团）从郑州出发，十一天行军八百里，到徐州蚌埠之间，投入淮海战场。

邓陈首长离开了郑州，但中原野战军一些领导同志留了下来，或长或短在郑工作了一段时间，如张际春留下继续主持郑州军管会的工作，帮助组建郑州市临时工委和首个市委领导班子；郑州军管会副主任刘岱峰完成军管会工作后，具体负责淮海战役在郑的后勤保障工作，同时负责在郑州市场交易中驱逐法币、金圆券，稳固解放区中州币地位的工作；中原军区政治部组织部副部长兼城工部部长孔祥祯继续负责情报工作和干部调配工作；中野九纵政治部主任谷景生被任命为中共郑州市委代理书记，直至年底新任市委书记吴德峰到任。不久后中共中央中原局第三书记、中原军区副政委邓子恢同志也从宝丰县来到郑州，坐镇指挥淮海战役后勤支援，绥靖公署大院这时又变成中原局部分领导干部的办公场所。

刘邓大军东进后，中原军区很多机关也留在郑州，郑州发挥了后方基地的作用。如中原军区卫生部，一直驻留郑州至第二年，淮海战役期间调配医疗救护资源，管理战地和后方医院，安排救治解放军伤病员和受伤被俘的敌军官兵，中原军区卫生部驻地为饮马池街，那里人来人往，日夜繁忙，灯火长明。

📖【老郑州城市微观地理小词典】

饮马池

　　清乾隆《郑州志》记载："御井，在州西门外。明兴藩入承大统，驻跸于郑，此其汲水处也。""饮马池在州西，离城一里。"御井与饮马池同出一个故事。明正德十六年（1521年）明武宗朱厚照驾崩，兴王世子朱厚熜由湖北安陆北上进京继承皇位，是为嘉靖皇帝。当年路过郑州，郑州知州陈塘在城西安排行宫，选定水质甘冽的水井专供御用，井台井栏刻龙画凤修葺一新，并精选石料在井边砌筑了既美观又实用的大型水池供皇家队伍饮马之用，称为饮马池。后人将此处视为风水宝地，就近卜居，渐成村落，称为"饮马池村"。京汉铁路开通后，因为临近火车站，这里很快成为繁华街市。20世纪20年代，饮马池由古迹名称演变为城市片区名称，这个区域一般指北到正兴街、东到福寿街、南到兴隆街、西到二马路的范围。这里当年集中了数十家棉花行、货栈、仓库、旅店、转运公司，各地棉花在这里吞吐集散，交易行情备受国内棉纺织行业的关注。饮马池的具体位置在今"郑州大酒店"附近。

　　邓小平、陈毅仍随四纵行动，通过四纵指挥所联系和调动部队，陈赓司令员做邓小平、陈毅的助手，担负起近似参谋长的工作职责。此时的陈赓，工作非常细致谨慎，对邓陈首长十分尊重。为了保障邓陈首长的指挥，每天晚上都很晚才睡，了解情况，同参谋人员一起研究敌我动态，准备好了以后亲自向邓陈首长汇报，并听取他们的指示。陈赓以往率领本部时，一般只管战役意图、进程、大局，他现在做的事过去都是参谋人员做的——他惯常只记敌人兵力，不记敌人番号，现在为了保障邓陈指挥，连敌军的团一级番号都默记在心，以备邓陈询问。即便是他指挥权限范围之内的事情，他也向邓陈报告，争取指导。

当部队经过开封进军至商丘东南时，传来了辽沈战役胜利结束、东北完全解放的消息。邓小平坐在吉普车上，很快就听到了行军队伍中传来的歌声：

> 炮弹哎开了花，胜利的消息传天下，
> 解放军秋季的攻势胜利大。
> 解放了全东北，吓得蒋贼叫爹妈，
> 中原胜利也顶呱呱，开封郑州都拿下，
> 打得匪军没办法，挤成了一疙瘩，嗨！
> 挤成了一疙瘩。
> …………
> 炮弹哎开了花，胜利的消息传天下，
> 解放军秋季的攻势胜利大。
> 眼见那蒋家的小朝廷它就要垮，
> 和平阴谋不顶啥，长江设防也白搭，
> 咱们的炮弹一开花，就送你回老家，嗨！
> 就送你回老家。
> …………

歌词有讽刺幽默意味，富有喜剧色彩。歌声是战士们喊着唱出来的，唱出了解放军无往不胜的自信与自豪。一打听，这首歌的歌名叫《秋季攻势胜利大》，是时乐濛刚刚作词作曲新鲜出炉，由三纵文工团传唱的。这个时候时乐濛的豫西军区文工团已经并入陈锡联三纵文工

团，开始随军出征。辽沈战役取得胜利、东北全部解放的消息传来不足
24 小时，中原解放军已开始以歌声的形式传播捷报，扩散喜悦，鼓动
斗志，这本身就是一种快速高效的战斗样态。邓小平下令对此通报表
彰。这首歌后来刊载于 1948 年 11 月 23 日的《豫西日报》上，因而歌
词与曲谱得以保留至今。

　　11 月 1 日中央军委致电陈毅、邓小平、粟裕并告华东局、中原局，
决定淮海战役统一受邓小平、陈毅指挥——华东野战军、中原野战军于
1948 年 11 月 6 日至 1949 年 1 月 10 日联合发动淮海战役。为统筹战役
作战和地方支前事宜，11 月 16 日中央军委进一步决定，由刘伯承、陈
毅、邓小平、粟裕、谭震林组成总前敌委员会，由刘伯承、陈毅、邓小
平为常委，临机处置一切。邓小平为总前委书记。从邓小平、陈毅解放
郑州开始，中原野战军、华东野战军共同执行淮海战役作战任务。邓小
平晚年回忆淮海战役时，还记得毛泽东当时说过，"中原野战军和华东

商丘古城中的淮海战役总前委雕像　婴父摄影

野战军联合作战，不只是增加一倍两倍的力量。数量变，质量变，这是一个质的变化"。

邓小平的对手正是郑州绥靖公署的旧主人刘峙。据有关军事史资料，这时候的国民党刘峙集团下辖邱清泉、黄百韬、李弥、孙元良等4个兵团和6个绥靖区共60万人（后来增至80万人），密集布置在以徐州为中心的东起海州、西至开封、北起临城、南达淮河的区域内，是国民党军兵力最多、战斗力最强的一个战略集团。刘峙集团主力集结于以徐州为中心的陇海铁路商丘至海州段、津浦铁路徐州至蚌埠段，能够依托陇海、津浦两条铁路迅速机动增援，这是同其他战场国民党军相比截然不同的优势。人民解放军能够参加淮海战役的兵力有华东野战军5个纵队和1个特种兵纵队，约36万人；中原野战军7个纵队约15万人，加上能够就近参战的华东军区、中原军区和华北军区所属冀鲁豫军区的地方部队，总兵力约60万人，与刘峙集团的总兵力相比不占优势，武器装备更劣于对方。中共中央军委和毛主席把指挥权交给以邓小平为首的淮海战役总前委，同时责成中原、华东、华北三大解放区全力组织支援。毛主席指出，淮海战役为南部战线空前大战役，此战胜利，不但长江以北局面大定，而且全国局面亦可基本确定。他号召中原、华东全军在总前委领导下，争取战役的胜利。

战役结果我们当然已经知道，直到1949年1月10日，历时66天的淮海战役，在总前委领导下胜利结束，中原、华东野战军并肩作战，共歼敌55.5万余人。随后，邓小平、陈毅继续担任总前委领导，指挥第二、三野战军联合作战，组织了渡江战役、京沪杭战役，解放了南京、上海、杭州及华东广大地区。

话说邓陈首长10月27日离开郑州，第二天遵照邓小平的指示精神，郑州市人民民主政府即宣告成立，在国民党郑县政府和河南省第一行政督察专员公署大门前挂上了牌子——10 月 22 日下午，宋致和带领军管会市政部的同志按预定计划来到这里准备入住，但所见之处一片狼藉，办公房破坏严重，门窗玻璃被群众砸得粉碎，桌椅板凳被洗劫一空，遂决定一边寻找工匠抓紧修缮，一边暂借附近武陟旅郑同乡会作为办公地点。经过几天修整清理，面貌焕然一新，这座唐代开始修建，具有千年历史，经历多次焚毁和重建的郑州官衙，从此成为新的人民政权的驻地和人民当家作主的象征。

📖【老郑州城市微观地理小词典】

郑州官衙

郑州官衙始称州衙、州治。《乾隆郑州志》:"旧州治与州城南门对，唐武德四年置郑州时建，至明季为流寇焚毁。"明末李自成农民军曾攻占郑州城，对城池造成严重破坏，唐初建成的州衙付之一炬。清顺治十五年郑州知州刘永清开始局部修复，之后历任知州时有修葺、增益，250 年间逐渐形成衙署建筑体系:州衙正南前方有钟鼓楼一座，基台高大，下有券门可通车行人;州衙仪门内有戒石亭(立有"官箴"刻石)、大堂(额曰"远宗遗爱")、二堂(额曰"平政堂")、三堂、退思轩(图书室)、架阁库(档案馆)、候月楼(官员及家眷游憩之地) 以及知州宅、同知宅、吏目宅等居住建筑。清末郑州兵荒马乱，州衙年久失修，光绪二十七年(1901 年)，慈禧太后和光绪皇帝避乱"西狩"取道郑州、开封返回京城时，曾在郑州州衙驻跸，知州李元桢为了恭迎圣驾，尽管财力困乏拮据仍筹措巨资对州衙进行了装修粉饰，并整修了州城内外道路设施，仪轨繁复的接驾过程让这位胆小怕事的郑州知州一夜白头。时至民国，郑州改称郑县，县衙仍驻前朝旧地。据有关资料，县衙地盘大致范围为:南至今法院东街街口，北到北城墙根，东起管城东街(原马号街)，西到管城西街，南北长 300 多米，东西宽 150

多米，大门向南面对县前街和南城门。民国二十一年（1932年）河南省第一行政督察专员公署成立，管辖郑县、广武、荥阳、氾水、密县、禹县、长葛、新郑、开封、中牟、洧川、尉氏、通许等13个县，治所设在郑县，办公场所和郑县政府并置一处，占据郑县政府大院的东半部。郑州解放，河南第一行政督察专员公署与郑县政府同时终结。衙前街道两侧地片被郑州市民称为"衙门外"（"门外"两字双音连读，读"忙"），这个说法至今流行。郑州官衙现为郑州管城回族区区委、区政府所在地。

郑州市人民民主政府成立这一天的郑州街景，碰巧被一位没有具名的《新洛阳报》的记者充分记录，详尽描述。他写道：长春街（今二七路）上，满是来往的行人、汽车和马车、人力车，秩序良好，每个十字路口都有武装战士指挥交通。街道两旁到处张贴着解放军秋季攻势的捷报。《郑州新闻》报和郑州军管会布告的张贴之处，围集大量市民观看。交通银行门口贴有巨幅战场形势图和大字书写的中原大学和军校的招生广告，银行里面设有流动图书馆、问事处，每天都有成百上千的青年学生、各界人士前来报考、参观、咨询、读书。当市区进入黄昏以后，电灯大放光明。工作队在警备司令部（即绥靖公署）大礼堂主持的招待各界的晚会，每日满座，现已连续演出四天的歌剧《军民一家》等节目大受欢迎，还将继续演出。从大同路向西走到平汉铁路火车站，可以看到很新的绿色涂装的火车头和数十节大车厢完整地停在那里。从黄昏到黎明，经常听到火车汽笛的轰鸣声。陇海路郑汴段已经通车，平汉路郑州到黄河南岸也已通车，郑州站南至小李庄站正在修复，预计月底可以通车。新郑州在自己军队的保护下，一天天走向恢复和繁荣。

10月29日，郑州市人民民主政府召开郑州市各界人士座谈会，市长宋致和宣布施政方针。这是新政权成立后首次面向社会的政务活动，也是郑州市政府首任市长第一次登台亮相。

史金腾的母亲张淑贞女士提前一天收到市政府派人送来的座谈会请柬。张淑贞女士 1912 年生，郑州解放时是南学街小学教师，其祖父为私塾先生，其父张兆琨乃郑州明新中学国文教师，实为书香世家。张淑贞为郑州女子小学首届学生，是郑州市接受新学教育的第一批新女性。之后考入国立开封女师，1934 年毕业后一直在郑从事教育工作，倾心育人，乐善好施，桃李芬芳，是郑州教育界的标志性人物之一。张淑贞女士虽在教育界颇有资望，但一贯处事严谨，不务虚名，她拿着请柬很是纳闷：解放军进城没有几天啊，他们怎么会知道我呢？

请柬在家人手中传递，看上面手写的毛笔楷书字字俊朗，有钟王之风，这也让全家人惊异：不是说共产党都是些大老粗吗？怎么这字体看上去那么有文化呢？这书法水平，即便是一般的文化人也难以望其项背呀。

长期以来郑州百姓深受国民党宣传机器的洗脑，接收了一些污名化宣传的负面信息，张淑贞对召开座谈会的用意一无所知，心存疑虑，但又不便回绝和缺席，只好决定由儿子金腾陪同与会。

10 月 29 日下午 3 时，市政府各界人士座谈会在中山堂召开。

📖【老郑州城市微观地理小词典】

中山堂

中山堂为民国郑县政府和河南省第一行政督察专员公署公用的大会议厅，大型砖木结构建筑，始建于 20 世纪 20 年代，由冯玉祥命名，和门前的中山北街相对。中原大战时冯玉祥部曾在县政府内驻军，1930 年蒋介石派飞机向这里投弹轰炸，建筑受到损毁。后经多次修葺，维持使用。解放后这里成为郑州各界人民代表会议和市委、市政府召开会议、举办活动的主要场所。现已不存。

史金腾当年虽然只有 10 岁，却处处表现出男子汉的气概，他紧绷面孔挺直腰板，尽可能显出成熟的模样，像保镖一样跟着母亲进入中山堂内。只见各界人士济济一堂，早已提前等候。这些人大多数他都不认识，但他看到了他认识的书画家唐玉润先生——抗战胜利后，20 多岁的唐先生被聘为县立中学的书画教师，其时史金腾的祖父史廷珍任县中校长，后来唐先生也曾在南学街执教，和母亲同事三载。郑州解放前后唐先生作为书法家已经名满郑州，他书写的各种匾额，遍布全市大街小巷，林立于很多商家店铺前脸门楣，成为富有郑州特色的文化景观。

宋致和市长闪亮登场，招呼大家落座，走到前台讲话。

听众席的桌子上摆满了瓜子、点心——既有中式点心，又有西点。这让史金腾兴致大增，眼盯着这些美味，无心倾听市长的讲话。但没有任何一位参会的大人享用这些点心，他也只好克己复礼，抗拒诱惑，把注意力转向正在讲话的主角宋市长。和街头上经常遇到的解放军官兵那种黄绿色、灰绿色军装不同，宋市长穿着蓝布制服，一看便知道这是政府人员的衣饰标配，但很难看出级别的差异。宋市长气质儒雅，语气平和流畅，语调类于京腔，至于讲的内容，小金腾听得半懂不懂。

据当年报刊记载，参加当天郑州市各界人士座谈会的有工商、教育、新闻、宗教、医药、妇女等各界人士 284 人，宋致和市长首先向大家报告：郑州市人民民主政府已于昨日正式成立。他接着开始发表讲话，也可以称之为就职演说：郑州解放，城中虽然未经战火，但由于国民党多年的统治和破坏，已到了民不聊生的地步。要建立一个民主、自由、繁荣的新郑州，是一个艰巨的任务。因此，邀集各位先生来共商市政大计。希望大家多提意见，贡献才智。

宋致和指出：人民政府当前的任务，首先是彻底肃清蒋匪残余，建立革命秩序，稳定金融，稳定市场，恢复交通及工商、文教、卫生等事业。国民党、三青团和一切公开的和秘密的反动组织，必须立即解散，迅速向政府登记，交出武器和证件，政府当本宽大政策，既往不咎；如仍执迷不悟，继续进行反动活动者，政府定予严惩。

宋致和特别解释了工商业政策，他请工商界朋友放心，政府除没收官僚资本外，对私人之企业，不分大小一律保护，拥护中共中央"发展生产，繁荣经济，公私兼顾，劳资两利"的方针，扶植其发展。但坚决废除过去残留的封建性剥削和待遇，建设工人福利事业。

宋致和最后提高声调说："总之，请大家相信，我们既然能够解放郑州，接管郑州，就一定能管好郑州，繁荣郑州。致和愿与各位一起密切合作、艰苦努力，建设一个更加美好的新郑州！"

看得出来，与会者最初的态度基本上是审慎的和矜持的，他们和共产党人几乎没有过任何接触，绝大多数因为国民党的宣传而心有疑虑，

郑州市人民民主政府成立时的宋致和

但宋致和讲到最后，他们显然开始受到感染，对宋致和讲话的内容和讲话的态度都不能不予以认同，报以掌声——也许掌声中会有一些礼貌的成分吧。大家都是第一次见到宋致和，这位玉树临风、面目清秀的高个子市长文质彬彬，让众人深感意外，他们原先的想象，共产党给这座危机四伏、积弊难返的城市派来的领导者一定会是一位五大三粗、怒目虬髯梁山好汉式的人物。

会议结束，宋致和邀请大家晚上到绥靖公署中正堂观看文艺演出。这一回史金腾仍然陪着母亲充当保镖。他回忆起七十五年前的情景犹感历历在目：那一天部队文工团阵容强大，演出内容丰富，由大型军乐队演奏雄壮的军乐拉开序幕，其后既有生动活泼的快板表演，又有妙趣横生的歌剧《军民一家》，还有活报剧《陈家富回家》，尤其后者给他留下深刻印象：剧情为解放军战士陈家富探亲回家，夜晚赶路，误入敌占区蒋军宿营地，一群国民党兵从梦中惊醒，惊慌失措，纷纷向孤身一人的陈家富举手投降，把国民党军队如惊弓之鸟的狼狈相表现得淋漓尽致，台下笑声、掌声、喝彩声响成一片。受到台下观众情绪的感染，台上有位文工团小战士在演出中发生笑场，忍俊不禁的样子更加滑稽，观众不但没有嫌弃，掌声反倒更加热烈，台上台下一片沸腾。史金腾说那是他一生中参加过的最难忘的晚会。那天晚上回家后，他还学着舞台上国民党兵举手投降的姿势给全家老少表演，惹得全家人哈哈大笑。

郑州市人民民主政府根据迫切需要立即组建了公安、文教、工商三个局，同时把现有城区划分为第一区、第二区、第三区（仓促间没来得及考虑合适的名称，又不愿沿袭旧的名号，只好以序数代之）。分别成立了区级行政机构（区公所）。一、二、三区分别对应于解放前的郑州三镇。

郑州三镇

中华民国二年（1913 年），郑州废州置县，改称郑县。县辖城厢、永康、仁亲、人和、宣平、定安、长乐七区，城内为城厢区。民国二十四年（1935 年），郑县将原七区合并为四区，第一区为城区。民国三十年（1941 年）撤销四区，改设 15 个乡镇，第一区（城区）划为 5 镇：博爱镇（治所在子产祠）、维新镇（治所在维新街）、长春镇（治所在国民二小）、大同镇（治所在同春里）、裕丰镇（治所在刘仙庙）。民国三十四年（1945 年）抗战胜利后，郑县城内设维新镇、德化镇、裕丰镇等三镇。民国三十五年（1946 年）设立大同镇，撤销德化镇，将德化镇管辖区域分别划归维新镇和大同镇。民国三十七年（1948 年）4 月，市区重归三镇建制：重建长春镇，大同镇、维新镇建制不变。市区三镇建制，一直维持到当年 10 月郑州解放。三镇名称皆字面雅而意涵丰，各有来历。

维新镇

维新镇因《诗经·大雅·文王》诗句"周虽旧邦，其命维新"而得名，用典巧妙，耐人寻味，暗指维新镇辖区矩形城池之内原为周朝方国管国的都城，深藏着一段波谲云诡的先秦故事。公元前 1046 年周武王姬发伐纣灭商，建立周朝，封其弟姬鲜于管，始建管国。《史记·周本纪》曰："周武王封其弟姬鲜于管，称管叔鲜。"管叔鲜受命于周武王统领东方诸侯，监管商朝贵族遗民。周武王驾崩，年少的儿子成王即位，管叔鲜之弟周公姬旦摄政主导国事，遭到众人猜忌。据说因为管叔鲜联合蔡叔和商朝遗民（殷纣王的儿子武庚等）反对周公姬旦，被周公诛杀。这其实是一起围绕继承权而引发的残酷的政治斗争，历史细节几乎见不到记载。郑人智慧，不愿提及具体事件内容，以《诗经》中的句子指代之。维新镇管辖范围包括旧城墙内全部地盘和城东城南少数村庄如二里岗等，商户密度、繁华程度逊色于大同、长春两镇。主要街道有东大街(市民老户较多，传统民居建筑集中，文庙和开元寺塔在此，抗战爆发前每年春季在开元寺塔附近暨塔湾一带举行著名的郑州药材和骡马大会，影响遍及中原地区)、西大街(商铺集中)、南大街(药材商多聚集于此，抗战爆发前每年秋季的药材、骡马大会再次举办，规模不逊春季)、县前街、书院街(居民集中，旧政权人员也多居于此)、北大街、法院街、外营街、清真寺街(回民聚集区，大多就近经营小饭馆、小货摊和售卖牛羊肉)。郑州解放时，以维新镇范围为基础设郑州市第一区。

长春镇

长春镇因域内长春桥、长春路得名。先有长春桥后有长春路，长春桥是架在金水河旧河道上的桥梁，"长春"一词当出自唐代魏征"茫茫禹迹，浩浩长春"诗句，意指金水河是当年大禹王在中原地区所治水系之一脉，表现了郑人对其生存环境自我美化的一面。

长春镇亦为老郑州繁华之地。主要街道有德化街(郑州市最著名的商业街，百货商店、金店、绸缎庄、银号较为集中)、西关大街(商行、盐号、装裱店较多)、长春路(估衣铺、古董店较多)、二马路(因邻近火车站，客栈旅馆较多)、东西太康路(常为集市区，摊点云集，多卖香烟、洋火、日用杂货、吃食)、国民市场街(杂耍、卖艺者聚集之地)、新春里、富春里、民权里、三星里、北胡同街(妓院麇集之地，尤以新春里为最，按照缴纳花税的数字统计，妓女人数解放前为 528 人，不包括暗娼人数)、西一街、西二街(破烂市)等。郑州解放时，以长春镇范围为基础设郑州市第二区。

大同镇

大同镇因域内道路大同路得名。"大同"是中国传统文化特有的政治概念，表现了国家治理选贤任能，对外交往讲信修睦，社会治安夜不闭户路不拾遗，人民生活老有所终、壮有所用、幼有所长、安居乐业的社会理想。大同镇在城之西南紧靠平汉与陇海铁路线交会处，是郑州的商业繁盛区，主要街道有大同路（百货商店、金店、银行较为集中）、钱塘路（小商铺较多）、一马路（因邻近火车站，客栈旅馆较多）、银行街（因中国银行在此而得名，住户中有不少银行职员和公务人员）、敦睦里（公路局在此）、布厂街（拉车运货的脚户集中在此）、东三街（位于裕丰纱厂附近，工人多，难民多）、南关大街（粮行多）、南菜市（因供应城市蔬菜消费的集市在此得名，著名的教会医院华美医院在此）、顺城街（宰屠行和小作坊较为集中）、东三马路（中产市民集中，日本驻郑州领事馆在此）、西三马路（摊贩多）。郑州解放时，以大同镇范围为基础设郑州市第三区。

　　1948 年 10 月郑州解放之初的行政区划设计是郑州市和郑县并立，旧郑县的城厢三镇设郑州市，而乡村部分仍称郑县，成立郑县人民政府，办公地点设在三官庙村（位于今建设西路西三环东数百米）。1949 年 12 月，郑县划转 107 个自然村归属郑州，加之原有的自然村共计 123 个村，增设为郑州市第四区、第五区。1953 年郑县撤销，郑州市第四区、第五区建制也随之取消，在此基础上建立郑州郊区。这是后话。

　　紧接着，郑州市还进一步完成了基层政权建设。废除旧社会的保甲制度，区下设街、闾两级，以街代保，以闾代甲，负责人称街长、闾长。街的管理机构称人民民主街公所，街长、闾长由委派委任和群众选举相结合的办法产生，定期改选。

　　市政府继 10 月 29 日召开各界人士座谈会后，又专门召开了商人座谈会，进一步说明党和政府的工商政策，解除商界人士的各种顾虑，并启动组织商会筹备会，作为政府联络商界的桥梁纽带。截止到 12 月中旬，全市商家 99 个细分行业 2174 户（不包括摊贩），90% 以上都恢复了营业。太康、振兴、国民三个知名商场还成立了市场管理委员会，吸引摊贩入场经营。太康商场请书法家唐玉润创作了榜书大字对联，张贴在商场入口：

商逢解放财源广
民出水火幸福多

组织成立商会筹备会，有一位名叫陈耀龙的中年男人最为积极，看样子在商界人脉很广，颇有影响，许多人见到他都非常恭敬，被大家推举为筹备会主任，引起宋致和的注意。打听之后，发现此人经历可疑、背景复杂，绝非等闲之辈。

市政府还很快召开了贫苦市民座谈会，了解贫苦市民的生活境况，倾听他们的心愿和诉求。这些人对新政权的性质懵懵懂懂，对自身社会地位的变化一无所知。二区组织会议，十保的旧保长（拟定的街长人选）接到通知，走到顺河街，见一位平日能说会道的黄包车夫在山墙头晒暖打瞌睡，走过去踢了一脚："走，跟我到市政府开会去。"

车夫迟疑一下说："那我回家拉车去。"

保长一瞪眼："拉车干啥？"

车夫说："拉你老开会去呀。"

保长撇着嘴说："这回是共产党请你开会，开穷人代表的会。我是陪着你去，当你的跟包。"

车夫说："你别笑话我了，我可不敢去。"

保长脸一沉："不去也得去。"

车夫无奈还是回家拉上黄包车，请保长坐上，往天成路市政府一路走去。

📖【老郑州城市微观地理小词典】

天成路

即今日商城路西段，相当于今管城区委、区政府至人民路口之间路段。20 世纪 20 年代末冯玉祥主豫驻郑时在郑州城墙西北隅新辟一个便门，取名"天成门"（典出《尚书·大禹谟》"地平天成"句），从县衙穿过天成门通往太康路的这段道路因而得名"天成路"。

车夫边走边说："我啥都不懂，你教教我该说点啥？"

保长在车上跷着二郎腿说："信球货！问啥说啥，不问不说。对我有利的多说，对我不利的闭嘴。不知道咋说就装傻充愣一问三不知。"

走到市政府大门前，保长还没来得及从车上下来，就迎面碰上了在门前迎候参会者的区长。区长大怒：奶奶的，贫苦市民代表来市政府开会竟然是拉着保长来的，旧保长还骑在老百姓脖子上作威作福呀！

这件事很快被市委代理书记谷景生和市长宋致和知道了，因而成为教育群众的典型案例。市委、市政府开始加速对街道政权的改造，并提前有针对性地进行宣传教育，揭发保甲制度的积垢和保甲长中的坏人坏事。新的街长由市民选举产生——市民选出 5 人作为预备人选，由区政府审查考核后指定其中一人任职，这种办法既保证了尊重民意，又避免坏人趁机混入新的政权组织，同时，未获委任的人员还进入了人才储备库，以备其他机会选用。市委、市政府对街间工作人员做出"五不四要"的规定："一不贪污，二不浪费，三不私派粮款，四不打骂老百姓，五不勾结特务。一要爱护群众，二要公正负责，三要完成任务，四要执行法令。"

1948 年 11 月 29 日，郑州新政权建立整一个月，郑州市委也已正式成立，这一天在郑州市全体干部会议上，谷景生讲话，提出在郑州建立新的革命秩序的要求：

我们已经在郑州安营扎寨一个月了，我们的摊子已经铺开，实现了开张大吉，我们的政府永远不会撤离了。邓政委提出的"巩固性占领"实现了。我们现在的任务，就是要建立新的生活秩序，建立巩固的革命秩序。现在，社会治安稳定了，商家营业了，学校复课了，看起来一切都有头绪了。但是，新的问题会不断出来，贫苦市民伸手要救济粮，要过冬的棉衣，失业者伸手要工作，工人和职员要固定薪金，学校教员要新民主主义的教材，机关团体要我们的管理规程，甚至随着市面恢复繁荣，马路上的行人多了，也要求我们做出是靠左走还是靠右走的规定……同志们，百废待举，任务繁重，让我们努力工作吧！宋致和市长对市民百姓拍胸脯说：我们能解放郑州，就能管好郑州！刚解放那几天还有一些哄抢和盗窃行为，街头上还会响上几声敌特的冷枪，这些状态已成过去，夺郑州、稳郑州的目标已经达成，现在群众迫切要求我们建立新民主主义的秩序，我们要为这个目标努力奋斗，管好郑州，繁荣郑州。

宋致和市长在会上传达中原局对郑州施政方针的指示：中原局指出，农村包围城市的时代已成过去，今后是以城市领导乡村，以城市带动乡村。因而，郑州要发挥领导、带动作用，今后一段时间具体要搞好四个服务：一是为人民解放战争服务；二是为郑州20万人民（常住人口加流动人口）服务；三是为发展农村经济服务；四是积累经验，培养干部，为将来接管更多的新城市服务。

中原局要求郑州搞好四个服务，当务之急是为解放战争服务，为淮海战役服务。

淮海战役是我军三大战役中规模最大的一次战役。能否尽快解决近200万参战军民的后勤保障问题，武器弹药、兵马粮秣向前方运送和数十万伤员向后方转运，这些问题能不能解决好，是战役能否取得最终胜利的关键。郑州铁路枢纽的作用因而更加凸显。中原军区分工，由邓子恢副政委坐镇郑州，全面指挥后方保障工作，李达参谋长协助邓子恢同志承担这一艰巨任务。中原军区的一批干部在邓子恢、李达的领导下协同配合，组建了各级支前司令部或指挥部，展开了中国战争史上规模最大的交通战，调度指挥部队，迅速修复了从郑州到商丘的铁路、公路，建立了通往淮海战场的三条运输线。组织群众用人抬肩扛、车拉船载各种方式及时把各种物资源源不断运到前方。与此同时，李达同志还指挥解放区军民破坏敌军东援的行进道路和大小桥梁，拖走或炸毁敌军运输车船，并组织地方武装频繁袭击敌军的运输线，砍断敌军"腿脚"，出色完成了战役保障任务，为淮海战役的胜利立下了不朽功勋。

郑州解放的第二天，中原军区即下令成立中原陇海平汉铁路联合管理委员会，直接管理铁路各基层单位。委派田裕民为主任委员。田裕民（1901—1975），河北省磁县西光禄镇人，毕业于北京商业专科学校，1932 年加入中国共产党，全面抗战时期（1937 年）当选为磁县抗日民主政府县长，是我党领导下华北地区的第一位抗日政府县长。解放战争时期，随刘邓大军南下，曾任豫西行署交通局局长。他奉命走马上任，立即接管郑州相关铁路机构和场站设施。

郑州铁路工人是一支具有"二七"光荣传统的队伍，郑州解放前夜，工友们预计国民党军队大概率会进行破坏活动，便有组织地开展了护路护厂斗争。当敌人逃跑前南运机车、机器设备和大肆破坏时，经"二七"老工人串联，组成 100 多人的护厂队伍，把机厂停放的机车以停火"洗炉"、吊起大修的方式，将车轮、零件丢在一边，佯称机车不能使用，用磨洋工和隐匿工具的办法，对付敌军劫掠物资、拆机南运的阴谋。10 月 19 日，在郑州的国民党军队派出 20 多人组成破坏队，准备炸毁郑州铁路机厂的水泵房机器，被看守工厂的工人们发现，铁路工人

郑州市东风渠南岸铁路文化主题公园中的铁
路工人雕像　婴父摄影

挺身而出，坚决斗争，阻止暴行，保护了机器。直至郑州解放，共保护
机车 21 台，厂房、泵房、煤台、发电设备均完好无损。

　　宋致和市长在铁路工人大会上感谢铁路工人在郑州解放关键时刻的
护厂斗争，发给每个工人五元钱安排生活，并做好向淮海前线运送物资
的准备。当时就有不少工人感慨说："国民党是你干活他欠钱，共产党
是没干活先付钱，高看我们，这真是新旧两重天啊。"

　　11 月 16 日，中原军区司令部军政处处长杨国宇根据中原军区参谋
长李达的命令带领部分参谋、警卫人员和电台队、电话队近 50 人前往
郑州，为邓子恢、李达等首长及中原局机关从禹州迁郑做出安排。邓子

恢、李达在此后不久入住郑州，在这里工作到12月下旬。

邓子恢甫入郑州，立即展开调研活动，听取宋致和市长的汇报。宋致和汇报说：郑州的接管是比较顺利的，但经济情况不太好，眼下供应紧张，燃煤只能保证三天了，粮食也只能保证一周左右。邓子恢听了汇报，决定迅速从豫西调煤，从华北调粮，以解郑州燃眉之急。邓子恢同时要求郑州市坚决依靠铁路工人，千方百计恢复陇海铁路通车，赶运军用物资，支援前线。

完成了为邓子恢、李达打前站的任务后，杨国宇由军政处处长改任交通队队长，接受邓、李直接指挥，重点做好淮海战役军用物资的运输保障工作。李达要求他立即恢复郑州铁路枢纽的活力，打通郑州到徐州的铁路线，力争通过铁路运输方式将弹药、物资源源不断运往前线。

杨国宇（1914—2000），四川仪陇县顺义场人，是参加过二万五千里长征的红军通信兵。抗战时期在八路军一二九师司令部刘邓首长身边任译电员、译电组组长、机要科科长，解放战争时期任晋冀鲁豫解放军司令部军政处处长，中原军区司令部交通队队长、运输司令部副政委，第二野战军十一军参谋长。中华人民共和国成立后，任海军青岛基地参谋长、训练基地副司令员，海军参谋长、海军副司令员。1961年晋升少将军衔。

11月17日早上，杨国宇到了郑州，带领一干人马入住大同路绥靖公署，还没有安顿好，就急匆匆到郑州中国农民银行，找到在这里临时办公的田裕民，向他传达了李达参谋长的指示。田裕民对杨国宇非常热情，雷厉风行地将郑州站负责人找来，请他和杨国宇对接运输任务。

这位铁路留用高管打量一下杨国宇，看他皱皱巴巴的灰色军装和瘦小的体格，不像是大领导，就漫不经心地与他周旋："不好办呀，几个车头都拉货去了开封，不在郑州；再说，郑州站严重缺煤。汽车没油了，你们可以推着跑，火车没煤，谁也没有办法。"

杨国宇斩钉截铁地说："火车头，你负责调回来。没有煤，由我负责解决！"

对方愣了一下，不知道杨国宇什么来头，低声问田裕民主任："他是干啥的？"

田裕民回答："他是刘邓大军司令部的。"

这位车站负责人软了下来，又小声问田裕民："是你管他，还是他管你？"

田裕民性格温和，不急不躁，他笑着拍拍这位先生的臂膀，意味深长地说："若是买票乘车，我管他；若是执行军事运输任务，他管我！"

这位先生仿佛明白了什么，对杨国宇躬身道："失敬，失敬。我们一定想办法，想办法。"

田裕民陪同杨国宇来到火车站，被一群铁路工人团团围住，他们不知道田裕民和杨国宇的具体身份，但听说有运输任务，都摩拳擦掌，兴奋地说："放心，我们能搞到煤，可以坚持半个来月，把货运到商丘没有问题。车头、司机我们都能找到，装车人手也能找到，不过调度员可能要晚一半天才能找来……"

田裕民高兴地说："我就是调度，车站上的事，线路上的事，我全懂！"

大家弄明白他就是平汉陇海铁路管委会主任时，都鼓起掌来，连声说："太好了，太好了！"

第二天下午 5 点，汽笛嘶鸣，车轮转动，第一列开往商丘装满军用物资的货车驶出郑州站台。警卫连战士分散在各个车厢看守弹药，见到杨国宇，有战士向他发出惊叹："首长，还是火车厉害呀，真能装货！夜儿黑（河南方言，昨晚的意思）装了一夜，前傍（上午）又装半天，还是没有装满！"

杨国宇笑着回应说："第一次，少装点好。先试跑一趟。"杨国宇坐在机车车头，与司机在一起，便于观察沿路情况，及时处置突发事件。火车小心翼翼，缓速行驶，郑州站距商丘站 204 公里，走了近 15 小时。到达目的地，大批解放军战士上车卸货。杨国宇指挥战士在车站架设专线，向前方刘邓首长和后方邓李（邓子恢、李达）首长发报，报告军火专列已抵达商丘，陇海铁路支前列车以后可直抵商丘的情况。前后方首长均表欣慰，都要求查证报告的真实性。杨国宇急得抓耳挠腮，对报务员说："快回电，说我就在现场，当然真实无误。"

前后方首长都非常高兴。郑州铁路枢纽开始在淮海战役支前与后勤保障方面发挥不可替代的作用。

铁路运输这条大动脉畅通了，一通百通，使华北、华东、中原三大解放区的各种军用物资，源源不断运往淮海前线。12 月中旬，邓子恢、李达电告华东野战军粟裕、张震：我们从郑州送中州币两亿元到商丘，请华野派人接收使用。并自郑州、开封搜集现粮 65 万斤，东运砀山，令豫西调粮 1000 万斤，赶运前线，供华野使用。同时，弹药的交付、伤员的转运也得到了妥善解决。邓子恢高兴地说：真是火车一响，黄金万两啊！

商丘是陇海线上的重要城市，淮海战役的西部端点城市，在解放战争时期其交通地位十分重要。但地方领导对铁路运输和车站管理的重要性认识不足，只派少量干部前往接管。邓子恢很不满意，他说："过去打日本、打老蒋，我们是扒铁路、劫火车的。现在铁路回到人民手里了，铁路运输的效率与其他各种运输方式不可同日而语，我们的思想要跟上形势的发展，要爱铁路、用铁路、管好铁路、保护好铁路，让铁路在战争和建设中发挥最大效能。"

11 月 22 日中共中央中原局指示豫皖苏分局和军区派足够的军队，作为路警确保郑、汴、商、砀之间的交通畅通。12 月陇海铁路郑州至洛阳段、郑州至徐州段修复通车，1949 年 1 月平汉铁路郑州至漯河

（郾城）段修复通车。为支援解放军淮海战役结束后迅速南下解放武汉提供了运输保障。

郑州铁路局成立，邓子恢考虑到铁路军管人员对业务不熟悉，而留用人员有专业技能，有实践经验，又熟悉情况，进入岗位很快可以发挥作用，保证铁路运输顺利运行，便任命留用人员当局长，军管会主任田裕民当副局长，并且嘱咐我军队和地方干部对留用人员不能歧视，在生活上要照顾他们，业务上尊重他们，政治上帮助他们进步。私下也不能称之为旧人员，而是要以同志相称。当时有许多从解放区过来的同志，打过仗，流过血，每月领到几两烟叶、几尺布，过着供给制生活，看到留用人员领工资，心中很是不平，不少发牢骚。邓子恢以诙谐的方式批评说："好呀，我给你发工资，请你把火车开动起来，把铁路运营起来。"他给同志们讲可以"马上打天下"不能"马上治天下"的道理，教大家打开视野，放宽胸襟，让天下英才为我所用。

淮海战役期间，铁路运输至关重要，公路建设也备受关注。郑州市缺少富有经验的领导干部，副市长一直缺位，曾经担任豫西行署副主任兼秘书长的宋致和市长急需得力助手，他自然要向豫西区党委、行署求援。他相中的人选是豫西支前司令部贾一平副参谋长，希望他能到郑州任职。

行署主任兼支前司令部司令员李一清没有同意宋致和的意见，他抱歉地说："对不起呀致和，知道你这里急需人手，但老贾不能到你这里来。豫西要成立公路局，淮海前线几十万大军运动作战，吃饭问题必须解决。支前的关键是道路运输——铁路主要是中野首长直接管理，公路能不能畅通，却要看咱们的本事啦。老贾的岗位是未来的豫西公路局局长，豫西行署交通处也划归他管理。"李一清当场给贾一平布置任务："豫西公路破坏严重，要抓紧抢修；国民党联勤总部郑州汽车修配厂的设备、人员和破旧汽车也划给公路局，要抓紧抢修汽车，能开动的尽早上路，报废车辆也要死马当作活马医，集中能用的零部件多拼装几辆好车。"

贾一平无缘到郑任职，却很快上任豫西公路局局长。他立即按照李一清的指示，组织队伍，优先抢修通往商丘方向的公路，向淮海前线运送物资，同时接管位于郑州西郊菜王村一带的国民党军联勤总部郑州汽车修配厂，抢修和装配车辆。

📖 【老郑州城市微观地理小词典】

菜王

旧村庄名，今地片名，在今中原路与大学路交叉口一带。明代王姓两兄弟从山西洪洞县迁来，卜居在此，以种菜为生，婚育繁衍，渐成聚落，人称"菜园王"，据《民国郑县志》载菜王属郑县永康区第四段。菜王地标大槐树，位置在大学路与中原路交叉口东南，至今巍然屹立，遥遥在望。该树为明末清初所植，已有 300 年以上的树龄。树高 20 多米，树围 4.42 米，三人方能合抱。此树为菜王村当年修建关帝庙时栽植，其后屡遭雷击都大难不死，当地居民视其为神树，常有到此祭拜者，将树干树枝缠上红绸布条，以示尊崇。古槐旁曾发现《修关帝庙记》残碑，碑中记载重修关帝庙的时间为清康熙五十二年(1713 年)，由此可知，即便是按关帝庙重修时间计算，古槐树龄也在 300 年以上。目前它是郑州市重点保护古树之一，有关部门专门为其修建了花坛，定期体检保养。

菜王汽修厂

抗日战争时期，1944 年春日寇第二次侵占郑州，在菜王村设立了汽车修理厂，占地数百亩，由高大的铁丝网围合防护，东至今天的康复路一带，西到今天的大学路一带，南到郑州大学东生活区，北到郑州大学医学院内。

为了霸占这块地盘，日寇关闭了菜王五堡小学，驱离了许多世代在此居住的村民，因为反抗，有三位村民死于日寇屠刀下。1944 年日军进驻汽车修理厂，停车场上到处是一眼望不到边的军用车辆，这里成为日寇华中地区的汽车维修维护和零配件供应中心。1945 年 8 月日本投降后，国民党接管了日寇资产，专门有一个汽车团在这里驻扎运营，称国民党联勤总司令部第十二汽车修理厂。郑州解放前，国民党军逃离时未能运走全部车辆和各种装备——据说汽车团团长姓苏，是个贪腐分子。眼看蒋家王朝江河日下，便偷偷琢磨生财之道，以备苟且偷生之用，他靠山吃山靠水吃水，开始私下倒卖汽车和零配件，积攒了一些钱财。郑州解放前逃回南京，向上级报告说汽车修理厂还有许多完好的军用车辆被共军接收，结果南京派出一架美制野马式飞机携弹飞来，对菜王进行了一轮狂轰滥炸，据村民回忆，多间民宅被炸毁，王姓家族有 9 人当场遇难，现场惨不忍睹。郑州解放后，汽车修理厂被豫西公路局接管。1949 年春，根据邓子恢的指示，开封修车厂迁至郑州与该厂合并，组建"中原公路局汽车修配厂"——后改名为郑州汽车修配厂。1949 年 6 月为配合人民解放军解放和接管武汉，该厂职工整合利用库存的发动机和各种零配件，化腐朽为神奇，制造了"武汉号"和"青年号"两辆卡车，满载南下人员，神采飞扬地驶往武汉。汽车动力强劲，车身涂装一新，观者没见过这种汽车品牌，所到之处路人纷纷观看。没想到，这竟然成为郑州汽车工业的滥觞之作。1957 年郑州汽车修配厂试制生产出 4 部 3 吨载重挂车，还批量试制了变速箱壳体、多型号齿轮、H瓦片等几十种新产品，初步取得了制造汽车配件的经验，为扩大生产规模，1958 年在陇海路东段选址建设新厂。该厂 1969 年自行设计研制出第一台52 马力载重两吨的郑州 130 轻型卡车，很快开始批量生产，一时成为郑州市的明星产品。同年该厂改名为郑州汽车制造厂。改革开放之后该厂加入"东风"汽车集团，通过联营、合资等形式，现已成为品牌系列化、国际化的国内最大的汽车工业基地之一。

宋致和在郑工作时的司机名叫杨铁蛋，大名杨佩珍，兑周村人（兑周是菜王的西邻村庄，在今黄河饭店西侧，郑州大学老校区北门一带），他给宋致和开车多年，后来患肝癌去世。杨铁蛋初学开车，拜的师傅就是国民党汽车团的一位老兵。宋致和后来使用多年的那辆浑身都是故事的美式吉普，就是贾一平拼装出来的作品。

在郑州工作一个多月后，邓子恢一行于 12 月下旬到达河南省会开封。中原局机关大部分机构也同时从郑迁汴，入住开封文庙街原国民党河南省高等法院院内，中原局将在这里筹备成立中原临时人民政府，毕竟相对于郑州而言，开封作为省会，更具有明显的人才优势和更好的城市基础设施、社会服务方面的支撑条件。邓子恢夫人陈兰和孩子们也从邯郸来到开封与邓子恢团聚。

1948 年 12 月 31 日晚，邓子恢出席开封市干部团聚会，在会上发表热情洋溢的讲话，他说：1948 年是人民革命战争决定胜负的一年，即将到来的新的一年将是全国取得解放的胜利年。我们的任务是，一切服从战争，一切为了前线，一切为了胜利！要动员一切人力、物力、财力，支援人民解放军南下，打过长江去，解放全中国！

第二天是 1949 年元旦，邓子恢又参加了中原局、中原军区机关祝捷大会，做了大举过江的思想动员。他充满激情地说：淮海大会战即将胜利结束，人民解放军的进攻矛头，即将指向长江以南国民党统治区。我们要在淮海战役取得决定性胜利的基础上，动员后方人民支援前线，消灭中原残留之敌，并做好进军江南的准备工作。

新年到来之际，邓子恢却遭受了丧子之痛。刚刚和他团聚没几天的幼子邓湖生得了急性白喉，高烧不退。邓子恢和夫人陈兰非常着急。部队医院的医生全在前方，只好请开封当地大夫诊治。戴着金丝边眼镜的大夫医术不高却自以为是，在没有确诊的情况下盲目治疗，耽误了时

解放初，郑州城中的代步工具仍然以黄包车（人力车）为主，而行走郊野，往返城乡之间，则以骑毛驴为主流交通方式。在驴背上掌握节奏保持平衡，也需要一定的经验和技巧 金石声摄于1951年的郑州西郊

间，湖生不幸夭折。邓子恢和陈兰悲痛不已。身边工作人员难过之余，对医生产生怀疑：急性白喉并非罕见，这里刚刚解放，情况复杂，误诊背后会不会有政治因素？

工作人员立即商议，准备启动专案调查。邓子恢强忍悲痛，赶紧制止，说："没有根据的事情，不要乱讲，更不要追究。若误伤一个人，会失去一大片人心。"说服大家以后，邓子恢流着眼泪和工作人员一起，将夭折的爱子葬于开封城郊林地。开封从此成了邓子恢的伤心之地。

1949年1月14日，尚未从丧子之痛中走出的邓子恢自我调理状态，开始给党中央、毛主席书面报告中原的重点工作，很快写成《关于接管郑州、开封的经验》一文。他写道：

城市工作，在军管时期一般可分两个阶段。第一阶段，重心是接管机关、企业，安定人心，恢复秩序。时间一个月左右（郑、汴都是一个月）就可大体结束。第二阶段是恢复与发展生产，整顿与改造组织，彻底肃清匪特，确立人民统治。时间需要较长一些，主要靠群众特别是工人的发动、组织与觉悟程度来决定。目的是建立真正以工人劳动者为骨干的人民统治，即经过各界代表会议建立人民代表会议及其所选举之政府的统治。军管时间的长短，即以这一工作完成与否来决定。……

邓子恢接下来展开叙述了郑州、开封解放不足百日内接管城市的成功经验：

接管机关、企业、资财，是头一阶段的主要工作。据郑汴经验，接管这些机关（政权除外），尤其是接管企业，以不破坏原机构，尽可能保持原机构为好。只要不破坏原机构，则一切机器、房屋、资财、文件、档案等，都可保存无损。否则就要紊乱散失，长期难于恢复。我们接管郑汴时，因为干部少，懂得管理企业的人太少，对于平汉、陇海二路局及电信局等只派几个人去，其中只有一二熟手，邮电局、博物馆、图书馆则无一人，因此，不得不用原来员工，也恰恰因此而保存了原建制，所以，这些企业保存得最好，工作恢复也很快。

显然，邓子恢对接管后郑汴两市的组织工作策略是满意的：

据郑汴经验，对大的国家企业，如铁路、邮政、电信等，如我们有些人才，就由我们派局长，以原局长或处长等为副。如我们缺人才，则最好使用旧人为局长，我们只派军事代表，一切用人、行政、命令、委任，未经军事代表批准，不发生效力。郑州铁路局先组织管理委员会作为过渡的领导组织，查清旧人员之后再正式加委的办法更为妥善。

如此，旧职员敢于放手工作，完成任务；我派去之人员，一面可掌握用人大权，一面可从中学习业务，接近群众，了解情况，了解好人坏人，以后再配合职工运动之发展，有步骤、有计划、有策略地从下而上提拔好人，分别洗刷调换坏分子。如此，既可保证现行任务之完成，又可逐步改造旧机构。我们认为这是比较稳健的办法。……

邓子恢也谈到郑汴工作的不足，认为进入郑汴时，宣传工作做得尚好，收效亦大。但停留在形势宣传、一般性的政策宣传上。必须着重宣传战争性质，在军民中形成把战争进行到底的共识，形成支援战争、为战争服务的高潮。另外，还要加强对工人、贫民的宣传教育，使他们真正成为城市发展所依靠的基本力量。

开封解放之前，民生凋敝，街市一片萧条，很多人长期失业，乞讨度日，不胜凄怆。刚解放，有些领导干部对人力车行业看不惯，认为是人拉人，人欺人，乘坐黄包车是剥削阶级的行为。市内人力车夫一下子都失了业。邓子恢知道后，便找来开封市领导干部说，我们的很多同志长期在农村，不了解城市生活，进城以后这也看不惯，那也看不惯，这也要改掉，那也要改掉。尽管有些事看起来不平等、不合理，但条件不成熟的时候，你把它改掉就会出现问题。就说黄包车吧，拉车的通过劳动挣钱养家，靠劳动吃饭，坐车的很多是年迈体弱，花钱买个出门方便。你把它改掉了，市民生活不方便了，拉车工人也丢了饭碗，人民就会埋怨我们，你怎么解决他们的就业问题？这样做似乎很革命，其实给革命造成了危害。你们不敢坐黄包车，我来坐。

好几次他出门不坐他的吉普车，出门招招手，叫来一辆黄包车，坐上去在附近街巷转圈察看市容，了解民情。在他的带动下，大家消除了疑虑，黄包车的运营又活了起来。

1948 年 12 月底，邓子恢、李雪峰代表中共中央中原局致函郑州市委，内容如下：

> 兹决定派吴德峰同志任市委书记，并兼警备司令部政委。夏之栩同志任市委副书记兼组织部长，龙潜同志任市委秘书长。戚元德同志可分配做妇女工作。其他同志工作可与德峰同志面商后决定分配。

郑州市委代理书记谷景生接通知后在文件上批示道：

> 据此，自即日起，凡各区各系统有关请示报告市委诸问题，即与吴夏二同志发生关系。我一俟交代清楚后，即归建。

归建是军事用语，回归原建制、原部队的意思。

1948年的最后一天，新任郑州市委书记吴德峰走马上任，谷景生与宋致和等郑州同事话别后回归军旅生涯。谷景生回到部队后中原野战军很快改称第二野战军，他的老部队九纵改称十五军，淮海战役已经结束。他被任命为十五军政委，成了秦基伟军长的搭档。他没能赶上直接参加淮海战役，但赶上了渡江战役、广州战役、广西战役，并参加了川、滇、黔三省剿匪，后兼任昆明市委书记——又是一个首任书记。1950年，谷景生任志愿军十五军政委，与军长秦基伟率部开赴朝鲜战场，参与指挥了上甘岭战役。"文化大革命"期间受到迫害，1978年中共十一届三中全会后，在邓小平亲自过问下得以平反。1978年12月调任广州军区副政委，上任第二天即赴前线参加中越边境自卫还击作战的指挥工作。1980年谷景生任新疆维吾尔自治区党委第二书记兼乌鲁木齐军区政委，新疆生产建设兵团第一政委、第一书记，为新疆地区的社会稳定、民族团结、经济发展作出了贡献。宋致和1970年3月至1982年9月，在新疆任自治区党委书记（当时设有第一书记）、自治区人民政府常务副主席，老战友之间的工作又有一年多的时空伴随。郑州市解放后第一位市委书记和首任市长在天山脚下再度重逢，心未老，鬓已霜，双手紧握，四目相对，早已热泪盈眶。人间缘分，无法刻意而求，却可醉心享受。这是后话。

吴德峰本是中共中央预定的武汉市市长人选。在郑州战役结束，邓小平、陈毅整装东进的时候，吴德峰奉命到中央机关所在地河北平山县西柏坡待命。随着淮海战役取得胜利，解放区的范围向湖北、湖南发展，中央调集大批干部南下准备接收新解放区。毛泽东、周恩来、任弼时等领导同志分别与吴德峰谈话——中央决定让他到武汉参加接管工作，并担任解放后的武汉市首任市长。

吴德峰（1896—1976），湖北保康县石盘岭人，1924年经董必武、陈潭秋介绍加入中国共产党，1934年7月参加长征，任中国工农红军第六军政治保卫局局长，1940年6月任中共中央交通局（隐蔽战线工作部门，公开名称为中共中央农村工作委员会）局长，1946年8月任晋察冀中央局国军工作部部长，负责敌军情报工作；后兼任中共阜平县委书记，贯彻中央指示精神，纠正土改工作中"左"的错误倾向，使土改工作顺利推进，受到广大群众热烈欢迎和衷心拥护。吴德峰13岁即走出家乡到武汉求学、谋生，1927年大革命失败前曾任武汉国民政府公安局局长，在武汉有长期的生活经历和丰富人脉，中央认为他是负责武汉接管工作的合适人选。

经过一段时间的准备，吴德峰一行从西柏坡出发，经石家庄、邯郸、冠县，在孙口渡过黄河，经商丘到达开封，这时已是1948年12月下旬。吴德峰向中原局领导邓子恢报到——按照当年中央划定的区域范围，武汉解放后亦属中原局管辖——邓子恢和吴德峰一见面就通知他，郑州市委代理书记谷景生因部队战事紧迫、军务繁忙亟待归建，而武汉

新中国成立后的吴德峰　历史资料

暂时还没有解放，中央临时决定同意中原局的意见，由他接替谷景生担任郑州市委书记，待武汉解放后再做新的安排。

12月30日，吴德峰带领夏之栩、龙潜、戚元德等干部赴郑到任。

夏之栩（1906—1987），浙江省海宁县人，丈夫赵世炎，中共创始人之一，中共早期杰出的政治家，革命烈士。母亲夏娘娘（本名黄友梅），毛泽东主席称之为"革命的母亲"，周恩来总理称之为"党的光荣"。夏之栩毕业于湖北女子师范学校，是早期共产党人陈潭秋的学生。来郑前曾任中共中央组织部秘书长、中央后方党委副书记、中央直属党委副书记。1948年12月任中共郑州市委常委、副书记兼组织部部长，1949年3月调离郑州。中华人民共和国成立后，历任中共武汉市委组织部部长、秘书长，国务院轻工部办公厅主任，轻工部部长助理，食品工业部部长助理，第一轻工业部副部长、代理党委书记。

龙潜（1909—1979），原名龙高轩，四川云阳（今属重庆）人。

1931年参加革命，先后担任过陕北公学人事部科长，中共长江局党训班主任，游击训练班新闻室主任，八路军广西桂林办事处行政负责人、新四军办事处负责人、中共南方局组织部秘书、中共南方局工作检查委员会秘书主任，中共中央南方局周恩来同志秘书，中央社会部二室副主任，郑州市委秘书长等职。解放后，长期在宣传、文化、教育战线工作，先后担任过湖南省委宣传部第一副部长，湖南大学党组书记，湖南省文联党组书记，广东中山大学副校长、党组书记，国家高等教育部科研司司长，中国历史博物馆馆长、党组书记等职务。他酷爱书画艺术，擅长以手指写字作画，为一时之绝。

戚元德（1905—1974），吴德峰夫人，湖北武汉人。1927年8月参加革命，1928年2月加入中国共产党，并和遭到国民党反动派通缉的吴德峰结婚，之后长期在江西、河南、上海等地从事党的秘密交通联络和机要工作。1933年任湘赣苏区苏维埃主席团秘书长，1935年怀着身孕参加红军二万五千里长征。1946年任中共阜平县委组织部副部长、妇女部长；1948年12月任郑州市委委员，1949年1月当选为郑州市民主妇女联合会第一届执委会主任，并任郑州市委妇委书记。1949年5月随吴德峰调离郑州，先后任中南局妇委副书记，武汉市妇联主任，全国总工会组织部副部长和女工部副部长等职。

吴德峰、夏之栩、龙潜、戚元德同时到郑州任职，从革命履历分析，他们共同拥有地下工作、情报工作的经历，这对新解放城市的接管工作是一种宝贵的经验。郑州解放两月有余，市政府在全速运转，而市委的工作机构还没有健全起来。吴德峰立刻动手健全组织，短时期内使市委的组织、宣传、统战、工运、妇女、青年等各方面的工作得到全面展开。吴德峰的日常工作除了一边重点抓郑州经济恢复和肃清敌特稳定社会工作，一边还要适应我军南下作战形势，抓紧筹备武汉解放后的各项急务。他经常在办公室接待由江城来的地下工作者，通过各种渠道搜集情报，对武汉城市供水、供电基础设施和重点企业的情况进行了详尽摸底，争取对武汉市市情做到心中有数，成竹在胸。

在和郑州市委组成人员见面时，吴德峰巧遇了故人——接替秦基伟的工作，担任郑州警备司令部（后改称郑洛警备司令部）司令员的孔从洲。

孔从洲（1906—1991），陕西省西安市灞桥镇人。出生于书香世家，原名写作"从周"，取自孔夫子语录"郁郁乎文哉，吾从周"之句，所以，他的字为"郁文"。1924年考入靖国军杨虎城部队教导队，开始职业军人生涯。1926年参加北伐战争，1936年参加西安事变，曾任国民革命军炮兵营长、炮兵团长、警备第二旅旅长兼西安城防司令、国民党第四集团军独立四十六旅旅长、三十八军三十五师师长、五十五师师长兼郑洛警备司令。1941年曾率部在郑州附近的广武、荥阳地区与日寇作战，给敌军以沉重打击。1946年由毛泽东亲自批准加入中国共产党，1946年5月，遵照中共中央指示，在河南巩县率部起义，之后，历任西北民主联军三十八军军长、豫西军区副司令员。郑州解放后，1948年11月任郑州警备司令部司令员，1949年后任中国人民解放军二野特种兵纵队副司令员，西南军区炮兵司令员，解放军高级炮校校长，炮兵工程学院院长，军委炮兵副司令员兼炮兵科学技术研究院院长、党委书记，1955年被授予中将军衔。

孔从洲担任郑州警备司令部司令员后，为落实邓小平、邓子恢等首长指示，为适应战争形势发展需要，防止事故，确保交通运输的畅通无阻，以警备司令部的名义开办了以护路任务为中心的培训班，组织沿铁路各县民兵骨干，学习如何保护交通安全，如何防止敌特对涵洞、桥梁的破坏，提高对交通顺畅运行战略意义的认识，并进行形势教育，形成了保路护路的骨干队伍。孔从洲在维护社会治安、稳定社会秩序的同时，采取强有力的措施保证陇海、平汉两条重要交通补给线的安全运行，对支援淮海战役发挥了巨大作用。

孔从洲可不是第一次在郑州担任警备司令部司令员——1945年日本无条件投降后，他曾经奉命从日军手中接管郑州，担任国民党军队的"郑洛警备司令"。其间有件事情让他记忆犹新，在安排各路人马分别入郑驻扎时发生了一次不小的风波。第五战区十军军长赵锡田是陆军总司令顾祝同的亲外甥，当过陈诚部属，一贯居功自傲飞扬跋扈，进入郑州城区，他的三师一个特务排骑着高头大马在大街上随意奔驰，看上哪家房舍便用粉笔在门上书写"某部占用，迅速搬离"，商家和百姓很是不满，便向长期驻扎黄河南岸守郑拒敌的抗日英雄、素有亲民声望的警备司令孔从洲投诉。对这种目无军纪的做法孔从洲很是恼火，派巡逻车赶赴现场将该特务排扣留问话。赵锡田闻之大怒，立即调装甲车包围警备司令部，气势汹汹要拿孔从洲问罪，第一战区副司令长官裴昌会立即与郑州绥署刚被任命的参谋长赵子立通电话斡旋，才算暂时平息事端，但梁子由此结下，矛盾越来越深，孔从洲哪里有赵锡田那样的后台支撑，没过多久，被免去警备司令的职务，奉命到巩县守河防去了。

"情景重现"似乎是一种神秘的却又屡见不鲜的历史现象，三年之后，孔从洲回到同一座城市，肩负同一个岗位。这次郑州从蒋军手里解放出来，时间虽然只隔三度春秋，却已是沧海桑田，斗转星移，让他感慨不已，他后来在回忆录中说，在他驰马重回故地进入郑州时，看到被国民党踩蹋得遍体鳞伤的景观，心情与三年前迥然不同。当年那种忧心忡忡、前景渺茫的情绪扫荡一空，今天的他满怀希望，眼前一片光明。

吴德峰与孔从洲同时在郑工作，也是再续前缘。两人共同经历过西安事变的历史事件——吴德峰当年是周恩来的助手，孔从洲是西北军警备第二旅旅长兼西安城防司令。1936年12月12日凌晨西安事变爆发，蒋介石被捉之时，孔从洲负责控制西安城中的中央军和警、宪、特力量，控制和逮捕国民党在西安的党政大员，还亲自指挥了城内的局部战斗。吴德峰紧急随同周恩来同志到西安，促成事变的和平解决，之后留在西安从事秘密情报工作。当时两人虽无直接交流，却多次邂逅，多次四目相遇。面对再度实现的国共合作和抗日斗争的复杂形势，吴德峰带领秘密情报队伍，在虎穴中与敌人展开了针锋相对的斗争，为党中央科学决策提供了大量的第一手情报资料，他卓有成效的工作，受到毛泽东、周恩来等中央领导的表扬，称赞"西安的情报工作是我党情报史上最成功的一次"。

在郑州共事，两人当然很是开心。吴德峰有次向孔从洲了解西安事变当时的细节："老孔，你是城防司令，那天老蒋在临潼天不亮就被拿下，但据说西安城里到中午还有战斗，当时是怎么回事？"

孔从洲说："那是中央军的宪兵凭借文庙负隅顽抗。考虑到强攻会对文庙造成太大损失，我就有点迟疑……"

"哈哈哈，"吴德峰笑起来，"遇到你孔家老祖宗的庙就下不了狠手啦。后来呢？"

孔从洲也笑了："后来杨虎城杨主任的电话打过来了，骂了我一顿。说：有损失，我来赔！限一个小时内解决战斗，不然的话你把现场负责的团长就地正法，提头来见我。结果一袋烟工夫就解决了战斗。"

吴德峰点点头："是啊，攻城战、街巷战都会给城市造成重大损害。解放郑州，城内无战事，郑人之福啊。但愿武汉解放的时候也能不受战火涂炭！"

孔从洲上任不久，陈赓从西柏坡开会归来，再次路过郑州，稍作逗留，专门来看他。陈赓提醒他说：刘伯承司令员说过，郑州是一个压垮蒋介石的十字架，这个十字架对我们却十分有利，发动淮海战役，需要保护好这个十字架，保障前方物资供应。这地方四通八达，敌特活动很猖獗，你要时时提高警惕，防止敌特破坏。

陈赓又说："抗战时期你就在这一带驻防，又在这里当过警备司令，很多人都认识你，这是你开展工作的有利条件。但凡事都有两面性，认识你的人有好人也有坏人，你要注意敌人的冷枪暗箭，保护自身安全。"

陈赓这次回郑州，吴德峰已就任郑州市委书记，陈赓便到弓背街市委机关造访。

📖【老郑州城市微观地理小词典】

弓背街

位于大同路东部南侧，与延陵街口对应。1910 年前后成街。因路线弯曲形同弓背，故而得名。南起维新里，北至大同路，长 260 米。1927 年冯玉祥主政河南，7 月决定设立郑州市，任命王正廷为市政筹备处处长。筹备处办公地址在弓背街大圆房内，国民党郑州党部亦在弓背街办公（上元街小学校址）。郑州解放，郑州市委接收弓背街、书院街郑县国民党部房产，作为郑州市委各部门的机关驻地。街景现已面目全非。

陈赓、吴德峰两人见面搂在一起开怀大笑。

陈赓说："没想到哇吴老，我们会在这里聚首！我们打郑州，你来做主人！"

陈赓和吴德峰虽年龄相差六七岁，却是老战友、老同行——两人同是我党早期的情报工作者，有过合作共事的历史，且相互尊重、相互激赏。吴德峰性格较为严肃持重，陈赓性格较为外向开朗，但他们两个在一起立刻如鱼得水，瞬间兼容。他们两个在延安有一次参加联欢，都喝得酩酊大醉，事后两人相互搀扶找到一个僻静之处，脱掉外衣，赤膊裸足，开怀大笑，啸咏良久。熟悉吴德峰的同志均啧啧称奇，无法将眼前景象与他平素的端庄严谨合成一人。

吴德峰上任的第四天，1949 年 1 月 3 日，一架从杭州笕桥机场起飞的国民党军 C-46 型运输机起义，降落郑州机场——国民党军队逃跑时破坏了机场的指挥设施和房屋建筑，但机场跑道尚可使用。

📖【老郑州城市微观地理小词典】

飞机场

　　飞机场即郑州机场，位于郑州市东北方向的黑庄与祭城之间，民间习称"燕庄机场"（取道燕庄由民航路可至机场内部）。机场始建于 1942 年，占地 20 公顷，有一条南北方向 300 米的土质跑道。抗战胜利后，国民党政府将机场扩大为 33 公顷，改建了一条东西方向长 800 米"三合土"（石子、胶泥、石灰混合而成）结构跑道。1947 年前后又扩建机场，总面积达到 260 多公顷，并在四周筑起土围界，延长三合土跑道 1000 多米。1949 年中州农民银行学校曾在机场临时办学，中原新华印刷厂也曾短期以此为厂址。1950 年解放军接管进驻机场，在旧跑道基础上重建了一条长 1960 米、宽 60 米的混凝土跑道，1951 年正式投入使用。1956 年中国民航在这里建立航站，郑州机场由此变为军民合用机场。1970 年在机场东侧进一步征地扩建，跑道向东延长 200 米。1988 年对跑道再次翻修改造，加固跑道，长度达到 2200 米。1997 年 8 月郑州新郑国际机场建成通航，原机场航班全部迁往新机场，机场军用设施之后也迁往新建的马头岗军用机场，机场原址先是被郑州市规划为"港澳新城"，后被规划为郑东新区起步区——CBD（中央商务区），现已按照规划全面完成建设，昔日飞机场矗立起双环形巨石阵式建筑群，中部的"玉米楼"已成为郑州新的城市标志。

　　孔从洲司令员得到消息立即赶往机场，对驾机起义投奔解放区的机组人员一行 5 人表示欢迎，并把他们接到郑州警备司令部机关，安排他们的生活。领导这次起义的飞机驾驶员谢派芬、蒋声瀚系中共党员，另

当年的飞机场，现在的郑东新区中央商务区　婴父摄影

外三人分别是李保华、苟富贵、田维初。飞机降落的第二天清晨，孔从洲命令警备部队战士将飞机推动滑行到机场北侧村庄外的树林中，用高粱秆和芦苇等将飞机伪装隐蔽起来，防止蒋军飞机侦察轰炸。果不其然，中午时分即有敌机飞临郑州机场上空，反复盘旋侦察，一无所获，丢了几个炸弹进行漫无目标的轰炸后悻悻而去。起义的飞机隐蔽完美，毫发无损。

此时担任中原军区运输司令部副政委的杨国宇兴致勃勃到机场参观飞机，"好大的个头啊！"驾驶员带他登上机舱查看，说："这是蒋军现役运输机中最先进也是最大的一种，可载 100 多人。"

杨国宇夸赞说："你能把它从杭州开到郑州来，真够厉害的！"

驾驶员谢派芬回答说："还是共产党厉害。我们几个是顺应民心、弃暗投明啊！"

谢派芬将飞机上存放的一个精致的铁壳万花筒作为私人礼物赠送给杨国宇。杨国宇放到眼前转动观赏，万花筒里色彩缤纷，各种抽象花纹变幻无穷。他很是珍爱，从此终身珍藏。

驾机归来的五位机组人员在郑州住了几天后，遵照中央指示，前往石家庄军政大学学习。

主导驾机起义的谢派芬（1918—1989），安徽歙县汤口镇芳村人。1936年考入国民党中央航校，1942年赴美进行飞行训练，1943年回国，在中美航空联队参加对日作战直至日本投降，共参战30多次，曾获三级复兴勋章等多种奖章。内战爆发，谢派芬内心十分痛苦，他曾私下对关系好的军中同事说："打日本，义不容辞！打自己人，我不干。"每次单独执行任务，他或者将炸弹投掷到荒郊野外偏僻无人之处，或者将机载武器实施平射，不伤规定目标。1948年春，谢派芬调到杭州笕桥国民党空军军官学校任教，在这里认识了中共党员吕云荪，经过考察培养，在中共党员吕云荪、谢林立的推荐、见证下，1948年11月光荣加入中国共产党。率机组成功起义后，1949年4月，谢派芬在北平受到周恩来、朱德等中央领导接见。为了保证谢派芬等人生活在敌占区的家属们安全无虞，党组织想方设法辗转千里将他们接到了解放区。在宴请谢派芬一行时，周恩来听说谢的夫人王得忠是河南人，曾在开封求学，毕业于河南医学院，笑着说："太好了，你和我爱人小超同志是老乡嘛！我替老乡敬你们一杯！"

1949年10月1日，谢派芬以特殊的方式参加了开国大典——他驾驶那架C-46型运输机两次飞越天安门上空，编队飞行，接受检阅，这成为他终生的骄傲。1950年3月，根据西南军区的安排，他作为空运队长，执行驾机进入西藏为地面部队空投补给品的任务，他因此又成为解放军空军入藏第一人。谢派芬其人其事后来被编入电视剧《北平无战事》，即为刘烨主演的"方孟敖"一角的原型。

1949年1月，淮海战役胜利结束，刘伯承、邓小平立即开始谋划南下作战。刘邓致电吴德峰、孔从洲，要他们选派得力干部，深入武汉三镇，了解侦察九江至宜昌的江防作战计划、兵力部署、师以上的军官姓名等情报资料，为渡江作战、解放武汉做准备。

吴德峰、孔从洲经过研究，决定派遣在国民党军三十八军工作过、现任郑州警备司令部管理科科长的李少棠前往武汉，通过白崇禧武汉"剿总"高级参议王道生设法收集有关情报。李少棠与王道生曾经在第四集团军共事，交情不错。吴德峰大革命时期曾在武汉担任公安局局长，他向李少棠介绍了当年公安局他的三位下属，以便李少棠得到协助。李少棠春节前潜入武汉，正月底满载而归，返回郑州。他顺利搜集了刘邓首长要求的几乎全部情报信息，还带回了吴德峰需要的武汉三镇电话号码本，联系上了吴德峰的三位老部下，接上了失联已久的关系，提前建立了郑、汉之间的工作渠道和情报通道。

中原局组织部城工科由孔祥祯主管，郑州解放后即由禹州迁入郑州。李雪峰（中原局组织部部长）和孔祥祯给城工科明确工作重点就是住在郑州，谋取武汉，迎接武汉解放。城工科先后派遣方敬之、张春阳、靳彦俊等人潜入武汉开展内线工作，并调查搜集情报资料，包括国民党有关重要官员人事档案材料，武汉军需、军械厂库资料，武汉码头、轮渡、铁路、电力系统资料，武汉城市高层建筑资料，还在汉口警察局局长办公室内拍到了《武汉市城防工事图》，该图经整理复制后，塞入烟卷内由铁路工人帮助迅速转交给了我军前线部队的首长。其他各种情报资料，大多用薄纸整理缩写，或用密写的方法抄录在物理、化学书本或《圣经》上，派人直接送回郑州城工科总部。

送资料所经区域大部分为敌占区，途中要通过敌人层层岗哨盘查，还要穿越封锁线，面临很大的风险，稍有不慎，就会被敌人发现。为了确保转送资料的安全，有些资料是利用民主人士的特殊身份携带的，有的是利用新闻记者的身份作为掩护携带的，如靳彦俊曾以《武汉时报》和合肥《皖报》特约记者的身份前往战地采访而通过封锁线的。为了顺利通过盘查，他们会在身上带些银钱，在遭遇刁难时悄悄奉上，应付过关。

1949年2月，利用在武汉收集的情报资料，城工科在郑州汇编了《武汉调查》，由郑州新华书店印制成册，后来根据陆续收到的新的情报资料，又编印了《武汉调查（补编）》，正本与补编本合计约40万字，随军送至武汉，由武汉军事管制委员会分发给负责有关方面的工作人员，对当时武汉的城市接管工作起到了一定的参考作用。

1949年2月，邓子恢又一次入住郑州，坐镇指挥铁路军运工作。邓子恢根据2月12日中央军委指示，到郑州铁路局调研后精确计算从徐州经郑州至郾城的铁路运输能力，向中央军委提出四野部队和二、三野部队南下的运输和行军方案，经批准后协调落实各项地方保障工作。淮海战役打响以来，经过数度坐镇郑州运筹帷幄，邓子恢已经成为熟悉铁路运行、精通铁路调度的行家。

经过数月的积极筹备，1949年3月中原临时人民代表会议在开封开幕。会议听取了李雪峰代表中原局所作的施政方针报告，选举产生了中原临时人民政府，选举刘伯承、邓子恢等21人为中原临时人民政府委员会委员，人民委员会推选邓子恢为主席，吴芝圃、李一清为副主席。中原临时人民政府成立，这是中国现代革命史上的一件大事——这是解放区继东北人民政府、华北人民政府之后，诞生的又一个大区人民政府，管辖着河南省黄河以南地区外加鄂豫、江汉、陕南三个行署，人口 5000 万人，中原地区成为共产党统一领导的具有行政建制的挺进江南的坚强可靠的前进基地。

根据新的发展形势，1949 年 5 月上旬，邓子恢主持中原临时人民政府第二次会议，决定将陕南划归西北，取消行署，成立河南、湖北两个省人民政府；中原临时人民政府本身只保留财政经济、公安、银行、支前司令部等部门，掌握政策、处理财政和支前工作，其他各方面工作都交给省政府处理；中原临时人民政府的干部，小部分转到省政府工作，大部分负责支前和接管新的解放区。

1949 年 4 月 21 日，二野、三野在长达千里的战线上强渡长江，彻底摧毁了敌人苦心经营的长江防线。4 月 23 日，三野占领南京，宣告国民党 22 年反动统治的灭亡。解放军先后解放了江苏、浙江广大地区。二野主力迫近南昌，威胁武汉敌军之后侧。四野南下先遣兵团发起渡江作战，5 月 16 日解放汉口，17 日解放武昌、汉阳，至此，华中地区政治、经济、军事中心武汉市宣告解放。在此之前，中央于 5 月 12 日决定：以中原局为基础成立华中局，以中原军区领导机关与第四野战军领导机关合并，改称中国人民解放军第四野战军兼华中军区（同年 12 月改称中南局和中南军区兼第四野战军），林彪任华中局第一书记、第四野战军兼华中军区司令员，罗荣桓任华中局第二书记、第四野战军兼华中军区第一政委（未到任），邓子恢任华中局第三书记、第四野战军兼华中军区第二政委，协助林彪统一领导华中地区的党政军工作。

经中共中央批准，1949 年 6 月 14 日，邓子恢率领华中局机关浩浩荡荡由开封出发，经漯河、大悟、河口、黄陂等地，18 日抵达武汉这座雄踞长江中游的历史名城。一批为河南解放、为郑汴洛城市接管作出重大贡献的同志也从黄河之滨走向长江岸边，走上新的岗位，开始了新的建功立业的历程。1950 年 2 月 5 日，中南军政委员会成立，林彪任主席，邓子恢、叶剑英、程潜、张难先为副主席。中原临时人民政府即告结束。邓子恢在中南军政委员会成立大会上作《中原临时人民政府一年施政工作报告》。邓子恢从此开始了长达四年之久的坐镇武汉的政治生涯。华中局（很快改为中南局）和中南军政委员会的一把手是林彪，但第一次行政会议林彪即宣布由邓子恢主持工作，半年之后林彪即因病离开武汉，邓子恢任代主席，是实际上的中南局和中南军事委员会的总负责人。

吴德峰和夏之栩、龙潜等郑州的部分领导身份转换，变成南下干部，奉中央的命令，到省会开封与邓子恢等领导会合，然后乘火车到达武汉，开始了新的工作历程。1949 年 5 月 24 日武汉市人民政府宣告成立，同日发布武汉市政府第一号布告：

> 奉中国人民革命军事委员会及中原临时人民政府电令，划前汉口市、武昌市和汉阳城区所辖地区成立武汉市人民政府，吴德峰为市长，周季方为副市长。

也许因仓促拟文，这个公告文字结构多少有点问题，更严谨的表述应当是"划前汉口市、武昌市和汉阳城区所辖地域为武汉市，成立武汉市人民政府"。不过，大家都能明白所述语义，反正当时时局剧变中不会有人站出来咬文嚼字吹毛求疵。

5 月 31 日武汉市政府接管了原国民党汉口市政府，接着又接管了原国民党武昌市政府和汉阳城区的国民党机关，搭起了武汉市人民政权的基本框架。

武汉解放，张平化任市委书记。吴德峰出任武汉市市长，副市长起初对外公布的是张执一，张也是我党资深的隐蔽战线工作者，但很快转任中南局常委、中南军政委员会秘书长，实际上从河南南下曾任洛阳解放后首任市委书记的周季方很快担任第一副市长，成为吴德峰的主要助手。没想到后来两人休戚与共，经历了一次政治生涯的过山车式的跌宕。

接管武汉后，在武汉各界庆祝武汉解放群众大会上，吴德峰发表激情澎湃的讲话，当时没有麦克风，但吴德峰的音量仿佛经过了扩音器："我们说过一定要回来的，今天，我们回来了！"

因为在郑州已有接管经验，对党的城市政策更加了然于胸，他从容不迫地安抚了旧机构人员，整顿了秩序，顺利地完成了新旧政权的过渡和交接。1949 年 5 月 24 日，吴德峰市长在青年剧院（今市政府礼堂）召集旧政府及所属单位科长以上旧人员发表讲话。当时武汉市委党报还没有创刊，民间小报《罗宾汉报》报道了会议消息，说新任市长吴德峰身穿灰布制服，脚穿布鞋，体格健壮，精神饱满，在热烈的掌声中登上讲台，声音洪亮地说："今天我能与大家见面，感到非常高兴。"吴德峰告诉大家，共产党有本事接管大城市，就有能力管好大城市。他的话字字句句铿锵有力："你们过去做了对不起老百姓的事情，有错就认错，有罪就服罪。要勇于悔改，认真改造戴罪立功，站在人民这一边，党和政府都会妥善处理，给予出路，安排工作。"吴德峰要求他们回去好好工作，按照军管会的规定，办好交接手续，争取立功受奖。这些话，都是他在郑州时对旧人员多次讲过的。大家听了吴德峰坦率、真诚的讲话，会前那种悲观情绪一扫而空，鼓起了重新做人的勇气，这次会议为顺利完成接管，恢复和发展生产打下了基础。

郑州和武汉是一对有着特殊情缘的城市。如果写一部武汉、郑州的"双城记"，一定会史料丰富，故事多多，相当具有可读性。郑州与武汉貌似有许多共同的特点：都是中部地区的中心城市，都是省会城市，都是综合交通枢纽城市，都依傍着大江大河，都是拥有商代城邑遗址，所以都具有 3000 年以上的文明史，都是"二七"工运发祥地，所以皆为现代工人阶级闪亮登场的历史舞台。千百年来特别是近现代史上，两座城市经济、政治、军事、社会文化各个方面和不同层级遥相呼应，相互影响，相濡以沫，相互滋养，两座城市之间具有特殊的对应关联。如果要分析判定一座和郑州渊源最深、情分最重的省内姊妹城市的话，那一定非开封莫属；如果要比选一座对郑州最有影响力、最有大哥范儿的省外兄弟城市的话，那一定非武汉不可！虽然说，两座城市的相互作用是双向的、同步的，但毋庸置疑近现代史上武汉对郑州的引领、助力、示范和照顾的作用更加显著和强劲。晚清和民国时期，武汉的辐射力覆盖范围包括郑州地域，武汉的繁华曾是郑州发展的目标愿景，郑州人曾以自己迅速繁盛的商业市街被人誉为"小汉口"而沾沾自喜，而德化街等许多条老郑州最知名的商业街则是刘邦骥等鄂商集团投资兴建和极力维持的；因为平汉铁路的兴建才有了郑州的现代崛起，而平汉铁路的倡议发起则来自武汉一端，郑州段铁轨和其他主要设备、材料的供应来自武汉，连郑州站的设计图和建造师都是用马车从武汉运送过来的。中华人民共和国成立之初，武汉作为中南局机关驻地和政治、经济、文化中心对郑州的影响自不待言，郑州新建企业的初步设计和论证、决策都在武汉完成，甚至这些企业的筹建处都是在武汉完成搭建，再迁至郑州开展工作的。河南省省会由汴迁郑也是驻汉的中南局积极促成的结果。如果分析郑州对武汉曾经占据实力地位的高光时刻，也许可以举出三个案例：一是商朝郑州贵为首都，而武汉附近的盘龙城则是地方性机构的驻所，接受古亳都遥控指挥；二是民国时期和中华人民共和国成立以后的若干时段，郑州作为铁路系统的中部指挥中心管理范围覆盖武汉；三是解放前夕武汉新政权治理团队是在郑州组建，从郑州出发的，郑州为武汉解放提供了强有力的干部支持、情报支持和前期准备、后勤保障。1949年10月，中华人民共和国成立，正是郑州解放一周年之时，截至此刻，历史资料显示，郑州输送吴德峰以下南下干部（主要是前往武汉工作）239人，其中老干部（参加郑州接管的干部）157人，新干部

（郑州解放后新入职的干部）82 人。这个时候郑州人若到武汉党政机关办事，会到处听到亲切的乡音，会受到情真意切的欢迎。

武汉与郑州的"双城记"由此掀开了新的篇章。

世事奇妙，时间巧合，1949 年 10 月 23 日，郑州解放整整一年之后，邓小平旧地重游，回到郑州。他和刘伯承司令员、李达参谋长等率二野领导机关及大批主力部队乘火车沿陇海铁路抵达郑州车站。

📖📖【老郑州城市微观地理小词典】

火车站

郑州火车站位于京广、陇海两大铁路干线交会处，是全国铁路特等客运站，也是我国最大的铁路行包中转站，素有中国铁路客运"心脏"之称。郑州卢汉铁路车站落成于 1904 年，1906 年 4 月卢汉铁路（后改称平汉铁路、京汉铁路）通车，同年陇海铁路郑州段亦修建完成，两路交会，各自建立了各自的站房，两站各自为政，互不隶属。不过陇海铁路站建设在后，需要借用卢汉铁路郑州站的站场和股道转而向东西行驶。同行并不同心——卢汉郑州站便借此挤对陇海列车，陇海列车时常要在站外停车等线，而卢汉线列车则享有优先权。1931 年 10 月，两家车站签订《过路协议》，过路方要向对方缴纳过轨费、调车费。1934 年陇海铁路修建了跨越平汉铁路的正线，当时平汉铁路郑州站有 8 股铁道，俗称"老八股"，陇海铁路郑州站有 7 股道，两站之间以天桥相通。抗战期间郑州车站地区屡遭日军轰炸，受损严重。郑州解放后，人民政府将平汉线、陇海线两个郑州站合二为一，统一管理。1952 年 10 月 31 日，毛泽东主席视察郑州车站，拉开了郑州火车站暨郑州铁路枢纽大规模升级改造的序幕。

开国大典刚刚举行，党中央、毛主席很快做出刘邓和贺龙率一野、二野主导西南解放作战的战略部署。10月21日，刘伯承、邓小平、陈毅、粟裕等乘火车离开北京南下。22日到达徐州，同从南京北上的二野机关会合后，刘邓辞别陈毅、粟裕，率部队乘火车沿陇海线向郑州开进，南京人民举行送别仪式，欢送第二野战军北上，一列列火车从浦口开出，从津浦线转到陇海线，10月23日，刘、邓、李等首长在郑州火车站受到郑州民众和党政机关的热烈欢迎。刘伯承在郑州各界人民欢迎大会上讲话，感谢郑州人民的大力支持。他释放信息，制造烟雾迷惑敌人，造成二野主力沿陇海线西进、越秦岭入川北的假象。蒋介石通过各种渠道（包括在郑州活动的特务）收集到这个情报，急忙调兵遣将，由胡宗南三个兵团依秦岭主脉构筑主要防线，而后又层层叠叠，构成多重防线，形成了无效的军力部署。刘邓离开郑州后直接掉转方向，秘密南下，按照既定安排，25日抵达黄陂，26日抵达汉口。

邓小平再进郑州，距初入郑州居住大同路一号，整整过去了一年。这一年天下局面发生了根本性的变化，东北、华北、中原、华东四个战略区全部解放，建立地方民主政权；只有西北、西南两个方向尚有蒋介石集团负隅顽抗，做退居台湾前最后的挣扎。国祚更替已不可逆转，三周以前，中华人民共和国在北京宣告成立，刘伯承、邓小平登上天安门城楼，站在毛泽东身旁见证了五星红旗高高升起的伟大时刻。这次率部重回郑州，已肩负入川作战解放大西南的历史使命。10月23日，刘邓在郑州下达了川黔作战的补充命令，按照毛主席和中央军委提出的"大迂回，大包围"的战略方针，制定了解放大西南的作战计划，从一开始就将胡宗南及川境的国民党军放到了一个层层包围的大口袋里了。

山城重庆，是中国西南部军事、政治、经济和交通中心。抗日战争时期，这里是蒋介石的"陪都"。1949年10月，在新中国宣告成立，解放军已逼近广州之后，国民党政府要员聚集重庆，妄图重新建都，挽回败局。11 月 14 日，蒋介石与蒋经国飞赴重庆，亲自坐镇，妄想创造奇迹。他令白崇禧率 10 万余人，依仗地势险要、交通不便、易守难攻的条件，重点防守川东、湖北、贵州一带，阻止人民解放军由东入川。刘邓在郑州发表讲话，作出一副沿陇海铁路继续西行的架势，并安排部分部队佯动，有意给敌军以错误情报，实际上已令陈锡联率领的第三兵团由湖南常德地区隐蔽集结，而后出师湘西经秀山、彭水，强渡乌江，打开川东门户，直通重庆。同时又令杨勇第五兵团由湖南邵阳地区隐蔽集结，然后直出贵州，切断敌人南逃退路，刘邓大军从东西 500 公里的地段突然多路进击，完全打乱了国民党军队西南防御战略，加速了蒋介石政权的最终溃败。

一支支部队从郑州铁路枢纽经过，转赴新的战场。他们精神饱满，斗志昂扬，唱起新的军歌：

> 我们不顾一切疲劳大步向前进
>
> 打得敌人七零八散溃不成军
>
> 不论过那高山大河一道又一道
>
> 展开了运动战来消灭敌人

刘邓大军再次到达郑州，其中不少是参加过郑州解放战役的部队。消息传来，全市轰动，郑州车站被前来欢迎的市民群众和青年学生挤得水泄不通。军车到站时彩旗招展、锣鼓喧天，拥军口号此起彼伏。圣德中学的同学们争先恐后拥上前去，女同学拿着针线给战士们缝补丁缀扣子，男同学提着热水壶端着洗脸盆："同志，洗洗脸吧！""哥，擦把汗！"有位名叫苏福庆的同学更是服务到家，用拧好的温热湿毛巾直接为战士们擦洗脸蛋，弄得年轻战士面红耳赤，连连说："不敢当！不敢当！"有同学现场为解放军战士代写家书，一时写不完的就把战士所述大意记下来，同时记下家乡地址，回校后书写周全，贴上邮票发送出去。刘伯承司令员、邓小平政委离开郑州时，还在车厢里接见了市学联的学生代表。火车开动汽笛长鸣，刘邓首长站在车厢门口，依依不舍与大家挥手告别。站台上人声鼎沸，欢送的声音一浪高过一浪。南京、上海解放后，刘邓大军有关部队指战员在进军大西南途中还给郑州人民来信，报告他们胜利的消息，感谢郑州人民对他们的厚爱。在这次拥军支前活动中，圣德中学贡献突出，受到市委、市政府表彰，荣获"支前模范"称号。

第四章　支前

　　1949年春解放军准备渡江作战，郑州市委召开各单位负责人会议，号召全市各界积极拥军支前，为中国革命的全面胜利贡献自己的一份力量。圣德中学闻风而动，响应市委号召，当天捐献麦子3000余斤（解放初期以实物折价计算薪资），校长吴惠民一次捐麦子200斤，并作出承诺：以后每月捐献工资收入的20%，直至全国解放。师生们捐献家藏的药品、毛巾、肥皂、针线包等实物数十种，归拢一起，装了满满一大车，高高兴兴送往市支前司令部。同学们还写了数百封热情洋溢的慰问信，寄往前方部队，鼓励将士英勇杀敌多打胜仗。为了做好拥军支前工作，圣德中学选举产生了"支前委员会"，校长吴惠民任主任，下设总务组和宣传组。总务组负责募捐实物，宣传组则阵容庞大，包括高跷队、锣鼓队，还有戏剧、板报、漫画小组，师生们各尽所能，各展所长，各种形式的宣传活动在郑州街头大放异彩，备受欢迎，圣德中学也名气大增，成了明星学校。

　　郑州市是一座支前模范城市，市委、市政府提出了"全心全意、全面全力支援前线"的口号，成立了以市长宋致和为司令员的支前司令部，从支援淮海战役，到支援二野、三野渡江战役，再到支援四野南下作战和中原政府南迁，又到支援二野进军大西南，直至支援抗美援朝战争，郑州人民每一次都节衣缩食，倾力奉献，年复一年都在为人民军队、人民战争和新中国、新社会输送能量，形成了个体支前、群体支前、产业支前、全城支前整体联动的体制和机制，为解放全中国、保卫新中国作出了不可磨灭的贡献。

刚刚解放,新成立的市委、市政府即遵照中共中央中原局指示,积极生产,加紧支前,"解放军打到哪里,我们就支援到哪里""前方需要什么,我们就送什么",这既是郑州人民的响亮口号,也是郑州人民的自觉行动。

有关资料显示,据不完全统计,在淮海战役中,郑州市参军参战者5741人,支前民工2764人,派担架770副,出车127辆,船10只,修桥2座,修公路111公里,修铁路70公里,出力畜193头,支援柴草20余万斤,粮食36万余斤,食盐400斤,军鞋135600双,慰问袋4417个。这些数字,相对于淮海战役后勤保障的整体需求不过是杯水车薪,但这些贡献对一座刚刚解放,差不多被国民党搜刮殆尽的城市来讲,已经是难能可贵。另外,郑州市对淮海战役的支前贡献也许更多地表现在铁路运输和军服生产两大方面。

郑州铁路工人从郑州解放的4天后(10月26日)就开始日夜抢修被敌人破坏的铁路和桥梁。淮海战役期间800名郑州铁路工人组成抢修队,顶风冒雪,昼夜奋战。李达参谋长带领部队领导前往慰问,大雪纷飞中见他们衣装单薄,问:"天寒地冻,你们穿得不厚实,冷不冷啊?"

铁路工人回答:"冻也冻的是闲人。我们干起活来就不冷了,你没看我们浑身冒烟出汗吗?"

另一位反问道:"前方战士不是照样在雪地里打仗吗?"

李达听了备受感动:"还是工人阶级觉悟高啊!"

郑州铁路工人及时修通了黄河铁路桥、陇海线郑州至洛阳段、陇海线开封至商丘段,保证来自华北和中原解放区的物资源源不断送往前线。郑州铁路陇海线员工运输军品2000余车约6万吨,给养1023车3万余吨,人员14.5万人,对淮海战役取得胜利提供了有力支持,受到中原军区和刘邓首长的表彰。

淮海战役期间,数十万参战部队的军服很大一部分也是由郑州生产和供应的。日益扩充的解放军队伍，不断需求新的军装，天气转寒，季节由深秋转入初冬，更增加了换季军服的生产压力。10 月下旬郑州解放，中原军区第二被服厂（原九纵被服厂）11 月初就奉命由临汝县城迁入郑州，积极扩大生产规模，以保障前方将士衣装需求。

第二被服厂迁入郑州后，厂部设在老城裴昌庙街一个长方形大院子里，又在砖牌坊街安顿了部分车间。

📖【老郑州城市微观地理小词典】

裴昌庙

《明嘉靖郑州志》载："裴昌公庙在州治西南。"裴昌庙街因庙得名，东起法院西街，西至北顺城街，"文化大革命"时期曾改名为"更新街"，1978 年恢复原名。裴昌公传说为黄帝时人，助力黄帝采药，医术高明，与岐伯相类。他尤其擅长治疗疥疮等皮肤疾病。汉武帝左腿有疮疾，久成痼疾，一天晚上梦见裴昌赠予药丸数粒，服之而愈。遂昭告天下立庙祀之。据说后人有疮疥之症，到裴昌庙中敬香祈祷，非常灵验，老百姓称其为"皮疡公"，或称为"疙瘩爷"。有人认为"裴昌公"乃"裴晋公"之误。裴晋公名曰裴度，是唐朝宰相，因平定淮西之乱立有大功，封晋国公。去世后皇帝赐葬郑州南郊 30 里处，今墓葬遗址尚存。对后一种解读郑州百姓似乎不感兴趣，"疙瘩爷"的传说显得更接地气，和百姓生活的关联度更高。每年农历三月二十是裴昌庙庙会，每到此时，善男信女顶礼膜拜，香火更盛。1949 年《郑州日报》创刊初期社址曾设于裴昌庙内。

砖牌坊街

位于郑州老城西南角，东起平等街，西至西门南拐。该街始成于元代，为孙家花园旧地，由于当年种植梨树，个大味美，曾为郑州名产，故将小街命名为梨花巷，清《乾隆郑州志》称之为孙家园胡同。该街居民李振业妻子王氏，22岁时丈夫去世，赡养孝敬公婆，持家勤俭，守节30余年。乾隆三年郑州知州张铖将王氏事迹报送朝廷，乾隆四年奉敕在该街为王氏建立砖石结构节妇牌楼，以作旌表，此街遂称砖牌坊街。该街居民热心公益，常年保持整洁，1958年卫生部命名其为"全国卫生模范街"。

我们今天可以从电影、电视剧中看到解放战争时期解放军军装的制式、质地和色彩，大部分与当年史实不符。有关史料记载，当年解放军军服使用的布料，都是从农民手中采购的自制土布。被服厂制作军装共分三道工序。第一道工序为染色，由印染区队完成。难的是无法采购到适用的化学染料，只好因地制宜，使用土法染布。被服厂动员群众采集槐米、橡树壳等，悉数收购，另外再设法买到一些黑矾、土靛，作为染料原料。把布匹染成军装设定的草绿色，需要两次煮染：先把布放在盛满用橡树壳熬成的黑褐色汤汁的大铁锅里煮20分钟捞出，再放进用槐米、黑矾熬成的墨绿色汤锅里煮上20分钟捞出晾干。每10匹布（约500平方尺）需用配料：橡树壳15斤，槐米7斤，黑矾4两，土靛少许。为了布匹着色均匀，要求工人手执木棍不停搅拌，工人们个个累得汗流浃背。印染区队围着大铁锅、大水缸不分昼夜蒸、煮、漂、染，不停地投入、捞出、滚压、晾干、折叠、计量。染成的草绿布，源源不断送给裁剪区队。

第二道工序为裁剪。裁剪区队接收染好的布料，开始按设计样式剪裁成衣片，剪裁工使用特制的大铁剪，指力、腕力、臂力共用，一剪刀下去可以剪透10层布料，天长日久，剪裁工手腕、手指都会磨出老茧。

第三道工序为缝纫。缝纫区队已进入机械化作业，工作节奏更快，他们整天坐在缝纫机台前面，眼盯机针，手执衣片，脚踩踏板，手脚联动上下配合，哒哒哒哒的缝纫机走针运行声连绵不绝超级解压。为了完成紧急任务，开饭时后勤人员常常会把饭碗端到缝纫机台上，制衣工人狼吞虎咽三下五除二拨拉下肚，放下碗筷立即继续干活，除了大小便，差不多一整天都不挪地方。

二厂订下的生产场地过于狭小，同时，当时缝纫机数量太少，产能太低，远不能满足扩大生产完成任务的需要。

厂领导一方面继续寻找合适厂址，一方面派人对郑州市的缝纫制衣行业进行摸底调查。了解到市内共有私人缝纫店 80 家，缝纫机 700 余台。如何扩大生产，厂领导考虑了两个方案：一是寻找更大场地，购买更多缝纫机，招收更多工人，建设军工大厂，自己生产自己管理；二是由厂方出面组织社会缝纫店分别建立多家分厂，由二厂派驻厂员（称军代表）协助管理生产，借鸡下蛋，靠组织社会力量形成产能完成任务。

中原军区后勤部被服局局长贾春林（1917—2004）专程来二厂检查工作。贾春林是 1933 年参加红军的老干部，参加过二万五千里长征。抗战时期曾任八路军一一五师六八五团供给处会计股股长、鲁西军区后勤供给处处长、冀鲁豫军区后勤供给学校校长。解放战争中历任晋冀鲁豫野战军一纵供给部副部长等职，后勤工作具有丰富经验。中华人民共和国成立后，历任西南盐务局党组书记、副局长，中央人民政府地方工业部供销局副局长，轻工业部皮革局局长，贵州省轻工厅厅长等职务。贾局长来到厂里，和二厂领导共同商议扩大生产的模式。他认为第一种模式周期长见效慢，而第二种模式是军工生产方式的创新，花钱少，不招工，不买机器，虽然从组织形态上看不像正规的军工厂，但可以充分调动社会力量，利用现有设备和人力，迅速恢复和扩大生产，很快完成支前任务。

贾局长向二厂下达生产任务："当前战场形势很好，为了支援淮海和渡江两大战役，要求你们克服困难，全力生产，在明年（1949 年）5 月底以前完成 50 万套被装生产任务。吃饱穿暖是我们的战士行军打仗的基本条件，吃饱不是我们的事，保证战士们穿暖是我们必须完成的死任务。任务不但必须完成，还要想方设法提前完成！"

二厂领导对不足半年完成 50 万套的任务信心仍有不足。因为过去生产速度最高的时候的日产记录是 750 套，而且是在运营顺利的环境中完成的指标。现在扩建工厂还只是一种设想，工厂刚刚迁至新址，一切生产条件都不就绪，创新生产模式八字还没一撇，现在要达到日产4000 套以上的产量，骤增 5 倍多的工作量，谁都没有这个把握。

接受任务后，二厂的三个领导分头行动起来。叶元珠副厂长组织剪裁区队尽快开工，把裁片随时供应给城内一些缝纫店搞加工，争取 12月初就开始出成品；教导员杨德山把未开工的职工组织起来进行学习，整顿军风军纪，对建厂和完成 50 万套任务统一思想，提高认识；厂长阳臣夫负责召集缝纫店开会，研究加工和建立分厂问题。

阳臣夫先后两次把城内缝纫店老板召集起来开会，第一次是协商加工军服问题。郑州刚解放，各家缝纫店多处于停业状态，濒临倒闭，生计困难。一听说请他们加工军服，生意上门，很多人争先恐后接活。但也有少数缝纫店老板低头不语，或推说伙计不在，无法开工。加工费按小米折价，规定一件军上衣加工费为小米 2 斤 6 两（十六两制），一条军裤 1 斤 2 两。大家接活回去开始加工，日产量仅 300 余套，如此进度，完成 50 万套的任务遥遥无期。通过组织加工，初步摸清了城内 80多家缝纫店中有 30 家比较可靠，老板有组织能力，在工人中也有威信。二厂领导认为建立分厂条件已经成熟，1949 年元旦便把这 30 家缝纫店老板（出资方）召集到一起，同他们协商联手开办分厂的事情。他们表示愿意合作，纷纷提出申办分厂的请求。阳臣夫把这些缝纫店进行整合，按照产能相对均衡和自觉自愿的原则，有的是八九个店组成一个分厂，有的是四五个店组成一个分厂，除剪裁分厂由原来的剪裁区队充任以外，共建立了 10 个加工分厂，共有机器 560 多台，工人 1500 多名。

1月中旬给各分厂任命了厂长，委派了40多人为驻厂员（军代表），负责督促生产，检查产品质量，做思想政治工作，并协助进行企业管理。给每个分厂都刻制了公章，分厂门口都悬挂上了"中原军区被服局二厂第×分厂"的牌子，工人一律佩戴三角形"中原军区被服局二厂工人"证章，一时间气象一新，让人刮目相看，工人们走起路来昂首挺胸透着几分自豪。其实这些分厂都是来料来样加工性质，产权关系、劳资关系都没有发生任何变化。10个分厂的位置分别是：一分厂在正兴街，二、四、五分厂在大同路，三、八分厂在福寿街，六分厂在书院街，七分厂在天成路，九分厂在敦睦路，手工分厂也在大同路。手工分厂的任务是把半成品发给工人带回家制作（缝裤裆，锁扣眼，钉扣子），然后收回成品。剪裁分厂在福寿街。

📖【老郑州城市微观地理小词典】

正兴街

东至解放路，西至二马路，东北至西南方向，长500米，民国初期成街，街名取正当兴盛之意。通过正兴街向西连通中原路，是市中心（老城区）通往西部城区的主要通道。

福寿街

位于郑州火车站地区，北起解放路，南至大同路，全长685米，是民国时期郑州最繁华的街道之一。清朝末年成街，街名取福寿绵长之意。据传当年火车站投运后，这条街上商户云集，汉口商人谭崇礼在此开设"谭记棉花商行"，收购棉花向汉口转运，此公善于经营，获利颇丰，又乐善好施，经常接济附近的穷人和上门乞讨的老人，深受邻里敬重。后来在郑县商务会支持下，联络众商家在"谭记棉花商行"北侧开设"祈寿堂"（民间慈善组织），对流落街头的孤寡老人病号赠药送粮，发放衣物，这种义举受到各界人士交口称赞。该街正式定名时，郑州商务会总理（会长）荆丙炎主其事，他与众人商议说："诸位乐善好施，扶危济困，开祈寿堂为老者、弱者、病者、鳏寡孤独者求福祈寿，行善者有善报，诸位亦必当福寿双全。街名不如就叫福寿街，如何？"大家一致赞同，遂成定名。1919 年，福寿街一位叫陈已生的青年购买了一架电影放映机，开郑州电影放映之先河。1925 年"郑州商埠督办公署"曾在这条街上挂牌办公。

书院街

郑州古街，位于郑州老城内南大街路东，明朝万历年间东段曾叫纸坊巷，万历二十八年(1600 年)这里修了一座火神庙，百姓又渐称火神庙街。西段有一大户人家的花园紧邻大街，百姓称之为花园街。明崇祯十年(1637年)郑州知州鲁世任在此创建天中书院。清光绪八年(1882 年)郑州知州王成德又将东里书院由东大街迁移至此，大兴土木，营造两年方告竣工，产生了很大影响，百姓开始把相连的火神庙街和花园街统一称为书院街。据传清末徐世昌曾随王成德来郑，在东里书院求学受业，刻苦攻读，光绪十五年(1889 年)考中进士，荣登翰林。后来受袁世凯提携，曾任邮传部尚书等职，1918 年当选为中华民国大总统。1924 年，郑县在此设立县立初级中学，1930 年著名教育家姚明甫担任校长，为解决办学经费之困难，1931 年改制为郑州市私立明新中学。1949 年 3 月，郑州市人民政府把当时的市立一中、二中、三中和私立明新中学高中部合并，在书院街创建了郑州市立高级中学(时任郑州市委宣传部部长、市文教局局长漆鲁鱼兼任校长)，这就是今天的郑州一中的前身。近年考古界在书院街发现商代贵族墓地，因金敷面、青铜器组合等文物的首度惊艳面世，入选 2023 年全国十大考古新发现榜单。

敦睦路

在大同路南，清末民初成街。《三国志·明帝纪》有"敦睦亲亲，协和万国"之语。敦为动词，是"致力于"的意思，睦为和睦、友善之意。街名取睦邻友好、和气生财之义。原有东敦睦里、西敦睦里两条平行小街，1928 年郑县银行在西敦睦里设立，遂改名为银行街，东敦睦里后改称敦睦路。为解决交通拥堵问题，2001 年前后将福寿街、敦睦路、乔家门统一拆迁改造，形成了通直的 40 米宽的通衢大街。

各分厂的生产厂房除剪裁分厂是由市政府宋致和市长亲自协调解决的之外，其余全部各自解决，大多数为市民居家的四合院，还有的是临街房，独门独户的上下两层楼，当年郑州市区有很多这种房子。

各分厂陆续开工生产，军服生产立即出现新的局面，日产量由近 800 套一跃上升到 2000 套。但很快也发现不少问题：尽管向各分厂派驻了军代表，但摊子大、布点多、人员杂（为了开足马力增加生产各分厂招收了郑州城区、荥阳县和许昌的工人，来源比较复杂），管理上也出现一些漏洞，暴露不少问题：有的分厂账目不清，有的随意克扣工人工资，一些工人纪律松弛，有些人搞团伙，亲戚朋友老乡街坊搞一些亲疏远近，小市民文化和农耕文化中的鄙陋之处开始显露，团结方面出现问题。二厂领导研究分析后认为，这些问题如不解决，势必会影响各分厂职工的精神状态，影响生产任务的完成。要加强管理就必须破除私人店铺的那种人际关系和管理方式，发挥工人当家作主的积极性。决定在各分厂建立民主管理委员会制度，并具体制定了工作方案。阳臣夫把十来个分厂的厂长、驻厂员、生产会计等人员拢在一起开了一个大会，总结了前一段的工作，表扬了表现好的分厂，宣布对他们实行奖励，又不点名地指出了存在的问题。受到表扬者情绪高涨，上台发言，表态要克服困难再接再厉提高产量，以实际行动支援前线的节节胜利。存在问题的分厂暗自对号入座，坐立不安或沉默不语，不知如何应对。当听到阳臣夫讲到依靠工人阶级进行自我管理，成立民主管理委员会时，大家又感到十分新鲜，对其中内容充满好奇，同时也有不少疑虑，急于了解具体内容。民主管理委员会是他们解放后听到的最新的政治概念。阳臣夫耐心向大家做了展开讲解：民主管理委员会由分厂厂长、驻厂员和工人代表组成，一般为5~7人，工人代表由工人民主选举产生。管委会的职责权限是：安排分厂的生产计划，管理分厂的经济账目，招收和解雇工人，决定奖惩和福利等重要事项。到了2月中旬，各分厂均弥补了管理中的疏漏，成立了民主管理委员会，11个分厂选举出了35位工人代表参加管理。这些工人在参与管理中自然而然成为生产的带头人。工人们看到了他们在新社会中的地位，自觉地以主人翁的姿态对待生产和生活中的各种问题，工人之间的团结加强了，经济账目的透明性提高了，劳动纪律得到严格执行——按时上下班，不迟到早退，工作时间不争吵、不打闹、不喧嚣，爱护公物，损坏财物要赔偿，上班不准干私活等。对表现优异者制定了奖励办法：如生产过程中能精打细算合理降低成本者，改进工艺提高生产效率者，团结互助帮助他人完成任务有显著成绩者，均有不同的奖励。工人们的生产积极性不断提高，2月份日产平均达到3000套，3月份在此基础上劳动生产率又提高了50%，达到平均日产4500套，4月份继续攀高，最高日产达到1.5万套。位于天成路风雨球场附近的七分厂是完成任务的功勋单位。1949年3月30日《中原日报》头版头条发表了《中原被服二厂建工厂管委会劳动者参加生产管理》的报道，1949年5月3日又刊登了《中原被服二厂七分厂开展生产互助》的报道，中原被服二厂的管理经验一时享誉中原。

1949年4月，解放军百万雄师过大江，23日解放军的红旗插上了南京"总统府"的门楼上。5月1日，被服二厂举行庆祝渡江胜利表彰奖励先进的千人大会。至1949年5月20日全厂生产51.5万套军服和其他装具，提前并超额完成了上级下达的任务。刘邓首长专门从前线给二厂发来了嘉奖令，当阳臣夫向全场职工宣读嘉奖令时，无数名职工流下了激动的热泪。这些过去在缝纫店长期打工的男女工人说："过去只知道挣钱养家，谁知道我们也能为全国解放做事出力，真是光荣！"一位中年女工说："我现在看见解放军就心里喜欢，因为他们穿着我做的衣服。"说得大家开怀大笑。有人打趣说："哟，那你可喜欢不过来，总共有50多万人穿着咱厂做的衣服呢。你太花心了吧。"有人感叹："咱全郑州十几万人，每个人都能分3套还有剩余。我的娘哎，咱咋恁能干嘞！"大家的自豪感溢于言表。

5月下旬，进行结算。二厂支出加工费折合小米120万斤，工人平均收入800斤。上级决定被服二厂迁往南京接受新的任务。许多分厂的职工要求参军，还有不少工人哭着要求二厂留在郑州，军民亲如一家，难舍难分。根据工作需要，阳臣夫等7位同志转入郑州铁路系统工作，承担新的支前任务。

阳臣夫又名马力，1920年生，山西洪洞县人，1939年参加八路军。1950年转业至郑州铁路局，历任处长、分局党委书记、路局党委副书记，革委会副主任。

1949年1月22日至24日，郑州市召开了第一次妇女代表大会，成立了郑州市民主妇女联合会，戚元德当选执委会主任。

这位郑州市妇联的创建者曾是我党最早的隐蔽战线工作者，1931年中央特科负责人顾顺章被捕叛变，戚元德奉命化装成贵妇人，置个人生死于不顾，乘飞机赶往九江安排同志撤离。据与戚元德有过亲密交往的李宝光老人介绍（2023年9月26日，访谈人婴父、党华、徐晓娟），戚元德1935年随同红六军团怀着身孕参加了艰苦卓绝的二万五千里长征，因此获得"红军一枝花"的美誉。红六军团进入贵州黄平时遇到瑞士籍英国传教士阿米弗雷德·勃沙特夫妇等人，将其一行扣留下来，因为贵州的教会大多支持反动政府，指责红军是"洪水猛兽""土匪流寇"，号召教友与红军为敌。因此，红军抓到教会骨干成员都要甄别审讯，没问题的予以释放，问题严重的予以处罚。阿米弗雷德·勃沙特后来出版了《神灵之手——一个西方传教士随红军长征亲历记》一书，记录了他们的这一段特殊经历。据勃沙特回忆，他受到了吴法官（吴德峰，时任红六军团保卫局局长）的审讯，而法官的妻子始终坐在床上，冷静地注视着他们。他写道："我认为那个女人可能很冷酷，但事实证明她很和善，并好像受过很好的教育。当我告诉他们，我妻子不可能坚持跟他们走这么多路时，法官的妻子宽慰我：我也是个女人，她将会像我一样慢慢适应。"行军路上，戚元德看到女传教士埃米小姐脚上打了水泡，鞋子也磨烂了，就把棉布被单撕成长条，打成比较柔软的布条草鞋，还特意在鞋头上装饰了红色绒球。埃米小姐穿着很舒服，一再表示感谢。勃沙特在书中对红军中的女性写下了不少赞誉之词，提到戚元德，他称之为"不为环境所动的高尚女性"。勃沙特的《神灵之手——一个西方传教士随红军长征亲历记》一书 1936 年 12 月在英国出版，这时候红军长征才刚刚结束，很快脱销再版，一再加印，并翻译成其他文字出版，在西方产生巨大影响。这本书是早于埃德加·斯诺《西行漫记》向全世界介绍长征壮举的重要著作。戚元德"法官妻子"的优美形象受到西方读者的由衷赞赏。

戚元德在郑州工作时间只有五个来月，工作重点就是支援前线。她积极贯彻市委提出的"生产自救和支援前线相结合"的方针，提出"组织生产、支援前线"的口号。妇代会之后，妇女群众积极参加生产活动，不到 10 天，组织起来的妇女已有 7800 人，以生产军需产品为主，主打军鞋、军衣等产品。到了 4 月份，参加生产的贫苦劳动妇女、失业妇女人数达到 15000 余人。各区都成立了鞋厂、纺麻厂、被服厂，共做棉衣 118700 余件, 棉帽、单帽 215200 顶, 棉被 39430 条, 棉大衣 9014 件, 棉手套 10000 副。大军南下时, 妇女赶做单衣 258100 套, 衬衣 336519 件, 绑带 159901 副, 袜子 73836 双, 臂章 719274 个, 裤头 8000 件, 米袋 25000 条, 子弹带 40100 个, 圆满完成了军工支前任务。通过有序的组织生产, 她解决了妇女群众的生活困难, 这些带着郑州妇女母性和温度的用品, 也有力地支援了前线子弟兵的作战。

为了支援解放战争, 全市和各区都成立了支前司令部, 各级妇女组织积极参与其中, 以贫苦妇女为骨干, 组成缝洗、慰问、烧水、迎送等支前小组, 参加各类小组的人数达到 4340 人。1949 年 3 月 17 日, 第四野战军南下部队路过郑州, 各区妇女以街区为单位主动到车站列队欢迎。以后各路大军数度经过郑州, 郑州群众都夹道欢迎, 为战士烧水、送烟、送糖、写慰问信。部队住下时, 妇女们给部队烧水、蒸馍、缝洗衣服、腾房子、借家具。某连队夜间行军在蜜蜂张驻扎, 支前模范刘淑清等 3 人半夜起床动员村中妇女给军队烧米汤 6 担, 蒸馍 205 斤, 抬着送给部队, 让指战员们很受感动。

1950 年第四野战军中南军需部在郑州建立江 0315 工厂, 赶制大量军用被服鞋帽, 支援前线。这一年年初时解放战争尚未完全结束, 解放军陈赓兵团还在组织滇南战役、西昌战役, 而这年 10 月抗美援朝战争又起, 部队急需衣装被服供给。江 0315 工厂采用了"内厂"和"外厂"同步运行的生产体制, 内厂为原有固定军工, 实行军队管理, 集中统一生产, 外厂即借鉴中原军区被服二厂的做法, 组织全市缝纫工和家庭妇女加工, 实行计件工资, 共生产单衣 100 万套, 棉衣 70 万套, 被褥 30 万床。这些军需产品通过铁路运输, 源源不断送往南方和北方。

解放战争和抗美援朝战争前后相随, 未容间歇。1950 年 6 月朝鲜战争爆发后, 我国上下开展了声势浩大的抗美援朝运动。中共郑州市委发出《全市人民动员起来，为抗美援朝保家卫国的神圣任务而斗争》的号召，要求集中社会力量，把抗美援朝、保家卫国变成深入持久的爱国群众运动。响应中央部署，郑州青年掀起了报名参军的热潮，报名人数超过动员员额的数倍。另有 1000 余人申请到朝鲜参加志愿工作队。具有二七光荣传统的郑州铁路工人积极申请赴朝参加战地铁路运输任务，第一批整装出发时，郑州全市各界在人民广场召开万人大会为他们壮行。1950 年 11 月到 1953 年 12 月，在全国掀起的抗美援朝运动中，郑州铁路管理局共派遣 47 批 4959 名职工赴朝执行战地运输任务。铁路局工会组织为帮助赴朝工人的家属解决住房困难，使其在朝鲜能够安心工作，提出改善家属们的居住条件的建议，路局拨出专款，修建了援朝新村。

📖 【老郑州城市微观地理小词典】

援朝新村

位于今中原路和京广北路交叉口西南角西工房社区。这里原来是蜜蜂张村西边的农耕地，有零星农舍。抗日战争期间，日寇多次对郑州狂轰滥炸，这里离火车站较近，也留下了累累弹坑。一些流离失所的饥民、乞丐在这里聚集，成为郑州铁路西侧著名的贫民窟。郑州解放前夕这里演变为平汉、陇海铁路扳道、修路、抬煤工人居住的棚户区。1950 年 11 月到 1953 年 12 月，在全国掀起的抗美援朝运动中，郑州铁路管理局派遣大批职工赴朝执行战地运输任务。为帮助赴朝工人的家属解决住房困难，路局拨出专款，拆除了该地段破烂不堪的棚户区，在今"康复前街"向北的位置建设了一个平房院，安排赴朝员工家属中的 50 户住房特困户入住，起名叫"援朝新村"。后来在援朝新村东侧为铁路局系统苏联专家盖起了"专家院"。"一五"计划时期，郑州铁路发展加快。职工队伍不断扩大，郑州铁路管理局在这里开始大规模建设铁路工房，成为郑州铁路工人及其家属的重要居住地。

1950年夏季，全国掀起为支援抗美援朝战争捐献飞机的热潮。这是支前动员工作的一个成功案例，一个非常出彩的设计——把一定的捐款数额与一个具有具体物理形态的武器联系起来，让人们联想起自己的捐款所产生的战斗效能，给全国人民提供了情绪价值。抗美援朝期间，豫剧名家常香玉为志愿军前线将士捐献一架战机的事迹遐迩闻名，调动了中原地区捐献支前的热情。社会上还流传过常香玉先生所捐献的"香玉剧社号"飞机的照片。其实还原当年情景，所谓捐赠飞机，只是一种民众捐献款额的形象表达，统计资料显示，全国人民在抗美援朝期间共捐赠飞机3710架，很难指认具体某一架飞机为何人所捐。1951年6月，中国人民抗美援朝总会进一步公布了《关于捐献武器支援中国人民志愿军的具体办法的通知》，其中第七条说得很明白：

> 为了各界同胞捐款时计算和筹划的便利，兹拟定捐献人民币十五亿元即作为战斗机一架，捐献人民币五十亿元即作为轰炸机一架，捐献人民币二十五亿元即作为坦克一辆，捐献人民币九亿元即作为大炮一门，捐献人民币八亿元即作为高射炮一门。

郑州艺人张振编写了快板诗《增产捐献大炮飞机》，手里打着竹板，开始在老坟岗街头演出：

> 红日炎炎照东西，
> 到处飘扬五星旗。
> 中朝人民团结起，

反抗侵略争胜利。

美帝国主义吃败仗，

哭的哭来啼的啼。

进不能来退不得，

活像一只落汤鸡。

中国人民志愿军，

奋不顾身去杀敌。

帮助朝鲜求解放，

英勇作战数第一。

冬天睡到雪地上，

夏天晒在太阳地。

爬山越岭蹚冰河，

冲锋陷阵去杀敌。

敌人得了吃惊病，

躲进地堡坦克里。

这边投降缴了枪，

那边顽抗送了死。

志愿军作战真勇敢，

只可惜缺乏大炮和飞机。

冲锋缺少坦克车，

陷阵缺少重武器。

若有飞机和大炮，

取得胜利更容易。

这个任务咱要担，

支援前线理应的！

抗美援朝总会发了号召，

捐献大炮和飞机。

大家增产来捐献，

把美国强盗赶出去。

捐献运动如潮涌，

人人争先把款出。

工人大哥起开头，

增加生产更努力。

农民耕地搞副业，

增加收入捐出去。

市民、学生都响应，

节约捐款也积极。

工商界争先恐后争捐款，

捐献热潮如云起。

你看天津工商界，

爱国捐款真积极。

捐了飞机十九架，

其他数字难算计。

咱市工商界还得多努力，

要向他们来看齐。

工人同志更热烈，

个个都要站头里。

你看大连造船厂，

全体职工有决议。

每月增产一整天。

时间排在礼拜日。

大家增产多劳动，

这笔工资全捐出。

全国各地各工厂，

增产捐献出大力。

咱市工人也带头，

捐献大炮和飞机。

农民学生齐响应，

工商各界都积极。

大家一起来捐献，

支援前线共努力。

捐出坦克重武器，

捐出大炮和飞机，

运到朝鲜前线去，

志愿军一见笑嘻嘻。

过去武器受限制，

这回如虎添了翼。

前面坦克排成队，

背后大炮响得急。

头上轰轰如雷震，

千百架飞机入云齐。

飞机坦克全出动，

美帝国主义泄了气。

彻底消灭侵略者，

把美国赶出亚洲去。

这本是捐献一小段，

各位群众听仔细。

爱国的事情莫要落到人后头，

快快捐献大炮和飞机。

要想过上天下太平好日子,

那就要,支持抗美援朝快胜利!

为支持抗美援朝,郑州各行业各系统纷纷签订爱国公约,开展劳动竞赛,以超额完成生产任务的实际行动,为朝鲜前线提供支援,市民群众喊出口号:"我们在后方多流一滴汗,人民志愿军在前线少流一滴血!"一个全市性的"增加生产,捐献武器"运动在各行业迅速展开。市总工会号召全市工人拿出超额完成生产任务的收入捐献飞机大炮,让"郑州工人号"飞机早日飞到朝鲜,打击美国侵略者;团员青年发起了捐献"郑州青年号"飞机运动;市工商抗美援朝总支会召开全行业代表会议,一致通过捐献两架"郑州工商号"战斗机的计划。抗美援朝回国报告团在郑作巡回报告,全市工商界5000余人听取了报告,大家会后支援前线的热情更加高涨,捐献飞机实际完成3架多。郑州区铁路工会号召全区职工、家属,发起踊跃捐赠"郑州铁路工人号"飞机的运动,铁路职工掀起了爱国捐献热潮,通过合理化建议、超轴运输、节约燃煤、消灭事故取得成绩,所得收益全部用于捐献,超额完成捐献一架飞机的任务。全市各界妇女,不但开展捐献子弹运动,还给志愿军、朝鲜人民军和朝鲜妇女写慰问信,传递来自中原大地的爱心和力量。截至1952年10月,郑州市全市和铁路系统超额完成了捐赠6架飞机的增产捐献计划,有力地支援了朝鲜战场。

常香玉捐献飞机的故事广为人知,被河南人尊崇为爱国艺人、支前英雄。当时常香玉28岁,有一个自己的戏班叫作"香玉剧社",她任社长兼领衔主演,丈夫陈宪章任副社长,负责行政和编导工作。常香玉积极参与捐献飞机的活动,计划通过巡回义演的办法,将演出收入用作捐献飞机的资金。巡演筹款期间，她和丈夫不拿工资，但要保证全体演职员的正常收入。她卖了一辆汽车，拿出多年积蓄，作为启动经费，把3个6个月到3岁的孩子全部送进了托儿所，1951年8月7日，她率领剧社59位老少同人从西安出发，开始了她的义演之旅。她沿陇海线抵达开封，这是她义演的第一站，家乡人民给了她欢迎的声浪。首场演出定在南关老德华医院的大操场。常香玉为开封父老准备的剧目是她的拿手好戏《拷红》。演出现场一片人海，常香玉出场时先走到台前，向观众致意，观众纷纷挤向前去，都想近距离一睹风采，成千上万的戏迷你推我、我挤你，人群像潮水一样涌向戏台，戏台当场"轰"的一声被挤塌了。没办法，只好择期再演。在开封演了二十来天后移师第二站郑州。郑州观众的热情不亚于开封，常香玉在这里演了一个来月。据常香玉先生回忆，在郑州的固定演出场所是北下街明星舞台（剧院）。

📖【老郑州城市微观地理小词典】

北下街

　　位于郑州老城西关外，南北走向。据《民国郑县志》附图显示，这里原称北郭门大街，南高北低，坡度明显，群众习惯称为北下街，日久遂成定名，沿用至今。附近是传统的回民集居区。今日北下街南接西大街、南下街，北接商城路，两侧餐馆林立，是游客品尝郑州美食的好去处。

　　当年的北下街明星舞台是席棚结构，木椽草顶，十分破旧。剧院虽然简陋，但观众却格外踊跃，每场座无虚席，买不到票者抓耳挠腮，逡巡不去。

　　郑州市委、市政府对常香玉在郑演出热烈欢迎，高接远送，市委指定时任市委统战部科长、政协副秘书长朱翔武负责接待工作。据朱翔武老人回忆，宋致和市长带头看戏，并通知市直各机关用结余的办公经费给每个职工买票观演，还请朱翔武联系、动员全市工商界积极支持演出，结果，大的行业单独包场，小的行业联合包场，产生了轰动效应，在郑逗留的时间、演出场数和买票收入都超过了省会开封。据说后来香玉剧社到武汉和广州义演，当地政府都借鉴了郑州市的做法。

常香玉未成名时就在郑州唱过戏，解放前在河南和陕甘地区声名鹊起，人气最旺的地域还是郑汴洛一带。尤其郑州人最喜欢她高亢响亮的唱腔。有一天演出结束，有位扛着篮子的老大娘找到后台，无论如何要见见常香玉。常香玉听到有人找，赶紧走出来，说："大娘，我就是常香玉，你老人家有事呀？"

老大娘身穿蓝灰半袖布衫，一身干干净净，满脸细密均匀的皱褶，很有些岁数了。她说："俺是北乡柳林的，走了30里来看你的戏。想看你的戏，也想见见你的人。"

常香玉把她让到后台坐下，给她端来一杯热茶。一口香茶入口，老大娘的感情就上来了，眼眶潮潮的，说："闺女，听说你要捐一架飞机，这得多少钱哪！能办成吗？"

"大娘，能办成。不是我一个人捐，是全剧社一块儿捐。政府这么支持，又有这么多父老乡亲买票支持，总能办成。"

老大娘上上下下端详了一下，拍着常香玉的手背说："闺女，我看你身子骨还行，有福相，可也不能大意。你天天熬到三更半夜，也太伤身体，你要操心调养啊！"

"不碍事，不碍事，俺都习惯了。"

老大娘掀起提篮上面覆盖的旧毛巾，露出满满一篮白花花的鸡蛋："这是俺自家老母鸡下的，新鲜。你冲鸡蛋茶喝吧，清热败火养嗓子。"

常香玉很是感动："大娘，你走几十里路来看我，还带这么重的东西……好好，我收下。"她使了个眼色，身边的丈夫陈宪章把已经酌情准备好的钱递了过来，常香玉塞到大娘手里："我收住，你也收住。"

老人头一扭，显出生气的样子："闺女，你把我当成卖鸡蛋的啦。我要是卖鸡蛋，也不用跑这几十里地吧……"她把钱塞回去，说："我的心意，你不能驳了。兴你爱国，都不兴俺心疼心疼你?!"

这件事让常香玉感动不已。

常香玉巡回义演第三站到了新乡，新乡当时还是平原省的省会，没想到一年之后，一河之隔的平原省与河南省就合为一省，更没想到，对她热情欢迎、到场观演的平原省领导潘复生一年后变成了河南省委一把手。

10月上旬，常香玉率团来到义演第四站——中共中央中南局、中南军政委员会所在地武汉。邓子恢在北京参加完中央政治局扩大会议后刚回到汉口，就马上接见常香玉和香玉剧社人员。

"欢迎你，常香玉同志!"正式场合点名道姓说全称，这是当时的习惯。邓子恢热情地说："你这一来，对中南全区的抗美援朝工作是一个推动啊，也给全区文艺工作者带了个好头!"

常香玉连声说："不敢当，不敢当。邓老，您太过奖了!"

邓子恢说："你热爱新中国，支持抗美援朝，用演出收入捐献一架飞机，实在了不起，我们要向你学习。"

常香玉说："这是俺应当做的。旧社会谁把我们当人看哪! 如今刚刚见到天日，帝国主义想卷土重来，我们能答应吗?!"

邓子恢夸奖常香玉说得好，而后交代身边工作人员："北方人喜欢吃面条，不能天天吃米饭，你们要想办法弄点面粉来。要让他们吃好、住好、休息好、演出好，才能把捐献工作做好，这叫'五好'标准!"说完，大家都笑了。

邓子恢的话，暖了众人的心。常香玉在武汉的演出更是精彩连连。湖北是豫剧的覆盖地域，喜爱豫剧的人数众多。据说邓子恢也是豫剧拥冕，在开封主持中原局和中原临时人民政府工作时就经常观看豫剧演出，尤其喜欢当年豫剧四小名旦之一李志贞的戏。看戏的地方主要是大相国寺内的剧院。每次看戏差不多都是市政府秘书庞兰亭负责联系和陪同，熟悉之后，他见邓子恢平易近人和蔼可亲，便不再拘束，问邓："首长，你为啥迷李志贞的戏呀？"邓子恢回答："她的唱腔好听，和我的家乡戏还真有点相通嘞！"

豫剧过去的名称叫"河南梆子"，分为开封的祥符调、商丘的豫东调、洛阳的豫西调以及沙河流域的沙河调，流派众多，名家林立。1947年开始虽然偶见"豫剧"一词，但所指为河南众多地方戏曲样式的总和，并非河南梆子的新名。河南梆子改名为豫剧的定名者，正是邓子恢本人。1950年邓子恢接见来自河南的"群众梆子剧团"时说："河南梆子算是小名、昵称吧，我看河南简称豫，像其他省份的川剧、汉剧、越剧那样，也可以起个大名叫作豫剧，这样更正式一些。"群众梆子剧团第二天演出报幕即开始自报家门为"豫剧团"了。因为邓子恢的推动，豫剧之名正式确立。

经过在开封、郑州、新乡、武汉、广州、长沙六个城市长达半年的义演，在当地党委、政府和人民群众的支持下，香玉剧社完成净捐献金额15.2亿元（合新币15.2万元），超额完成了捐献一架飞机的任务。1952年2月，常香玉和香玉剧社全体同人回到西安，受到主持中央西北局工作的习仲勋同志的热情欢迎，称赞她是"爱国主义的典范"。

从上文的叙述中常香玉的出发和回归的地理点位，你已经看出来了，常香玉先生作为知名艺人当年的主场还是在陕西西安，常住地、户籍所在地都在西安，尚未回归家乡。她的义演收入很大一部分来自在河南的巡演，但她的捐赠还不能记在河南账上。但常香玉在郑州的巡演过程，她与乡亲的情感交融，舞台下观众戏迷们对她无言的支持和高声的喝彩，都是郑州市支援抗美援朝运动最令人难忘的风景。

1953 年常香玉赴朝鲜战场前线慰问演出　历史资料

常香玉捐飞机是一个成功传播的公共事件，而郑州人捐赠其他飞机的故事，却因为缺少梳理和演绎，天长日久，慢慢就被人淡忘了。

史实和史料、史迹只是历史的一部分，能够被人记住的历史，还必须包括对史实、史料、史迹的回顾、解读、概括、评论和传播。

要夸郑州的抗美援朝支前英模，不能不提到王而信先生。

王而信（1911—2006），郑州市王庄村（今属二七区）人，郑州知名外科医生，曾先后在河南大学医学院、中山大学医学院学习，郑州解放前任郑县卫生院院长。郑州刚解放，因为他在民间的口碑，受到新生的人民政权信任，一度担任市卫生局副局长职务。之后历任郑州国际和平医院二分院外科主任，一分院副院长兼外科主任，郑州市公教医院院长，郑州市第一人民医院副院长等职。系郑州市政协一至六届常委，郑州市民革顾问。

为了向国家组织的抗美援朝医疗队选送医护人员，1952 年 6 月末郑州卫生系统全体医务人员大会在菜市街福音堂（华美医院）召开，

抗美援朝归来后的王而信　图
片由民革郑州市委员会提供

郑州市只有一名医生、一名护士的支前名额，但会场上一片沸腾，参会的300多人争先恐后积极报名，要求参加抗美援朝。王而信是当时郑州最负声望的外科医生之一，最终被赋予重任，出任河南省抗美援朝手术队队长及中南区抗美援朝手术大队大队长。到北京被编为中国人民抗美援朝国际医疗服务队第九队队长。7月4日出发当日，郑州市政府秘书长张北辰在天成路市政府门前为他举行了上千人参加的欢送大会。他率队到达遍地烽火的朝鲜战场，进入基地医院的头一个晚上即遭到敌机轰炸，虽未造成伤亡，但给初来乍到的医疗队员带来了心理阴影。后来一些青年队员由于缺乏战地工作经验，每遇敌机来袭，都惊慌失措到处躲避，严重影响医疗工作。征得志愿军首长的同意和支持后，王而信组织开展了战地防空知识和战地救护工作知识的教育，号召以志愿军为榜样，树立一不怕苦、二不怕死的坚强战斗意志，为以后顺利完成艰苦繁重的伤员救治任务奠定了思想基础。

王而信在朝鲜战场工作一年多的时间，正赶上持续43天的上甘岭战役和历时15天的金城战役。上甘岭战役是影响整个朝鲜战局的著名战役，惨烈程度史无前例；金城战役是志愿军对坚固设防之敌实施的规模最大的一次进攻战役。两次战役参战部队的伤员成千上万。王而信领导的手术队一批又一批地救治伤员，每一批少则数十人，多则数百人，常规的手术间一般放置1~2个手术台，这时候往往需要放置五六个。手术间放不下了，就把手术台放在手术准备间；正规手术台不够用，就因陋就简就地取材，用木板、木棍搭成临时手术台。手术白天做不完，夜里点灯接着干。上一批伤员刚送走，新的一批就已经送到。一批伤员的手术要干两三个昼夜才能完成。困了，就靠在墙上打个盹；饿了，就啃口干粮接着干。王而信手术队不分昼夜连续作战，挽救了无数志愿军战士的生命，减轻了伤员的伤残程度。

王而信当年41岁，在手术大队中年龄最长，在整个基地医院全体指战员中也是年纪最大的一位，所以被大家尊称为"老头""老队长"，受到了战友和同行们的尊敬。王而信带领的医疗队在朝鲜工作14个月，全队49人，有48人立功受奖，而且大部分多次立功。王而信立功两次，归国时被授予朝鲜人民民主共和国勋章两枚，三级国旗勋章一枚。1953年9月王而信和他的手术队圆满完成任务，回到祖国，这时候停战协定已经签字。抱定准备牺牲的决心奔赴异国前线，佩戴荣誉勋章凯旋，大家的心情可想而知。车辆回到鸭绿江大桥时，祖国江岸的高音喇叭传来嘹亮的歌声：

五星红旗迎风飘扬

胜利歌声多么响亮

歌唱我们亲爱的祖国

从今走向繁荣富强

听到那熟悉的欢畅旋律，王而信的眼泪夺眶而出。从炮火连天的战场回到一片祥和的祖国，才能真正感受到和平的珍贵。

若论在抗美援朝运动中表现卓异、影响最大的郑州人，还是应当首推作家魏巍。

魏巍（1920—2008），原名魏鸿杰，曾用笔名红杨树，郑州东大街人，当代诗人、散文家、小说家。少年时品学兼优，展露文学才华，1932年在郑州基督教青年会主办的全市青少年作文、常识和书法三项比赛中，全部获得第一名。郑州各家报纸报道了这个消息，成为轰动一时的新闻。这个时候，他只有12岁。更让人称奇的是，他这时已开始在《华北日报》上发表连载小说《神三鬼四集》，是闻名街间的神童才子。1937年参加八路军，1938年加入中国共产党，1950年底奔赴朝鲜前线，和志愿军一起生活战斗。回国后发表了一批文艺通讯，其中《谁是最可爱的人》在全国引起了广泛影响。从此，"最可爱的人"成了志愿军的代名词。1978年创作完成了抗美援朝题材长篇小说《东方》，1982年获首届茅盾文学奖。

1950年10月至12月，中国人民志愿军同朝鲜人民军一起连续进行两次战役，把敌军赶到三八线附近，扭转了朝鲜战局。魏巍这个时候刚从华北野战军第十九兵团骑兵团政委的岗位上调到解放军总政治部宣传部，负责为战士编写语文教材。不久，奉命参加一个工作组到朝鲜战场了解美军战俘的思想动态，以便我军有针对性地开展对敌政治斗争。在战俘营，魏巍接触了许多美军官兵，这些美国大兵在魏巍面前表现出了难以隐藏的厌战情绪。他们中有不少人是参加过第二次世界大战的老兵，参加过对德或对日作战，参加"韩战"情非所愿。也有一些顽固分子，对新中国和志愿军高度敌视。但不论这些美军俘虏是否厌战、立

1955 年魏巍被授上校军衔　历史资料

场如何，魏巍看得出来他们对志愿军都心怀畏惧，认为自己遇到了世界
上最强悍的军队。魏巍完成战俘调查任务后，转而深入汉城汉江南岸开
始战地采访，写出了一系列通讯报道，热情歌颂了志愿军战士们崇高的
爱国主义、国际主义和革命英雄主义精神，让抗美援朝战争得到全国人
民更多的情感支持和精神响应。他的《谁是最可爱的人》既是新闻特
写，又是散文作品，成为中国现代文学史上影响巨大的军事文学单篇
名作。

　　1951 年 4 月 11 日《人民日报》在头版头条位置，发表《谁是最可
爱的人》——文学作品上头条，这在《人民日报》办报史上算是一个
奇迹，立即引发全国读者的热烈反响，毛主席阅后批示"印发全军"，
成为中国人民志愿军、中国人民解放军人手一篇、反复咀嚼的精神食
粮。1953 年 9 月，周恩来总理在全国第二次文代会上讲话时，大声询

问台下："在座的哪位是魏巍同志，今天来了吗？请站起来，我要认识一下这位朋友！"一身戎装的魏巍从座位上站起，向总理行礼，全场为之热烈鼓掌，周总理说："我感谢你为我们的子弟兵取了'最可爱的人'这样一个称号。"周总理称这篇文章"感动了千百万读者，鼓舞了前方的战士"。这篇作品后来还被收入全国统编中学语文课本，激励了一代又一代青少年的成长。

魏巍关于朝鲜战场的写作，可以定义为精神支前。在抗美援朝运动中的力量，不亚于枪支弹药、飞机坦克。历史不会忘记，郑州人在战争物资的支前方面不落人后，更在军需物资交通运输支前、战地医疗救治服务支前、精神文化产品支前等各个方面都有优异表现，作出了突出贡献。

魏巍是作家，更是军人。他非常喜欢部队中小司号员的形象，他描写道："他们穿着很不合身的又长又大的军衣，经年背着一把飘着红绸子的黄铜军号，走在我们的行列里面。他们有时立在村边，有时爬上连部的屋顶，有时在行军路边的石崖上，把他那气力未足的有时甚至吹错了号谱的号音，送到他的同志的耳边。诚然，他的同志们不会怀疑他是忠诚的，尽职的。可是，小司号员毕竟是小司号员，小司号员还不是强大的、腰圆背阔的机枪射手。"魏巍把自己比作司号员，以吹响号角为己任，稚拙而忠诚。

魏巍是一个深爱故乡的游子。1937 年离开郑州参加革命，13 年之后他才第一次回乡探亲。1950 年，魏巍由某骑兵团政委奉调到总政工作，从西北赴京上任途中顺道回到郑州，回到他朝思暮想的魏家大院。

魏家大院

位于东大街西段魏家胡同，始建于明朝万历年间，为明朝通政使魏尚贤家宅。魏尚贤（1564—1642），字礼孟，明万历四十四年丙辰科进士。为官清正，素有直声。宦官魏忠贤当国，权倾朝野，结党营私，迫害忠良。魏尚贤与魏忠贤名字只差一字，貌似宗亲；魏忠贤有意与魏尚贤攀亲联谱以提高自己的出身。魏尚贤不屑与阉党同流合污，对说项者严词拒绝。魏忠贤见笼络不成，便对其屡加迫害。魏尚贤愤而辞官回乡，在郑州东大街择地建宅，人称魏家大院。大院坐北朝南，占地百余亩，为三进七跨六胡同建筑群，主体建筑为砖木双层结构，青砖灰瓦，前有过街牌楼，后有私家花园，布局严整，承接有序，为中原民居建筑之经典。大院历经400余年，2000年旧城改造时被拆毁。

父母都早已去世，只见到了二哥二嫂，新中国成立不久，家里还是相当清贫。他在自己儿时玩耍的地方转转，沿着自己上学的路线走走，带着对家乡的不舍，匆匆踏上去北京的路。以后他有许多次机会回到郑州：家乡建成第一所综合性大学郑州大学，他回来与郑大首届学子座谈文学；自己的母校创新街小学（原郑县平民小学）校庆，他回来与师生们欢晤，甚至晚年郑州黄河岸边修建炎黄二帝巨塑，他不顾老迈，回来为家乡站台。他热爱家乡，眷恋家乡，北京家中但凡有郑州人来访，都热情款待，有求必应。2000年郑州东大街改造，准备拆除他的祖宅，他为此忧虑和伤感（2000年12月24日，访谈者婴父、于德水、徐顺喜、张罡等），他说：我从小生活居住的建筑，当然是感情深厚的。但这些房子不仅属于家族，更是郑州历史的一部分。郑州的传统建筑并不多，在可拆可不拆的情况下，希望能加以保护。

房地产开发商主导了东西大街一带的旧城改造，魏家大院最终未能保护下来。

每一座城市的历史叙事向来有两种重要载体：一种是白纸黑字，一种是街巷空间建筑景观。在全国性的旧城改造浪潮中，许多具有承载历史记忆功能的老房子被拆毁清除，不能不说是城市文化遗产的巨大损失。

第五章　洗乾坤

　　北京天坛附近有条"龙须沟"，是旧社会老城区的一条排水明沟。沟渠边是高密度的低矮潮湿的简易房棚户区，卫生条件非常恶劣，是旧社会贫苦群众聚集之地。每逢天降大雨，这里都有房屋倒塌、溺死儿童的灾祸发生，严重影响着北京平民的生存质量和生命安全。

　　1950年，北京市人民政府仅用半年时间，清理了沟内的污泥和垃圾，将明渠改建成了排水暗沟，并修筑了沥青道路，安装了自来水和电灯，通了有轨电车，龙须沟地区的面貌焕然一新。著名作家老舍，根据龙须沟的变化，写了话剧剧本《龙须沟》，生动地表现了北京市民随着生存环境的改善所发生的精神世界的变化，赞扬了北京的建设成就。著名艺术家焦菊隐导演的话剧在首都公演，一时轰动京城，毛主席在怀仁堂看了该剧，颔首称赞。北京龙须沟因此闻名天下，成为城市环境随同社会进步而发生颠覆性变化的代名词。

　　郑州也有一条"龙须沟"，那就是蜿蜒于老城区的金水河旧河道。

📖【老郑州城市微观地理小词典】

金水河

　　穿过郑州城区的主要河流之一。《康熙郑州志》载："金水河俗名泥河，在城西关外一里，乃郑水之西派也。源出梅山北黄龙池东北，流经黄岗寺、耿家河渐至郡西。如金带，以其来自金方，故名金水。旧渠自回回墓东北绕旧城与祭城水合,总名郑河。后知州赵鼎臣申请自西关改入城壕,遂弃旧渠。然水性不顺,每遇泛涨,犹必溢入旧渠焉。"《民国郑州志》在旧志条文后补充说:"今金水河发源于郑县西南隅梅山之北,向东北流至阎垛,又折而北流经卢村河、黄岗寺、后河卢、耿河等村至林山寨之东,又折而东流,越京汉铁路,经回回墓之南至西关,又折而东北流,归入城壕之内,由北关东流,水势颇小,河身与平地无上下别。"

金水河原从后河卢一带向东北经蜜蜂张继续向东流入市区,经顺河街迎河街(今合并为解放路)到长春桥(今二七广场)折向东北,绕过老城到北门外继续向东汇入贾鲁河。当年德化街北头和长春路相接处有一砖石结构的桥,名叫"长春桥",金水河从桥下流过。

1938年8月连日大雨,金水河因污泥淤塞,在正兴街和德化街北口一带低处漫溢,致使德化街北端、西大街西边形成一望无际的汪洋,数百家店铺进水,秩序一片混乱。事后郑州各界强烈要求整治河道,根除水患。1939年时任河南省第一行政督察区专员杨一峰主持,确定金水河改道方案,得到黄委会的支持,发动全县职工和市民群众数千人自带干粮义务劳动,把金水河从现河医一附院东侧的位置引向东北方向,彻底绕开市区,经北闸口、大石桥、新通桥位置东行,在城北归入旧河道。这样消除了市区水患,改善了市区交通。只是因财力物力所限,老市区金水河旧河道没有填平改造,给市区留下一条藏污纳垢的死水沟,时值抗战时期,兵荒马乱,工程草草收工,留下不少隐患。

金水河废弃的旧河道,被市民称为臭河沟。河沟里的水都是下雨的积水和生活废水,基本上是一沟酱汤,夹杂着死猫死狗和其他小动物尸体,甚至还时有溺婴沉浮。河沟两岸的熟皮行、洗澡堂、骡马行排出的污水和人畜尿液、餐厨汤汁,都汩汩而淌,汇入河沟。臭河沟长期处于公众排放、无人管理的状态。

金水河旧河道南北两岸各有一条街道，北岸是"迎河街"，南岸是"顺河街"，都是狭窄坎坷的泥土路面。新中国成立初的调查资料，两条街共居住着 221 户人家，1287 口人；围绕这条河沟搭建起来的密密麻麻歪歪斜斜的房子，砖木结构的占比不多，更多的是土坯草屋和跑风漏雨的席棚，当地百姓在这里因陋就简经营各种小买卖。每逢雨季，臭水四溢，街上的烂泥下不了脚。雨水一大，房倒屋塌。1938 年秋天，暴雨连连终日不绝，滚滚大水从西而下，不少房屋被冲毁，一个刚分娩三天的产妇陷进了臭水沟里，活活被夺去生命。40 多户贫苦市民被冲得倾家荡产，无家可归，不得不沿街乞讨，沦为乞丐。

臭水沟给贫苦市民带来灾难，然而却给地方权贵提供了敛财门路。1946 年，镇公所曾张罗整修水沟，不出众人意料紧接着就是派下捐税，要求市民缴纳钱款，分担治理费用。月复一月，年复一年，不见一点动静，没看到运来一砖一瓦。老百姓的血汗钱照旧落进了镇长、保长的腰包。不久，人们看到镇长马叔贤新盖了一栋楼房，保长牧会元在迎河街新开了三间门面房。在这两条街的较好位置，也有不少郑州权贵和恶霸强人的房产，例如国大代表、特务头子全国泉，镇长马叔贤，恶霸保长牧会元，特务头子海老四，"母老虎"黄大姐等。他们在这条街上开设了骡马行、车辆厂、粮行、旅栈、熟皮行、饭店、妓院等，样样俱全。他们每家都有几处庭院楼阁，过着花天酒地、吃喝嫖赌、荒淫无耻的生活。全国泉，国民党特务，曾任德化镇镇长，郑州白铁业同业公会理事长，郑州工会理事长，在这条街上开有"全国泉大茶庄""全国泉白铁铺"，在这一带是个只手遮天的人物。当上国大代表之后，政治上声名更大，大家公称其为"全太爷"，地方势力高看他三分，逢年过节门庭若市，人们排着队给他送礼。他过生日，鞭炮齐鸣，全街老少都要向他祝寿，略有迟慢者就会被他打入另册，寻机给人小鞋穿。特务头子马叔贤，当上镇长不足一年就建成庭院多处，楼阁平房 30 多间。特务头子海老四，在顺河街的中段开了一家郑州最大的骡马行，马车成阵，骡马成群，有鞭把子、女用人20多个，娶了4房妻妾，过着荒淫无耻的生活，家里面天天大宴宾客，县长、镇长都是座上宾，白天喝酒吃肉，晚上叫差役到戏院拉女艺人过来唱戏吟曲，供他们肆意作乐。

迎河街手工艺人蔡万榜，终日劳动而不得温饱，荒年中家人病死饿死，独剩他一人活了下来，他和堂兄在迎河街开了一个小铁匠铺，在地炉边打铁度日，行业把头们向他兄弟二人敲诈40块现洋和40斤香油，交不上来就两度把他们五花大绑押到联保处折磨恐吓。该街贫民白老四在恶棍海老四家的凉棚下坐了一会儿，被诬说偷了海家100块银圆，当天夜晚就被抓了起来，白家卖了自己家的两亩半地才还上了这笔黑账，白老四气愤难平，大病一场，含冤而死。时隔不久，海老四对迎河街皮条铺的马之龙又下狠手，无中生有诬陷他在荒年中向他告贷3000块钱，强逼他立即还本付息8000块，就这样抢占了马之龙的铺面，可怜马之龙一生积蓄加房舍家业，一夜之间被剥夺精光。

这些恶人劣迹，都是启动改造工程时揭露出来的。

北京龙须沟的治理对全国具有范式价值。郑州结合城市道路建设计划，很快启动了金水河旧河道的改造工程。迎河街、顺河街两街群众先是看到一批穿着干部制服的人来来往往指指点点，后来又看到郑州工业学校的学生们支着水准仪、经纬仪测来量去，最后参加政府组织的道路建设工程拆迁安置动员大会时才恍然大悟——臭河沟的末日终于来临了。1949年11月，解放郑州一周年庆祝大会之后，市城建部门工作人员开始上门入户进行拆迁安置调查工作。特务头子全国泉、尚滋干和"母老虎"黄大姐等闻讯暗中串联，秘密召开会议，胁迫200多名老百姓到天成路市政府门口请愿，制造谣言，煽动群众，破坏拆迁，削弱政府的权威。

市长宋致和听说有一大批群众蜂拥而至，在市政府门前小广场聚集闹事，不但没有恼火反而笑了起来，他对建设局局长说："好啊，不怕有人闹事，闹起来就好了，一些隐藏起来的人物就会暴露出来了。小闹小治理，大闹大治理，一闹一治，建设工作就往前推进了。这是郑州解放后第一次拆迁，这一次局面打开了，以后就容易了。"

1950年年初，市委、市政府专门派了工作组，深入现场，排查情况，发动群众，解释政策，协商拆迁方案，提高了群众的思想觉悟，原来跟风闹事的群众纷纷反过来揭发主谋者。政府根据调查的确凿证据，弄清了全国泉等人的真实身份，把全国泉抓了起来，召开千人大会，实行公审公判，1950年2月执行了死刑。黑恶势力的嚣张气焰打了下去，群众心里的疙瘩也解开了，市民群体形成了配合城市改造的氛围，拆迁顺利推进，在政府逐户逐人的安排下很快都落实了新居住所。新道路也顺利开工修建。半年之后，新路修成——金水河老河道被填平压实，河道两侧的迎河街、顺河街合二为一，向西与慕霖路连为一体。

【 老郑州城市微观地理小词典 】

慕霖路

西起京广铁路，东至铭功路。因陇海铁路管理局局长钱宗泽得名。钱宗泽（1891—1940），字慕霖，浙江杭州人，军事运输专家。1929年刘峙任军事委员会开封行营主任时，钱任其参谋处处长；1930年兼任津浦铁路管理局副局长、护路司令部司令；1931年至1934年任国民政府铁道部政务次长；1936年4月任陇海铁路管理局局长，兼津浦、陇海两路护路司令部司令，津浦、陇海、平汉、道清四路运输司令部司令等职；全面抗战爆发后，曾任军事委员会后方勤务部运输司令部司令等职。1940年在重庆病逝。钱宗泽在郑任职期间，曾创办扶轮学校，兴建陇海花园，热心公益事业，助力城市建设，在郑州颇有民望，故将道路命名慕霖路以示纪念。

慕霖路与顺河街、迎河街整合一体，归并一路，被正式命名为解放路。其命名理据：一是郑州解放，主战部队中野九纵参战部队从这条线路进入城中；二是该路系郑州解放后建设的第一条现代化城市主干型道路。解放路道路宽度 25 米，长度 931.5 米。混凝土路面开阔平整，路面下面，是大直径的排水管道，可以把污水雨水直接排放到市郊。1950 年 9 月 30 日解放路竣工，立即成为郑州新生活的标志。宽阔的马路边栽上了国槐树，沿街建起新的楼房和商铺。为了发展生产，扩大就业，按照原居民的愿望，政府支持手工匠人在解放路边创办了"蔡家刀""卢家剪"等刀剪社，"刘家斧刨"木工工具社，还以多家联合投资联合经营的模式创办了"李家铲""王葫芦工业剪"等专业生产合作社，还有日用五金、铁编、轧花等合作社，广开生产门路，昔日在这一代困守的失业群众都开始有了固定工作。尤其是家庭妇女，在阳光中走出家门，参加支前、支援抗美援朝、爱国卫生、扫盲等社会运动，开始享受从未有过的社会地位。之后路边又陆续开建和落成了新华书店、手工业大楼、银行大楼、奶品公司、变电站和自来水厂，成为郑州市的一条充满生机和活力的繁华大街。按照城市规划设想，解放路还是通往铁路以西城市新建区的主要通道。

解放路刚建成那两年，由于郑州市机动车辆有限，宽阔的路面常常用来当作文娱活动的场所。这时候，史金腾已经升入初中，中学生正在普及集体舞，他回忆说：团市委曾经在这里举办全市各学校参加的集体舞展评活动，上万名学生会聚在解放路上，一起在律动的音乐中翩翩起舞，几百米解放路被淹没在舞动的青春肢体之中，那种美好的场面令人终生难忘。

建设解放路时在东端同步建设了与西大街、德化街、长春路连接的交通广场，因为是解放路工程的一部分，自然而然就被称为解放广场。

1951年刚建成的解放路　金石声摄影

📖【老郑州城市微观地理小词典】

解放广场

　　即今日的二七广场。当年是连接金水河老河道南北两岸(德化街与长春路)的"长春桥"位置，也是1926年北洋军阀杀害二七烈士并悬挂烈士头颅的历史现场。修建解放广场时拆除了长春桥桥墩、桥板和护栏，桥基被路面覆盖。在中华人民共和国成立初期郑州的城市规划方案中这里是解放路、二七路、人民路、西大街、德化街、正兴街交会之处，也曾被称作"六路口广场"。

　　1951年，长春路改称二七路，因解放广场与二七路连接，且为二七革命史迹所在，遂改名为"二七广场"。20世纪80年代之后，旧城改造全面推进，广场周围形成"二七商圈"，建起了亚细亚商场、华联商厦、天然商厦等大型商业建筑，商业竞争与服务竞赛高潮迭起，成为郑州商战的主战场。

和金水河旧河道治理、解放路工程几乎同步进行的，是治理老坟岗地区和关闭妓院的行动。这在当年的郑州，也是具有重大影响的事件。

郑州的风化业是在郑州火车开通后初成规模的。京汉铁路通车后，郑州工商业会集，生意兴隆，妓院逐渐多起来，最初集中在钱塘里一带。《民国郑县志·艺文志》中收录清末郑州知州王莲塘的诗作《王都堂墓》，有句云：

> 古管城西王家墓，前明都堂埋骨处。沧桑一变万事非，此墓逼近火车路。火车停处聚商家，商人争看北里花。无数青楼无处置，争向都堂墓边遮。翁仲已入青楼里，残碑忽泼胭脂水……

诗句描写的是钱塘里一带妓院因铁路而兴起和相对集中的情况。因为地处商业街，地价高企，后来增加的妓院便开始向老坟岗地区集中，多分布在三兴里、瑞祥巷、宝昌里、新春里、杏花里、西二街、民权里等小街短巷之中。

📖【老郑州城市微观地理小词典】

老坟岗

片区名，老郑州方言读作"老粉杆儿"，加儿化音以显谐趣。老坟岗地区四至范围大体为今二七路以西，解放路以北，铭功路以东，太康路以南。此处原为郑州城西丘壑纵横的旷野，明朝万历年间伊斯兰教真人默穆都哈到郑州游历传经，慕其道德高尚，回族群众尊为"筛海"（圣贤之意）。去世后葬于郑州西关外，称"巴巴墓"。因当年这里地势岗坡起伏，按西郊地片命名的惯例（如白沙岗、花地岗、野鸡岗），郑州人习称这一郊野片区为"老坟岗"。"老坟"者，巴巴墓之谓也。有人错误解释老坟岗为乱坟岗之雅称，大谬也。因为伊斯兰教真人葬在这里，明清及民国初期郑州回族民众愿意趋近埋葬逝去的亲人，形成回民义地。平汉铁路通车之后，郑州车站一带迅速繁华，连接车站前区、平行于铁路的数平方公里的区域纳入商埠新区，老坟岗处在商埠区域限界之中，很快繁华起来。抗战胜利之后，慕霖路（解放路西段）附近改为火车货运站，人流物流在此聚集，人车络绎不绝。老坟岗被定名为"国民市场"，不仅商户云集，人称"五方杂地"的游艺场所亦迁移到老坟岗，江湖杂耍、说唱卖艺者蜂拥而至，五行八作千余户，每日人潮汹涌，日流量达数万人次，真正成为郑州第一热闹去处。据记载，这里也是风味餐饮集聚区，各路饮食摊贩都向这一带集中，到1948 年郑州解放前夕，这里集中饮食业摊贩 1040 户，从业人员达 1850 人。

巴巴墓

明朝伊斯兰教真人默穆都哈墓园。《清乾隆郑州志》称之为"回回墓"，而回族群众则敬称其为"巴巴墓"，位置在今解放路中段北侧，墓上有园亭一座，前有殿堂三间，悬有"天方境"木匾。墓园始建于明万历年间，清道光二十三年（1843 年）重修，其后百年兵荒马乱损毁严重，残破不堪。1953 年政府拨款重建，再现原有形制。郑州民间曾有明代郑州西关外"巴巴墓中出天兵"，化解回汉民族冲突的历史传说，流传甚广。

老坟岗妓院杂乱，冯玉祥多有耳闻。1927 年冯的第二集团军司令部设在郑州时曾严加取缔——冯军《军人守则》中，有"烟酒必戒，嫖赌必戒"的条文，所以他的官兵不抽烟，不喝酒，更不允许嫖娼宿妓。据说有一天早上，冯玉祥派兵把老坟岗新春里等街道突然包围。大兵压境，老鸨们个个吓得心惊肉跳，不知发生了什么事情。士兵持枪命令妓女和老鸨们都到火车站集中，一起登上为她们准备好的闷罐专车，行进中车门紧闭落锁，车厢内漆黑一片，她们吓得魂不附体，不知道要把她们送往何方，下车才知道已经到了千里之外的汉口火车站。郑州妓院一日之间全部倒闭。后来冯玉祥又严查暗娼，一经查出便遣送出境，所以，当年郑州娼妓一时绝迹。冯玉祥离开后马上人走政息，妓院死灰复燃。民国二十九年（1940 年）9 月出版的《旅行杂志》上说：

> 惟到处现在高唱废妓，独郑州则当冯玉祥督汴时，实行坚壁清野，娼妓天然淘汰，近则复聚于河北沿一带。不殊不废，且有增无减，区区郑州一隅，统计南花北柳，何止千人。每至夕阳西下，笙歌嘈杂，几不知世上尚有干戈未息之地也。

文中所说的"河北沿"即老坟岗别称。

📖【老郑州城市微观地理小词典】

河北沿儿

郑州现代史上"河北沿儿"与"老坟岗"两个片区地名所指区域大体重合。均指金水河旧河道以北，迎河街向北连接的地区。但两个词适用语境和强调的内容有所不同。使用"河北沿儿"一词时往往意指那里的风化区、红灯区功能。1920 年左右，金水河北岸的民权里、新春里、三春里等街巷，已成为郑州妓院的集中地。据 1931 年 7 月调查，郑州妓女数量不下2000 人，河北沿儿一带笙歌嘈杂，游人络绎不绝。抗战期间，郑州很长一个时期处于战场边缘，黄河以北就是驻防的日寇和汉奸政权。不时有汉奸敌探潜入郑州，这些人往往匿身妓院以作掩护。抗战胜利后，风化业再度繁荣。据 1941 年警察局的统计，郑州当年集中于此的妓女 2000 余人。妓女中分苏州帮、扬州帮、河南帮等，苏州帮、扬州帮都是美貌的南方姑娘，北方女子虽多，但大都是二三等妓女。郑州解放前夕，市区已混乱不堪，百业凋敝，公开挂牌营业登记上捐的妓院仍有 83 家，妓女 540 人。另外，还有许多私娼，据熟悉情况的人估计，郑州市这种做皮肉生意的妇女多达两三千人。另外，老坟岗有"燕声""民众"等 6 个曲艺演唱社，共有女演员 81 人，多数都是白天演唱，夜晚为老鸨卖身挣钱。

河北沿儿妓院老板的代表人物名叫黄大姐，绰号"母老虎"，高个长腿，脸上油光发亮，身上膘肥体壮，天天横眉怒眼，无恶不作，妓女们听到这个女魔头的名字就会不寒而栗，战战兢兢。

1950 年 2 月 2 日郑州市第二次妇女代表大会代表一致要求封闭妓院，拯救妓女。1950 年 2 月 4 日郑州市第二届各界人民代表会议第一次会议开幕。大会作出关闭郑州所有妓院的决议。《郑州日报》报道说：

> 大会休会后，宋市长即授命葛惕非局长立即执行此项决议，葛局长当即动员干部 25 人，公安部队 50 余人，由该局张子平科长、二分局张振江局长指挥，协同妇联会干部 2 人，吩咐民权里、北胡同妓女区将 29 家妓院全部封闭。当公安干部、部队到达各妓院后，分别集中妓女及老板等，讲解娼妓是最残酷最侮辱妇女的野蛮制度，人民政府封闭妓院是要彻底解放妓女的意义，各妓女都喜形于色欢庆解放。现全市 29 家妓院 44 名妓女，均已集中于民权里，老板、领家、鸨儿 34 名也已集中看管，视情节轻重酌情处理。除妓女个人衣物用品仍交妓女外，所有妓院之资财已全部封存听候政府处理。从 2 月 19 日开始，民政局、公安局抽派干部对妓女开展教育工作。教育采取干部讲课的方式，讲述妓女沦落的社会原因和他们的苦难，新中国妇女应有的政治地位和远离耻辱的途径，

引导她们从事生产劳动，解放自己，重新做人。妓女们讨论时都争先发言，一吐为快。王玲珑说："我们这一行是世间最下贱的行当，除了地痞流氓无赖汉，谁都不想搭理我们。要不是政府救我们出火坑，教育改造我们，我们也许到死都逃不出来……"

毫无悬念，"母老虎"黄大姐被公安局收监，年内与其他反革命罪犯一起被审判镇压。

与"河北沿儿"社会改革同步进行的是，老坟岗地区即"国民商场"基础设施得到全面改造升级，改名为"益民市场"。

📖📖【老郑州城市微观地理小词典】

益民市场

郑州解放后民间有人认为"国民市场"所冠"国民"二字容易让人生发"国民党""国民政府""中华民国"此类的词语联想，1950年市政府遂将其改名为"益民市场"，体现了人民政府为民爱民惠民、为民众谋利益的宗旨。1950年8月，市建设局将益民市场向西扩建至铭功路，在中间地带纵横两向修建了25米红线宽度的十字街，南北街定名为民主路，东西街命名为自由路，和两条街平行的8米宽的小街分别定名为民主一街、民主二街、民主三街和自由一街、自由二街、自由三街，整个益民市场（老坟岗）形成了一个高密度的路网结构和城市肌理，整个片区经过更新改造，道路畅通有序，建筑界面规整，商业活力进一步增强。

郑州解放后，稳固人民政权，打击肃清藏匿潜伏的敌人，始终是市政府工作重心所在，整座城市面临一场敌情复杂长达三年的没有硝烟的战斗。

战场上的敌人被消灭殆尽，而潜伏在城中的敌人却还不少。解放前，这个枢纽型的城市军警宪特机构林立，除绥靖公署（国防部剿匪总部郑州指挥所、陆军总部郑州前进指挥所）之外，还有郑州警备司令部、郑州党政军联席汇报秘书处、军统局郑州站、国防部参谋部二厅郑州联络站、中统局郑州调统室、国防部人民服务队、国防部军闻社、国防部爱国青年训导总队第二大队（即劳动集中营）、国防部谍报二组、交警总队二处、宪兵十七团等 41 个之多，还有国民党郑州市党部、郑县县党部、陇海平汉铁路特别党部以及郑州监察专员公署等反动党政机构 18 处，另外还有青红帮等 20 余种反动会道门，反动道首就有 200 余人。大量的特务和敌对分子留存和潜伏下来，明枪易躲暗箭难防，这些看不见的势力对新生的人民政权产生了严重威胁。郑州市委、市政府及时开展了敌特财产的接收接管，敌、宪、警、特人员的登记、清查和遣返等工作，但反革命势力没有来得及彻底清理，暴乱事件时有发生，群众思想混乱，严重影响了民主改革和其他各项工作的开展。

郑州解放前的黑恶势力有两大标志性人物，一个叫陈耀龙，一个叫尚滋干，社会上有"行不行，陈耀龙；算不算，尚滋干"的民谣，意指他们俩在郑州有绝对的话语权、决定权，不容违逆。没有他俩点头，干啥都不行，谁说都不算。这两个黑恶势力的大奸巨恶解放后再露头角，新账旧账自然而然遭到人民政府一并清算。

尚滋干，别名尚树祯，生于 1897 年，开封市北门大街人，12 岁就开始在开封恩守堂学做大烟生意，14 岁开始在清泉阁澡堂做学徒三年。1916 年在河南省警察训练所受训半年，分配到开封市警察局当了半年交通警察。1919 年开始到郑州警察所任巡警 4 年，后任巡长、巡官、警察局督察员、侦探队副队长、队长、侦缉队长、郑州警备司令部稽查长、便衣队长、侦缉队长、稽查处长、郑州汉奸处理委员会行动队长、郑州绥靖公署二处少校情报联络员、保密局豫站少校情报联络员等。尚滋干依仗权势，长期欺压百姓残害忠良，双手沾满共产党员和先进青年的鲜血。1927 年以"赤化"罪名抓捕郑州铁路平汉车站王转运等二人，送交警备司令部投入监狱。1928 年 8 月，与郑州警司稽查处合谋，诬陷铭功路居民张凹斗等 4 人通匪，逮捕处死。1930 年收取老板贿赂后，逮捕工运领导人、裕丰纱厂工会委员牛顺兴等 3 人。1931 年，以通敌嫌疑诬陷市民吴玉山，将其逮捕枪杀。1933 年逮捕共产党员、平汉铁路工务处科员尚体正，送开封枪杀。同年，帮助军统局豫站主任刘芝舟，以"共党嫌疑"罪名在石平街抓捕吴姓、陈姓青年学生，送往开封投入监牢；1947 年以共党嫌疑罪名逮捕郑州中国农民银行李少三等 3 人。20 多年，尚滋干劣迹斑斑，血债累累。

尚滋干 1930 年入青帮，拜徐州青帮首领王兆麟为师，排为通字辈，念二；1933 年拜洪帮"五圣山"礼德堂山主明德为大哥，在帮步位"心腹"。同年参加忠义救国会（国民党军统局前身的外围组织）。1944 年在西安由军统局北方区主任文强介绍加入军统特务组织。尚滋干参加青帮后广收门徒，前后收徒累计超过 300 人，都是街面上的地痞流氓，其中最有名的是大流氓陈耀龙。尚滋干利用这些爪牙在社会上敲诈勒索搜刮钱财。在郑州掂包绺窃的小偷都必须向他缴纳"灯油钱"，规定盗窃分子行窃后 10 日之内赃物赃款必须留在手中，不能擅动，以备涉及有权有势者失盗时便于周旋。10 天后偷来的钱物由尚滋干和警察局提成后方可处置。自 1931 年，郑州小偷首领王祥、铁路名偷魏三，都由尚滋干直接指挥，形成警匪同体的运行机制。尚滋干组织"杂八地"赌博活动，统揽赌徒，也按成收份。贩卖毒品的，必须向他进贡，大贩每月 30 元，小贩每月 15 元，否则即行查办。仅此一项，每月收入银洋 400 余元。郑州市有个女人口贩子人称老魏婆，每贩卖一人须给尚滋干提成 5%。陇海、平汉铁路上的装卸工大把头从 1936 年至 1947 年，也必须到他府上逐月交钱，把头们又借他的势力压迫欺诈工人。尚滋干用勒索搜刮的钱财在大同路开设了一家"东里饭店",供自己寻欢作乐,同时作为军统特务头子来郑时的落脚点,便于提供各种服务。

1948年6月,尚滋干与军统特务王殿臣、王永安一起从郑州飞往上海拜见保密局情报处官员,回郑后以"郑县总工会""郑县商会"的名义着手组织特务机构,为郑州解放后的长期潜伏做准备。1948年10月初郑州解放前夕,军统局官员从南京专程来郑,在苑陵街借万字会(解放前的宗教慈善机构)场所召集在郑军统特务分子开会,委任尚滋干为国防部郑州联络站情报组组长。郑州解放,当年11月,他一方面按照南京指示,与特务分子密谋组织筹备"地下军"纵队,自任司令,准备纠集溃散的国民党军警在登封密县一带发动暴乱;另一方面与新成立的人民民主政府周旋,窃取了郑州商会筹备委员会主任职务,暗中挑拨政府与市民的关系,为政府登记商家存货问题,煽动200家商户闹事,公开上街向人民政府请愿示威,阴谋被察觉后于1949年农历二月初一逃往陕西、甘肃一带,3月16日市工商局召开市商筹会各行业主任委员联席会,限令尚滋干10日内返郑,向政府悔过自新,如逾期不归,政府将严肃处理,绝不宽贷。尚滋干逃到青海后又折回甘肃平凉,平凉有个开澡堂的老胡,过去在郑州加入青帮,算是尚滋干的门徒,尚就在胡家住下,终日打麻将解忧。胡某的儿子吃喝嫖赌不务正业,尚滋干怕他惹是生非招来麻烦,便在晚上和胡某商议欲将其子圈禁家中不得外出。岂料其子在暗处偷听,闻言恼羞成怒,第二天先发制人,一大早跑到公安局报告说他家藏有畏罪潜逃分子,随即带人回家,对尚滋干实施抓捕。11月27日在甘肃平凉被当地公安机关抓获。郑州市接到电报通知后,当日派人赶赴平凉将其押解回郑。郑州市人民法院在大同路召开了公审大会,南顺城街警报山上安装有高音喇叭,广播了公审大会实况。

📖【老郑州城市微观地理小词典】

警报山

即郑州老城墙西南角楼夕阳楼遗址，高20米左右，又称望火台。位于南顺城街南端，距大同路绥靖公署旧址200米左右。1918年10月，汴洛铁路稽查公所和郑县商会联合招募消防队队勇（消防员），经过报名、挑选，汴洛铁路郑县消防队招用30名，郑县消防队招用50名，从开封、天津等地聘请消防教练，训练队伍，并在夕阳楼位置建立"望火台"，瞭望全城火警警讯。望火台一直使用至新中国成立初期。另抗战时期，郑州曾多次遭到敌机轰炸，后来在望火台上安装防空警报器，敌机来犯时给市民发出预警，此处城墙遗址貌似山丘，遂有警报山之称。

夕阳楼

郑州古城墙西南角楼，据传始建于唐武德四年（621年），因唐代诗人李商隐登楼赋诗而闻名。李商隐《夕阳楼》诗云："花明柳暗绕天愁，上尽重城更上楼。欲问孤鸿向何处，不知身世自悠悠。"至南宋时，据朱弁《曲洧旧闻》记载已废而不存。后历元明清各朝，几度修复，几度颓圮，如今仅存半截残碑。多年来郑州各界修复夕阳楼的建议和呼吁持续不绝，惜无进展。

不少市民群众在警报山下聚集，竖起耳朵，认真听堂上法官和尚滋干的对话。

问：尚滋干，裕丰纱厂为啥送你银圆？

答：他们害怕我去敲诈骚扰，找他们麻烦。

问：为什么河北沿儿妓院年年都要给你送钱，为什么你的包车车费

警报山现状　婴父摄影

常年由她们支付？

答：我有权检查妓院，可以让她们停业……

审问者声若洪钟，而尚滋干则喑哑细弱，与以往的趾高气扬嚣张跋扈简直判若两人。公审大会当场判处他死刑，1950 年 11 月 11 日在郑州执行了枪决。

枪决尚滋干等罪犯的刑场在利民烟厂南侧的荒地上，因为尚滋干臭名远扬，知名度太高，郑州市民成群结队跟着法院刑车到利民烟厂现场观看。

212

📖 【老郑州城市微观地理小词典】

利民烟厂

1944 年军阀孙殿英、上海谦益堂赵子青、德善堂韩子秀在新乡开办烟厂，名曰"利通公司"，1946 年改名为利民烟厂，1947 年迁至郑州（今陇海东路位置），1950 年改名为烟一厂，1953 年更名为郑州烟厂，1964 年又改名为郑州卷烟厂，沿用至今。该厂生产的"黄金叶""散花""彩蝶"香烟曾驰名全国，经久不衰。

在三益街小学上学的吴克华生性好奇，也提前跑到利民烟厂南墙外观看行刑现场。因为年龄小，个子低，被大人层层叠加的后背遮挡，只听到枪响没看到儿童不宜的场面，但等人群稍稍散去的时候，他看到了行刑之后前来验尸的女法官李清林。据吴克华老人回忆，只见李清林一头短发，身穿列宁装，腰佩小手枪，健步向前，三十来岁的样子，既沉着老练，又英气逼人。她查验每一具罪犯尸体，正气凛凛，无所畏惧，让吴克华心里崇拜极了。

李清林，1920 年生，河北省行唐县人。抗战期间参加革命，在解放区从事司法工作。枪毙尚滋干时，李清林的身份是郑州市法院副院长，当然，当时很多人都知道这位作风干练的女同志的另外一个身份——郑州市时任市长宋致和的夫人。因此，他们夫妻二人很容易就成了老百姓关注的焦点。1952 年 9 月李清林任院长。1954 年 6 月任郑州市副市长兼政法办公室主任、郑州市人民法院院长，1956 年 11 月任河南省法院副院长，1956 年到地质部纪检组工作，1970 年至 1982 年任中共新疆维吾尔自治区党委副书记、区党委纪检委副书记。1982 年 12 月离休。

时隔不久，陈耀龙的罪行也得到清算。

陈耀龙，生于1904年，密县高庙村人。少年时代仅上过一年私塾，便开始混迹于流氓地痞群中，沾染一身恶习。15岁开始辗转混迹于军阀吴佩孚、张作霖、阎锡山属下军中，1938年后加入国民党，曾任郑州市警察局稽查员、游民教育所所长、侦缉大队长，郑州军警联合侦缉大队长，郑州市总工会理事长等职。他横行霸道，作恶多端，令人发指。本村村民张海斗长女相貌俊秀，被陈耀龙儿子看中，陈耀龙答应儿子的请求，到张家提亲，约为亲家。某日陈耀龙邂逅张海斗的二女儿，年少而天真活泼，长相更是俊俏，陡生邪念，酒后将其玷污，并立即抢占为妾。他的乱伦行为为远近乡人所不齿。张家愤恨欲绝，但无可奈何，只能任他胡作非为，解除大女儿的婚约了事。陈耀龙倚仗权势，搜刮民财，霸占田产。征调郑县、密县、荥阳民工匠人380多人，在老家建成有40余个房间的宫殿式楼房一栋，所用粮款均强行向老百姓摊派征收。1946年，他为自己做寿，通知全市200多家商户送礼，用敲诈来的钱在弓背街（国民党郑州党部所在地）、和平街等地购房59间，对外出租盈利。他花钱买了一个颇有姿色的说书女艺人，送给郑州军警联合稽查处处长李子敬当姨妇，并在自己家中腾出房间供他们吸毒、打牌、姘居，还专门雇请了一名厨子为他们宴宾享乐提供服务。陈耀龙因此得到李子敬的赏识信任，被提拔为稽查长和侦缉大队长。

1948年9月郑州解放前夕，陈耀龙在珍珠泉澡堂接受军统特务、郑州陆军总部调查室少将主任牛瑞甫、专员唐书敏给他布置的潜伏任务。他开始积极搜集我军政情报，昼夜向匪特传送，欲接应蒋军反攻。郑州解放后，传说他曾大摇大摆跑到军管会拜访张际春，摆下酒肉宴席，请军管会首长大驾光临，并自吹自擂说他在郑州既有人脉又有威望，如果用他来维护郑州的社会治安，一切都能轻易搞定。适得其反，他的作为反倒引起我党政领导的警觉和公安机关的关注，后来侦查得悉他的斑斑劣迹后将其逮捕。1950年12月8日被郑州市法院判处死刑。

尚滋干、陈耀龙两犯在郑州名气较大，被镇压后对全市隐藏的敌特和社会上的流氓势力形成了有力震慑。

1950年中共中央根据国内外形势的需要，在全国范围内统一组织了镇压反革命运动，至1950年年底，镇反运动在全国形成声势。据史料记载，镇反运动之前，郑州敌特分子曾猖獗一时。国民党反动派残渣余孽在郑州街头曾打着搞怪旗子游行，个别反动分子给《郑州日报》寄来攻击政府的文章要求刊载；夜间深巷之中，有人向公安岗哨和派出所及居民院内投掷石块、砖头，制造恐怖气氛，气焰十分嚣张；1950年3月，特务分子在郑州市发电厂发电机下埋设黄色炸药一罐，准备瘫痪全市电力供应，幸被及时发现迅速排除……

郑州市党政领导分析，这种现象，与对敌斗争下手过软、下手过缓、下手过晚有关，有该杀者未杀、该关者未关、该管者未管方面的疏漏；由于失之过宽，严重犯罪者没有严惩，受宽大者也没有受到良好的教育。政府反复号召反动党团特务人员进行登记，但有的登记不实，避重就轻，甚至逃避抗拒，不了了之的例子很多。反革命分子的气焰影响了市民群众的情绪，老百姓增加了对时局形势的迷茫不解，政府的工作受到了困扰。特别是朝鲜战争紧张、美帝仁川登陆之后，国际形势风云变幻，匪特活动立即猖獗起来，开始明目张胆进行造谣破坏。从1950年11月始，郑州市开始纠正"宽大无边"的工作偏向，开展严厉打击犯罪活动、镇压反革命分子的运动，根据直接掌握的资料和证据，抓捕了一批反革命主要分子，其中包括：

以李万里为首的"豫东游击纵队"案犯。

以王阴华为首的"豫西游击纵队"案犯。

以张文远为首的"郑洛区游击支队"案犯。

以耿长修为首的"华中'剿匪'独立支队"案犯。

以冯国通为首的"国防部二厅郑州调统组"案犯。

还有"郑州爆破组""郑州特派组""一贯道河南总坛"等一系列案犯。这些案犯，均有国民党军队和特务背景，如李万里，曾任国民党三十九师参谋长，淮海战役中被俘经教育释放，不思悔改，1949 年夏季潜入郑州，以锡江营造厂为掩护，进行反革命活动，联络残匪 20 余人，组成"豫东游击纵队司令部"，企图待机暴动，破坏我抗美援朝，策应蒋介石反攻大陆；又如冯国通，原为国民党保安旅一中队长，混入郑州，与住在香港的国民党特务取得联系，在郑发展特工人员 14 名，到处刺探我军、政、经、建各种情报，传送给香港匪特；再如牛润泽，为邯郸系河南省一贯道总点传师，又是国防部二厅的特务分子，1949 年 5 月潜入郑州，建立掩护据点，举办反动道徒训练班，多方刺探我军事情报，并计划组织暴乱，企图袭击我区公所，抢劫银行和贸易机构；还有耿长修，中牟县人，任保甲长多年，欺压群众，强奸民女，作恶多端，1949 年潜入郑州市区后多次返回中牟抢劫，1950 年接受国民党国防部特派员的任务，任地下军独立支队长，到处联络顽固分子，积极准备暴乱。另有李应福联络和纠集匪特，组织"中国人民反共救国军"，制定计划，阴谋杀害郑州市长宋致和。周子德、徐文德、赵连城等 10 余名匪徒在塔湾菜园多次秘密集会，成立"地下破坏队"，阴谋炸毁人民广场，烧毁北柴火市，制造恐怖……以上这些人已先后由检察署提起公诉，法院宣判，受到镇压。

还有一批潜伏在我机关、学校、工厂、企业部门的反革命内奸分子。例如军统特务董干军，郑州解放后伪造历史改头换面，混入了郑州市盐业公司，他一边与反动武装分子建立联系，发展组织，一边经常制造和散布谣言，蛊惑人心，破坏干群团结，挑起社会矛盾。又如国防部特务组长李裕民，郑州解放后混进银行部门，窃取金融机密，破坏金融政策。他还派他的胞姐李雪珍打入设在郑州的中南军区被服厂当收发员，窃取生产数字，打探发货方向，借以搜集军事情报。李雪珍还仗着有几分姿色大搞性贿赂，腐蚀拉拢一些领导干部，套取有用信息。再如国民党少校军需主任李耀庵，郑州解放后，将其隐藏的国民党河南省党部的电影放映机献给政府，换取政府的信任和嘉奖，窃取了郑州电影院经理的职务。此后，他便以公开职务作掩护进行反革命活动，多次与同伙研究秘密发展组织，破坏政府的工作。他还拉拢电影院的落后干群，打击共产党员，企图把党员排挤出去，保证自己犯罪环境的安全。

这些犯罪分子，也都根据 1951 年 2 月中央人民政府公布的《中华人民共和国惩治反革命条例》给予了惩处。

到了 1951 年，反革命活动仍时有发生，4 月 4 日，小市场街口（今北二七路南端）市公安大队高指导员被暴徒打伤并抢去驳壳枪一支；4 月 15 日，太康商场（位于西太康路）价值 2 亿元货物被纵火烧毁；五一大游行时，有反动分子混入群众队伍高喊"蒋介石万岁""抗朝援美"等口号，还发现特务分子暗运汽油，计划烧毁民房，引发骚乱……

1951 年 5 月 19 日，郑州市第二届各界人民代表大会扩大会议在人民广场召开，会议主题是"放手发动群众，大张旗鼓地镇压反革命"。

【老郑州城市微观地理小词典】

人民广场

位于天成路(今商城路）北侧，市政府(今管城区政府）西侧，原为老城墙旁边的荒地，到处是积水坑和垃圾堆。1949 年市政府组织人员清理平整形成土质广场，当年 10 月郑州市 5 万市民在这里集会，庆祝中华人民共和国成立，同月在这里举行郑州市解放一周年纪念大会、郑州市首届人民体育运动大会，从此直到 20 世纪 80 年代，这里一直是全市政治集会、体育活动和大型商贸活动的主要场所。现为郑州市体育场。

出席会议的有全市各界人民代表（相当于后来的人大代表或政协委员）及各机关、企业、学校负责人 4000 余人，郑州市公安局局长葛惕非向大会作镇压反革命的工作报告，全体代表通过了《关于大张旗鼓镇压反革命的决议》。全市 6 万多人同步收听了广播，镇反运动由此以政法机关为主的专业化、部门化操作，开始向全体市民共同参与的全民化、社会化运动深化。

经过动员，旧社会深受压迫、饱受欺辱的广大贫苦市民开始站出来揭露黑恶势力，要求伸张正义，把镇反运动推演为彻底清算反动势力，真正实现人民当家作主的一次社会变革。

很快，郑州市民林朝庆揭发汉奸吴天祥的罪行："过去在旧社会里，我是不敢说话的。现在，我要把我满肚子苦水吐出来!"日寇占领郑州时，林朝庆只身逃难宝鸡，父母妻儿留在郑州艰难度日。吴天祥卖身投靠日本人，当了汉奸狗腿子，在特务队里做事，为虎作伥，欺压百姓，无恶不作。林朝庆的妻子随邻居一道去领"良民证"，在县政府门前遇到了吴天祥，吴天祥见林妻貌美，顿生邪念，当场把她喊住，以盘查为由将她带到自家后院，亮出手枪恐吓，将林妻强行奸污。林妻回家后抱着林母哭了一夜，病中的林父知悉后悲愤气绝。临死前抓住林母的手说：我儿回来不报此仇，我死不瞑目! 日寇投降了，吴天祥摇身一变，身份又变成国民党的特务和保长。生性懦弱的林朝庆回到郑州，大仇未报，又添新耻——他家房子的产权又被吴天祥篡改霸占，林朝庆用自己家的临街房做生意，还必须给他交房租。吴天祥当面羞辱他说："看你那球样，连饭你都吃不饱，你还报仇哩! 快离开郑州，到别处现眼吧。"郑州解放，人民政府把他和保甲长旧人员一起集中教育了三个月，又把他放了出来。人民政府没有掌握他的罪行，他得意扬扬，见了街坊还意味深长地频频点头：走着瞧，走着瞧……

林朝庆投书《郑州日报》（1951年6月4日刊出）："像这样死不悔改的家伙，我要求政府依法严惩！"

市民李秀兰向政府揭发自己的丈夫、军统特务张文德的罪恶：郑州解放前，李秀兰19岁那一年和母亲上街摆摊卖丸子，被商会的流氓张文德看上，张强行提亲，带上保长张二宝和油业公会理事长李世旺到家中逼迫。李秀兰父亲不允，张文德就让人给李父传话：不要敬酒不吃吃罚酒。再不答应就把秀兰掳走玩几天再送回去，看你到底有啥法儿。若还不行，就把恁家小儿子扔到井里，试试看能不能救得出来……李父又气又怕，只能把女儿嫁给这个流氓。张文德玩弄够了，开始对李秀兰变脸，不是打便是骂，回娘家多住了几天，张文德就当着岳父母的面扇秀兰的耳光，岳父母上前劝解，也吃了他的耳光。郑州解放后，张文德不敢在外边招摇，就暗中和他的"十大兄弟"来往勾结。"十大兄弟"不是过去的兵痞，就是隐藏下来的特务，他们在家中招嫖暗娼，聚会议事，并严禁李秀兰参加街道组织的妇女活动，不许上夜校，不许跳秧歌。他恶狠狠地对李秀兰说："共产党长不了，天还会变回来的！"李秀兰说："上面这些话，过去打死我我也不敢说的。因为我知道，他的手段毒辣，坏人朋友多，怕我和娘家人性命不保。今天幸亏有政府撑腰，我坚决要和他脱离夫妻关系。希望政府对这些坏人严厉惩罚，为民除害……"

被群众实名检举揭发的敌特、汉奸分子、历史反革命和黑帮恶霸的罪行被公安部门——记录，调查落实，严加惩处。

当年有两个历史反革命罪犯的处决在郑州引起轰动：

一是二七惨案主要罪犯赵继贤案。1923年京汉铁路二七大罢工时，赵继贤任京汉铁路管理局局长，他当年赴京面见曹锟，致电吴佩孚，请求派兵镇压工人运动，是造成二七惨案的始作俑者。1951年5月17日赵继贤在苏州被捕，郑州参加过二七大罢工的王旭久、朱文祥、苏广福、王保善、李迟隆等 50 多位老工人签名，要求将赵继贤押解到郑州审讯审判。7 月 8 日，郑州市各界代表、铁路工人万余人在二七广场参加公审大会，根据中央批示，7 月 9 日又将赵犯押往武汉公审（先后在两座城市对同一案件同一罪犯进行公审，司法史上是第一例），7 月 16 日在汉口江岸火车站林祥谦等烈士就义的地方将赵犯处决。

二是杀害二七大罢工代表的凶手张世荣案。张世荣曾任军阀吴佩孚下属十四师副官，国民党郑州警察局督察员，京汉铁路郑州机车厂领班（工长），在其任职期间，一贯欺压、敲诈、勒索工人，积极参与残酷镇压二七大罢工，1923 年二七大罢工后，张世荣勾结工贼边中全逮捕二七罢工工人彭占元、刘振清等 8 人，送交到军阀吴佩孚部长期关押。1926 年 8 月 30 日晚张世荣又伙同贾鸿顺等人，勾结军阀部队将参加二七大罢工谈判的工人代表司文德、汪胜友逮捕，严刑拷打，同年 9 月 9 日将司、汪二人押至郑州西关外长春桥边五虎庙前枪杀，并将二烈士的头颅悬挂在长春桥电线杆上示众。郑州解放后他隐匿于北京丰台火车站，混入工人队伍，妄图逍遥法外，1951 年 12 月被抓捕归案。1952 年 2 月 7 日在郑州二七广场召开全市万人公审大会，在二七广场就地将张世荣处决。

京汉铁路二七大罢工 1923 年在郑州和武汉遭受残酷镇压。20 多年过去，郑州以铁血复仇的仪式追怀先烈，告慰英灵。

郑州市的镇压反革命运动，历经 32 个月，共逮捕处理残余的反革命分子 1907 人，其中判处死刑立即执行的 640 人，判处死刑缓期两年执行的 33 人，判处有期徒刑的 576 人，交群众管制的 658 人（还有一部分历史上在郑州犯罪的，镇反运动中在异地接受审判处理的案例，如郑州解放前夕的两任郑县警察局局长宋进忠、张冠儒欺压百姓，搜集共产党军政情报，破坏地下党组织，迫害共产党员、进步人士和无辜群众，均罪大恶极。宋进忠在南逃途中又接受特务机关的任务潜回解放区进行破坏活动，1952 年 9 月 22 日被河南省人民法院新乡市法院判处死刑；张冠儒 1949 年 6 月逃至台湾，以为逃脱了被历史惩罚的命运，不料当年 8 月又被台湾当局派回大陆任豫陕边区挺进军指挥部处长，1950 年在四川被俘获，1951 年 3 月 8 日被西安市人民法院判处死刑）。缴获地下电台 36 部，发报机 3 部，长短枪 506 支，炮弹 600 余发，各种子弹 25055 发。这次镇反运动可以说是继解放战争之后的又一次城市清剿战，艰巨、复杂，取得了完胜，打了一场人民战争，在斗争中获得了人民专政和司法工作的经验，锻炼了一批干部，巩固了新生的人民政权，安定了社会秩序，保证了大规模社会主义建设的顺利进行。

必须承认，当年的镇反运动也存在误杀错判的案例。例如郑州圣德中学校长吴惠民因被人举报在国民党军队任职，遭到逮捕，受到错误处理，以"反革命罪"被判处无期徒刑。他在监狱度过了 25 个年头，1975 年 12 月才被特赦，释放返回郑州，好在 1978 年获得平反，晚年他在郑州市人民路教会任牧师，1980 年任政协郑州市第六届委员会委员，1984 年任郑州市基督教"三自"爱国运动委员会副主席，基督教协会副会长。1995 年安详去世。

第六章　不忘初心

讲几个人物故事。

中国历史叙事有一个良好传统，即通过"列传"记录历史当事人的个人故事、个体体验以留存历史细节，展示时代精神。我们理当效法，通过搜集、拼贴有限的历史资料，还原若干郑州人物形象、郑州城市场景，感受一下当年人与城市共同成长的历史氛围。

吴德峰是郑州市解放后第一位正式任职的市委书记。毕竟九纵政治部主任谷景生是"代理市委书记"，而且属于兼职，且任职只有两个来月的时间。吴德峰任郑州市委书记是中原局经请示中央后的正式决定，按今天的话说，当时他就进入了"中管干部"序列，他的经历又加固和增强了郑州与武汉两个城市的血脉联系。我们还是从吴德峰讲起。

吴德峰在郑任职期间，虽然用相当一部分时间和精力关注武汉动态，搜集武汉情报，接待与武汉有关的地下工作者的来访，处理相关事务，但他在任职期间还是全面地履行了郑州市委书记的职责。

郑州素以"二七名城"著称，今日以中国工人阶级通过二七工运首度以政治集团的身份在郑州登上历史舞台为荣。而首先发现郑州城市DNA的二七元素，首先重视二七政治资源的价值并在郑州工作中加以开发利用的，正是郑州市委书记吴德峰。

吴德峰甫上任，紧锣密鼓开展调研活动，熟悉了郑州的基本情况，结合当时工作实际，以高度的政治敏感，形成了依靠工人阶级，发扬二七精神，恢复生产促进发展的清晰思路。上任不到一个月，市委就做出

《关于开展以民主运动来纪念二七的决定》。这个时候，"二月七日"这个时间节点已经迫近，市委抓住时机，安排部署了一系列的宣传纪念活动：设立"二七纪念周"，全市党组织要"广泛深入宣传二七运动的历史意义，以及二七运动以来历次革命运动中工人阶级的英勇战斗精神"，工厂、街道分别召开座谈会，借以回望历史，缅怀先烈，继承革命传统，进一步发扬光大。2月2日，市政府特别安排在香口饭店宴请参加过二七大罢工的老工人代表，向他们致以崇高敬意。

📖【老郑州城市微观地理小词典】

香口饭店

　　位于大同路西段路北，前后5座小楼，经营餐饮和旅店业，系1945年抗战胜利后中共地下党员李克欧由汉中来郑创办。李克欧（1895—1949），湖南省安化县人，1926年入党，长期从事地下工作，1945年8月奉党组织的派遣携家迁郑，创办"香口饭店"，承担信息情报收集的任务。李克欧谈吐儒雅，风度翩翩，善于察言观色，随机应变，利用酒店结交军警特宪人员，觥筹交错之间收集不少有价值的情报。1948年10月郑州解放后，李克欧依旧隐藏身份，秘密接受中原临时政府公安部门的领导。只有吴德峰、宋致和等少数郑州领导知情。解放军大举南下解放武汉之后，李克欧配合二野作战前往湖南敌占区对白崇禧部下进行策反，不幸被国民党长沙警备司令部逮捕，壮烈牺牲。新中国成立前后，香口饭店在郑州一直是餐饮名店。饭店管理严格，装修考究，菜品丰富——兼有川、湘、豫菜，酒店大师傅陶永福、陶永和，皆一时名厨，在美食界颇有名望。

　　市委还安排市职工代表大会筹委会（总工会前身）多方调查二七死难烈士事迹及其遗属生活情况，对生活困难者给予抚恤；要求陇海平汉铁路局（其党委归属郑州市委）、电信局、邮局向解放郑州、淮海战役以来的立功工人授奖表彰。2月7日当天，全市各界1.7万余人在陇海花园隆重举行二七大罢工26周年纪念大会。晚上，举行了盛大的火炬游行活动。

工人和机关干部、市民群众高举着火把在街道上行进，火光驱散了行道树光秃树杈上凝结的寒气，给沿街的建筑镀上一层闪闪的金光，火光还照亮了工人游行队伍一个个兴奋的面庞——此时此刻，一种城市主人翁的心态第一次涌上他们的心头。

这是郑州也是全中国解放后第一次大规模的二七纪念活动。二七工运、二七大罢工、二七惨案、二七精神、二七传统等史实和概念被更多的市民熟知、接受。二七文化日渐凝结为郑州城市文化的核心结构。二七路、二七广场、二七纪念塔、二七纪念堂以至二七区和无数郑州生活中各个领域的二七品牌，都是从这个时候开始一枝一叶生长出来的。

郑州市民对吴德峰这个名字是比较陌生的。因为当年市里的各项工作都是以市政府的名义在前台操盘实施的，市委书记的主要任务是带领市委班子把握方向，控制大局，决策重大问题，使用管理干部。《郑州日报》新闻报道上很少能见到他的名字，走在街巷之中，见他衣饰朴素、头发花白蔼然长者的形象，老百姓也不会意识到他才是郑州市职位最高的领导人。虽然他在郑州只工作了五个来月的时间，但他得到了郑州市机关干部的普遍尊重，大家都像称呼邓子恢为"邓老"那样称他为"吴老"（两人同庚），这里面既有年龄因素，也表现出大家的情感温度。

吴德峰出任武汉市人民政府首任市长，接手的是一个千疮百孔的烂摊子。当时交通运输阻断，城乡隔绝，工业奄奄一息，各种工商企业处于极端困难的境地。加之市场萧条，物价上涨，奸商猖獗，敌特造谣破坏，社会秩序很不稳定。吴德峰为了尽快恢复生产，发展经济，调动工商界的积极性，采取了一系列行之有效的措施。简单说：一是贯彻贸易自由政策，尽最大努力沟通城乡关系，改善当时实行的人员流动"通行证"和"路条"制度，工商行旅在本区域内自由通行，所有路条一律废除。各种转运货物的车船除照章纳税外，沿途不得有任何留难。二是调整劳资关系，保证劳资双方的合法利益。资方不能压榨工人，工人组织也不能搞极左行为。提倡通过自觉自愿签立合同，规定双方权益；通过协商解决矛盾，通过诉讼和仲裁最终决定是非。三是实行加工订货，用政府采购（军需用品）的办法拉动经济。巨大的军需加工任务，也把武汉私营工业资本开始改造成国家资本的初级形式。四是发放贷款。银行对私营工商业给以流动资金的支持。到 1949 年 10 月争取 300 亿元（旧币）存款余额供工商业短期周转，实行在上海、北京、天津、南京、西安、郑州六个城市国内存储款无限额汇兑——请注意，郑州市出现在这样一个大城市序列名单中，既体现了吴德峰的推举作用，释放了他对郑州的脉脉情义，也多少反映了郑州在河南最强商业城市的价值，开封"逊位"的预兆由此可略见一斑。由于积极实行了这些刺激政策，全市公私企业大部分恢复了生产经营。武汉城市的脸庞，渐渐恢复了血色，日见红润起来。

两年后武汉的一个偶然案件，让吴德峰严重受挫，他的人生进入一个大的跌宕周期。这个案件就是"纪凯夫事件"——1951 年 4 月 12 日武汉市立第二医院发生了一起盗窃案，医院青年文书、共青团员纪凯夫发现医院党支部书记、监委王清有盗窃嫌疑，就如实向组织进行了举报。卫生局副局长宋瑛认为王清是名老干部，不会偷钱，而纪凯夫的揭发举报是不正常行为，并怀疑纪凯夫曾经揭发过自己，便要求江岸区公安分局将纪凯夫拘留。因二院有关人员提出异议，公安分局查无实据便暂时放人。但宋瑛坚持错误，找到常务副市长周季方，介绍不实情况。周季方听信宋瑛的意见，命令市公安局逮捕纪凯夫。盗窃者王清没有受到调查，这时候见有机可乘，就控告纪凯夫是特务，陷害革命干部。武汉市个别领导坚持"老干部不会偷钱的"的观点，放任办案人员刑讯逼供，并且不准亲属探视。八个月之后纪凯夫的父亲不知儿子生死，向中央提出申诉。中央批转中南局纪委调查，毛主席多次过问，要求严肃处理。经过严密调查，还原了案情真相，根据党中央、毛主席的指示，中南局对武汉市委书记、市长、副市长以及各有关人员分别给予了处分。受处分者都做了认罪、认错的检讨。案件处理结果在报纸上公开报道后，在全国引起强烈反响，对慎用公权、保护普通群众的合法权益起到了推进作用，人民群众称赞共产党大公无私，办事公正。纪凯夫本人身心得到救治安抚，恢复健康后，为表示对党的感谢，他为新生女儿起名叫"纪大恩"，并把补发的关押期间的工资，全部上交为团费。

吴德峰受到严厉处分。这个事件也造成了整个武汉市委、市政府的大改组、大换班。市委书记张平化受到当面警告的处分并降为副书记，市长吴德峰受到撤销工作（根据党内有关规定现在的表述是撤销职务）的处分，市委第二副书记兼市纪委书记、市委组织部长谢邦治给予撤销工作的处分，还有一些干部被追究刑事责任。1952年7月2日最高人民法院中南分院刑事审判庭公布判决：周季方压制民主，侵犯人权，处有期徒刑九个月；宋瑛压制民主，蓄意诬陷，借端报复，侵犯人权，处有期徒刑二年；王清偷盗公款，隐瞒罪责，捏词诬告陷害他人，处有期徒刑六年。

时任中南局组织部和中南局纪律检查委员会秘书长李之琏（参与调查处理的当事人）几十年后回忆纪凯夫事件，仍然认为当时的处理决定是正确的："对这个案件的认真严肃的处理，在全国产生了良好的影响。许多党员和群众纷纷给报纸编辑部和有关部门来信，表示拥护、赞扬共产党的大公无私，以维护群众利益为自己的神圣职责。对不论有多高的职位和多老资格的党员，只要是违犯了党的纪律，绝不迁就姑息，决不官官相护。这是当时来自群众的呼声，它反映了广大群众对共产党的看法和信任，也反映了党和人民的关系。"

当然，无论是当时的一部分干部群众还是现在的一些当代史研究者都认为，吴德峰固然对纪凯夫事件负有领导责任，但过失和惩罚应该相当，对他的处分未免太严厉了一些。

值得我们关注的不是七十年前那个事件的具体细节，而是吴德峰本人面对政治灾难时他的态度和表现：

处分决定宣布大会是在吴德峰尚不知情的情况下召开的，会堂里黑压压坐满了临时通知过来参会的市直机关干部，有关人员当场宣布撤销吴德峰党内外一切职务的决定，并要他现场表态。事先没有精神准备，他镇定地走到主席台前沉吟了一下，坚定地说："我受党教育多年，犯了官僚主义的错误，接受组织对我的处分。"会场上开始时一片寂静，鸦雀无声，这时候有人开始抽泣起来。

接替吴德峰工作的是李先念同志。他充分肯定了武汉解放后 3 年来市政府的工作成就，强调指出吴德峰同志主持的决议还要贯彻落实，并且明确表态：我们绝不应该因为"纪凯夫事件"而不公正地对待吴德峰同志。

吴德峰始终不为自己辩解。在很多场合，他总是说："党有权利处分自己的党员。"为这件事，甚至党外人士都提出不同意见："搞嘛事！你们如此对待名声这么好的高级干部，你共产党也太严厉了。"吴德峰不做辩解，辞退了警卫员，上交了汽车。司机看到他夹着公文包徒步上班，就追赶上去请他上车，说这是奉上级指示来接送他的，他微笑一下，挥挥手表示谢绝，自顾自大步流星，快步前行。一位三轮车夫蹬着车跟上来说："吴市长，你不坐市长小车，请坐我这老百姓的小车。我愿天天接你上下班，不要钱的。"吴德峰只能停下来，好言相劝，三轮车夫才挥手作别。

吴德峰发现办公室主任跟在身后，问："你跟着我干什么？"

办公室主任回答："保护您的安全。"

吴德峰无奈地摇摇头，说："国民党特务要搞我，要我下台，因为我是市长。我现在下台不做市长了，还搞我做什么？谢谢你们的关心。别跟了，这样做不符合组织规定，影响不好。"

吴德峰被撤职以后，时时处处关心的是党的纪律和规矩，关心的是党和政府在人民群众心目中的形象。不久后一次苏联国家篮球队到武汉访问，和当地球队在汉口灯光球场进行了一场友谊赛。吴德峰也按通知到场观看。开赛前，他刚一进场就被看台上的球迷发现，大片的观众纷纷站起来向他鼓掌。事后他惴惴不安，对夫人戚元德说，虽然看台上大家的鼓掌对他是一种关怀和鼓励，自己很受感动，但受之有愧、受之不安。不管怎么说，他都是一位撤了职的市长，这样的热烈气氛会让上级组织和新到任的领导增加负面压力，影响党群、干群关系，影响党和政府的威信。看来这种场合自己不宜再露面，受处分的人应该有个受处分的样子。从此，吴德峰深居简出，除规定的工作、学习任务外，再没有现身公众场合。吴德峰不消沉，不气馁，在未重新分配工作期间，主动提出到"三反""五反"办公室帮助工作，每天由六合路步行到德明饭店去上班。他穿着布鞋，低着头目不斜视大踏步前进，他避免左顾右盼，避免与路人的目光交流，因为路人投来的眼光中闪烁着对他的敬意和关怀。他是一名成熟的共产党人，富有经验的领导干部，他知道自己这时候的昂首挺胸或者弯腰塌背都会被别人解读出不同的信息。他只顾走自己的路，坚定不移地走，不动声色地走，这才是他应有的姿态。

1952 年 4 月，吴德峰担任中南军政委员会政法委员会秘书长的新职。1954 年 4 月中共中南局直属机关委员会转发中共中央批示："同意取消吴德峰同志在纪凯夫事件中所受处分。"但这个重大决定，没登报，没宣传。不少同志因此为吴德峰鸣不平，而吴德峰却语重心长地说：

"如果抛开个人利益、个人损失来看，当时对事件的处理产生的效果是好的，甚至在国际上都产生了好的影响，树立了党的形象。说明党为了追求公正，为了保护平民百姓，不惜处理高级干部，中国共产党是无私的、清廉的。这件事为党赢得了声望。如果这样想，就不会觉得冤屈了。再说了，你见过孩子受了母亲的错怪，事后母亲还要打自己耳光的吗?!"

纪凯夫事件的处理曾意外地对郑州产生过示范效应，有关事件且放到后面再做叙述。

接替吴德峰担任郑州市委书记的是赵武成。1949年4月赵武成在中原局听了中共中央七届二中全会精神传达后奉调到郑工作，从1949年4月20日左右一直工作到1953年秋后离开，共计4年半时间——新中国成立前半年，新中国成立后4年。

赵武成（1912—2010），又名赵兴宋，生于山西省昔阳县官道嘴村。1937年加入中国共产党，历任中共昔阳县委书记、和顺中心县委书记、中共太行区三地委副书记、一地委书记兼军分区政委、中共桐柏一地委书记兼军分区政委，1949年4月任中共郑州市委书记、郑州警备区政委。1953年后任中共中央中南局统战部副部长兼中南军政委员会对资改造办公室主任，中共广州市委第二书记、代理第一书记，广东省委书记处书记，中共河北省委书记处书记兼中共天津市委第二书记。"文化大革命"中受到错误批判，恢复工作后曾任天津市委第二书记，国家基本建设委员会副主任等职。是中共第十一、十二届中央候补委员。

1949年4月赵武成奉命到郑州上任，与吴德峰交接工作。他撰文回忆说："……那是一个由新民主主义向社会主义过渡的时期，是一个新旧交替的时期，是党的工作重心从乡村转向城市的开始。我开始进入城市工作，既不了解城市的情况，又无城市工作的经验，一切都要从头

1950年郑州市委领导欢送宣传部长漆鲁鱼的合影。前排左二为漆鲁鱼，前排左一为市长宋致和，漆鲁鱼和宋致和身后为市委书记赵武成。当年领导们照的合影朴素、庄重、自然，并不讲究严格按职务高低排定位置　历史资料

做起。但回想起来，当时的精神面貌、革命干劲是很高的。钻研城市工作、做好城市工作的决心是很大的。情况虽然复杂，任务虽然艰巨，但工作是顺利的，成绩也是可观的，因而心情是愉快的，也是很值得怀念的。"这种连续排叠"是……的"句式颇具喜感，表现了作者在郑州工作时温和从容的性格和轻松愉快的心情。

赵武成刚接手郑州工作，同事们就看出来他与前任吴德峰的认知高度一致。他提出：坚持发展城市的生产建设，就必须依靠工人阶级，关心他们政治上、经济上的切身利益，注意发挥他们的积极性、创造性和主人翁的责任感。他提出，我们注重青年人的工作，更要注重发挥老工人的作用，要尽快提拔二七老工人的代表人物参加政府工作。在这种背景下参加过二七大罢工和迎接郑州解放护厂行动的老工人苏广福很快走上领导岗位，担任郑州市劳动局副局长、郑州市人民政府委员会委员。

为了弘扬二七革命传统，教育青年职工，市委决定在当年京汉铁路

总工会宣告成立的钱塘里普乐园原址，建设一座主题纪念建筑——二七纪念堂。

📖📖【老郑州城市微观地理小词典】

钱塘里

今称钱塘路。成路于民国初年，明朝都察院右都御史王璋去世后归葬故里，墓地即在钱塘路附近。随着铁路的兴建和开通，部分筑路员工开始在这里搭建窝棚，渐成街道，与马路大街（大同路）、德化街连通。据说湖北籍地产商卢澍清在这里投资房地产，因而取得街道命名主导权，他的恩师乃德化街商业教父刘邦骥，曾任浙江钱塘道尹，卢澍清提议取名"钱塘里"以表达他对刘邦骥的敬意，得到时人公认。钱塘路是郑州电信业肇始之地。1901 年八国联军退兵后，慈禧太后、光绪皇帝取道洛阳、郑州、开封回銮北京，为保持信息畅通，沿路架设电报线路，在郑设立"电报房"，选址就在钱塘里，民间称之为"电报衙门"，专供军政通信使用。1906 年升格为电报子局，开始为民众服务。

普乐园

1908 年一位姓侯的河北商人在钱塘里开设"天保旅栈"，生意萧条，改造为"同庆茶园"，为简陋的席棚结构，规模不大。1913 年，为招引京戏名班到郑驻演，天津人赵鸿福发起，多家参股投资，拆除"同庆茶园"，建造起一座砖木结构的大戏院，戏院内有东中西三面转楼，楼上楼下总计有1500 个座席，规模在中原首屈一指。定名"普乐园"，取"普天同乐"之义。此前郑州女子没有进入戏院观演的资格，经郑州首任知县叶济倡导，普乐园开风气之先，允许夫妇共同出入。1923 年 2 月 1 日，这里成为京汉铁路总工会成立大会的会址，是二七工人运动的重要策源地。

二七纪念堂

位于钱塘路中段路西，1951年9月开工建设，1952年11月落成，是全国第一座二七大罢工纪念建筑。纪念堂占地面积3990平方米，建筑面积2225平方米（以后又有加建内容），主体为砖木结构，屋顶为钢架结构；建筑功能为纪念、展览、会议、职工文娱活动等。承建单位为河南省建筑公司，设计单位为省建公司工程师室。二七纪念堂落成后，邓子恢为二七纪念堂题词："伟大的工人阶级，英勇的革命斗争。"正立面"二七纪念堂"五个金字则为时任郑州市委书记赵武成手书。二七纪念堂选择在第二年（1953年）2月7日正式启用。当天，郑州市二七烈士家属、二七老工人及各界人民代表1500余人，在这里举行纪念二七大罢工30周年暨二七纪念堂开幕典礼大会。郑州市长宋致和参加剪彩，并代表全市人民向在二七斗争中牺牲的烈士致哀，向到会的烈士家属致以亲切慰问，向二七老工人致敬。二七老工人和烈士家属的代表、时任中国铁路工会郑州区委员会生活住宅部部长林茂湘（林祥谦烈士的胞弟）接受了郑州各界人民的献花（林茂湘1956年4月作为二七老工人的代表在北京受到毛泽东主席、刘少奇委员长的亲切接见。1957年12月林茂湘以郑州铁路管理局工会副主席身份参加了中国工会第八次全国代表大会，做了大会发言，当选为全总执委会候补委员）。二七纪念堂从此开始以其器宇轩昂的建筑形象，向市民和外地访客讲述现代革命史上的郑州故事。2006年二七纪念堂被国务院公布为全国重点文物保护单位。

赵武成另一项可圈可点的工作，是他特别重视、有效开展了统一战线工作。对民族资产阶级的产业先是采取"利用，限制，改造"的政策，收到了很好的效果。后来又采用赎买政策改造成为公私合营企业，获得了对资本主义工商业改造的成功。他熟悉工商界的基本情况和思想

今天的二七纪念堂，容颜不改，正立面保持了落成时的原初面貌，
五个大字是赵武成的手迹　婴父摄影

动态，关心其中代表性人物的政治进步，吸收他们参加政府的实职工作。1950 年，赵武成、宋致和推荐郑州南阳面粉厂董事长史隆甫出任郑州市人民政府副市长，任命傅子诚（郑州鸿兴源总经理、郑州市工商联主委）为市工商局副局长，吴彰耿（郑州豫安面粉厂经理、郑州市民建主委）为建设局副局长。这几位在郑州解放初期的工商业发展和城市建设方面做了大量工作，做出了突出贡献。尤其史隆甫先生，还是实现省会迁郑事件的关键性人物之一，作出了独特的别人无法替代的贡献。相关情况，后面会有专章讨论、叙述。

赵武成性格温和、理性，处理问题力求实事求是、掌握分寸。郑州市镇反运动的整个过程是在他任期内展开和完成的，当他调离郑州时，组织上给他的鉴定中有这样一句话："在镇压反革命杀红了眼的时候，赵武成同志冷静地刹住了车。"我们无从了解当时更多的历史细节，但我们知道这句话的潜台词意味深长，我们可以推测，冤假错案发生的概率会因此而极大降低，扩大化、过激化、极端化的工作倾向会因此受到遏制和消解。

赵武成作风朴素，平易近人，他和普通干部一样都在公共浴池大塘里洗澡，与大家在云水氤氲中聊天。很多人都在澡堂里看到过他腹部那条一尺多长的刀疤。赵武成有很严重的胃病，因为有进一步恶化的可能，所以做了胃切除四分之三的大手术。据朱翔武老人（郑州解放之初任一区负责人，后曾任郑州市委秘书长、市委副书记、市政协副主席等职）回忆（2020年11月10日，访谈者婴父、朱宝山、郭莉），赵武成很长一个时期不能正常进食，只能喝些牛奶和其他流质食物，难以进行负荷强度较大的工作。有时开会时间过长，中途必须离席补充一些能量，才能维持体力坚持到会议结束。他长期带病坚持工作，让市直机关干部既深受感动，又替他担忧。1950年9月，河南省委决定赵武成因病休养（一年有余），其间由宋致和代理市委书记，党委、政府工作"一肩挑"。

赵武成对郑州这座城市感情深厚，离开郑州后始终关注、支持郑州的发展。1954年省会迁郑兼大型工业企业集群化建设加速，城市人口与流动人口同步激增，消费水平提高，郑州服务业发展显得相对滞后，难以满足日益增长的多层次的社会需求，亟待补上短板，而专业技术人才短缺是制约服务业发展的瓶颈。这个时期赵武成担任广州市委第二书记（曾代理第一书记），郑州市委书记兼市长宋致和等领导和老书记联系，试探着向广州求援，探讨有无可能引进一些人才。赵武成在电话那头说："你要是不张嘴，我还发愁咋样帮郑州才能帮到点子上哩。你发话，我照办！"

结果 1956 年一年，广州市委就组织动员了 339 位专业技师、技术工人内迁郑州，带艺创业，扎根落户。这个来自南粤羊城的"外援军团"，在郑州创办、领办了一批名企名店，给郑州餐饮业、服务业的蓬勃发展吹来了强劲"南风"，增加了新的能量。"广州酒家"和"艳芳照相馆"就是那个时代的产物。

📖【老郑州城市微观地理小词典】

广州酒家

位于二七路北段西侧金水河南岸。1956 年广州市第三商业局饮食公司根据广州市委指示，选派 54 名技术骨干支援郑州建设，创建了餐饮业名店"广州酒家"。当年 8 月开展营业，立即以其丰富的粤式菜品和茶点、糕点惊艳郑州，成为郑州餐饮业的顶流。中秋前夕生产出郑州第一块广式月饼，风靡一时，供不应求，当年有顺口溜曰："广州酒家门朝东，南方月饼很有名。凌晨三点来排队，排到下午买个空。"可见受到郑州市民追捧的盛况。广州酒家生产的"南方牌"冰糕与郑州食品厂的"火车牌"冰糕长期并称郑州冰糕双雄，全面覆盖郑州市场。广州酒家的冰镇绿豆沙、酸梅汤、冰淇淋也曾是郑州夏季最美妙的清凉记忆。1972 年郑州市治理金水河，改善城市环境，在二七路新通桥西跨河兴建了园林式建筑"水上餐厅"（市民群众昵称"水上漂"），归属广州酒家管理，因环境优美，成为郑州当红景点和省市外事接待重要场所。广州酒家现称广州大酒店，发展成为集住宿、餐饮、休闲、娱乐、购物为一体的现代化大酒店。

艳芳照相馆

郑州艳芳照相馆位于二七路南段西侧。其母店于民国元年（1912 年）

创办于广州，原址位于广州市越秀区中山五路新民路口，原名"省港艳芳照相馆"，曾为广州规模最大、生意最火的照相馆，长期引领羊城摄影业潮流。1923 年孙中山、宋庆龄在永丰舰（即中山舰）上与官兵合影，拍摄者为艳芳照相馆摄影师；1927 年，鲁迅南下中山大学任教，曾和许广平来店里照相，鲁迅日记中留有记载。还先后为毛泽东、邓小平、叶剑英等拍摄过照片。1956 年公私合营后，艳芳成为国营企业。当年按照广州市委支援郑州建设的安排，广州艳芳照相馆派遣 13 名技术骨干在郑创办了郑州艳芳照相馆，1956 年 5 月开业，起始便是高峰，迅速赢得口碑——该店以人像摄影见长，所拍照片用光讲究，层次丰富，色调和谐，姿态自然，富有感染力。善用高调和低调拍摄是艳芳的主要技术特征，高调画面淡雅洁净，低调则沉郁厚重，质感逼真。艳芳照相馆拍摄的作品经常参加省市和全国摄影艺术展览，艳芳照相馆橱窗的大幅人像图片，散发着这座城市青春与时尚的气息，每天都吸引市民百姓驻足观看，流连不去。数十年来店址始终未变，但建筑设施多次改造提升，占地面积 1240 平方米，建筑面积 1228 平方米，其艺术水准、技术装备水平始终在郑州名列前茅，享有"老大名店"的盛誉。

刘道安比赵武成晚半年来郑工作，也是郑州解放后郑州市委早期领导人之一。他在郑州工作时间不长——不是因为很快调离，而是因为积劳成疾，不幸离世。

刘道安（1905—1950），河南偃师邙岭乡人，1934 年在开封加入中国共产主义青年团，同年入党。当年的公开身份是开封女中教员。同年 12 月某日深夜，因为叛徒出卖，开封国民党特警到女中秘密抓捕刘道安。门房工友赵老汉平素常受刘道安关照，紧锁大门坚决不开，声称深夜开门有违校规，自己的饭碗必定不保，要求对方先征得校长同意才能入校，纠缠周旋之间赵老汉机警地故作粗鲁放大声量，向校内宿舍区报信，刘道安闻讯逃离险境，去了北平。到北平后考入东北大学读书。积极组织和参加"一二·九"学生运动，始终走在学生游行队伍的前列，在天安门广场与反动军警的搏斗中左臂受伤。刘道安是东北大学学生代表和学校"民族解放先锋队"负责人，因而被誉为"先锋队中的先锋"。抗战时期，曾任中共偃师县委组织部长、县委书记，中共豫东南特委副书记兼组织部长、豫东地委书记等。1941年进入延安马列学院学习，1942年参加了延安整风和大生产运动。解放战争时期，先后担任中共豫西工委副书记，中共太岳五地委书记，中共豫西区一地委（洛阳）书记兼军分区政委。1948年12月任中共郑州市委职工委员会书记，在市第一届职工代表大会上当选为市总工会主席，数月后任郑州市委副书记兼组织部长（接替夏之栩）。新中国成立之初，他忘我工作，负荷严重超载，加之过去长期在恶劣环境下工作，身体健康受到严重损害，1950年9月在京不治去世。中央组织部将其遗体安葬在八宝山革命公墓，并在墓碑上刻了对他的评价："对党忠诚，积极负责，作风正派，生活朴实。"今天若到八宝山革命公墓拜谒，在大门内西侧墓区树荫的光影斑驳之间，你很快就会找到刘道安长眠之处。

　　解放战争中，刘道安随陈赓兵团强渡黄河进入豫西，打击国民党胡宗南集团，开辟豫西解放区。说来也巧，他的大儿子刘杰湘当年20多岁，也在陈谢大军之中，而且已经当了团长。根据工作需要，这个团改编为军分区警卫营，刘杰湘担任营长。他只知道军分区有个刘政委，但戎马倥偬之中多次错失正面相遇的机会，也不知道刘政委叫什么名字，后来偶然听说刘政委名叫刘道安，儿子这才知道刘政委竟然是自己的老爸。战场上父子相认，成为一时佳话。不过，此后刘杰湘不但没沾上老爸一星半点的光，反而受到父亲的超严要求，有一次还因为一件小事被父亲关了禁闭。1952年刘杰湘转业到郑州，父亲已经过世，他按政策分配到郑州市体委任办公室主任多年，没有享受任何特殊照顾，同事们没人知道他的父亲曾是郑州市委的重要人物。

刘道安是郑州市第一任工会主席，第二任组织部长，是新郑州工会和党建工作的奠基者之一。1948年年底到郑州报到，至1950年转赴北京治病，在郑工作不过一年半的时间。他在有限的时间里，夜以继日，废寝忘食，开创了郑州党建工作和工运工作的新局面。他把全市3万多名工人（不包括自成体系的铁路系统）组织起来，建立了140多个基层工会，另有30多个不具备成立工会条件的单位也建立了基层联络机制，把工会组织建设成为服从党的领导、团结工人阶级、稳定社会秩序、积极发展生产的工作体系。他在就任市委组织部长后，完成了党组织由隐蔽状态到走上前台的转变，适应新形势、新环境、新任务的需要，吸收了新鲜血液，壮大了党员队伍，建立了领导系统、领导制度与领导方法，解决了工厂企业中的领导与党、政、工、团的关系问题，使各部门明确了在工作中以生产为中心的统一思想，加强了党在生产中的领导作用。他在一年多的时间里，推进党建工作取得了巨大的成绩，在全市企业、机关、学校，建立了57个党支部，党员达到1017人——今天在我们看来貌似不足为奇、顺理成章的事情，放在当年筚路蓝缕草创事业的年代，放在情况复杂、缺乏经验、一切都需要试验和创制的环境中，却显得难能可贵，令人兴奋不已。

在市委的组织工作、工会工作之外，他也在关注这个时代的中心工作——生产发展、经济建设。1950年2月他身体极度不适，在郑州市第二届各界人民代表大会上带病致开幕词以后就病倒了，无法继续主持会议。被送到郑州市二院住院检查治疗时，他还领衔出面邀请上海朋友内迁工厂，促成了上海资本和设备进入郑州，成立"郑州信和纱厂"。医院检查出他患有严重的肺结核，转到北京治疗时，又发现了严重的结核性腹膜炎。信和纱厂正式开工，他收到报喜的信函，却再没有机会亲自到厂子里看上一眼他的招商成果，便在北京的医院中不幸病逝。

刘道安身材高大，却因为健康问题始终形销骨立，面容清癯，棱角分明。他生活俭朴，衣装简陋，但神态超然，不改其乐，生活上从来没有向组织上提出过任何要求。他将要赴京治病前，宋致和市长到医院探望，拉着他的手问他："刘书记，你有什么要求，生活上、工作上有啥交代，我一定替你办好。"

刘道安想了想，不好意思地说："致和市长，天气按说已经转暖了，可我咋总觉得身上冷得慌。许是寒气进到骨头缝里了。方便的话，你叫人到估衣摊上给我买一件旧皮大衣吧。咱也尝尝穿皮衣是啥滋味。"

宋致和连声答应，很快安排工作人员在福寿街估衣摊为刘道安挑了一件八成新的短绒羊皮大衣。

📖【老郑州城市微观地理小词典】

估衣巷

在福寿街北段东侧，是老郑州买卖二手衣饰的场所，常年有数十家摊贩在此聚集经营，人气很旺。新中国成立前估衣巷并入石平街。新中国成立后买卖旧衣旧货的小商小贩依然习惯性在此交易。

本来有人建议买一件新大衣，但宋致和知道刘道安务求节俭的性格，交代说："按他的意思办，才是对他的尊重。"没想到他这次赴京会是一去不返，这件旧皮大衣他还是没穿上。

在北京住院时，刘道安的袜子破了，露出了脚指头，就脱下来让妻子陈冬青拿去洗洗缝缝。陈冬青拿着袜子看了看，笑着说："一双破袜子，我都给你缭了几回了，再缭就太硌脚了。再说俺也没带针线不是。明天让小孙（孙年生，刘道安的警卫员）给你买双新的呗。"

刘道安说："还是缭缭将就着穿吧。买袜子的钱你好意思到市委去报销吗?"当时全国实行供给制,领导干部和普通员工一样也没有工资,高级干部必要的日用品开支是可以在机关财务实报实销的。但刘道安一家却从来没有发生过这方面的费用支出。一点一滴的开支都要替国家节约,一丁一点的小事都要保持自己的廉洁,这是刘道安的原则。

刘道安和妻子这段对话被儿女听到了。刘道安病逝下葬时,他们看见自己的父亲仍然穿着一身灰色粗布制服,脚上是那双妈妈洗过之后又一次缝补过的袜子,当场泪崩,哭出声来。他们不是为自己父亲的清贫、清苦而悲伤,相反,他们是因为自己的父亲足以作为自己的终生榜样而感动。

刘道安弥留之际,留在世间的最后一句话是:"……万里长征才走完了第一步啊……"大家知道他的意思,他既有对生的眷恋和渴望,更多的是表达因不能为党的事业继续工作的万分遗憾。

讲述刘道安的故事,还应当顺带介绍一下他的妻子陈冬青。陈冬青和刘道安在职务、地位和文化水平方面差距不小,但道德品质和政治素养两人堪称互为表里,是另一个类型的优秀党员。刘道安出身大姓望族,受过高等教育,陈冬青却出身贫寒,大字不识,两人是包办婚姻,父母之命,媒妁之言,并无感情基础。但成婚后到了刘家,勤俭持家,敬老爱幼,相夫教子,任劳任怨,深明大义,深受族人赞许。生第一个孩子的时候,婆婆也生育不久,小叔子还在吃奶,婆婆就因急病故去。陈冬青一边照顾自己的幼子,一边当起了嫂娘,同时抚育家族中多个孩子,其中甘苦,不足为外人道也。

在刘道安的革命生涯中,夫妻俩相濡以沫,患难与共,成为模范伴侣。在白区工作时,陈冬青是刘道安的得力助手,年轻战友和同志都亲切地称其为"刘师娘"。她对家里来客一律热情款待,嘘寒问暖,刘道安与人谈及工作,她就自动回避,到门外或院外机警地站岗放哨,观察动静。偶尔遇到可疑的访客,她也待之以礼,沉着应对,多次化解危机，这让刘道安和同志们由衷敬佩。1942年河南发生特大灾荒，承蒙党中央关怀，组织上派人冲破国民党胡宗南军队的层层封锁护送陈冬青母子到了延安，被分配到杨家湾干部招待所工作。陈冬青一边照顾体弱的丈夫，一边积极参加大生产运动，还以自己的纺纱技术，成了许多年轻同志的师傅，一时名动边区。她还凭一己之力，在山沟里开了几小块荒地，种了老玉米、豆角、南瓜、辣椒、白菜、萝卜等，养了几只老母鸡，又孵化了一群小鸡娃，五谷丰收，菜蔬成景，陈冬青成了大生产运动的标杆。这个时候陈冬青已年逾四十，在勤奋工作之余，还刻苦学习，摘掉了文盲帽子，识字量达到了读报的程度。解放战争期间，她在晋冀鲁豫解放军四纵被服厂加入中国共产党。她见到刘道安，有生以来第一次主动搂着他，泪水从眼角汩汩流下，激动地说："道安，我干得也不赖吧。咱现在是同志了吧。"

刘道安温柔地回应："咱早就是并肩战斗的同志了。你的成绩是你的，我的成绩也有一半是你的。你比我干得好。"

参加完刘道安的葬礼回到郑州，陈冬青就主动找到市委办公室管房产的工作人员要求搬家，搬出市委大院，迁入附近房管所管理的平民小巷里的简陋公房。房产管理员说："刘书记刚去世，我们就这样做，恐怕不太合适吧。我们要请示一下领导再说。"

陈冬青说："道安在世，他是市委领导，家安在大院里工作方便。他走了，我不是市委的工作人员，住在这里反倒不方便。你们给领导们报告一下吧，他们一准会同意我的要求。"

陈冬青和小儿子搬到了附近的民房里。这些老房子虽然经过整修，但地势低洼，到了雨季，雨水动不动就灌入室内，不得不在门前临时筑坝，打着赤脚用盆子往外舀水。屋内墙角常年潮湿，长出隐隐约约的绿苔。天长日久，陈冬青的膝关节经常疼痛，出门开始使用拐棍。

陈冬青长期担任街道领导工作（街道办主任、党支部书记等），和周围居民关系融洽，深受大家的信任和拥护，群众亲切地称她为"刘大娘"。家中有急事难处都找她商量，请她帮忙；家有喜事，也必定与她分享快乐。1958年"大跃进"时，全国城市、街道轰轰烈烈办起了集体食堂。很快国家遭遇三年困难时期，当时粮、油、副食等都严重短缺，限额供应，在这种形势下，各地食堂成了众人瞩目的地方。为了保证饭碗中的公平正义，杜绝工作人员多吃多占，避免群众利益受损，陈冬青自告奋勇以党支部书记身份抓食堂工作——这项工作当年可是炙手可热，大家都在觊觎其"事权"，只有陈冬青接手这项工作大家才实现了心理平衡，因为大家知道，陈冬青主动承接这项工作，动机与自己绝不相同。陈冬青每天都和炊事员一起做饭、烧菜，为稳定群众情绪，减少食堂和群众的摩擦，开饭时她总是踩在一个小板凳上立在窗口，看着炊事员给群众盛饭打菜，监督其是否适量、公平。上级领导来食堂调研，听取群众对食堂的意见，大家异口同声说："我们相信刘大娘，刘大娘只要站到板凳上，我们就放心。"陈冬青的幼子刘延上中学，正是长身体的时候，饿得快，饭量大，营养跟不上，得了浮肿病，但妈妈不会给他一点照顾，和邻居同伴一样排队打饭，没有多吃过一个米粒。

抓食堂那段时间，陈冬青除开会外，非必要不外出，始终坚守食堂岗位。每天天不亮就到食堂去，直到晚上下班后亲眼看着保管员把粮、油、副食装回铁皮柜子里再加上两把大铁锁，这才步履蹒跚地往家走。陈冬青本是一个微胖的体态，因为饥饿和过度劳累，身体完全变形，瘦得身上松弛的皮肤耷拉在骨头架上。在路上行走，她经常头晕眼花，只好靠在墙上或坐在地上歇歇再走。这种情况一直到中央下文件停办各地集体食堂后才告结束。这时候陈冬青的身体已经受到了很大的伤害，再也不能拼命工作了。她毅然选择离开街道工作岗位，选择做一个普通得不能再普通的老太太，不问世事，在街头巷尾的空间中和柴米油盐的琐碎中度过余生，直到1979年溘然长逝。她最后的遗憾是不能和丈夫合葬，因为北京八宝山是她心目中的圣地，是她无法企及的地方。

宋致和是郑州市人民政府首任市长，是郑州市解放初期曝光度、知名度、美誉度最高的市领导，没有之一。因为在郑工作、生活时间超过10 年，与成千上万的普通市民、工人、农民和知识分子有过直接接触，他的业绩广为人知，他的形象被大家普遍熟悉。

宋致和担任郑州市长时 33 岁，眉目清秀，玉树临风，有文人气、书卷气，这让一些人略感担心，唯恐其胆略不足、魄力不足，支撑不了郑州这样一个中原重镇的局面。很快，这些人知道自己是多虑了。

宋致和性格温和，工作细腻，但绝不优柔寡断拖泥带水。他不尚空谈，工作中善抓要害，突出重点，看准的事情抓在手上，绝不放松，一抓到底，务求实效。例如他主导的郑州城市饮水工程。

从清末到民国，郑州城市浅表地下水污染严重，全市范围 40 多口水井中仅有三四口水质较好（人称甜水井），余皆轻重不一均受污染，或苦或咸，市民一日三餐饱受其害。国民党市政当局多次承诺治理，但屡屡失信，敛了捐助以后再也不见下文。郑州解放后，市政府在了解民意摸清情况的基础上，1949 年决定实施打井工程，在整个城区科学定点，合理布局，开凿新井，改善城市饮用水水质。宋致和在动员会上向同事们发出锥心之问："我们如果麻木不仁，继续让老百姓吞咽苦水，那我们与国民党反动政府有啥区别？连老百姓最简单的愿望都实现不了，我们门口的市政府大木牌子会不会被人摘掉？"

宋致和在十分有限的工作经费中批给 200 万斤小米（当年以实物折价）作为工程经费，成立了郑州市打井队，邀请省内外水文专家和技术人员勘定井位，两年内在老城区范围内开凿大口井、深水井 40 多眼。历史资料显示，打井工程 1949 年完成勘察定点工作，1950 年至 1951 年分批完工。最早一眼打在市政府大院，进行试验，之后在国民市场（即老坟岗，后改称益民市场）、振兴市场（操场街）等商业区、居民密集区优先实施。新凿水井布点名单包括：苗圃（陇海路铁路工人文化宫南）、北下街、南下街、蜜蜂张、同善里、人民广场、西陈庄中街、西豆腐寨、小市场（今北二七路）、北鼎兴里、铭功路、东三马路、清真寺街、裕元里、东大街等地，遍及城区，每一眼都是水质优良，清冽甘甜，每一眼都是水量充盈，用之不竭。市政府一举纾解了郑州市的"苦水困境"，解决了晚清和民国都无心、无力解决的难题，开启了郑州人的"甜水时代"。

200万斤小米的经费在新中国成立初期郑州市政府紧张的经费预算中算是一个天文数字。市政府面临着支前、肃反、赈灾、修路等各项急务，一方面百废待兴、百业待举，另一方面财力薄弱、捉襟见肘，能够挤出这么大的一笔资金用于改善城市饮水，不但需要勒紧裤带克服困难的决心，更需要民生为重、刻不容缓的理念。

这件事，深获民心。很多人从一碗水中尝到了新社会的甜头。

宋致和抓住不放极力支持的另一个项目是河南农业机械厂的筹建工作。恢复和发展生产是新中国成立之初全党工作的重心所在。宋致和深知，这可不是一项轻而易举就能完成的工作。郑州要发展，除支持现有工商企业恢复活力之外，必须捕捉、培植、创造新的经济增长点。

郑州北郊的农业机械厂1949年11月13日开始筹建，1951年5月4日举行了开工典礼。筹建的缘起，可以追溯到抗战胜利之后，国民党河南省府曾集资20亿元，从联合国善后救济总署的物资中购买了一批机械设备，在郑州海滩寺一带购地百余亩（优先发展郑州在解放前已有民意基础和官方倾向）并购置了一批建筑材料，于1947年8月成立董事会，开始筹建农业机械公司。当时洛阳也在筹建民生煤矿公司，因解放战争的进展，这两个工厂的机器都滞留上海，堆存在库房之中，后由人民政府接收管控。这时的河南省工业指导委员会决定索回在沪设备，继续在海滩寺筹建河南农业机械厂。

📖 **【老郑州城市微观地理小词典】**

海滩寺

古寺庙，在今南阳路中段西侧。《乾隆郑州志》载："在州西北六里屯。"海滩之名，据说来源于古时河水泛滥，水退后积沙成滩，状如海滩，遂以"海滩"为地片名。海滩寺创建时间不晚于宋代，《金史》中有"蒙古主太宗率大兵驻郑州海滩寺"招降金哀宗的记载。海滩寺庭院深深，松柏森森，信众游人络绎不绝，寺有古钟，钟声洪亮，声传十里，"海寺晨钟"为清代郑州八景之一。1927年冯玉祥主豫时在全省发动破除迷信运动，海滩寺被捣毁拆除。新中国成立初期铁道部在京广线上增设新站，因为工作人员的疏忽，"海滩寺"被误记为"海棠寺"，郑州遂有"海棠寺车站"，名称沿用至今。

经郑州著名企业家史隆甫的协调联系，建厂委员会主任郭福海带人到上海把相关设备发运回郑州，还考察了资本家朱楞的苏州大毅铁工厂，收购了该厂全部机器设备和部分纺织机械零件，一并发运到郑。大毅铁工厂的100多号技术工人也随之迁郑——这是郑州解放后首批来自上海的"技术移民"。

这是1949年开国大典前后的事情——河南农业机械厂（闻名全国的"郑州纺织机械厂"的前身）准备开工建设，郑州人对这个厂的筹建工作给予了最大限度的支持。该厂建厂委员会主任、省工商业厅副厅长郭福海拍着宋致和的肩膀说："市长兄弟，原来这块地太小了，干不成大事！"

宋致和说："你需要多大地盘，我就给你征多大地盘。你能说到，我就给你办到！"

郑州一直流传着"郭福海跑马圈地"故事。郭福海，河南邓州人，老红军出身，参加过二万五千里长征，郑纺机第一位创业者。这是一位红脸汉子，精神抖擞，豪气干云。那时候的领导外出工作身边都跟着警卫员，他让警卫员牵来他的高头大马，一跃而上，在海滩寺一带狂奔了一圈，指着身后尚未落定的扬尘对宋致和市长说："马踏之地，皆我厂区。"

宋致和与他击掌为誓，立即组织征地拆迁工作班子，为郭福海建围墙。

郭福海与宋致和十分投缘。他专程拜访宋致和，感谢他的支持。他说："这个厂可是新中国成立后河南省新建的头牌厂子。建厂委员会主任不如你来当，更权威，更有利。我给你当副手！你要是同意，我去找省长，一定能批准。"

宋致和笑了："这可不敢当。你这个主任是省政府精心挑选、正式任命的，岂是你我之间商量推让的事情。你怕我不尽心的话，我给你当副主任，有什么需要配合的工作，你给我下命令，我照办就是！副主任的任职，咱俩当众宣布一下就成。"

两个人哈哈大笑。郭福海内心很是感动。郑州市市长给一个企业筹建处心甘情愿当副职近身服务，这让企业的建设工作得到了更有温度、更具力度的支持。

上面的故事画面感十足，戏剧色彩浓厚，但郑州市政府在郑纺机建设用地上给予特别优惠，却是不争的史实。工厂用地规模由原来的百余亩扩大到700多亩，这是郑州市有史以来最大一块企业用地。之前最大一块工厂用地是豫丰纱厂，厂区96亩。郑州市还很快跟进设计、开工修建了郑纺机门前宽阔的南阳路，南接铭功路，直通城市中心区，为郑纺机生产生活提供了便利。

📖【老郑州城市微观地理小词典】

南阳路

南阳路因南阳寨而得名。南阳寨原名南杨庄,明末清初修筑寨墙防御流寇盗贼,改称南杨寨。清末卢汉铁路从村东通过,通车后增设三等小站,以村庄名命名站名,误记为"南阳寨",将错就错沿用至今,本名废置不用。1947 年史隆甫等在南阳寨征地建设南阳面粉厂。20 世纪 50 年代郑州市向北延长铭功路,修筑南北向城市主干道南阳路——南起金水路,北至兴隆铺路,现通过北三环接通江山路可达黄河大堤和黄河文化公园。当年曾是郑州著名的工业廊道——继郑纺机投产后,沿路陆续建成郑州啤酒厂、郑州拖拉机厂、郑州肉类联合加工厂、郑州粮食机械厂等大型企业。

令人扼腕叹息的是,郭福海全身心扑在建厂工作上,对自己身体毫不在意,在郑纺机尚未建成的时候不幸病故,时年只有 44 岁。据说死因竟然是因为阑尾炎,化脓感染后这位老兵竟然置之不理,坚持硬扛,结果最终宣告不治。但凡他有一点自我爱惜、自我保护的意识,绝不会发展到这种地步。宋致和听闻噩耗,泪流满面,后悔工作上虽然对他全力支持,生活上却对他疏于关心,愧悔莫名,难以补救。郭福海去世后,安葬在郑州烈士陵园。那些年,一年四季都有一批又一批的郑纺机职工到墓前献花、追思。可以告慰英灵的是,他们建厂之初的产品方向是农业机械,后来根据国家发展纺织工业的需求,将发展方向锁定为纺织机械。在国家纺织工业部的支持下,1951 年即开始接受生产粗纱机的订单,1952 年开始批量生产粗纱机和梳棉机,数年之后,纺织机械订单从全国各地纷至沓来,农机厂正式更换为纺织机械厂的招牌,发展成为全国纺织机械行业的龙头大哥。郑州成为全国重要的纺织工业基地,因果逻辑中,他们也是重要的"善因"。有关情况,我们在后面还会谈及。

其实，宋致和一向是无微不至关心同志的。宋致和经常乘坐他那辆旧吉普车到郑纺机工地与厂领导研究工作，现场办公，和厂里的领导、中层干部甚至一些普通职工都很熟悉。1952年夏季有一天，翻砂工许菊根师傅肚疼难受，看到工友们都在热火朝天地忙活，就不愿声张，坚持劳动，到晚上回家后开始上吐下泻，剧烈腹痛。厂医看了认为病情严重，需要抓紧送到市里医院诊治。特别是老领导郭福海有教训在前，大家都很重视。厂里几辆汽车都外出未归，厂内厂外再无交通工具，大家一时束手无策。有位工人师傅突然说：宋市长昨天还来过，要不咱给宋市长打个电话吧，请他派车送一下许师傅。

大家议论起来：市长那么忙，日理万机，能顾上一个普通工人吗？再说，谁知道宋市长的电话咋打呀？

说话间厂里的劳动模范汪登瀛正好赶过来，他问了情况，说：我知道怎么跟宋市长联系。他跟我说过，不论是啥事，都可以找他帮忙！

电话果然打通了，宋市长说：汽车现在就去，一会儿就到！

宋市长的司机杨铁蛋飞快地开车过来，把许师傅送到了医院。大约许师傅的病虽然急，却不重，几天之后就痊愈出院了。有人劝他再休养几天，他说：病好了，就不能休息了。要搞好生产报答宋市长的关心。原来他住院期间，宋市长还专门派人来探望过，送水果，送点心。许师傅感动不已。

宋致和待人温和，完全出于天性和修养，并不是为了工作效果而刻意为之。见到普通工人、农民，他会言简意赅，词语朴素，尽可能使用一些方言俚语；和学问大、学历高的知识分子、民主人士沟通交流，他尽可能地言辞讲究。据老同志回忆，宋致和经常在办公室召集私营企业主开会，为他们协调劳资关系，向他们讲解经济政策，有时候会回到套间取来《政治经济学教程》——这多少显露一点这位北京名校出身的领导身上的书生气并未全部消失——向这些企业主解释相关原理。跟随他一起从河北南下到豫西行署工作，又一起到郑州市任职的朱翔武老人回忆（2020年11月10日，访谈者婴父、朱宝山、郭莉）说，当年宋市长做思想工作非常细致，"通不通，两个钟"，付出极大的耐心和大量的精力。宋致和经常在夜灯下为《郑州日报》撰写社论或署名文章，为的是更加准确地阐释中央的精神，宣传郑州市党和政府的导向。他还会在《郑州日报》记者草拟的新闻稿上密密麻麻增加案例事实，斟酌修改词句。

南阳面粉厂董事长史隆甫是在接受市政府帮助他排解困难、恢复生产的过程中结识宋致和的。他因宋致和谈吐文雅、知识丰富、待人以诚而对他产生由衷的敬意。这位曾留学法国的企业家虽身在商海，却更多地保留了知识分子的气质和传统文人的情怀。他初见宋致和就产生一种前世有缘的感觉，宋致和对史隆甫也特别赏识，悉心扶植他的企业，帮助他解决问题渡过难关，后来用其所长，邀请他出任政府公职，开启了多年共事的经历。

白瑞西是另一位较早到郑工作的市政府领导。

白瑞西（1916—1998），山西省太谷县人，1937年9月参加革命工作，在抗日战争和解放战争时期，历任太谷县抗日游击队参谋、县政府文教科科长，晋鲁豫日报社编辑，晋鲁豫边区政府秘书、研究室主任，太谷县民主政府县长，中共中原局办公厅组长，豫西行署副处长、代理秘书长，1949年任郑州市人民政府秘书长，1950年任郑州市政府副市长。

在白瑞西担任副市长之前，宋致和一直没有配备副职，所以说，他也算是郑州市政府首任副市长。从履历上看，他也来自豫西行署，是宋致和的老部下和得力助手。担任秘书长期间，除了承担大量的行政事务，还配合中心工作进行专题调研，撰写了基层政权建设和城市私人经济方面的研究报告，理论联系实际，提出工作对策，受到省委、省政府的重视。白瑞西担任副市长后，很快又兼任郑州市人民法院院长——行政与司法合一，是传统的中国地方治理的旧有模式，中华人民共和国成立初期也没有严格分开，当时法治建设处于初始阶段，加之干部短缺，行政与司法机关相互兼职的人事安排并不鲜见——既是第一副市长，又主持郑州司法审判工作，可见白瑞西当年的角色之重。白瑞西也是一位知识型领导干部，才华横溢，能力出众，年轻有为，前途被大家普遍看好。但谁都没料到他上任不过一年就出了事，栽了一个大跟头。

1951年5月15日，白瑞西驾车撞人，致人死亡。

白瑞西刚刚学会开车，处在痴迷状态。市政府刚成立时没有汽车，后来公路局汽车修配厂利用缴获物资中的零配件为市政府组装了一辆美式吉普车，常态下主要保证宋致和外出使用，私底下也成了白瑞西的宠物。他拜宋市长司机杨铁蛋为师，一早一晚勤学苦练，很快就达到了上路驾驶的水平。据说当时郑州市春季药材骡马百货大会正在人民广场举办，现场商贩云集、人欢马叫，很是热闹，特别是新开办的土特产品展览，深受百姓好评，工商局局长赵艺文邀请白瑞西到现场察看盛况。白瑞西见吉普车停在政府院内，宋市长又不在家，便一时技痒，向司机杨铁蛋要来车钥匙，点火启动，出门右拐，一溜烟开往人民广场。

还有一种说法，说是当天苏联苏中友好协会代表团在郑访问结束，郑州市多位领导到车站送行，白瑞西副市长自驾车往返，途中经过天成路西段人民广场大门。无论哪种说法，事故现场都在人民广场门口。

人民广场内人山人海，大门口人来人往，白瑞西只好择路缓行，没想到有位70多岁的老汉迎面而来，白瑞西避让不及将其撞倒在地。另一种说法是路窄人多，白瑞西学习驾驶不久，技术欠精，在躲避行人时误踩油门，车子撞翻了一个货摊，直抵门旁围墙，一老翁躲闪不及，被汽车保险杠挤到墙上。不论哪种说法，结果都是撞倒人，后果严重，老人被送往第一人民医院，虽然没有外伤，却在惊惧中不治身亡。马路上围观的人迅速聚集，里三层外三层把白瑞西围在中间。

白瑞西对围观群众大声说："各位父老乡亲，车是我开的，人是我撞的，出了事定当由我负责。我现在就去法院自首，接受审讯处理。"

白瑞西回到市政府自己的办公室——那时候工、寝合一，办公室也是他的住地——卷起床上的铺盖，一句话没说，默默走向法院。法院在市政府南边不远的法院街，五分钟就可以走到。

📖【老郑州城市微观地理小词典】

法院西街

位于今管城街西侧，东西走向。该街东端为明朝监狱，清朝称管狱署，西段为三官庙胡同。民国初年，郑县法院设立于此，此街遂称法院街，郑州解放后，郑州中级人民法院及其监所也设在法院街上。法院街隔管城街与原贡院街大致相对，贡院街在法院街东边，民国时期贡院已不复存在，生活中贡院街常被市民称为法院东街，天长日久，按照地名演变的对称性规律，法院街后来被称为法院西街。

白瑞西走到法院，见到副院长（之前任法院办公室主任）李清林。李清林恰好有事准备向他请示，他摆摆手告诉她，自己是来投案自首的。李清林听了简直不相信自己的耳朵，一时不知道该如何回应。法院院长未经审理住进法院自己的班房真是旷古未闻。

白瑞西说："我们共产党可不能搞刑不上大夫那一套。你们办羁押手续吧。撞死人，就是犯罪，就应该受到处理。"

李清林说："这涉及司法程序，需要请示上级。收到上级指示之前，你毕竟还是我的领导，我服从你的要求，可以打开一间号房，请你在里

晚年的白瑞西　历史资料

面休息休息，冷静冷静。"

　　他真的就住到了监狱里面，一边等候处理，一边领导狱囚学习文化，改造思想。郑州市委将情况上报省委，省委指示要依法处理。7月10日，省人民法院判决，白瑞西过失伤人致死，判处有期徒刑1年6个月，缓刑1年6个月。1952年7月底省人民法院鉴于他的认罪态度和改造表现良好，批准撤销对他的法律处分。

　　党和政府对此案的处理，死者家属和市民群众都高度认可。白瑞西作为郑州市政府的领导干部，以普通市民自居，主动担责，自请处分，拒绝享有特权，维护法律尊严，也维护了党和政府的形象，给郑州市广大干部群众一次难得的教育和示范，至今闻者无不感叹称道。

当时死者的女儿知道后深为震动，连声道：不能判白市长啊！咋说他也不是故意的呀！据说死者是地主分子，其女儿已参加革命工作，自愿不提出任何要求。不少群众代表联名上书，要求对白市长从轻处罚，还有不少熟悉他的市民为他惋惜，拥到法院要求探视。

时至今日，郑州市中级人民法院档案室中都还保存着白瑞西的照片——既保存在历届院领导档案资料中，又保留在审判案卷和囚犯案卷之中——照片中的白瑞西皮肤白皙、面庞清瘦，有棱有角，文质彬彬，浓眉大眼，戴副眼镜，清澈的目光透过镜片，直入你的心灵。

白瑞西跌倒后还是奋力爬了起来，拍拍身上的污痕继续前行。他后来历任河南省政府办公厅副主任、河南省统计局局长，1954年后任中南财委第五办公室主任、国务院第八办公室组长，1958年后任中南民族学院院长、党委书记，华中师范学院党委书记、院长，为高教事业作出了突出贡献。

郑州市还有一位高级领导李文甫也曾有过牢狱之灾。

李文甫（1912—1987），山东省肥城市桃园镇人，1932年加入中国共产党，1933年因叛徒出卖被捕入狱，在国民党中央军人监狱和南京首都反省院囚禁四年（1937年全面抗战爆发，国共二次合作后出狱）。1938年后，历任中共山东泰西特委宣传部长，八路军山东纵队六支队三团政委，肥城抗日民主政府县长，冀鲁豫行署督导室副主任，冀鲁豫军区十九团政委，泰运专区秘书主任、代理专员，冀鲁豫第四军分区副政委兼政治部主任，冀鲁豫一地委书记兼军分区政委。1948年任中共洛阳市委书记。1949年调郑州工作，后接替刘道安任郑州市委副书记兼总工会主席。

郑州市总工会用工会会费、工人福利费和政府补助在老坟岗对原"大国民戏院"进行改造，建成郑州工人俱乐部，1952年春隆重举行开幕典礼，李文甫亲自主持当天的活动，还邀请了豫剧名角助兴演出。演出海报已经贴出来了，但这位名角临时有事不能前来，只好换人补台，台下观众认为受了愚弄，有人开始吆喝起哄，会场秩序大乱，全场吹口哨、鼓倒掌、喊口号的人连成一片。剧团人员和工会干部前后登台说明情况，劝说观众恢复秩序，结果不起作用，现场依旧混乱不堪。李文甫认为现场一定有敌人破坏，他直接登台，一面要求大家安静下来，要大家提高警惕，不要上了坏人的当；一面指挥前来维持秩序的公安人员把几个带头闹事的骨干人员带离现场，审查讯问。公安局的同志用了几个小时的时间对这几个人详加讯问，结果认定他们不过是普通工人而已，既无历史问题，也没破坏动机，更未受人指使，所作所为纯属意气用事。他们承认错误之后，公安局晚上就把他们放了。当时没有任何人把这当回事，但谁都没有想到千里之外的武汉发生了"纪凯夫事件"，惊动中央，中南局对责任人做出了严厉的处分决定，常务副市长周季方锒铛入狱。正在这个风头上，有人认为老坟岗拘审工人事件就是"纪凯夫事件"的郑州版，这件本已平息的算不上事件的风波竟然又掀起了大浪，仿照武汉"纪凯夫事件"的处理方式，李文甫竟被开除党籍并追究刑事责任——2月16日，河南省委做出关于开除李文甫党籍的决定，并建议省、市人民政府及各革命组织撤销其一切职务，依法严惩。17日，市总工会执行省总工会指示撤销李文甫工会主席职务的决定。李文甫被关进监所，身陷囹圄。7月5日，郑州市人民法院判定他犯有侵犯人权罪，但同时决定对他免予刑事处分。

李文甫后来进了监狱，在法院正式判决免予刑事处分之前，在郑州法院后街的牢房里蹲了半年。监狱对他有所照顾，允许他的妻儿给他送饭，保持与家中的日常联系。牢房虽是单间待遇，但面积有限，没有窗户，门向西开，夏日西晒，室内如同蒸笼。同事们探监时看到这种情景，皆意绪难平，认为一个坐过国民党反动政府牢房的好干部如今竟然因为一件小事遭受重罚，又住进了共产党自己的牢房，简直匪夷所思。

王钧智副市长一天夜里获准入监探视，管理人员打开铁锁，王钧智走进牢房，却见李文甫床铺上堆放了一厚摞马列和毛主席的书，他正在昏暗的夜灯下一字字地认真研读。李文甫苦涩地笑笑，说："过去工作忙，读书太少，现在可有时间学习了，争取借这个机会提高一点理论水平。"

王钧智感动不已。他看到了一个久经考验的优秀干部的自律、自省和忠诚。

从监狱放出来那天晚上，他直接奔向火车站，登上了开往武汉的列车。邓子恢、李雪峰等中原局老首长为他重新安排了工作，担任中南局城市工作部秘书长一职。到单位刚报到，恰好赶上中南局讨论纺织工业

2021年郑州市政府第二任市长、百岁老人王钧智在住所庭院中讲述往事　婴父摄影

的地区布局，有人主张重点在长沙发展纺织工业，李文甫发表意见，认为应当理解、尊重纺织工业部的倾向意见，纺织厂应在郑州集中兴建，因为河南是全国重要产棉区，郑州又是传统的棉花集散地，长沙既不产棉花，交通条件也不及郑州。他的据理力争，为助推郑州支柱产业的形成，为争取国家生产力布局和财力投入，都发挥了一定作用。这些功劳，郑州人不该忘记。1954 年中南局撤销，他随李雪峰同志进京任职，先后任中共中央书记处第三办公室巡视员、中共中央工业部重工业处处长。1957 年后又奉调东北，担任本溪市委书记处书记等职。退休时为辽宁省政协副主席。1980 年郑州市中级人民法院复议裁定，当年的判决不当，撤销原判，宣告无罪（郑州市中级人民法院〈80〉法刑申字153 号文件）。

上述这些人，都是郑州解放之初最早的领导团队成员。这些人从战火硝烟中走来，历尽磨难，久经考验，才有机会进入革命胜利后的执政场景。在顺风顺水的时候，他们乘势而上，大展拳脚，建功立业，勇攀高峰；在遇到逆境甚至遭受严重挫折的时候，心胸坦荡，忍辱负重，甘愿做出牺牲以维护大局。这些人，堪称时代楷模，足以垂范后人。

还有一些稍晚进入郑州领导团队的成员，除了以其出众的才具做出了成绩，更以其高尚的私德受到大家的尊敬。例如曾担任郑州市委秘书长、组织部长的蔡迈轮（1915 年出生于河南陕县），调入郑州前任陕州地委书记。

新中国刚成立那几年，老解放区来郑工作的干部大部分是有家室的。在城市环境中工作，地位变了，接触异性多了，有些人开始心旌摇曳喜新厌旧了，于是用老百姓的话说，出现了一批"陈世美"。当时市政府秘书长庞某便是其中一例。庞某家中原有抗战时期的结发妻子（徐姓大嫂，共产党员，妇女工作模范），随其来郑工作并育有儿女，进城后庞某贪图美色另寻新欢。《郑州日报》抓住这个典型，先于社会舆论和法纪约束，集中火力公开批判毫不留情，对刹住当时干部队伍中出现的这种不正之风起到了振聋发聩的作用，受到市委领导的好评，也受到市民群众的赞扬。

在"离婚风"中，蔡迈轮坚决抵制，在市直机关传为佳话。他的爱人是个缠过小脚的农村妇女，相貌不佳，年龄比他大，还没有为他生个儿子。有人劝他离婚，再找个有文化、有风采的，还别有意图为他物色年轻美貌的女子请他考虑。蔡迈轮不屑一顾，他说："你们知道我爱人有多好吗？过去在农村为我吃苦受累，战争年代跟我出生入死，她为我操碎了心，帮我护我，宠我惯我，她可是我的恩人贵人。俺家后院牢固得很，不劳你们费心。"蔡迈轮一直保持了艰苦朴素、平易近人的生活作风，以身作则，还帮助同事调和夫妻关系，让一些闹离婚的干部打消了念头，稳固了家庭。由于蔡迈轮对结发妻子忠贞不渝，被省妇联誉为"模范丈夫"。蔡迈轮在郑州曾任市委常委、组织部长兼党校校长，市纪检委书记；1954 年后，历任河南省民政厅副厅长、河南省人委副秘书长兼机关事务管理局局长、河南省人委办公厅主任、中共中央中南局直属机关党委副书记、广东人民出版社副主任、河南省民政厅厅长等职。在河南省人委（省政府）工作期间，他带领省直机关干部用义务劳动的方式，开辟创建了"紫荆山公园"，给郑州这座城市留下了一座优美的园林。

📖【老郑州城市微观地理小词典】

紫荆山

清乾隆《郑州志》载："紫荆山，乃北城门外崇圣寺后旧城址，日久积沙而渐厚者也。""崇圣寺，在州北郭外，创建于宋熙宁间。明洪武十五年，修置僧正司。景泰间重修。顺治九年，僧福山重修。康熙二十九年，僧慧珍重修。"崇圣寺是一座千年古刹，所谓旧城址，即后来考古发掘确定的郑州商代亳都遗址，距今已有 3600 余年的历史。旧郑州有风沙之城的称谓，西北风吹来的沙尘在这里借荒圮的残垣积久而渐成东西走向的岗阜，为了防风固沙，防止沙丘继续南移，前人在这里种植大量低矮树木，尤以紫荆和柽柳为多。紫荆和柽柳生命力强，繁殖迅速，既能美化环境，又能编筐编篓，有经济价值。紫荆、柽柳的大量生长，使沙丘变得郁郁葱葱，遂得紫荆山之名，约定俗成，最终演化为地片名称。郑州解放前这里曾是行刑法场。1958 年，省直机关在这里理湖山、植树木、莳花卉、养禽兽，建成紫荆山公园。公园面积约 20 公顷，是新中国成立后郑州新建的第三个综合性文化休闲园林。城市道路顺河北街将公园中分为东园、西园，另隔金水河设有南园，三园以桥相连，功能与景观各有特色。建成后始终为市民喜爱的游憩之地。"文化大革命"时期曾改名为"东方红公园"。

再例如曾经担任郑州市卫生局政委的张北辰，1919 年生于山东金乡县，调入郑州前为第二野战军第一纵队三十二旅九十六团政委。郑州民间曾流传着他与他的战马的故事，令人感叹唏嘘。

话说张北辰解放战争期间一直在作战一线，部队路过郑州，因伤病滞留郑州治疗，和他一起留在郑州的还有他的坐骑枣红马。战场上他和枣红马生死相依、形影不离，枣红马对他曾有过救命之恩——一次激烈的战斗中部队遭受敌军炮击，伤亡惨重，张北辰受伤倒地，几至昏厥；枣红马靠上前来，见张北辰无力起身，便就地卧下让张北辰抓住缰绳爬上马背，然后腾跃而起，把张北辰带离战场。张北辰在郑痊愈后准备归建，却被郑州强留下来，商请部队同意后办理了转业手续，就地由住院病号转变为郑州国际和平医院总院政委，后任卫生局局长、党组书记，负责淮海战役伤病员转运、战地医院的后勤保障和城市现有医疗资源的整合工作，后来又主抓城乡爱国卫生运动和城市环境卫生事业，成为郑州市解放后医疗卫生事业的最早开拓者之一。他的战友枣红马也随他转业，无所事事不是长久之计，张北辰便把它安排到环卫队肥料社，日常任务是拉大车运垃圾。环卫工们许多都是流氓无产者出身，形象邋遢、举止粗野，枣红马英武挺拔生性高贵且有战功在身，哪里瞧得上这支队伍，又嫌弃粪场秽物，经常狂躁不已，脱缰奔逃。驾驭者鞭抽棍击，不但不能使之驯服，枣红马反而对抗愈烈，人不能近。最终有一天枣红马拉着超载大车行进途中突然倒地气绝，至死不能瞑目。张北辰听说后痛哭失声，拔出手枪（当时的干部可以配备防身武器）狂奔而出，准备寻找加害者复仇。冷静下来后将手枪缓缓收起，坐在路旁，将脸埋在双膝间抽泣良久，痛恨自己粗心大意，对枣红马未尽妥善照顾之责。他亲自为枣红马办理后事，葬战友于贾鲁河畔。而后，多次到环卫队蹲点调研，与环卫队员同吃同住，关心、解决他们的生活困难，帮助提高他们的文化知识，像改编国民党军队一样改变了他们的精神面貌和作风纪律，最后变成了一个运行规范、成绩突出的先进集体，在爱国卫生运动中多次受到省市奖励。

这个当年流传的故事或许有一些文学渲染色彩，但故事框架基本属实。张北辰后来担任郑州市政府秘书长、副市长，还接替史隆甫兼任郑州市体育运动委员会主任。1954 年 6 月郑州成立欢迎省会迁郑委员会，他和省政府秘书长杨宏猷一起出任副主任委员，所以，他也是省会迁郑过程的重要参与者、见证者。张北辰之后历任郑州市委常委、宣传部部长，河南省文化局局长，郑州大学副校长，河南省体育运动委员会副主任等职务。

新中国成立初期，郑州市民对市级领导干部的基本印象，多多少少源自上述各位先贤的行迹与口碑。这是一个值得追思和铭记的群体。

郑州解放已有七十多年。对比当年，以现在的城市规模、经济实力和全国位序看，可谓连续跃升，成就巨大。有人说，郑州是幸运之城，在 20 世纪每一个历史关键时刻都撞上大运：当铁路替代内河航运成为主流运输方式，成为决定城市兴衰的生命线时，郑州变身为铁路枢纽；在国共对决逐鹿中原时，郑州又成为压垮敌军的"十字架"，成为邓小平、邓子恢定中原、兴中原的支撑点；新中国成立之初，三年恢复时期，国家重视铁路建设，郑州的枢纽地位进一步得到稳固、强化和提升；接受苏联援助，郑州在援建项目城市名录上又榜上有名；第一个五年计划期间，在计划经济的投资体制下，郑州又得到国家的资金投喂，建成全国知名的纺织工业基地；当交通优势、产业优势需要行政优势、政治地位的支撑和放大时，省会如约而至，乔迁郑州……郑州的兴起，简直是被命运之神宠出来的。

这些话不无道理，但失之片面。应该说，郑州的今天，是郑州人在一个优秀团队的带领下一步步干出来的。这一代人，在有利的时代背景和发展条件出现时，每一次都拼抢机遇，每一次都以命相搏，抓住运气不撒手，最终靠苦干、实干、巧干，把可能转化成现实，把优势兑换成能力，把内外资源演变成城市的成长。

上面提到的这几位，是郑州解放初期领导团队代表性人物。政治进步、经济发展、民生改善，始终是这些人的初心与动力。这些人为理想而工作，眸子中闪烁着清纯清澈的光，一身正气，两袖清风，鄙视特权，远离腐败，不求虚名，以身作则，带领大家健步前行。广大干部群众信任他们，拥戴他们，紧跟着他们的步伐，坚韧不拔地去努力实现一个又一个目标。

这就是当年郑州人的精神面貌。

事在人为。"玉汝于成，功不唐捐。"省会由汴迁郑，虽然有其历史逻辑和现实条件，但依然是郑州人努力的结果。且看我们继续还原历史细节。

第七章　起宏图

在今天的郑州，史隆甫这个名字常常被众人提起。大家都知道他是郑州"法桐之父"，在他的主导下，郑州在 20 世纪 50 年代、60 年代实施了大规模的城市绿化，出现了一条又一条林荫大道，摘掉了"风沙之城"的帽子，以"绿城"之名享誉海内。郑州城南的"福寿园"里，安放着他的骨灰和铜像。许多人路过时都会深深鞠躬，向他致敬，感谢他的栽树，自己得以乘凉。

由于缺少研究和揭示，长期以来，他仍然是一位在郑州发展史上价值被低估的人。

史隆甫（1903—1970），又名史安栋，河南省武陟县人。出生在一个普通的农民家庭，自幼聪颖，备受家人看重，虽生活困难，仍坚持供其读书。他学习努力，成绩优异，15 岁便考入"河南留学欧美预备学校"（今河南大学前身）的法文班，并在上海震旦大学和中法工业专科学校完成相应学业。1923 年他在上海求学，假期返乡省亲，看到北洋驻军在武陟一带擅自设立关卡，加征捐税，老百姓深受其害而求告无门，市面上因此变得十分萧条。史隆甫急乡亲之所急，愤然而起，为民请命，赴洛阳寻机求见驻扎在此的北洋军阀吴佩孚。结果逗留数日，几经辗转，经过调查，他弄清了吴佩孚的出行规律，最终在大街上拦住吴佩孚的座驾，在卫兵呵斥中面无惧色，递上自作诉状。吴佩孚竟然意外地迅速批交办理，关卡被责令撤除。乡里百姓成功减负，额手相庆，对史隆甫这个后生更加钟爱。1924 年他到法国工程大学水利工程系就学——待到留学之时全额官费派遣的制度已不复存在，他靠武陟乡亲的赞助才得以完成学业。

史隆甫 1929 年毕业回国，曾任河南开封中州大学讲师，省建设厅测量队队长、技正（相当于总工程师职务），河南省黄河修防处主任，山东省建设厅总工程师兼秘书，青海省金矿局工程师，陕西省建设厅主任工程师，河南修防处主任等职；1945 年任河南省农业银行总经理和省参议员，这些后期在省内的任职，都是国民党省主席刘茂恩提出并敦请到任的，以显示其求贤任能的气度。1945 年年底，刘茂恩再度笼络示好，盛宴款待。同时，与他面商成立一家贸易公司，属他刘家控股的私营企业，但由史隆甫执掌银行的出资，其意图是化公为私或公私混淆，为自己打造一个"提款机"。史隆甫岂是同流合污之人，他闻之愕然，当即回绝，二人不欢而散，从此决裂。史隆甫痛感于国民党政权之没落、高官之腐败、官场之险恶，此后半年间三度提交辞呈，最终卸去银行职务，决心不再涉足官方机构，从此专做实业，以期有利于国计民生。1946 年他奔波于开封、郑州、西安、上海等地，邀集河南籍军政、工商各界友好人士 40 余人，共同发起组建"兴豫企业有限公司"并任总经理，他分析市场和社情，打算从与百姓生存密切相关的吃、穿两个方面做点实事，首先在郑州北郊筹建一个日产 5000 袋的面粉厂，并筹划建设一个 7000 锭的棉纺织厂。面粉厂筹建过程中，屡遭国民党当局梗阻，股金断流，物料不济，进展缓慢，时建时停，至 1948 年郑州解放前夕，国民党当局勒令该厂疏散，被迫停建。公司主要股东都逃难浙、沪，工人大多数被遣返回乡，史隆甫则避居上海和苏州两地。上海解放前夕，一些社会闻人劝其随蒋渡海去台，他严词拒绝，但对共产党缺乏了解，心存疑惧。郑州解放后，人民政府为了解决市民群众困难和支援前线的需要，极力挽救"兴豫公司"面粉厂，1949 年中共河南省委、郑州市委向其致电，邀请他返回河南，参加造福乡梓的建设，史隆甫因受到信任而感动，第一时间回到郑州。他将"兴豫公司"改名为

"南阳面粉公司"，为了迅速恢复和发展生产，在政府的大力支持下，一方面到新乡召回被遣返的工人，另一方面积极修建厂房和铁路岔道，市人民政府从铁路上协调调入一台旧火车头，解决生产动力问题，使一个困难重重的烂尾项目焕发了生机，开始生产面粉以应社会急需。之后，史隆甫主动提出公司实施公私合营，他到上海买来船用锅炉及蒸汽引擎一套，改进动力，开足马力提高产量，改善管理，增加盈利，整个企业活力充沛，全体职工兴高采烈，生产蒸蒸日上。

1949 年至 1950 年，他为南阳面粉厂生产经营东奔西走，四处奔波，以发展生产支持解放战争。其间他还受郑州市政府的委托，为郑州市物色、引进了大量的专业人员和技术工人，并帮助省里把存放上海的工业设备运回郑州，奠定了创建郑州纺织机械厂（初称河南农机厂）的物质基础。

受邀出任郑州市人民政府副市长后，他说："旧社会我留学国外，备受讥笑歧视，走上社会，混事半生，一无所成，只有在共产党、毛主席领导下才有了我的今天，我才找到自己的方向。我要老老实实听党的话，跟共产党走，为社会主义建设贡献全部力量。"他感念党和政府对他的信任和关怀，倾其所学，尽其所能，在副市长任上为郑州的建设和发展作出了独特的别人不可替代的贡献。史隆甫曾任河南省人民委员会委员，政协河南省委委员、副秘书长，中国土木工程学会河南分会副主任委员等职。"文化大革命"中，他被诬陷为"资本家代理人"，屡遭迫害。另外，他在 1925 年参加过青年党（后退党）一事，也被造反派抓住不放，反复检讨交代，难以过关。1967 年他被下放到"五七"干校劳动，1970年 6 月在割麦时中暑发病，因治疗延误，不幸逝世，终年 67 岁。1978 年，中共河南省委及郑州市委、市革委会为其平反昭雪。

1978 年的郑州市委、市革委会给史隆甫举办了追悼会。悼词评价史隆甫新中国成立后参加社会主义建设的经历说："二十多年来，史隆甫先

郑州福寿园中的史隆甫雕像　虞晓明雕塑
婴父摄影

生拥护伟大领袖毛主席，拥护中国共产党，热爱社会主义祖国，努力学习马列主义、毛泽东思想，注意改造世界观，拥护党对民族资产阶级的团结、教育、改造政策，响应党的号召，走社会主义道路，积极参加社会主义革命和社会主义建设，做了不少有益于人民的工作，为我市农、林、水事业的发展作出了一定的贡献。"这些评价体现了对史隆甫政治上的肯定，相当于为他平反昭雪，重塑形象，但词语的使用具有特定时期的特色。另外，悼词的撰写者、定稿者对他本人的历史贡献也不够了解（"农、林、水事业"的说法，囿于他后期在市政府的分工），既不深入，也不准确，甚至没有触及史隆甫对郑州发展所作出的主要贡献。

史隆甫是新中国成立前后郑州最有名望的工商界人士之一，他与郑州市委、市政府于何时开始密切合作的？

查 1949 年 5 月赵武成担任郑州市委书记后首次亮相——在第一次党代表会议上作工作报告时，就提到南阳面粉厂的动力设备问题，以及利用南阳面粉厂的纺纱设备在豫丰纱厂原址上恢复纺织业生产问题，可知不晚于这个时间，市委、市政府领导已经与史隆甫有了比较多的接触，并且采纳他的建议、利用他的资源，筹划上马工业项目。

史隆甫是郑州市人民政府首任副市长之一（只有两位，排在前面的是白瑞西）。他是在何时到市政府上任履职的？

历史资料上的记载说法不一，有些出入，连权威的《郑州市志》也自相矛盾：《郑州市志·人物卷》记为 1951 年 1 月，《郑州市志·大事记卷》则记为 1950 年 2 月。《郑州市志·政权政协卷》更有详细记载说：1950 年 2 月 4 日至 8 日召开的郑州市第二届各界人民代表会议第一次会议，选举宋致和为市长，白瑞西、史隆甫为副市长，赵武成等 17 人为市政府委员。但是，查 1950 年 2 月 9 日《郑州日报》向社会公布这次会议的选举结果时，并没有涉及副市长当选的情况——报纸公布宋致和当选为市长，另选举赵武成、刘道安、白瑞西、李悦民、葛惕非、赵艺文、王子珍、李之放、苏广福、吴士恩、傅子诚、吴彰耿、雷迅、封贯之、苏民、王云亭、李家荣等 17 人为市政府委员，未见当时有副市长职务设置。白瑞西在会上履行职务，是以市政府秘书长身份向大会报告工作的。《郑州日报》公布的市政府委员名单中，也没有史隆甫的名字——按照有关规则，不是委员的史隆甫，这时候也不会担任市政府重要职务。历史文献又出现了相互打架的不同记载。

这到底是什么情况？

有一份 1950 年 9 月发布的郑州市人民政府布告，内容如下：

——为公布郑州市人民政府市长副市长及委员由——

奉河南省人民政府令转奉中央人民政府政务院政字第三七零号及四二八号令批准：任命宋致和为郑州市人民政府市长，白瑞西、史隆甫为副市长，王子珍、王云亭、吴士恩、吴彰耿、李之放、李文甫、李悦民、李家荣、封贯之、傅子诚、葛惕非、雷迅、赵武成、赵艺文、刘道安、苏民（女）、苏广福等为委员（以姓氏笔画为序）。除任命书另发外，希即转知到职视事。等因奉此。致和等除已尊按前令就职视事外，合行布告周知！

　　此布

市长　宋致和

副市长　白瑞西

史隆甫

布告发出是 1950 年 9 月的事情，事实上，有关资料显示几个月之前的 1950 年 5 月 4 日，郑州市政府已公布了对史隆甫的任命，开始应宋致和之邀，以副市长身份处理有关事务。

对上述情况的合理解释是：1950 年 2 月，郑州市第二届各界人民代表会议的确讨论通过了白瑞西、史隆甫的副市长任职决定，但按照当时干部管理权限的有关规则需要报请省和国家两级批准，方完成法定程序。在这之前，媒体自然不能公布。1950 年 5 月开始公开以市政府身份参加活动，显然是通过了决定性的审批程序，而迟至 9 月才发布的公告，是在按照当时的惯例和形式履行程序，完成全部流程之后的例行文书而已，归档的意义与广而告之的作用同在。而《郑州市志·人物卷》所载史隆甫于 1951 年 1 月上任的时间，则显然是一种误记。

弄清楚史隆甫上任的时间并非无足轻重的小事，因为这牵扯到与历史逻辑和重要的历史事件的时间能否契合。正是在 1950 年 2 月他当选

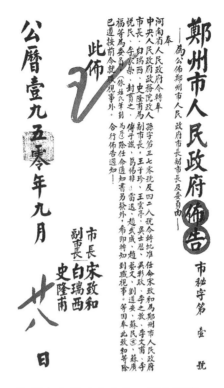

郑州市人民政府布告　历史档案

郑州市副市长至 1950 年这段时间内，由他主导展开了一系列的专业化动作，他的谋划和操作，发挥了当时省市其他领导无法替代的作用，为郑州科学地规划建设城市，从而为落实高层"省会迁郑"重大决策提供了重要的技术支持。

史隆甫具备工程学科背景，他懂得如何下手。

正是始于 1950 年 2 月，郑州市着手城市规划的准备工作。市城建局聘请郑州工业学校师生及铁路局、兴华建筑公司、营造业公会工程师对市区进行了 83 天的测绘，按技术规范提交了各种测绘成果。1950 年 2 月 15 日《郑州日报》曾刊登《为开展街道规划新市区，市政府成立测量队》的消息。报道说："成立郑州市测量队，进行详细测量旧市区

267

街道及郊区等工作，并精确绘制图表，以便于开展街道范围，规划新市区之用。""参加单位有郑州铁路局工程处王志强总段长、梅华生工程师，市政局李田玉、萧长震、刘建宇工程师，兴华建筑公司李子中工程师，郑工学校乔有谋、杨天恩、王万年、曾本麓、张效哲等五位土木建筑工程师。此外并有郑州营造业公会王景溪、叶明哲工程师及郑工高二、三年级学生（五十人）共六十余人组成郑州市测量队，以乔有谋为队长，李田玉、萧长震为副队长，负责计划布置日常之工作。""首先进行测量旧市区内各街道，预计二月底完成，郊区测量预计四月底全部完成。现在该队全体人员分为三个小队，正在积极进行旧市区测量工作，争取如期完成。"文末落款赵祝三。题目和正文中的"开展街道"一词应为"拓展街道"之意，当时用词习惯如此，实非病句。

测绘工作的主力是郑州高级工业职业学校土木、水利两科学生（另有资料显示共七十五人）。这是新中国成立后郑州市出现的第一支测量队伍，开始对郑州城区进行测绘作业。

📖【老郑州城市微观地理小词典】

郑州高工

郑县工业职业学校1933年创办，最初校址为郑州城隍庙，1946年更名为省立郑县高级工业职业学校，是新中国成立前全省唯一的工业专门学校，1949年更名为河南省立郑州高级工业职业学校，学科建设、课程设置、教师水准都达到了高等专科教育的层级，却一直未进入高校序列，为郑州发展培养了大量的技术型适用人才。1953年和中南地区部分中专的学科合并，在城隍庙东侧校址建成郑州电力工业学校。学校现称郑州电力高等专科学校，校址在郑东新区中牟白沙职教园区。

据当年该校在校学生刘征远先生（退休前曾任河南省建设厅副厅长、河南省城市规划学会会长）回忆（2004 年 2 月 26 日，访谈人婴父、程忠民），他当年是土木工程科的学生，全程参加了上述测绘工作。初次投身郑州城市建设的实践活动，同学们都非常兴奋，情绪高涨，带着干粮和仪器，奔走忙碌在郊野和街巷。之后他们还应邀参加郑州市政府组织的城乡物资交流大会服务工作，设计了广告木塔和各种广告招贴。有关资料显示，到 4 月 15 日，测量队共测量导线 180 公里，埋设混凝土永久测点 99 个，实测面积 140 平方公里，绘制出各种 1∶50000、1∶10000、1∶2000 地形图数百张。在测绘作业的同时，还全面调查和掌握了郑州市的各项建设条件，诸如地质、水文、气象、洪水淹没线等，为下一步开展城市规划工作做好了前期准备。

郑州当年的城市规划工作紧锣密鼓，环环相扣。紧接着，郑州市政府几乎同时邀请了北京、上海两路专家来郑，帮助制定城市规划方案——那时候国内还没有"城市规划"这个专有名词，城市规划尚称"都市计划"，北京和上海的权威专业机构，都叫作"都市计划委员会"。北京市都市计划委员会（最初称北平市都市计划委员会）成立于 1949 年 5 月，具体承担承办职责的机构是北京市建设局。根据 1950 年初北京市人民政府公布的正式名单，主任委员为北京市市长聂荣臻，副主任委员为副市长张友渔与建筑学家、清华大学教授梁思成，委员 32 人，包括彭真、吴晗、王明之、曹言行、薛子正、华南圭、陈占祥、吴景祥、林是镇、林徽因、费孝通等人。北京市都市计划委员会早期工作主要集中在城市调查、接受咨询，为政府的规划建设工作提供参考意见。1950 年 8 月，应郑州市政府的邀请，北京市都市计划委员会派遣陈干、钟汉雄二人来郑州开展初步规划工作。

钟汉雄生卒年月不详，当时是北京市建设局的建筑师。

陈干（1919—1994），原名陈以淮，又名陈汉章，浙江省天台县人——在郑州市地方史志资料中，其名字至今一直被误记为陈幹，当年尚未公布和推广简体汉字，"干部"的"干"繁体字写作"幹"，与"斡旋"的"斡"字字形相近，尤其是手写连笔的情况下，只有通过上下文才能分清彼此。大概因为这个缘故，郑州市志编纂人员识读有误，出版物误用之后便长期以讹传讹，直至如今始终是一个谜团，给研究者造成不小的困扰——1945 年陈干毕业于重庆中央大学工学院建筑工程系，1946 年在南京参与中央大学复校建设，并在著名的南京华盖建筑师事务所工作。1948 年在之江大学任助教，1949 年 7 月北上参加新中国建设，先后在北京市人民政府建设局、北京市都市计划委员会、中共北京市委办公厅城市规划小组工作；生前曾任北京市城市规划局副总工程师、总建筑师，北京市规划设计研究院总建筑师等职。陈干长期致力于北京城市规划的理论研究与实践活动，参与提出城市"分散集团式"布局理论，在首都建设中作出过重要贡献。

陈干和钟汉雄都参与了 1949 年天安门开国大典的现场筹备——1949 年 8 月，第一届北平市各界代表会议作出了"迎开国庆典，整修天安门广场"的决议，其中具体任务之一就是在天安门广场北端，天安门城楼和正阳门城楼之间的中心轴线上，修建国旗旗杆和台座。陈干这时刚到北平工作，被分配到建设局企划处任助理工程师。领导分配给陈干的第一项任务就是参加中华人民共和国开国大典的筹备工作，负责拟定整治天安门城楼和天安门广场环境的规划，内容包括：确定升起第一面国旗的旗杆位置和未来人民英雄纪念碑的位置，设计天安门城楼内部的装修和广场旗杆的台座。忆及旧事，陈干曾说过："当初我是这个旗杆台的设计者。这个任务是中华人民共和国成立前由市人民政府建设局局长曹言行同志交给我的；方案完成以后，经市人民政府秘书长薛子正同志批准后修建。1949 年 9 月 30 日夜建成调试时，不慎国旗被卡在杆顶的滑轮上，于是深夜调来消防车。旗杆高 22 米，云梯够不着，工人穿上爬杆靴才登上杆顶，排除了故障，并完成调试工作，保证了开国大典的顺利使用。"1949 年 10 月 1 日开国大典上毛主席亲自按动按钮，在这根旗杆上升起中华人民共和国第一面五星红旗。陈干为此终身引以为荣。当年为了完成任务，陈干搬到设在天安门西厢房的工地宿舍居住，他的弟弟去看望他时，他忙于工程，心急上火，长了一嘴口疮，几乎无法进食。

陈干 1950 年来郑时刚过 30 岁，当时的身份是北京市都市计划委员会资料组组长，风华正茂，谈吐不凡，对郑州未来发展颇有创见。他和钟汉雄经过 20 余天的调研，提出了《郑州市将来发展计划》设想意见——规划期限 30 年，人口规模达到 100 万人，城区规划面积达到 108.9 平方公里。"发展计划"对郑州市未来的行政区、商业区、住宅区、工业区、学校区和绿化地带的方向和规模都做出了安排。

同年，上海联合工程师事务所哈雄文教授等一行三人也应邀来郑进行城市规划研究编制工作。

哈雄文（1907—1981），别名涛声，回族，祖籍河北河间，生于北京。1927 年毕业于清华学堂（清华大学前身），同年赴美国约翰·霍普金斯大学经济系学习，1928 年转入宾夕法尼亚大学美术学院建筑系改学建筑学，1932 年毕业，同时获建筑学和艺术学学士学位。1932 年考察欧洲城市建筑后回国。之后在多家著名建筑师事务所任建筑师，在多所大学任教和担任领导职务。曾任国民政府内政部地政司技正（总工）、营建司司长。抗战期间，1939 年执笔起草了中国近代第一部城市规划法规《都市计划法》。新中国成立后，哈雄文曾先后任上海市人民政府市政建设委员会委员，中国建筑师协会理事长，上海建筑技师公会理事长，哈尔滨建筑工程学院学术委员会副主任、建筑系教授，是中国近现代建筑与城市规划领域的顶级学者和教育家。

哈雄文先生到郑的时间推算起来，应早于陈干和钟汉雄一行，因为他们这一年在郑工作的时间，长达九个月之久。其间他们既进行了全面

哈雄文像　历史资料

的实地踏勘，又进行了多回合座谈论证，两易其稿，编制了《郑州市都市计划草案平面图》，草拟了《郑州都市计划报告书》。这次规划的期限为 20 年，人口规模为 110 万，规划区面积为 87.64 平方公里。规划中设定了城市不同的功能分区，请注意，最大的亮点是：规划的行政区中分设有"省府区"和"市府区"。市府区位于规划区西部，省府区则位于金水河北，顺河向东伸展——如果没有省府迁郑的高层决策，哈雄文教授即便是再具有浪漫的想象力和超常的预见力，也不会独立作出如此的空间安排。哈雄文先生至少和主管副市长史隆甫是正式交换过相关意见的。

陈干和哈雄文两家工作成果比较起来，相同之处是对郑州发展成为大型城市的远景作出了充满信心、令人振奋的展望，围绕郑州未来成为河南经济中心和政治中心的可能进行了空间布局。前者的工作深度应该属于咨询性质，相对简单一些；而后者达到了城市规划初步方案的层次，更具有规范性和可操作性。两家同时开展郑州城市规划研究的意义在于，他们在城市发展方向、城市地位和发展规模方面意见大体一致，相互支持，相互印证，更具说服力。

1950年和1951年上海陆续还有一些专家参与了郑州市城市规划和市政设计工作，例如我国城市规划教育的奠基人金经昌先生。

金经昌（1910—2000），出生于江西婺源，1932年—1937年就读于同济大学土木系，获工学学士学位。因学业优秀受德国洪堡基金会资助，于1938年赴德国继续求学深造，1940年获德国Darmstadt工大特许工程师学位，因战争原因被困欧洲，其间参与过城市轨道交通建设项目的规划设计工作，1946年归国，在上海工务局任工程师，1947年起任同济大学工学院土木系教授，在国内率先开设都市计划课程。1952年全国高等院校院系调整后，他担任同济大学建筑系城市规划教研室主任，为创办国内第一个城市规划专业学科倾注了满腔热情，他任城市规划教研室主任26年，直至1978年担任城市规划与建筑研究所所长。金经昌先生还是一位摄影家，笔名金石声，他早在1936年就创办和主编了中国第一本有影响的摄影专业杂志《飞鹰》。之后数十年，他游历海内外，足迹遍布长城内外、大江南北，他在城市规划和摄影艺术两个领域双轨并进，都给社会留下了宝贵财富。他来郑研究城市规划建设工作，短短数日，在踏勘现场时拍摄了为数不多的摄影作品，但张张都是精品，今天看来令人惊艳，弥足珍贵。

据金华先生（金经昌之子）提供的资料：金经昌先生留存的笔记本中记录了他1951年来郑工作的经历：

> 四月三日晚9：28开车，五日0：29到徐州，程壬同志到站来接（从时间上分析，"徐州"应为"郑州"的笔误——婴父注），住郑市（郑州解放初期的官方文件与领导人讲话中多以'郑市'自称——婴父注）人民政府招待所。四月五日上午交换郑州市计划意见；中午牛

金经昌自拍像　图片来源：金华编《陈迹》（同济大学出版社，2017）

主席及宋史二市长招待西餐；下午开会，晚中餐。四月六日上午牛主席、史市长等分乘二小汽车至郑州市西郊了解，直至贾鲁河畔。沿公路黄土削壁，尘埃飞扬，感到土质稳定之重要。下午开始做一草图。四月七日，全日继续工作，下午完成干路草图。六日晚史市长招待看河南梆子戏。四月八日全日继续讨论修正草图，手绘广场及道路断面。四月九日京汉8次赴京，郑州早9：00开车。

日记中提到的牛主席，指河南省人民政府副主席牛佩琮。哈雄文先生在郑工作时他也多次作陪、座谈。金经昌此行满打满算在郑四天，日程满满，紧锣密鼓，做了许多工作：现场踏勘、交换意见、开会座谈、伏案绘图，连续工作堪称高效。日记中提到"沿公路黄土削壁，尘埃飞扬"，所经道路应该是"大路沟"；踏勘贾鲁河畔，应该和制定城市供水专项规划，确定水源地有关。

大路沟

　　历史地名，位于郑州西郊古"郑洛官道"东段部分。这里原有一条南北横陈的"猴岗"，西高东低，坡度很大，郑洛公路东西向从中穿过，由于千百年车轮碾轧和暴雨冲刷，这条土路逐渐形成一条大深沟，沟宽约五十米，深约十米，长约十余里，东端起点在今群艺宫一带，西端终点在三官庙村以西。新中国成立前，人称"大路沟"；新中国成立后，随着西郊纺织工业基地的建设，郑州市填平大沟，建成了宽阔的建设路。

1951 年，建设路修建之前的大路沟　金石声摄影

省市领导与上海专家在贾鲁河畔考察郑州西郊建设环境。左起第一人弓身看图者为郑州市副市长史隆甫，左起第二人蹲姿指图者为郑州市建委计划室主任程壬，站立图前胸前悬挂望远镜者为河南省政府副主席牛佩琮，他的右侧俯身者为规划专家汪定曾　金石声摄影

📖【老郑州城市微观地理小词典】

贾鲁河

贾鲁河是淮河水系重要支流，主河段原称汴河(又称汴水、小黄河)，因元朝工部尚书贾鲁曾衔命主持修浚治理而更名。贾鲁河发源于郑州所辖新密北部山区，分东西两个源头。西源古称京水，亦称贾峪河，源于新密袁庄乡南湾长子沟；东源又分三支，一是新密白寨乡圣水峪，二是郑州二七区侯寨乡三李冰泉、温泉，三是二七区侯寨乡刘家沟九奶奶庙泉。东西两源在郑州西郊柿园村附近汇流，然后从西北方向绕过郑州城区，向东南方向逶迤前行进入开封，经尉氏、扶沟、西华至周口市汇入沙颍河。贾鲁河全长246公里，流域面积5895平方公里，其中郑州境内长度137公里，流域面积2750平方公里。20世纪50年代初贾鲁河水量充沛，下游可通舟楫。1954年郑州市以贾鲁河为水源，在柿园村建设自来水厂，1956年工程全面完工，投入运营。20世纪70年代郑州市又在陈五寨贾鲁河河道上建成"西流湖公园"，风景优美，现已成为郑州西郊市民休闲游憩之地。

1951 年，柿园水厂未修建之前的贾鲁河桥，位于今西流湖南区　金石声摄影

另有金华先生提供的金经昌先生笔迹（金华先生说是"三反""五反"时期金经昌先生给组织上写的检查材料），可与上文对照阅读：

一九五一年四月初，都委会派我和汪定曾同志去郑州一行，替那边参加一些关于都市计划的意见。四月五日至八日四天当中，我们给郑市草拟了一张分区和干道布置草图，草拟了一个广场的草图。郑市招待我们太好了。牛副主席、宋史二市长亲自领我们去看当地的情况。请我们看过一次戏，居住饮食都特别考究，我们感觉到从来没有受过这样的优遇。临行给我们买了到北京的车票，还送了我们一大包红枣一大包山药，两瓶酒，两只烧鸡，两包鸡蛋糕。郑市对我们的热诚盛意，我们感到非常感谢。因为我们而浪费了人民的钱，我们感到惶恐不安。或许因为我们都是小资产阶级出身的知识分子，于是认为非这样来一下不足以表示团结和敬意。这是给我一个教育，让我自己汗颜惭愧。

金经昌先生的文字又带出一位参与过郑州城市规划的名家汪定曾先生。

汪定曾（1913—2014），1935年毕业于上海交通大学土木系，后留学美国伊利诺伊大学。中华人民共和国成立后，历任上海市都市计划委员会副主任，上海市城市规划管理局总建筑师、副局长，上海民用建筑设计院副院长、总建筑师等职务。改革开放之后，先后担任上海市第七届人大常委会委员兼市政建设委员会副主任，上海市城市规划管理局副局长兼总建筑师。他主持设计或参与设计的项目包括：曹杨新村规划（1951年）、虹口公园鲁迅墓和纪念馆（1956年）、闵行一条街和张庙一条街（1959年）、上海体育馆（1975年）、上海宾馆（1979年）等。

上海来郑参与郑州规划工作的哈雄文、金经昌、汪定曾等皆为一时名士，文质彬彬，都有着欧美教育背景，在中国近现代城市规划史巨擘名录中都有一席之地。郑州城市规划的成果留存下了他们之间前后相随、步步承续完善的痕迹，应当说1951年最后报批的规划是他们几位的联合产品。

城市规划是城市建设和城市发展的龙头。郑州人早在1950年就具有这样的认知，并于1950年编制出新中国成立后郑州第一个城市规划初步方案——这些动作在当年全国即便不是唯一和最早的，也无疑是先进的、少见的城市建设管理专业行为，作为中部地区中等城市在新中国发展初期有如此表现，是难能可贵的。郑州城市规划起步早，这与史隆甫留学海外学习工程的专业背景有关，和他对城市规划的认知有关。引进上海智力编制郑州城市规划，也是因为他在上海工程界有一定的人脉关系，例如他和赵祖康先生私交甚好，上述哈雄文、金经昌、汪定曾诸位先后来郑，也都是赵祖康以上海都市计划委员会名义派遣的。

赵祖康（1900—1995），江苏松江人，1922年毕业于唐山交通大学（今西南交通大学），1945年任上海市工务局局长，是国内知名的道路专家和城市规划专家。生前曾任中国国民党革命委员会中央名誉副主席，上海市政协副主席、上海市副市长、上海市人大常委会副主任。

赵祖康是上海解放前后城市规划的实际掌门人。抗日战争胜利后，上海市政府为统筹和计议新的都市计划，由工务局于民国三十五年（1946年）3月成立都市计划小组开展相关工作，同年8月，上海市政府决定成立上海市都市计划委员会，直属市政府领导，市长兼任主任委员，工务局局长赵祖康任当然委员兼执行秘书（市政府有关局长8人为当然委员，所谓当然委员意指部门职责所在。另有18位不同专业的人士为聘任委员），实际主持"都委会"的日常事务。他组织中外专家锲而不舍在上海解放前完成了上海都市计划的第三稿。国民党淞沪警备司令部几次派人索要规划图纸，准备作军事用途，因赵祖康的抵制未能得逞。1949年5月上海解放，出任上海市人民政府市长的陈毅同志会见赵祖康（他临时做了7天的上海市代理市长），办理新旧政权交接，赵祖康将大上海都市计划三稿面交陈毅市长，受到陈毅市长的充分肯定和热情赞扬。

上海解放后，上海市都市计划委员会并没有解散，研究、编制规划的工作依然持续进行。赵祖康1949年至1954年任上海市人民政府工务局局长（1951年兼任上海市人民政府市政建设委员会副主任），1954年至1957年任上海市规划建筑管理局局长。郑州解放初期研究编制城市规划，他亲自派遣专家，给郑州市也给史隆甫本人的工作提供重要帮助。

郑州市为何早在1950年即先于全国绝大多数城市编制城市总体规

划？这项工作的驱动力量何在？

当然，制定城市规划，首先服务了郑州解放之初城市建设的急需，因为没有规划，城建工作已经出现被动局面。城建局局长王言在1950年10月报告工作时说："我们的建市计划，还没有定案，批准了群众在解放路西段建筑房屋，但电力公司扩大建厂又动员群众迁移；修建了南北二马路，铁路局扩大总站，又计划使用该路地皮；建筑桥梁，因为排水系统、道路系统宽度没有确定，桥位、桥身的设置亦感困难，工作被动，又浪费人力物力。因此我们深深体会到，预先没有周密的通盘计划，工作是很难顺利进行的……"城市规划确定以后，各项建设就可以有章可循，减少随机性、盲目性，提高工程决策的科学性、准确性。

这还不是当时最主要的考量。

更重要的是，这是一个精心设计的工作策略，郑州要通过城市规划，首度把设想中郑州作为新省会的发展前景描述、表达出来，对新省会的整体格局和功能分区做出空间安排，有效和务实地从技术层面启动省会迁郑工作——至少是以向上报送城市规划的柔性方式，投石问路，争取国家和中南局的肯定和批准。说到底，城市规划是一种政策，是一种政治意愿和行政决策的载体。河南省和郑州市的领导希望通过城市规划展示他们在中原城市群中重新洗牌的战略构想，擘画集中资源发展郑州的意图，通过体制上的决策程序，把这种构想合法化，并进入操作流程。

史隆甫是设计这条工作路径的提议者和操盘手。1950年至1951年连续一年半的时间他都在全力以赴但又相当低调、不事张扬地组织、协调、推进、落实这项工作。据有关史料记载，从1950年到1951年，郑州市政府两次向中央财经委员会呈报郑州市新区规划、建设计划草案和发展方向总图——当年国家城市建设主管部门还没有设立，城市发展问题由中央财经委员会负责。

我们现在看到的很多官方文件和出版物都有一个共同的说法：早在1951年河南省级领导请示，政务院领导批准，决定把省会迁至郑州。但长期以来看不到相关的文献资料：没有行文报告和回复的记录，未见北京高层领导只言片语的批示，也看不到相关的会议纪要，更没有任何历史当事人回忆录、口述史资料的佐证。谁请示的，在何种场景下请示的，哪位高层领导表态答复的，是口头答复还是书面批准的，这些重要的历史细节，长期扑朔迷离，无法求证。

我们今天基于史实和逻辑的推测是：1951年，河南省和郑州市两级领导是以郑州城市规划文本为报告载体报请中央财委暨政务院领导批复的，1950年、1951年两次向中财委报送郑州城市规划文件，说明这中间有一个讨论和完善的回合——哈雄文1950年完成《郑州市都市计划草案平面图》和《郑州市都市计划报告书》，以及1951年春金经昌、汪定曾等人来郑做补充完善的工作，与此完全契合。当年中财委掌门人为陈云同志，他当时的身份是中共中央书记处书记、政务院副总理（1954年政务院改称国务院后继续担任副总理职务）兼中央财经委员会主任。经过两度讨论，郑州城市总体规划（时称《郑州市建设计划草案及发展方向总图》）于1951年7月5日得到中财委肯定（当然包括城市的性质、政治地位等核心内容），获批准执行。作为中财委的主要领导，对批复郑州的城市规划，他应当是知情的，表态同意的，行使签批发文权的。河南省会迁郑，从此由初步设想，提升为具有法理依据的可供实施的工作方案——我们今天所看到的"1951年省级领导请示，政务院领导同意省会迁郑"的说法，应该指的就是这个过程。

通过讨论技术性文件的方式得到高层认可，较之通过直来直去的地方政府对中央的政务报告请求批复，风险低得多（毕竟当时全国还没有省会迁移的先例，中华人民共和国成立后几例省会变迁的案例都晚于这个时间），成功概率、顺利程度高得多，这个工作路径，不能不说堪称专业和富含智慧。国家和中南局对郑州规划的认可，在决策程序上为省会迁郑提供了合法性依据。以规划为龙头的工作思路，以规划为载体的申报方式，获得圆满成功，为省会迁郑意图的顺利实施争取了极大的主动。1952年河南省向中南军政委员会、中南军政委员会向政务院的报告以及政务院的批复，应该说都是在1951年郑州城市规划获批的逻辑起点上后续展开完成的规程。

郑州人紧抓不放、环环相扣的工作链又到了下一个环节。郑州市档案资料显示：1951年10月6日，郑州市奉河南省政府指令"派副市长史隆甫和建设局技术室主任程壬等赴中南军政委员会请示关于郑州市都市计划之核备、河南省人民政府迁来郑州与郑州市1952年市政工程费概算请列入中南城市建设费项下等三事。他们于10月6日出发，15日返郑"。档案资料还显示，1951年10月12日下午，中南财委会高元贵秘书长召集民政部周季方副部长、财政部管寒涛副部长等与史隆甫、程壬等进行工作对接和座谈。"他们均认为开封无发展前途，迁来郑州确有必要，这是手续问题"。如果不了解中南局主帅邓子恢等主要领导的意图，这些中南官员是不会如此明确表态的。

参加座谈的中南军政委员会民政部周季方副部长还给郑州市政建设提出了两条工作建议：一是应当将郑州市与郑县合并。郑州没有郊区，这对合理安排各种建设项目、扩大郑州城市规模是十分不利的。撤销郑县，把郑县变成郑州郊区，有助于改变这种局面。二是郑州每年工商税收数额可观，建议向中南军政委员会和中央申请合理的留成比例，这比向上级伸手要钱，请求划拨资金支援郑州城建更现实可行，用发展的眼光看对郑州也更加有利。

周季方的建议务实、中肯，很有见地。河南省、郑州市两级党委政府很快采纳了周季方的建议，呈报中央政府获得批准，郑县撤销，成为郑州郊区。

周季方何许人也？

周季方，1914 年出生于四川省宣汉县。1932 年参加中共领导的农民暴动，18 岁参加中国工农红军，1935 年参加长征，同年加入中国共产党。全面抗战时期曾任中共豫南特委书记，洛阳解放后任洛阳地委书记兼洛阳市委书记、军分区政委。1949 年 5 月随邓子恢同志南下，任武汉市委常委、市人民政府副市长，10 月兼任武汉市委第三副书记。1951 年 6 月因"纪凯夫事件"被免去武汉市党政职务，改任中南局民政部副部长，后被追究刑事责任。刑满出狱后，任国营五三农场场长，湖北省农垦厅厅长，省计委副主任等职。1980 年始任湖北省政协副主席直至离休。

周季方多年在河南战斗、工作，对河南省情比较了解，对河南工作也相当支持。请注意，1951 年 10 月和郑州市史隆甫副市长对接工作时周季方的身份是中南军政委员会民政部副部长，这个时候他正在跌向人生谷底的时刻。他刚被免去武汉市委副书记、常务副市长的职务，临时安排到这个清闲岗位上以接受组织上的进一步调查处理——数月之后，周季方锒铛入狱，开始了囚犯生活。即便在这样一个郁闷时刻，他还在为郑州的发展深入思考、献计献策，尽管他当时犯了严重错误，但在这件事情上，不能不令今天的郑州人肃然起敬。

1951 年，按照郑州城市总体规划的布局，省直机关有关办公和生活设施即开始在郑州老城区东北方向、金水河以北平坦开阔的郊野上筹备建设。——你现在再看 1952 年 8 月 5 日河南省人民政府向中南军政委员会的报告中"去年曾购置大部建筑器材，运存郑州工地，长期搁置堆放，易造成物质的损失和浪费"的句子，就明白其中原委了。

郑州人在 1951 年底之前就抢占先机，完成了第一轮城市规划的研究编制，通过这项工作，展示了郑州未来发展的宏伟蓝图，并以此促进了城市地位的历史性提升，迈向了晋升新省会的坚实一步。这一年，省委书记张玺因此在公开发表文章时开始使用"郑、汴、洛"排序概念。第二年国家建工部即将郑州列入今后五年（第一个国民经济五年计划时期）重点建设城市名单。而根据城市规划教科书的表述，全国性城市规划编制工作普遍展开是几年以后的事情。1952 年 9 月，政务院财经委员会（中财委）召开全国城市座谈会，会上才开始讨论《中华人民共和国编制城市规划设计程序草案》，1954 年全国重点建设城市的城市规划工作才全面启动。

城市规划多么重要！城市领导团队中有一位懂城市规划的人才多么重要！

第八章　接天衢

20 世纪 50 年代末，郭沫若先生有郑州之行，曾作《颂郑州》诗一首：

> 郑州又是一殷墟，疑本仲丁之所都。
>
> 地下古城深且厚，墓中遗物富而殊。
>
> 佳肴仍有黄河鲤，贞骨今看商代书。
>
> 最爱市西新建地，工厂林立接天衢。

郭沫若先生诗中"市西"，郑州人都称为西郊。西郊是 20 世纪 50 年代郑州城市工业化的主战场，是纺织工业集群的落脚地，"工厂林立接天衢"，真实而浪漫地描绘了当时一望无际的建筑工地和新建企业拔地而起的壮丽景观。

在重点讨论西郊纺织工业基地建设盛况及其成因之前，无论从发展时序还是从产业关联方面考虑，都应当首先介绍一下西郊之外的两家企业。一家是在郑州城南豆腐寨豫丰纱厂原址上重建的郑州棉纺厂，一家是在郑州城北南阳寨建设的河南农机厂。

📖【老郑州城市微观地理小词典】

豆腐寨

旧村庄名，位于今陇海东路南侧、陇海铁路北侧，豫丰纱厂旧址所在地。清朝时此地人称"窦府寨儿"，是窦姓官员祖居之地，因而得名，清乾隆十三年《郑州志》记载有"窦府砦"地名。据说窦府宅院宏阔，前有客厅，后有花园，设有书馆、粮仓、银库，至晚清时已家道中落。民国八年穆藕初在这里征用土地创建豫丰纱厂，据说办事者误将地名记作"豆腐寨"，久而久之以讹传讹，难以纠正。

豫丰纱厂

卢汉铁路通车后，陕、晋、豫各地棉花多集中于郑州，天津、青岛、济南、上海、汉口等地中外纺织厂商多坐于郑州收购。《晨报》称："郑州一埠，赖棉业振兴商市。"上海厚生德大纱厂资本家穆藕初看中郑州优势，集资 200 万元于 1919 年 4 月在郑州火车站以南方向的窦府寨购地 96 亩，兴建郑州豫丰纱厂，1920 年投产。初期生产规模为 1 万枚纱锭，1924 年增加到 5 万枚纱锭。该厂纱锭、布机均购自英国，由美国慎昌洋行代办，由于资金不足，豫丰纱厂前后共欠慎昌洋行 200 万元，因无力偿还，1923 年被慎昌洋行接管，成为旧中国在郑州被外国资本兼并的最大的一家中国纱厂。1934 年豫丰纱厂因情况恶化，被宋子文的中国银行吞并，改名为"豫丰和记纱厂"。豫丰纱厂的纺织设备当年在全国处于领先水平，有进口纱锭 56000 多枚，布机 234 台，国产捻线机 5600 台，职工 4170 人。这是郑州最早的一家现代纺织企业。1938 年，为躲避战火，豫丰纱厂拆除机器，整体迁往重庆。

大力发展工业，是新中国各个城市的基本任务，没有工业就没有城市实力，就没有充分就业，就没有产业工人队伍，就没有税收来源，就没有滚动发展的源动力。新中国成立初的郑州领导团队朝思暮想寻求以工兴市的途径。他们最终意见高度一致：利用旧有基础，发展纺织工业。1949 年春赵武成主持研究，作出《中共郑州市委关于恢复豫丰纱厂的决定》。郑州市委提出"郑州市中心工作已转入和平生产建设时期，根据现有条件及目前情况，必须首先恢复发展商业，进而发展工业。而恢复发展工业尤须择条件具备、有发展前途且对整个生产建设有推动作用之中心工业着手"。"郑州为棉花集散中心，原料充裕，交通发达，豫丰纱厂由民国八年五千锭子正式开工，发展到五万纱锭，拥有工人四千四百人，为中原有名之大厂，带动了铁工、织布等工业的发展，对生产建设作用巨大，郑市二十万人民亟有要求复厂之需，市委根据恢复发展生产的原则，决定采取重点计划，坚决恢复豫丰纱厂，以推动其他工业，带起私人建厂信心"。"在恢复步骤上，市委决定于八月底以前，安装六百个锭子的纺纱机，九月初开工，年底发展到五千锭子的规模"。这份由档案系统保留下来的市委决定只是一个记录性的文件，通过领导干部分别落实，没有形成要素齐全的正式文件，没有标注日期，但准确无误地记载了郑州市领导团体对发展纺织工业的信心和决心。关于文中确定的当年工作步骤和分期目标是有现实条件可以落实的——史隆甫的南阳面粉厂新中国成立前购买的正在闲置的部分纺织机械设备，可以充分利用。

他们看准纺织工业是郑州工业发展的优先方向。1950 年 2 月 6 日，台湾国民党飞机轰炸上海，杨树浦发电厂被炸，全市停电停水，工业企业维持生产遇到了很大的困难，中共华东局号召工厂内迁。郑州人看到了机会——郑州市委副书记刘道安早年曾担任过豫丰纱厂子弟学校的教师，郑州市工会副主席张治平曾做过豫丰纱厂的细纱工，他们有一个共同的朋友——原豫丰纱厂职员，后来在上海做棉花生意的张亮之，二人联合郑州工商管理局局长赵艺文一同发电报，邀请他回郑州共商恢复豫丰纱厂大计。张亮之利用自己在上海纺织界的人脉资源，动员纱厂老板周志俊将自己的企业内迁郑州。郑州市政府承诺，在厂址、动力、流动资金各方面大力协助，给予照顾。周志俊慨然成行，于 1950 年 3 月内迁郑州 4872 枚纱锭，在同年 8 月份之前，又陆续动员上海员工 200 多人分四批来到郑州，8 月 1 日在临时厂址（原豫丰纱厂仓库）正式开工，厂名定为"郑州信和纱厂"。此后周志俊多次增加投资，到 1953 年职工人数达到 300 人以上（1955 年公私合营后的郑州信和纱厂根据省计委批示，与开封天同纱厂、锦新纱厂合并，定名为"开封纱厂"，1956 年 3 月郑州信和纱厂迁往开封）。由这个案例可知，郑州和开封两座城市的资源输送并不完全是单向的。

1951 年，中南军政委员会根据郑州发展纺织工业的基础条件，决定在豫丰纱厂原址上，由国家投资建设拥有 3 万枚纱锭的郑州棉纺织厂。纺织女工盛婉的一段个人经历可以反映出当年有关的历史情景。

盛婉，少年时曾用名盛五宝，1933 年出生在上海南汇（原属江苏）一个贫苦农民家庭，为了谋生，13 岁就进了上海利民纱厂当童工。1949 年老板带领 120 个女工到郑州开办郑州利民纱厂，生产规模只有 120 个纱锭，因为资金短缺，经营不善，老板索性抛下工人和机器一走了之。盛婉不得不拿了政府发放的路费返回上海。1951 年经中南军政委员会批准，郑州市在豫丰纱厂旧址上建设新的"郑州棉纺织厂"，盛婉没想到这时她会接到河南省劳动部门给她的信函，大意是：你们曾在郑州失业，现在郑州兴办棉纺厂，是你们熟悉的工种，欢迎你们重返中原，政府会在郑州给你们重新安排就业。盛婉看到河南人待人如此厚道、热情和郑重其事，就找到原来那帮小姐妹商议，决定重返郑州，投身到新的建设之中。1953 年 4 月，根据中南军政委员会工业部批准的初步设计，郑州棉纺织厂的机器安装基本完工，6 月份开始试车，8 月份 30000 枚纱锭就实现了全部投产。盛婉在开封经过一年的文化课学习，成了新中国一名细纱工和郑州的新市民，也是成百上千参与郑州建设的上海人中较早的先行者之一。

前面我们已经讲到宋致和支持郭福海"跑马圈地"筹建河南农业

机械厂的故事。农业机械厂1949年10月开始筹建，郭福海顺带从苏州私营企业"大毅铁工厂"收购了一批粗纱机零配件，并且收编了100多名技工带回郑州，这给农机厂投产后的产品方向埋下了伏笔。本来农机厂的主攻方向应是农业机械，但厂里组织那批苏州技工装配了一台粗纱机，专门派人到国家纺织工业部汇报，要求纳入国家纺织设备生产计划管理。没想到纺织部明确了依靠国产技术装备发展棉纺行业的思路，正在物色骨干企业，见到河南农机厂报送的资料如获至宝，大喜过望。

新中国成立前中国纺织所需的机械设备，几乎全是向外国购买的，如美国、英国、德国、比利时、瑞士、日本，是万国牌的，甚至维修所需的主要零配件也大都依赖外国。新中国纺织工业的大规模建设，机械装备从哪里来？是继续向外国买，还是我们自己动手制造？我们自己制造，是依靠机械制造行业，还是纺织工业部急用先干，把纺织行业既有的机修力量组织起来，自己动手形成制造能力？纺织工业部领导的回答是果断的，明确的——不等不靠，一方面，把上海、天津、青岛等城市的一批纺织机械修配厂整合、改造为具有研发设计和成套生产能力的纺织机械专业企业；另一方面，另开新篇，创建新的骨干企业，逐步建立起一个比较完整的纺织机械工业体系。

纺织工业部征得中共河南省委、省政府同意后，将"河南省农业机械厂"改名为"郑州纺织机械厂"，将其纳入纺织行业机械制造序列。1951年4月该厂第一期工程竣工，当年就生产棉纺粗纱机32台。后改产清花机，并经多次扩建，成为纺织机械行业在中部地区的支撑力量。和郑纺机一起被纺织部收编的同类企业还有位于山西榆次的经纬纺织机械厂、沈阳纺织机件厂等。

毕业于郑州高级工业职业学校机械专业的衡宝卿先生1951年5月进入郑纺机工作，一辈子一个厂，从一而终直至退休，曾任郑纺机副厂长、厂经济技术委员会副主任。他撰文回忆说，新中国成立之初，郑州以至整个河南工业非常落后，铁路机务段、汽车修配厂、小电厂等几家企业是该校机械专业同学们毕业后的就业方向。正在此时，省里决定在郑州兴建一个机械厂，有传说是生产农机的，也有传说是生产火车头的，这样一来，同学们就有了新的梦想。当时学校的地址在城内城隍庙东城墙内侧，机械厂建厂工地就在城外西北十余里的海滩寺，校址和厂址虽然遥远，但由于战争和自然灾害的影响，城外是一片沙荒地，村庄稀少，林木全无，站在学校附近高高的城垣上可以遥遥相望。由于对这个筹建中的厂子一往情深，同学们会在早操之后面向工厂的方向背诵外语单词，或在晚自习后登上城墙乘凉散步，遥望工厂筹建处的点点灯火。这就是一群机械专业学生的单相思。寒窗三年即将结业，大好消息纷至沓来。因为工厂开工在即急需专业人才，市政府决定郑工学生提前考试发证。考试刚刚结束，工厂团委书记郑铁山和人事部门的领导开着卡车到学校把全班同学接到工厂，立即填登记表，发出入证，安排吃住事宜，就这样像做梦一样同学们都变成了国家职工，成了郑州人人羡慕的郑纺机人。

纺织工业在新中国备受娇宠。中华人民共和国成立伊始，中央人民政府在经济管理方面设置若干部委，其中专设"中央人民政府纺织工业部"，这是一项颇为特殊的体制设计。在部委序列中，将"纺织工业"与"轻工业"并列，和此前国内经济界将纺织业归为轻工业组成部分的惯例显然不一致，这件事具有阐释价值——它说明国家体制的设计者们高度重视这个工业门类，并用放大和提升的方法为之提供制度性保障。"衣被天下，福泽天下"，这是他们的核心关切。

不负众望，中华人民共和国成立初期纺织工业很快就有不俗的表现。这和领军人物钱之光的努力密不可分。

钱之光（1900—1994），浙江诸暨人。他的一生经历丰富多彩。他出生于浙江诸暨一个农民家庭，1927年秘密加入中国共产党，1929年到上海，在毛泽民等领导下，筹建绸厂，作为党中央的联络点。1933年夏赴江西中央苏区瑞金，任中华苏维埃中央政府对外贸易总局局长。1934年随中央红军长征。抗日战争时期，任八路军（十八集团军）驻武汉办事处处长兼新四军驻武汉办事处处长，八路军驻重庆办事处处长（挂少将衔），1945年毛泽东主席赴重庆谈判的40多天，钱之光负责生活服务、安全保卫并安排各种会见活动，为重庆谈判作出了重要贡献。新中国成立前，受中央委托在香港创办"华润集团"并亲任董事长，为共和国在香港的经济家业奠定了基础。1949年10月1日钱之光参加了开国大典，10月19日中央人民政府任命曾山为纺织工业部部长，钱之光为副部长，曾山因主持华东财委工作一直未到任，由钱之光全面主持纺织工业部工作。后来国民党著名抗日爱国将领、民主人士蒋光鼐先生任纺织工业部部长，钱之光以副部长和党组书记身份仍继续负责全面工作。从1949年至1981年，钱之光领导中国纺织工业32年，带领一大批从革命战争环境走上社会主义建设岗位的老同志，坚持自力更生与学习外国经验相结合，独立自主地建立起新中国的纺织工业体系。

从世界工业发展的历史来看，纺织工业素有"母亲工业"之称。它不仅担负着"衣被天下"的重任，更要为实现国家工业化提供资金积累。世界上发达国家的工业化道路都是从纺织工业起步向外拓展的。中国的经济发展也是如此。中华人民共和国成立初期，纺织工业产值占全国工业产值的35%，穿的商品（衣装鞋帽）在全国消费品零售总额中占20%，纺织工业是近代工业中最大的一个产业部门。

钱之光在中华人民共和国成立之初关于纺织工业发展提出两大战略性举措：一是针对中国短时间内实现大规模纺织产业建设的历史任务，必须立足发展自己的纺织机械工业。二是优化东中西部产业布局，在中西部地区建设一批纺织工业基地。这两大战略性的构思和举措，得到了党中央和毛主席的肯定。郑州市幸运地与这两大战略的实施实现了搭

晚年钱之光　图片来源：《钱之光传》
（中共党史出版社，2011）

接，从中获取了巨大的城市崛起的能量。

20 世纪上半叶，有"中国纺织上青天"的说法。"上青天"指上海、青岛、天津三座著名城市，统计资料显示，1949 年"上青天"三市集中的纺织工业产能占到全国的 60% 以上。如果再加上江苏、浙江的企业，中国纺织业过度集中于东部沿海地区的产业布局特点则更加明显。在当时国内外形势和运输条件下，这对国内区域经济均衡发展、原料产地与加工工业有机结合以及战备要求都是不利的。中华人民共和国成立后，纺织业布局贯彻执行党和国家领导人关于"纺织工业要向内地发展"的指示，选址时充分体现了调整工业布局的指导思想。

郑州的机会终于来了。机会垂青于有准备的人，郑州早已做好了准备。

河南省是全国有名的棉花产区，棉质优良，纤维较长。郑州历史上也是产棉区，郑州老城墙西南角外的地片就叫"花地岗"，花地，就是棉花地的意思，表明这块岗坡起伏的土地曾经是大面积的棉田。

📖 【老郑州城市微观地理小词典 】

花地岗

旧地片名，位于郑州老城墙外西南角方向，清朝末年这里还是岗坡丘壑，因曾种过棉花而得名。华美医院当年创办之初征用土地位置即在花地岗中。京汉铁路通车后，这里陆续形成街巷和居民区，街巷各有其名，如玉庆里(系余庆之误记)、维新里、华丰里等老街巷，这里住有不少铁路工人和铁路职员，是早期工人运动的策源地之一，1923年玉庆里曾设有"京汉铁路总工会筹委会通讯处"，林祥谦等工人领袖们曾在此秘密开会商议组织活动，反抗军阀压迫，争取工人阶级政治权利。

据纺织工业部1953年数字，河南全省共有1014万亩棉田，每年可产棉283.92万担。抗日战争之前，郑州就是全国重要的棉花交易中心和棉花物流中心。棉花商业区以饮马池（福寿街附近，现郑州饭店一带）为中心，花行、货栈主要集中在二马路、兴隆街、苑陵街西段、福寿街北段到西陈庄这一地段。每天从早到晚，往这里运送棉花的手推车、汽马车成群结队川流不息，比赶庙会还要热闹。省内灵宝、新乡和陕西泾阳、河北邯郸等棉花集散地都转运至郑州再流转至东南部纺织业发达地区。1928年的数据，郑州棉花年成交量达30余万包（每包250公斤）。棉花业给郑州许多行业带来商机，整个郑州市场呈现一派繁荣景象。

更重要的是，郑州解放后发展工业的努力方向与纺织工业部的战略导向完全吻合，在豫丰纱厂原址重建的郑州棉纺厂，由农业机械厂转行的纺织机械厂，这两家企业的兴起显示了郑州推进工业项目的能力，也和纺织工业部完成了行业链接和情感铆固。

郑州于是被列入国家投资建设重点纺织企业城市备选名单——注意，这时候还没有提出全国几大纺织工业基地的概念。

1952 年钱之光亲自带领纺织部基建局副局长陈鋆和有关技术人员到石家庄、郑州、西安等地考察厂址，就勘察设计单位的初选比较方案进行深入细致的核查分析，把各地的地理环境、原料资源、水电供应、交通运输等建厂条件了解得一清二楚，然后进行综合比对，最终择优确定选址。在石家庄考察时，钱之光一行住在一户农家，休息的土屋连门都没有，几个人挤在一个大土炕上睡觉，警卫员忠于职守，为了保证首长安全，彻夜坐在门槛上坚守待旦。钱之光一行到郑州考察时照样没有通知中南局、河南省政府，甚至事先都没有告知郑州市政府，他们下了火车搭乘胶轮大车来到西郊——那时候西郊没有柏油马路，更没有公共汽车，他们徒步行走，在大路沟里爬上爬下，踏勘备选的棉纺厂厂址。钱之光这时毕竟年过半百，累得气喘吁吁，鞋面上被浮土掩盖，裤脚上也满是灰尘，但他依旧是兴致勃勃，不肯休息。

他看到路边一面短墙上用石灰水涂写的"西十里铺"地名标志，停下来，警卫员递上行军壶，他仰脖喝了一大口，指着告诉大家："这个地名好。古人起的地名，既能告诉方向，还能知道这里离开老城走了多远。"又笑着说："咱们走了半天，才走了十里地，成绩不突出，加把劲，到贾鲁河边再休息。"

顺着大路沟前行，钱之光一行路过三官庙村口。

新中国成立初的郑州西郊还是沟壑纵横的旷野　金石声摄影

📖【老郑州城市微观地理小词典】

三官庙

　　郑州著名道观，位于郑州城西 15 里（今建设路与华山路交会处西）。始
建于明朝初年，一位道士在郑州及附近百里募捐数十年倾资建成，正德年
间、嘉靖年间两度重修，"饰而广大之"。庙宇建筑规模宏大，坐北朝南，
占地 40 余亩，大门有"涵谷观"大字匾额，庙内有戏楼、三官殿、玉皇阁
等建筑。民国时期，郑县教育局在此创办县立第二小学；1928 年—1939
年，郑县简易师范学校以三官庙为校址办学。1942 年日军第二次进犯郑州
时庙宇损毁殆尽。三官庙旁的村庄原名"毛家村"，后随庙名，改称三官庙
村。1948 年 10 月郑州解放，11 月另成立郑县人民政府，管理范围为民国
时期郑县的大部分乡村地区，隶属于郑州专区。陈冰之任县委书记，延新

文任县长，县政府办公地点为三官庙村(今建设路三官庙街道)。

　　走到三官庙村口，钱之光兴致勃勃，问随行的基建局陈錾局长："好像很多地方都有三官庙，你说说看，这里供的是什么神仙，三官指的是哪三位?"

　　陈錾挠挠头，答不上来，其他随员也面面相觑。陈錾见几位老汉蹲在村口晒暖聊天，灵机一动说："稍等片刻，容我先讨教讨教。"

　　老汉们最喜有人请教，一看这帮人都是干部模样，纷纷抢答，相互补充。

　　一位说，天官，地官，水官，总称三官。

　　另一位说，天官赐福，地官赦罪，水官解厄，各有执掌。

　　还有一位说，天官、地官、水官其实就是尧、舜、禹三位帝王，尧帝善观天象，所以做天官；舜帝重农政，所以做地官；大禹王会治水，所以做水官。

　　最后一位说，老百姓种地，靠天，靠地，靠水。所以三官庙里香火旺，三官庙会人气旺。

　　谢过三官庙村几位老人，钱之光率众继续前行。钱之光边走边感慨："老先生说得很深刻呀，种地靠天、靠地、靠水。我们选址建厂，考察的不也是这三样嘛，看天气条件，看工程地质，看水源情况，对不对? 三官庙今天如果还在，咱们真该去拜一拜。"

　　钱之光把大家都逗笑了。走到贾鲁河边，一河清水由南向北淙淙流淌，举目北望，见远处隐隐约约似有大型工地，土路上胶轮大车和小推车络绎不绝都在向北运送建筑材料。打开地图，上面标注的是"363 火电厂"的位置。

363 电厂

　　郑州火力发电厂，当年亦称郑州新电厂。厂址位于郑州西北郊南阳寨附近，贾鲁河东岸，东近京汉铁路，南临陇海铁路，从选址、勘测到设计均在苏联专家帮助下进行，常驻工地现场的苏联专家有 19 人之多。项目总投资 1513.32 亿元（相当于新币 1513.32 万元），设备全部由苏联提供——这是当年苏联援助我国 156 项重点建设工程之一，代号为"363"，当时很多人习惯称之为 363 电厂。1950 年 5 月开始选址，1952 年 12 月正式开工建设，10 个月之后的 1953 年 10 月 24 日，一机一炉试车成功，正式发电，当时被郑州市民叹为奇迹。这是新中国成立后郑州西郊开建的第一个重点项目，成为郑州西部开发的拉动力量，对郑州原有的城市规划布局的调整产生了较大影响。郑州火电厂的建成，不但为郑州快速发展的工业和不断繁荣起来的城市生活提供了能源动力保障，同时还为全省输送了数千名电业工人和管理干部，先后为全国兄弟电厂培训电业工人近万人，一时成为郑州城市进步的标志。363 电厂的位置，在今西三环郑州高新技术产业开发区河南省国家大学科技园一带。

　　在郑投资新建大型棉纺企业的初步选址既近水源，又近电厂，还离铁路不远，有建设铁路专用线的便利。钱之光亲自考察郑州西郊选址位置之后，非常满意，原则同意。

　　1953 年 1 月国营郑州棉纺织厂开始正式筹建，筹建处设在石平街 77 号。话说在豫丰纱厂开工建设的棉纺厂已经定名为"郑州棉纺厂"，现在出现了重名情况如何是好？1953 年 2 月 4 日，纺织工业部中南纺织管理局行文批复，给出了解决办法：这一次新筹备的棉纺厂投产后称"国营郑州第一棉纺厂"，裕丰纱厂原址重建的改称"国营郑州第二棉纺厂"——后来有人开玩笑说,先出生的叫老二,后出生的叫老大,正应了那句老话:后来者居上。

郑州国棉一厂1953年5月1日开工建设。直到这个时候,大家都还限于为郑州新增了一家大型棉纺企业而欣喜快慰,没想到更大的欣喜还在后边。

1953年秋,对郑州而言又是一个幸运季。国家计委、纺织工业部就纺织工业的发展问题向党中央作汇报,提出了在"一五"期间发展180万~250万纱锭生产能力的设想。1953年我国开始进入大规模经济建设时期,随着国民经济的恢复,城乡人民尤其是广大农村地区在完成土地改革以后,对纺织品的需要量迅速增长。1953年全国纺织品市场销售量已比1949年增长一倍,但当时纺织工业在产品数量和花色品种方面,都远远不能满足人民群众的消费需求。国家计委和纺织工业部在研究第一个五年计划时,都认为纺织工业特别是棉纺织工业必须有一个大的发展。因为当时我国棉纺工业只有500万锭产能,设备利用率至1953年已达96%,因此必须新建一批棉纺织厂,才能解决城乡市场纺织品供不应求的矛盾。但是考虑到国家建设以重工业为主的方针,在国家财力有限的情况下,经过有关部门初步平衡,设想在"一五"期间,发展棉纺锭180万~250万锭。

深秋时节的一个夜晚,皓月当空,毛泽东在中南海主持会议,专门讨论纺织工业发展问题,周恩来、朱德、林伯渠等中央领导参加了会议。毛主席认真听取了钱之光的汇报,同意钱之光对纺织业产业地位和发展条件的分析,他认为,纺织工业发展的规模还可以再大一点,步伐可以再快一点,他说:"不是180万锭,也不是250万锭,而是300万锭。"会议进行中,涉及棉花来源和供应问题,毛主席还专门临时邀请主管农业工作的国务院副总理邓子恢过来一起参加研究。会议从晚上7点一直开到深夜。就在这个会议上,原则勾画了我国纺织工业发展的蓝图。一个月后（10 月 8 日）党中央在对纺织工业部《关于目前纺织工业的基本情况及今后工作部署的报告》的批示中指出，布匹的供应，关系着全国每一个人的生活，关系着党和国家与人民群众的联系，特别是与广大农民的联系。……为此，应该在集中力量建立重工业与继续发挥生产潜力的方针下，迅速增加相当数量的纱锭与织布机。五年包括扩建在内，至少应争取增加 300 万左右的纱锭。

党中央的决策，加速了纺织工业进一步发展，一批新建企业陆续开工，新的五大纺织工业基地也应运而生。

据纺织工业部有关资料，1953 年 4 月北京国棉一厂、石家庄国棉一厂、西北国棉三厂相继动工。同年稍后，规模更大、设计更为完善的北京国棉二厂、石家庄国棉二厂、郑州国棉一厂、西北国棉四厂同步破土动工。四个大厂的建设，采用纺织工业部设计院的同一套图纸，因而四个大厂后来形成了特殊的兄弟企业关系，互帮互学，一时传为佳话。中央作出"增加 300 万纱锭"决定的以后几年，北京国棉三厂和北京印染厂、北京针织总厂，石家庄国棉三厂、四厂和印染厂，邯郸国棉五厂、六厂，郑州国棉三厂、四厂、五厂、六厂和郑州印染厂，西北国棉五厂、六厂和西北第一印染厂相继破土动工，北京、西安、郑州、石家庄、邯郸成了公认的五大纺织工业基地。

上述企业建成后基本上都是一次试车成功，便马上转入"开足机器，开足班次"满负荷运行的状态，生产设施和生活设施（职工住宅区及其服务设施、单身职工宿舍等）同步建成，建设周期一年半左右，投资回收周期为两到三年时间。建设速度之快、投资效益之好，让国内外业界瞠目结舌。中华人民共和国成立之初确定的"大规模建设纺织工业"的战略决策宣告首战告捷。这五大新型纺织基地，都处在当时中国中部铁路干线"京汉路""陇海路"沿线，并位于主要产棉区冀、豫、陕三省，因而也实现了产业布局调整的目标。从此，这五大纺织新基地保持了半个世纪的纺织业繁盛和产业链成长。

郑州是幸运的，在自行寻求利用纺织业产业基础的关键时刻，赶上了国家纺织业投资这班车，在铁路交通带来的第一次重大发展机遇之后，得到了第二个重大机遇的惠顾。

纺织部适应大规模建设新厂的任务，一方面大力发展纺织机械制造厂，把这些机械制造行业的企业牢牢抓在手中，避免部门分割；另一方面高度重视基建管理，组建了基本建设局、纺织设计院、建筑工程公司和安装工程公司。这支建设力量承担了这一时期将近80%的纺织工业新厂建设的任务，干净利索地建成了北京、西安、郑州、石家庄、邯郸五个纺织工业基地的19个棉纺织厂，总规模达到161万锭，并配备了相应的织机和印染设备。"一五"期间，包括五大纺织工业基地在内，纺织工业共新建棉纺厂68个，总规模240万锭，加之在建企业，总规模超过了300万锭，实现了毛主席提出的发展目标。

当年在纺织工业部工作的苏联专家十分钦佩五大纺织基地的建设成就。让他们惊奇的是，一个5万~8万锭的棉纺厂建设周期只用一年多点的时间，边建设，边造机器，边安装设备，试车后即正式投产，而且同时建设五大基地，流程顺畅，压茬跟进。这样复杂而艰巨的任务，没有坚强的领导、严密的组织是无法实现工作目标的。

郑州纺织基地建设是五大基地中的典范之作。从1953年到1958年，用一年一个厂的速度，在郑州西郊荒野上，一口气连续建成了5座国营大型棉纺织厂，它们像五姊妹一样顺东西方向并肩排列在一起，形成一个矩形方阵，锯齿形厂房连成一片，五个厂区的大门都被南边的棉纺路串联在一条线上。

📖 【老郑州城市微观地理小词典】

棉纺路

郑州西郊重要的工业廊道,东西向道路,略向西北方向倾斜。东起建设路、大学路、金水路交会点(今河医立交桥),西至秦岭路,全长 3800 多米。以棉纺路与嵩山路交叉口为界,以东称棉纺东路,沿路有发电设备厂、水工机械厂等企业。以西称棉纺西路,路南侧为棉纺厂、印染厂生活区,路北侧为紧密邻接的五大棉纺厂生产区。五大棉纺厂已先后改制外迁,原工业用地现已改造为居住和商业用地,昔日鳞次栉比的车间,现在是林立的高层住宅区和大型商场。国棉三厂部分建筑设施被保留下来,改造成了反映郑州发展历程的专题博物馆——"郑州纺织工业遗址博物馆"。

棉纺路南侧几百栋楼房绵延数里——五家棉纺厂的生产生活建筑总面积相加达到 70 多万平方米。五家棉纺厂,地理位置上相互依靠。在工厂的北边,投资铺设了连接陇海铁路的棉纺专用线,把五大棉纺厂与全国城乡体系连接起来——铁路专用线把原料源源不断地运来,又把产品发送到祖国的四面八方。郑州西郊一万多亩原野岗坡上,形成了名副其实的纺织城。整个纺织城的面积超过了郑州老城区的面积。

俯看西郊地图,你会发现一个有趣的历史细节:五大棉纺厂空间布局以国棉一厂为起点,是由西向东步步递进的。紧邻一厂向东逐次展开了三、四、五厂的建设,待到建设六厂时东进受阻——东边已无足够的建设用地,只好掉头在一厂西邻地块安排建设,1958 年第二个国民经济五年计划开始,在六厂西侧又建成了设计年产 1.1 亿米生产能力的印染厂,解决纺织企业部分棉布的深加工问题。在郑州印染厂的西边,又建设了规模为 70 万枚纱锭配套所需要的河南省纺织机械厂和年产梭子 60 万只、纱管 500 万只的河南第一纺织器材厂,由东向西的步步递进,在棉纺企业边侧形成了纺织产业家族群落。从这个情况看，当年纺织城建设之初，郑州人对最终建设规模并没有做到"胸有成竹"——从这个"郑州纺织地理"现象中，我们在看到郑州人稳扎稳打步步为营的同时，还看到了国家纺织工业主管部门在郑州不断追加投资增建新厂的过程，也看到了他们对郑州投资环境的青睐。

回顾五家棉纺厂的建设过程，当年郑州人艰苦创业、大干快上的精神和全社会心无旁骛、通力合作的氛围至今让人深深感动。

国棉一厂是发轫之作。从1953年5月1日破土动工，到1954年4月开始投产运营，用了不到一年的时间。《河南日报》1954年5月18日头版头题、二题连发两条报道：

《新建国营第一棉纺织厂全面进行试车生产》《国营郑州第一棉纺织厂建厂中得到全国及本省各地的支援》。报道说：

> 新建国营郑州第一棉纺织厂建筑物已经拆除了最后的一批脚手架，宫殿式办公大楼和锯齿形厂房显得更清晰壮观，全面试车生产已经开始了。这座棉纺织厂原计划应在今年六月底建成，但由于建厂职工的努力和全国及我省各地的支援，四月二十九日就全部移交生产。
>
> 国营郑州第一棉纺织厂在短短的一年中迅速建成，这与我国重工业的发展和全国及我省各地人民的支援是分不开的。全国很多省市工厂都担负了重要建筑材料和机械设备的加工制造任务，其中有北到佳木斯制造的水泵，西南到昆明制造的万能铣床，还有远至内蒙古砍伐的木材，鞍钢的上水管道和钢材，重庆的钢轨及许多钢铁厂、水泥厂、电工厂等供的钢筋、水泥和电工器材。这些企业单位纷纷提前或按期交货，保证了建厂工程顺利进行。鞍山铆造厂为国棉一厂制造的锅炉，原计划是去年十二月底至今年元月份交货，但为了配合冬季施工，一号炉就提前到去年十月份交了货。国棉一厂机器安装工作还没有开

始，上海、天津、青岛、西南、西北和郑州各纺织机械厂给一厂制造的机器就有百分之九十五以上运到了工地。

在建厂中，上海四十多个棉纺织厂抽调了一百多名熟练技术工人和技术人员参加了一厂机器安装，并使安装工程由四月底提前到三月底基本完工。东北和中南水电安装工程公司参加了管道和附属设备的安装，克服了工地上特种工缺乏很可能造成的进度不平衡影响生产的现象（困难）。为支援一厂开工生产，上海、武汉、豫北等地许多棉纺织厂还积极输送了各级行政管理干部、技术干部和熟练工人三百多人，其中有厂长、工程师、科长和技术员，还有龙头细布的设计者、现任国棉一厂副总工程师李继桢，有上海国棉二厂劳动模范、现任国棉一厂细纱车间副主任谢兰英。上海许多棉纺织厂和郑州国棉二厂并热心地为一厂培养了一千二百多名新工人，这批新工人在各厂老工人的亲手培养下，大都在短短的四个月内能看管四百枚细纱锭或二十四台自动织布机。现在她们已成为国棉一厂生产中的主要力量。

还应该特别提到全省和郑州市人民对建厂的热烈支持和关怀。去年，在通往国棉一厂的铁路岔道未修通前，郑州市搬运公司上千辆架子车和郊区农民的上百辆气（汽）马车，日夜轮流为工地运送大批建筑材料。去年一年，搬运公司的工人没有耽误过一个车皮的起卸。当施工紧张的时候，参加建设三六三工地的中南电业工程公司、黄委会郑州修配厂，都积极支援吊车、拌合机、卷扬机等，补充了施工机械的不足。郑州市及附近各县的农民及时供应了砖、砂、石子等大批的建筑材料。在工地上进砖计划没有完成时，巩县石河道生产救灾合作社听说后，主动找到采购人员，把一百二十个车皮的青砖和碎石供给工地需要。这些材料一般都保证了规格质量良好。郑州市郊区的农民仅是为国棉一厂挖运的土方就有十二万立公方。为了使工厂早一天建成，农民们把自己的土地卖给国家供建厂使用，工厂区内的三十多户人家很快地迁到了别村。另外，中共郑州市委、市人民政府经常派负责干部和工作组，到工地检查和协助工作，及时帮助解决施工中发生的困难和问题。

文中说到市委、市政府"常派负责干部和工作组，到工地检查和协助工作"，这个说法过于轻描淡写了。实际情况，按照国棉一厂厂志等文献记载：纺织工业部、中南纺织管理局、省委省政府、市委市政府共向现场派了五个工作组深入现场解决问题，省委书记杨蔚屏和郑州市副市长吕英（后任洛阳市长、市委书记）两人在一厂工地蹲点工作，省委第一书记潘复生、省长吴芝圃及郑州市委书记兼市长宋致和都曾来这里现场办公，鼓劲加油。当年对发展工业的重视程度，几乎达到"工业崇拜"的高度，抓工业上项目，上下协力、人同此心。

为了跟进一厂的需要，郑州抓紧开工修建了"建设路"，并开通了郑州历史上第一条公交线路——1 路公交，从郑州火车站至国棉一厂大门口，线路全长 6 公里，服务对象不言自明。

📖【老郑州城市微观地理小词典】

建设路

郑州西郊东西向主要干道。因路面通直宽阔，曾被市民议为"备用机场"。东起金水河桥，西至柿园桥(贾鲁河桥)，长 6300 余米。1953 年开始修建，东段线位的基础是 1928 年冯玉祥修建北伐烈士陵园时同步修通的"碧沙岗公路"，西段线位的基础是通向洛阳方向的"大路沟"。1953 年开始建设高阳桥至国棉一厂(前进路口)路段，为兴建中的国棉一厂提供交通保障，当时称为"西十里铺纱厂交通道"，1955 年正式命名为建设路，建设是时代主旋律，当时中原区区名又称"建设区"，建设路定名与此有关。

工厂顺利建成开工生产，必须有一个庆典才能释放豪情。1954年7月1日，在庆祝中国共产党成立33周年的日子，国棉一厂全厂职工举行了隆重的投产典礼，纺织工业部部长蒋光鼐、省长吴芝圃、省军区司令员陈再道发来贺信贺电。纺织工业部基建局局长陈鋆、省委工业部部长吴皓、郑州市委书记兼市长宋致和以及受邀而来的全省各地的劳动模范，郑州市各机关、部队、工厂的代表和本厂职工数千人参加了大会。中央广播说唱团著名相声演员侯宝林、郭启儒、郭全宝来厂演出。大会决定选派李清和、李海云、刘秀云代表全厂3000多名职工带着精心织出的白纱布到北京向党中央、毛主席献礼。那个时候，大家表达感情的方式是质朴的、感性的、充满激情的。国棉一厂的代表乘火车到达北京后受到纺织工业部副部长张琴秋的热情接待。张琴秋是红军时期的女将领，担任过红四方面军总政治部主任，是老一辈革命家，中华人民共和国成立后任纺织工业部副部长、党组副书记，是新中国纺织工业主要奠基者之一。7月10日在张琴秋副部长的陪同下，国棉一厂代表到中南海汇报，受到朱德副主席的亲切接见。没能见到毛主席，能见到朱老总，他们也是万分感动，当他们手捧着自己生产的棉布和细纱献给朱德时，朱德满面笑容，与他们一一握手，请他们在沙发上坐下，询问厂子的建设和生产情况，对他们说："你们搞得好！你们生产的布和纱是人民的需要。过去农民十年穿一身衣服，现在是一年换一套衣服，所以要生产更多更好的布匹！"

1954年施工任务全面完成后，施工企业中南纺织管理局工程公司宣布撤离，但泥瓦工吕丑坚决不愿离去。这个河南林县穷山沟出生的年轻人，旧社会以给地主放牛为生，1953年被工程公司招收为正式工人，这辈子参加施工的第一个项目就是郑州国棉一厂新建工程，在这一年中，他一天也没有离开过工地，爱上了这座他亲身参建的现代企业，对这里的一砖一瓦、一草一木都饱含柔情。他哭了起来，找领导要求留下。师傅笑话他说："你这可不沾弦啊！替人盖房，盖成拍屁股走人，这是咱们的本分。咋，你还想久占为业吗？"

吕丑说："我舍不得这地方，我想留在这儿当工人。"

那时候的领导真有人情味，国棉一厂的领导和工程公司的领导一商量，真的就把他留了下来，他在这里一干就是几十年，直到20世纪80年代因病去世。他留下来负责厂里的修缮工作，几十年如一日，从厂房到家属宿舍，到处都洒下了他的汗水，国棉一厂里里外外，没有人不知道这位"丑哥"。1958年他入了党，1959年获得郑州市劳模称号。

在国棉一厂建成投产的当月，国棉三厂1954年4月开工建设。破土动工之前，设在石平街的筹建处已经开始招兵买马。

📖【老郑州城市微观地理小词典】

石平街

旧街名，是从大同路中段向北通往苑陵街、福寿街的一个十字形里巷。有文史资料记载，民国初年有满族前清官僚武魁自湖北来郑，从王士荪手中购买此处地皮用于开发房产，用于开办客栈或对外出租，建成二层楼房一栋。因该楼共有48个窗户，人们便称之为"四十八间楼"，远近闻名，后演化成地片名称。这里日渐繁华，商家居民聚而成街，因小街呈十字形状，且街面平整，故称"十平街"。该街与附近"丁字街"（后称丁字胡同）相连，居民书写时，"十""丁"两字字形相近极易混淆，民国五年（1916年）街名取同音字改写为"石平街"。军阀混战期间，"四十八间楼"名声在外屡遭驻军抢占、损坏，主人气急，拆楼改建为简陋平房。新中国成立初期，因石平街位置适中，交通便利，又有不少政府接管的公房，所以不少临时机构和项目筹建机构在此办公。

武克华小学毕业一年多了，他无心继续向学，朝思暮想能早点工作，挣钱养家。他听说东北正在开展大规模经济建设，很多工厂都在招工。小学课本上东北著名劳模王崇伦的故事对他产生了深刻影响，他梦想有一天能到鞍山给王崇伦师傅当徒弟，也成为一个发明小能手。他和两个邻居小伙伴偷偷相约，背着家人，一天上午到火车站扒上了开往东北的列车。火车行进中，他们几次躲过查票，当天下午快到河北邢台时还是被发现了。列车长查验了他们随身携带的小学毕业证，知道他们奔赴东北投奔王崇伦的想法后，和蔼地问他们："你们知道东北有多远吗？知道东北有多冷吗？你们这一身打扮下车就会冻毁的。你们从这儿下车，掉头回去，你们不知道，郑州的工厂也在招人嘞！"

列车长不但没有为难他们，还在火车停靠邯郸站时找到一位工作人员，请他帮忙把三个孩子送上开往郑州的列车。武克华老人回忆说："当年的人都很善良、热情，助人为乐，邯郸车站的那位工作人员把我们送上回郑州的车，还给我们每人买了一个玉米面馍。我们饿了一天，馍吃到嘴里，一下暖到心里啊。可惜忘了问人家的名字。"

在铁路上折腾一天，武克华当天夜里又回到了郑州。

他从此开始四处打听郑州企业招工信息。1953 年末，听说石平街上国棉三厂筹建处"保全技工训练班"正在招工，他立即跑去报名——虚报了两岁（自称 16 岁），才达到报名条件。参加了文化课考试，几天后心情忐忑地去看录取红榜，在密密麻麻的名单中一眼就看见了自己的名字，高兴得蹦了起来。筹建处的工作人员对被录取的年轻人说：过了春节培训班才开学，你们安心在家过年吧。过年你们还可以玩玩儿，过了年后，你们就是工人阶级啦！

1954 年 2 月，培训班在贡院街一个大院里正式开学。

贡院街

　　今法院东街，西起管城街，东至塔湾西街，全长 560 米，由贡院街和奶奶庙胡同两条旧街巷整合而成。贡院街因清朝郑州贡院在此设立而得名。清雍正二年（1724 年），郑州知州在州衙东南修建郑州贡院。贡院内有龙门、龙虎亭、至公堂、明远楼等建筑，东西两旁建有考棚，供郑州、荥泽、荥阳、河阴、汜水童生前来应试时使用。乾隆七年，考生地域又增加禹州、密县、新郑三地。辛亥革命前，废除科举制度，贡院旧址后由民国郑县教育管理机构使用。1948 年郑州解放后，这里曾称"干部集训处"。现为普通市民住宅区。

　　国棉三厂第一批在郑招收的 360 名工人划分为三个大队九个小队在这里集中培训。经过一个多月的政治学习、纪律教育，武克华首批中选，和 49 位同学一起，被派往武汉国棉一厂进修学习专业技术，其他学员也陆续前往南方多座城市的棉纺企业受训。

　　对郑州而言，武汉是一座兄长城市，这个时期，郑州不断有大批的青年工人到武汉接受岗前培训，武汉三镇接纳了这些"留学生"，对口企业对他们传道、授业、解惑，真正堪称"师者"。武克华一行晚间到达汉口，一时没有住处，中南纺织管理局办公大楼的门厅为他们开放，他们打开铺盖卷在这里打成一个满堂地铺，相与枕藉，度过了他们第一个江城春夜。此后的一年中武克华和同伴们在武汉国棉一厂受到师傅们的热心照顾和悉心指教，由一名纺织"小白"，成长为一名初具技能的机修工。回忆当年旧事，武克华老人对武汉有一种特殊的情感：武汉是他在郑州之外到过的第一个城市（邯郸站台停留片刻不能算数），在这里他了解了大型现代化纺织企业的全面知识，获得了劳动技能，还在这里加入了共青团，树立了人生进步的目标。当年夏天武汉遭遇了百年不遇的长江洪水，汉阳马路上水淹一丈多深，郑州青工学员和厂里的师傅们在惊涛骇浪中抢险护厂，和武汉人民共度时艰，和这座城市结下了不解之缘。

1954 年底告别武汉回到郑州，国棉一厂的大卡车把他们从车站直接接到西郊工厂。临赴武汉前他们曾到工地参观，看到的是用铁丝网围护起来的地基坑沟和一堆堆的沙土石灰、一垛垛的青砖红瓦，这次回来一看，哇！高大的厂房、漂亮的宿舍楼都已建好，都正在进行内部装修和水电安装，四通八达的上下水管道正在接通，不到一年的工期，可谓突飞猛进、日新月异！

各种纺织设备已运到厂房，从上海、南通、苏州、无锡各地前来支援三厂的老师傅们也已陆续到位，机器安装全面开始。武克华和武汉"留学"归来的伙伴们征得领导同意，独立安装了细纱车间 11 排机位，展示了技术实力和业务水平。在细纱 10 万纱锭的安装中，他们初生牛犊不怕虎，奋勇上阵，大显身手。

国棉三厂 1955 年 7 月 1 日举行了投产仪式。武克华怀着对新社会感恩报德的心情全力以赴投入劳动竞赛和大生产运动。1956 年被评为河南省纺织工业局劳动模范。这一年他的档案年龄 19 岁，实际年龄17 岁。

连续建成的五家棉纺厂，职工来源是多元化的，除像武克华这样在当地招收的郑州土著以外，为了满足企业对管理人员和技术骨干、熟练工人的需求，纺织工业部协调全国棉纺企业对口支援，雪中送炭，为郑州征召了一大批外援队伍和有生力量。成千上万来自沪上、江南、荆楚和齐鲁大地的优秀儿女义无反顾，踏上支援郑州建设的征程。据有关厂史资料和相关人员回忆，郑棉一厂的外援力量主要来自上海、武汉；三厂的外援主要来自上海和江苏南通及湖南、湖北一些地方；四厂主要来自江苏苏州、无锡、常州等城市；五厂则由山东定向支援，人员来自青岛、济南两市；六厂外援分别来自武汉和北京。每个厂子接受的外援数量不等，多则千人，少则也有二三百人。

三厂建成后，来了一批无锡女工。当年地区间交流较少，信息不通，她们对郑州一无所知，满怀支援内地的热情，对这里的生活条件做了最坏的打算，有的带来了几十支牙膏，害怕郑州买不到，有的带来了几十刀卫生纸，猜测这里还处在出恭后使用树叶、杂草的时代。到了厂里，发现厂外不但有百货商店，厂内也有合作社，日常用品应有尽有，大家想起自己的无知笑得前仰后合。三厂职工来源众多，饮食习惯不同，口味差别很大。湖南人、湖北人喜欢吃辣的，上海人、江苏人喜欢吃甜的，山东人爱吃大葱，河南人爱吃大蒜，南方人习惯吃大米，北方人习惯吃面食。众口难调。厂领导经过商议，决定在职工食堂开设两个灶，一个南方灶，一个北方灶，用两分法解决饮食偏好问题。后来条件又好一些时，改两灶制为选购制，凭饭票菜票（厂内食堂使用的有价证券）在食堂窗口随意选择自己中意的饭菜。为满足职工的饮食要求，食堂开展了"巧做千家饭，温暖众人心"活动，做出了东西南北各式菜肴，让来自五湖四海的职工心满意足。

郑州国棉四厂女工梁美珍老人 1930 年出生，如今已是 94 岁的老人，依然身体康健，行动自如，回忆往事时记忆清晰，用词精准（2024年 2 月 28 日，访谈者婴父、顾冠群、张玉梅）。她 1956 年从家乡江苏太仓沙溪来到郑州，那时她是利泰纱厂的熟练工人，两个孩子的母亲。根据郑州纺织业发展的需要和求助，1956 年当地政府动员纱厂女工支援内地建设，到新建的郑州棉纺厂工作，负责动员的干部为了强化宣传效果，说这是毛主席的要求。

"毛主席都希望我们支援郑州，我们当然无条件服从喽！"动员会后梁美珍第一个报名，后来她的名字被列在光荣榜的头名。丈夫张可人是纱厂的机修工，在她的带动下也报名援郑，他们把两个孩子交给公婆照看，一同告别山清水秀的家乡，夫妻比翼双飞，踏上开往郑州的火车。火车由津浦线转陇海线，行进到兰考一带，同车的纺织女工们看着窗外满眼荒芜风沙，心中开始揪紧，到了目的地后，大家相对无言，心情被失望占据。郑棉四厂尚未完工，到处是施工现场，临时住地墙壁还没有干透，散发着石灰水的味道，木门露着白茬，还没来得及油漆，电灯线路还没有敷设，晚上只能用蜡烛照明。生活区南侧的建设路虽然已经修通而且开通了通往老城区的公交线，但当时的路面还是临时的窄幅，道路边侧还是深沟。马路对面是树林和坟地——梁美珍老人当年喜欢和姐妹们一起晚间漫步，有一次她们到马路对面的树林里游玩，突然发现有人从坟丘里面站了起来，把她们吓得魂飞魄散哇哇大叫，后来弄明白那是当地村民因为内急躲在坟后解手而已。

为了给建设中的纺织城职工提供休闲游憩环境，郑州市政府很快将冯玉祥创立的碧沙岗烈士陵园改造成了"碧沙岗公园"。

📖【老郑州城市微观地理小词典】

碧沙岗

位于郑州老城外西北方向 4 公里处，冯玉祥将军 1928 年在此为其所属国民革命军第二集团军阵亡官兵修建陵园，亲笔题名"碧沙岗"，取"碧血丹心，血殷黄沙"之意。同时修建碧沙岗公路，连通市区，方便祭奠、游览。陵园占地 18.62 公顷，由中山公园、烈士祠、烈士公墓和民生公墓组成，郑州市民习称"老冯义地"。抗战时期和郑州解放前夕，郑州圣德中学经冯玉祥允准曾把这里当作校址。1956 年郑州市政府将园中墓地迁移至新建黄岗寺烈士陵园，将碧沙岗改造为综合性文化休息公园，为西郊市民提供了优美的游憩环境。"文化大革命"中"碧沙岗公园"曾改称"劳动公园"。

梁美珍亲眼见证了周围环境的变化和城市设施的改善。建设路两边的深沟填埋后路面由窄幅变为康庄大道，小树林和坟地那边，小商店、小饭馆雨后春笋般生长出来，梁美珍和丈夫常常会跑到建设路边的"上海饭店"吃一顿，用味蕾找一找家乡的感觉。

梁美珍和她的姐妹们适应郑州的生活的确经历了一个漫长的过程。这些来自江南水乡的姑娘看到当地农民脖子上耳根后的积垢厚度、看到本地工友晚上不洗脚便上床睡觉的样子都会大惊失色，而当地人看着她们老家托运来的洗澡盆、洗脸盆、洗脚盆等大大小小的木盆也莫名其妙，觉得可笑。在郑州生活了近70年，梁美珍依然保留了爱洗涤、爱整洁的习惯，家中一尘不染，井然有序。离开家乡半个多世纪，对家乡的眷恋与赞美始终如一。在她的描述中，家乡就是一个天堂般的存在，年年岁岁既无旱灾，亦无涝灾，一年四季最冷的时候也没有结过冰，最热的时候气温也只是和人的体温相当，风调雨顺，物阜民丰。对郑州的喜爱在一天天增加，对家乡的怀念却没有一丝丝减少。老伴张可人师傅是厂里最优秀的八级钳工，素有声望，同时也是太仓老乡的老大哥，老家来人，认识的不认识的都喜欢到他这里坐坐，老两口古道热肠，也乐意为大家服务，他们家于是变成了太仓与郑州的一个通道，一座小桥。20世纪70年代张可人的父亲选择来郑州养老，最后在郑州去世、安葬——每个人都有自己的家乡，何谓家乡？家乡可能是一个人年少时最熟悉的生活场景，也可能是你的至亲居留的地方，"此心安处是吾乡"。老人愿意选择郑州为自己的终焉之地，说明这里有他珍惜的高于衣食习惯和乡井环境的至亲至情。

来自全国各地的纺织外援队伍，大部分都是纺织女工，她们的到来，改变了郑州的文化生态。有评论说，这些女性来自物阜民丰的东南地区和通都大邑，与郑州一带原住民中姑娘们的纯朴率直相比，她们更加温和优雅，落落大方，具有较高的文化素养。她们随身带到郑州的除劳动者的品格和技艺外，还带来了异乡风习，她们的气质、衣着、口音、用语、餐饮习惯、购物习惯和社交方式等对新郑州的城市文化嬗变，都产生了深刻的影响。

上一次对郑州城市文化产生深刻影响的是铁路开通后的外来居民。郑州形成铁路枢纽后，郑州市民的构成开始变得多元。新闻记者彭子岗1936年在《申报周刊》上曾描述她所见到的情景："为了陇海平汉两路在这儿有管理局的缘故，城外的市面是大为繁荣的，一般的较高级职员全非本地人，江浙的尤其多。在马路上（可不是柏油的，在大黄风的日子依旧要飞一身尘土），在陇海花园里，在国货公司某某公司里，也看得见一些旗袍曳地、浓施脂粉的都市型的姑娘，她们说着一些娇柔的家乡话，或是不地道的郑州白……"

如果说彭子岗当年在郑州街头见到的江浙女性基本属于消费型人群，更像是这座城市的时尚装饰的话，那现在这些在郑州西郊的厂房里、马路上健步如飞的南方女子则完全是一群生产型创业型人群，她们创造着这座城市一半的工业产值和一半的财政收入，是这座纺织城日常生活的台柱，也是这座城市汲古扬新、南北融合、兼容并蓄的城市文化的象征。

有两位来自上海的纺织业女性当年在郑州享有较高的知名度。

一位是杭慧兰。她生于1927年，13岁就进入上海鸿章纱厂做童工，15岁加入中国共产党。上海解放前，多年参加党的地下工作，任中纺一厂党总支书记，兼任中共沪西中纺分区委员会副书记。上海解放后任上海国棉一厂党委副书记兼工会副主席。1955年被上海市人民委员会任命为普陀区副区长。回忆当年情景，杭慧兰老人充满自豪（2023年5月22日，访谈者婴父、党华）。她至今保存着陈毅市长亲自签发的"任命通知书"，黄底黑字，红框上方是大红国旗，加盖带有国徽的

杭慧兰在车间劳动　历史资料

"上海市人民委员会"大红印章。每每看到这个私人文物她都会心潮澎湃：自己从一个贫苦孩子、纺织童工在工人运动和对敌斗争中成长为一名领导干部，这是党的培养和时代的造就。担任副区长后，曾分工市政建设，她和同事们像当年北京治理龙须沟那样治理苏州河，改造棚户区，疏挖臭水沟，用半年左右的时间，改变了相关河段的环境，帮助老百姓拆除草房，建成瓦房，建成了崭新的家园。

杭慧兰的丈夫陈正诗，毕业于上海诚孚纺织专科学校（新中国成立后并入华东纺织工学院），曾任上海一棉工程师，是纺织工艺专家，也是上海解放前的地下党战友，和杭慧兰一起参加了迎接解放的护厂斗争，上海解放后建立厂党委，在一个班子里工作，两人加深了解后相恋成婚。1956年陈正诗来郑支援纺织工业建设，先后任郑州国棉四厂总工程师、副厂长、厂长，河南省纺织工业厅副厅长。陈正诗到郑州后，工作负荷较重，患有胃病，身体常有不适，在集体宿舍生活很不方便。

杭慧兰决意调往郑州工作，照顾好丈夫的身体，同时重返纺织行业，与丈夫在郑州纺织城建设中比翼双飞。她向华东局提出请调报告时得到理解和支持。1958年她从繁华都会大上海来到郑州，先后担任国棉一厂副厂长、厂长，国棉六厂党委书记。改革开放后担任郑州市经委副主任，郑州市委副书记兼组织部长，两次当选全国人大代表；1991年离休前，任郑州市政协副主席、党组书记。在她担任市级领导期间，高度重视郑州纺织业的发展，培养和提拔使用了一批纺织厂走出来的干部。如今这位年近百岁、皓发如雪的老人依然头脑清晰，步履稳健，提到"纺织"这个词语，眼睛里会立刻放射出光芒。

再一位就是我们前面提到过的盛婉。1953年在豫丰纱厂原址上重建的郑州棉纺织厂被纳入新的纺织企业编号序列中，称为国营郑州第二棉纺厂。它在地理位置上不属于纺织城的范围，但功能上却是郑州纺织产业不可缺少的组成部分——新建的每一个棉纺厂，都有大批的入职员工到这里实行岗前培训。因为郑棉二厂投产在先，已积累了相当丰富的管理经验，组建了优质的管理和技术团队，于是这里就变成了郑州纺织行业的"黄埔军校"，郑州市加上其他一些城市陆续建成的新厂会把一批又一批"小白"送来接受启蒙。大家给郑棉二厂起了个爱称叫作"母鸡厂"，形容它像老母鸡一窝一窝孵化小鸡一样，带出了一批批合格的纺织女工。盛婉自称是母鸡厂中带徒弟最多的"母鸡"。据她计算，经她手把手亲自带出的徒弟有600多人。节假日走在郑州的繁华闹市，她常常会和自己的女徒弟巧遇，被她们拦腰抱住，献上温暖的热拥。

1954年，盛婉21岁，因为她在生产中的过硬技能和出色表现，被授予郑州市特等劳动模范和河南省级劳模的称号，并加入了中国共产党。1956年在全国纺织行业细纱技术操作比武中，她以一分钟接20个线头的速度夺得细纱接头操作第一名——后来她的接头法被誉为"闪电接头法"。盛婉还以一个人照看5台车的成绩，首创了"细纱高看台操作法"。在那场技术比武中，她一下创造了两项全国第一。当年这两项操作方法在全国纺织行业普遍推广，她也因而被授予"全国先进生产者"称号，成了全国纺织界的明星人物。盛婉随着郑州纺织工业的发展而不断进步，先后担任郑州国棉二厂技术员、助理工程师、车间负责人、厂党委副书记，1979年任河南省总工会党组副书记、副主席。她是中共八大、十大、十一大代表，第一届至第四届河南省人大代表，第五届全国人大常委会委员，第六届全国政协委员。她从一个纺织童工，在郑州纺织工业的平台上，艰苦奋斗，不断出彩，成为郑州纺织行业的标志与标兵。

在郑州纺织基地建设中，国家纺织主管部门和省市地方政府的相互配合堪称完美。国家纺织工业部实行了集中高效的基建管理模式，五大基地新建企业的勘察设计、建筑安装都由纺织工业部自行组建的队伍集中承包，严加管控。但钱之光仍然要求纺织部计划司和基本建设局等有关单位加强与地方政府的联系，充分发挥地方积极性，凡是涉及厂址选择、建厂规模、建设进度安排、领导班子配备、职工招收与调配、征地拆迁、地方建筑材料供应以及关于城市基础设施配套等方面的问题，都要和地方政府商量，听取意见，取得支持，商量好了再办，不允许贸然行事。这种注重协商、尊重地方的工作作风在各地都取得了良好效果。在项目建设过程中各地党委政府无不高度重视，积极配合。钱之光始终关注五大基地建设的最新进展，对各地建设现场的情况了如指掌。他曾先后在不同场合多次表扬郑州市政府的拆迁工作——棉纺厂建设用地中涉及回民村，拆迁内容还包括一座清真寺，存在一些棘手的问题，处理不好会违反宗教政策，影响民族团结。郑州市政府知晓后，立即派出工作组出面将问题接管过来，承包解决，保证了施工人员顺利进入和建设项目按计划推进。

郑州纺织工业遗址博物馆内景　婴父摄影

　　河南省和郑州市两级政府为郑州纺织城做了更多的发展环境方面的安排。除陆续建设一批和深加工有关的下游关联企业外，一批配套服务的第三产业也在附近形成聚集。河南省纺织工业学校、河南省纺织技工学校、河南省纺织干部学校、郑州纺织机电专科学校等四所学校联袂登场，还集群化地建设了定向服务的社会支撑体系：河南省纺织设计院、中南纺织供销处、河南省纺织医院（今天的郑州市中心医院）、河南省工人文化宫、中原电影院、碧沙岗市场等，在棉纺厂的南边陆续建成，投入使用。

郑州市政府甚至为了就近服务，还抓紧在中原路与互助路之间完成了部分新址建设，实施了郑州解放后的首次搬迁。

📖【老郑州城市微观地理小词典】

市人委大楼

位于百花路与互助路交叉口东南角，所在位置时称"市委北院"。灰色三层砖混建筑，正门面向互助路（1957 年 7 月 1 日郑州市政府由天成路迁来，"文化大革命"前又迁至中原路南侧市委南院的七层大楼，即市政府现址）。根据 1954 年《中华人民共和国宪法》规定，地方各级人民政府称作人民委员会，故称人委大楼。市政府迁出后，该楼由郑州市计划委员会和郑州市统计局、物价局、物资局等单位使用。20 世纪 90 年代外加框架结构后加盖为五层建筑。

进入 21 世纪，随着产业结构的调整，昔日的纺织城发生了功能、空间、景观方面的颠覆性变化，纺织工业遗产作为重要文化遗产和特殊城市景观正在逐渐消失，纺织厂的连片厂房正在被高层住宅和大型商场替代。根据郑州市民的强烈意愿和社会专家的呼吁及文物部门的努力，郑州市政府叫停了相关开发项目，从房地产商手中回购了原国棉三厂的部分区域（包括原有大门、办公楼和部分厂房，约 26 亩土地），实施抢救性保护，认定其为市级文保单位，不久即开始形成在此建设郑州纺织工业遗址博物馆的初步构想；2020 年启动建设，完成了 1 万多平方米馆舍的新建和历史空间整合，2023 年 10 月博物馆临时体验区对外开放。

郑州纺织工业遗址博物馆的筹建工作由郑州二七纪念馆（具有统筹郑州市现当代文物和历史文化资源的开发、保护、利用职能）负责。二七纪念馆馆长张江山兼任郑州纺织工业遗址博物馆馆长。据张江山介绍（2024年7月30日，访谈者婴父、徐顺喜、王晨），郑州纺织工业遗址博物馆主体工程已经完工，局部开始开放，但展陈安排与他们的设想还有很大的距离。张江山认为，郑州纺织工业对郑州市的物质文明、精神文明建设发挥过深入骨髓的影响。郑州纺织工业遗址博物馆不但要展示纺织器物、工艺、场景，讲述历史故事，再现发展盛况，更要塑造郑州纺织工业的创业群像，表现郑州纺织工业崛起过程中呈现出的抢抓机遇乘势而上的拼搏精神和八方风雨会中州的文化融合精神。虽然眼下资金困难，他们仍然会坚持朝这个方向努力推进。博物馆开放以来，不少纺织行业老工人反复来这里走动，常常是流连忘返盘桓不去，他们追怀历史，凭吊青春，也在这里找到了精神和情感的依归。

需要特别指出的是，在纺织城之外，20世纪50年代郑州西郊还在华山路一带陆续建设了多家在全国同行业名列前茅的机械工业重点企业。

【老郑州城市微观地理小词典】

华山路

郑州市重要的工业廊道。1956年兴建，南起淮河路，北至建设路，长3100米，以西岳华山命名(郑州西郊南北向干道多以山岳取名)。道路由南向北西侧依次排列郑州电缆厂、郑州第二砂轮厂、郑州磨料磨具磨削研究所和郑州煤矿机械厂等单位，附近是它们的生活区。郑州第二砂轮厂(筹建之初称中南砂轮厂，筹建处1953年由武汉迁郑) 是全国最大的综合性磨料磨具制造企业，1958年试生产，由德意志民主共和国援建；郑州电缆厂是全国唯一既生产电线电缆又生产电工专用设备的大型综合企业，电缆生产位于全国前三位置，1959 年当年开建，当年投产；郑州煤炭机械厂是煤炭工业部制造煤矿综采、高档普采支护设备的主要厂家，1958 年建厂。

这些企业的建设，进一步丰富完善了郑州西郊的产业结构、产品结构，甚至平衡了人口的性别结构、用地的空间结构。

20 世纪 50 年代郑州西郊气势如虹的产业聚集导致了八方汇流的人口聚集，西郊在不到十年的时间里，形成了 20 平方公里的城区规模和近 20 万人的人口规模，这两项指标均超过了郑州解放前老郑州的整体水平。在郑州 20 世纪城市发展的动力机制研究中，如果认为火车头给郑州加装了第一个强力引擎，导致了老城墙与火车站之间"新市街"的全面开发，导致了产业工人队伍的初步形成和商业环境的初步构建；那么可以说，20 世纪 50 年代特别是第一个五年计划时期以纺织城为标志的工业投资，给郑州加装了第二个强力引擎——这是一个能量倍增的引擎，它导致郑州由传统城市向现代都市转型，工商业文明替代农业文明占据主导地位，产业工人族群开始成为引领城市文化的标杆和楷模。郑州通过了首次工业化大考，成绩优良。投入生产的企业开足马力，为这座城市的自我积累、滚动发展又提供了内生动力。当然，20 世纪郑州发展还有第三引擎，那就是后面我们还要讨论的"省会迁郑"。

70 年过去了，郑州西郊像其他城区一样在城市化进程中变化巨大——空间重组、功能重塑、景观重建，很多地方你都认不出来了。五家让郑州人引以为豪的棉纺厂厂区均已变成高层住宅；第二砂轮厂被公布为郑州工业遗产，变成了创意文化园；煤矿机械厂现在是"芝麻街"公园……城市化进程是通过工业化来实现的，城市化发展到一定程度后，工业企业必然开始逆向运动，从城市核心地区向外纾解、疏离。这是没有办法的事，中外城市都会经历这个过程。

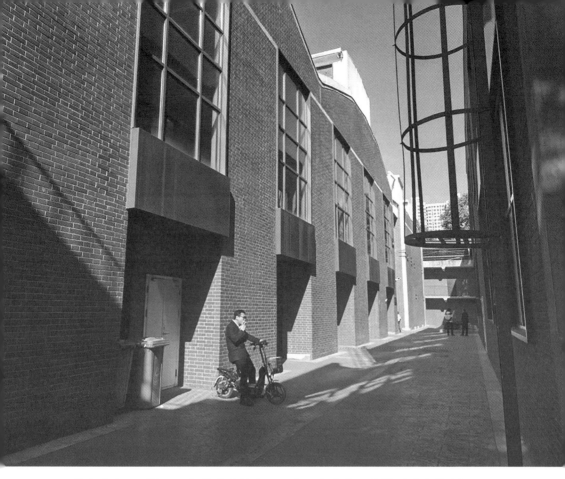

华山路上 20 世纪 50 年代建成的大厂厂房，现在有不少转型为文旅资源
图为"芝麻街"一隅　婴父摄影

　　城市最容易改变的是它的物理形态，难以泯灭的是城市的集体记忆
和城市个性。郑州西郊的创业故事还会流传下来，创业精神还会发扬光
大，赓续不绝。

第九章　老大哥

　　20 世纪 50 年代，但凡称得上大城市、重点城市和工业基地的地方，一定会出现苏联专家的身影。由于中苏关系的特殊性，苏联工程技术人员对当年中国建设领域进行了全方位的介入，产生了全面而深刻的影响。郑州也不例外。

　　尚未举行开国大典时，毛泽东主席就特别重视铁路的建设和运营管理。1949 年 7 月 9 日，他在一次铁路代表会议上讲话说："中国从前是被帝国主义统治的国家，修筑铁路多是向帝国主义国家借款，帝国主义国家借款修筑的每一条铁路，都是和那些帝国主义国家的侵略目的相配合的。铁路成为帝国主义压迫、榨取我们的工具。当然，那时要想把铁路建设好也是不可能的。现在我们不受帝国主义统治了，我们有可能并且应该很好地恢复铁路和发展铁路。""我们这么大的国家，现在还只有二万多公里铁路，这太少了。我们需要有几十万公里的铁路。"

　　领袖对铁路的重视，直接转化为各级领导、各级政府对铁路枢纽城市的关注和支持。铁道部 1950 年 1 月中旬在京召开全国工程计划会，总结了工作成绩，安排当年南北方各路局的投资计划。全路国家工程投资计划共计小米 1091225295 斤，其中天津占比 12.5%，太原占比13.9%，济南占比 9.8%，上海占比 10.1%，衡阳占比 19.2%，郑州占比24.7%（另有工厂修建占比 5.3%），郑州局独占鳌头，占比近四分之一。足见郑州铁路老大的地位新中国成立后第一年度即已形成。

　　苏联专家最早在郑州现身的地方，毫无悬念是在铁路系统。

　　《苏联专家在新中国》一书中记载了苏联专家较早在郑工作的故事。

1950 年初苏联专家受铁道部委托查看郑州铁路局养路工作。中华人民共和国成立后不到半年，三位苏联专家来到郑州，"刚下车，就有一位专家用手锤对路线做了一次详细的检查，又把鱼尾加钣打开一看说：'不太好，没加油。'当时大家都觉得这是小事，但后来在调整站道接缝的时候，发现鱼尾加钣和钢轨头锈在一起，螺丝解不开，钢轨的腹部和底部锈得透了气，这才知道不加油的坏处。在检查线路的时候，发现在换轨前没计算好，差一段接不着头，工友们就用新钢轨截了一段接上。苏联专家立刻批评说：'同志们，这样做是很浪费材料的，应该截一条旧钢轨才对！'在郑州附近，他们发现钢轨被铁锤打掉了许多块，这是因为钉道钉时，工作不细心，苏联专家就很注意地对工友们说：'钉道钉的时候，锤柄要拿平，上下直打，不要左右倾斜。不要让铁锤打坏了枕木，如果枕木上下了一个窝，下雨时会积水，枕木就容易烂掉。'还说：'把有裂缝的枕木用铁丝扎紧，这样不容易坏。'甚至像这样的小事，他们也坦白地提出来：'钢轨上的名字要朝里放，如果朝外放，时间久了，容易被火车轴油流脏，把字迹淹没，将来不好考察钢轨出厂的时间。'苏联专家和中国同事讨论的均非高端技术问题，却体现了他们认真负责的敬业精神。"报道中的人物没名没姓，有研究者猜测，他们很有可能是当时参加黄河大桥维修加固工程的苏联专家金果连柯和西林等人。

【 老郑州城市微观地理小词典 】

黄河铁桥

京广线郑州黄河铁路老桥，俗称黄河铁桥。位于郑州北部岳山脚下，全长 3015 米，共 102 孔，系单线铁路桥。建桥前勘察选址历时四年，比选过洛阳、孟津、郑州、开封四个方案，1900 年才确定在郑州跨河修桥。所以与其说京汉铁路在郑州城外通过决定了这座城市的兴衰，不如说是这座黄河铁桥的桥位决定了郑州的前途命运。大桥由比利时公司承建，1903 年正式开工，建桥所需材料均由汉口用马车、牛车、人力车转运至工地。1905 年 11 月大桥建成通车，盛宣怀、唐绍仪等晚清名臣参加了通车典礼。大桥建成后，屡遭战争和洪水破坏。新中国成立之初进行了加固维修，提升了通行能力和通行效率。1958 年特大洪水冲毁部分桥墩和钢梁，周恩来总理曾专程到现场考察，指挥抢修。1960 年黄河新桥建成后，黄河铁桥转型供公路交通使用。1987 年国务院批准拆除老桥，南端 5 孔 160 米作为历史文物予以保留。

《河南日报》1952 年 11 月 10 日报道《在苏联专家帮助下黄河铁桥加固工程竣工——十月革命节在黄河南岸举行盛大庆祝会》，这篇报道描写了苏联专家更早时候来郑工作的情况。郑州铁路管理局局长刘建章亲往剪彩，并代表铁道部滕代远部长向参加施工的桥工颁授锦旗，给 139 位劳动模范颁发奖金。郑州黄河铁路大桥在郑州解放战役中曾备受关注。郑州黄河铁路大桥建成后经过北洋军阀、国民党反动派及日寇的摧残，到解放时铁桥本身已残破不堪，行车速度每小时只有五公里，不分客车货车都必须拆解后分两次运转过桥，南北岸之间短短五公里，运转一列车需三个小时。早在 1929 年美国专家就认为该桥先天不足，失去使用价值，建议另建新桥。但新中国成立后经过苏联专家勘察，认为此桥如经加固，不但可以正常使用，而且可以提高承载力。根据苏联专家提出的分期加固计划，不仅充分发挥了旧桥的潜力，而且为我国节省了巨额的投资，加固费用只有重建新桥费用的 13%。第一次加固工程启动于 1949 年 12 月 27 日，工期十天，1950 年 1 月 5 日完工后，马上改变了铁桥的面貌，道钉起伏、螺栓松动、枕木歪斜、桥面不平等现象完全消除，列车通过时间立即缩短至 22 分钟。在苏联专家的帮助下，前后共进行了五期加固工程。当加固工程竣工后，铁桥仿佛脱胎换骨，焕发青春，承载力大大提高，该桥初建成时，只准百吨以下的小机车通行，而加固后，大型机车也可以畅行无阻，满载超轴列车也不必拆分转运，每日运输量较加固前提高九倍。

查阅有关资料可知，黄河铁路大桥加固工程动议于 1949 年年末——中华人民共和国开国大典之后仅一个多月，苏联专家大规模援华的计划尚未实施，这项工程应当是中华人民共和国成立后最早的苏联智力援华项目之一。有关文献显示：最早来郑为大桥体检的两位，一位名为金果连柯，一位名叫西林——这两位都是苏联铁路桥梁的顶级人物：金果连柯曾任苏联运输工程部桥梁工程总局总工程师，西林后来则成为"苏联社会主义劳动英雄""列宁勋章"获得者、苏联工程院院士，是苏联援华专家的代表人物和中苏友好的标志性人物——1949 年冬季两人现场调研登上黄河大桥，这一年金果连柯已年过六旬，他不顾寒风凛冽，步行在桥上全程踏勘，并且爬上钢梁用锤子敲击检查，辨析钢梁应力情况，下到桥墩上，查看水文和工程环境。在事后郑州铁路管理局召开的会议上，金果连柯首倡加固方案，对大桥加固工程的可行性、经济

中华人民共和国成立初期加固后的郑州黄河铁路大桥
历史资料

性进行了初步分析。但郑州铁路局的一些领导和工程师皆有欧美教育背景，对中原大地上首次出场的苏联工程技术专家信任度不高，所以反对的声音也相当激烈："黄河桥已过了保固期，好比死去的人，岂能救活？""黄河桥桥桩已经空悬，好像蜈蚣浮在水面，怎能继续行驶火车？!"铁道部领导和郑州铁路局刘建章局长对内部的保守倾向和质疑态度进行了批评教育，对苏联专家表达了充分的信任和尊重，下决心采用苏联专家的方案。中央政府同意后进入前期准备阶段，苏联专家西林在制定工程性方案过程中发挥了很大作用。西林是铁路桥梁专家，在加固黄河大桥之后又转战江城武汉，作为专家组组长全程参与了举世瞩目的武汉长江大桥的设计与施工，迎来了他在华工作的高光时刻。武汉长江大桥建成投入使用，粤汉铁路和京汉铁路实现对接，成为我国连接南北的最主要的铁路动脉，郑州作为京广铁路和陇海铁路两大干线的交会点，由中北部的铁路枢纽进一步晋升全国枢纽，城市地位更是水涨船高。这是后话。

康斯坦丁·谢尔盖维奇·西林，俄罗斯人，高个子，大眼睛，深眼窝，短下巴，大脑门，高发际，按中国人的说法是一副不会老的"娃娃脸"，永远面带微笑。他 1913 年 5 月 31 日生于铁路工人家庭，在苏维埃刚刚建立的年代里，因家庭生活困难，只好半工半读，在电影院里当杂工。因为足球踢得好，踢足球得到的收入也成为他的学费来源。西林在莫斯科铁道运输工程学院学习期间成绩优异，他的折装式小桥设计曾获得苏联设计竞赛一等奖。毕业后积极投身苏联社会主义革命和建设，为苏联的铁路和桥梁建设做了大量卓有成效的工作。第二次世界大战期间，他冒着生命危险参加过阿斯特拉汉大桥、多瑙河大桥等桥梁的抢修，获得南斯拉夫政府颁发的最高勋章，为苏联人民取得反法西斯斗争的胜利作出了贡献。1948 年，身为苏联交通部门（军事化管理）中校的西林被派往中国东北，参加战后铁路桥梁修复工作。中华人民共和国成立之初任铁道部顾问，足迹遍及黄河上下、大江南北。1949 年 9 月，曾在滔滔洪水中配合中国人民解放军铁道兵第三支队彭敏部在巩县（今郑州巩义市）黑石关抢修洛河桥，恢复了陇海铁路的交通运输。1949 年 12 月开始参与郑州黄河大桥老桥的修复加固工程，提高了大桥的通行能力，保证了铁路动脉的运输安全。在重建部分黄河桥桥墩时，他还对"管柱基础"进行了思考和试验，为后来的技术创新进行了原创性构思。1954 年开始参与武汉长江大桥项目论证和筹建工作，其间主动提出和中方工程技术人员平等合作，由他倡议并和中国同行共同研究探索创新桥梁基础结构和施工工艺，用前人没有使用过的深水基础新方案——管柱基础替代了传统的气压沉箱基础，缩短了工期，降低了造价，施工作业可以在水面以上完成，改善了工作条件，取得了巨大的成功。1957 年 10 月武汉长江大桥通车后，由西林和中国专家共同创造的管柱基础 1958 年运用到了京广线郑州黄河大桥新桥的基础施工之中，全桥 72 个墩台，全部采用管柱基础，取得了良好的工程效果。这个技术后来在白沙沱长江大桥、南昌赣江大桥和南京长江大桥等重点工程中得到应用和完善，取得了新的进展——起于黄河桥，成于长江桥，反哺黄河桥，惠及天下桥——这项桥梁基础的工程技术成果既充满了浪漫色彩，又饱含了合作之谊，还暗喻郑、汉双城之缘。1958 年他和其他苏联专家一起撤离中国。回国后，在苏联运输工程研究院工作。他以在黄河、长江上参与桥梁工程建设为终生荣耀。他一直担任苏中（苏联解体后称俄中）友协中央理事会理事，他后来在不同历史时期多次来华访问，为搭建和维护两国人民友谊之桥不辞辛劳，忘我奔波，做了很多有益的工作，得到两国友人和政府的赞扬。1996 年 2 月 5 日，西林因突发心脏病与世长辞，享年 83 岁，埋葬在莫斯科的卡涅特尼科夫墓园，墓碑的正面镶嵌着他微笑的头像，墓碑的背面则镌刻着令他骄傲的与中国同行联合创作的作品——武汉长江大桥的图案。

毛泽东主席和习近平主席都曾在对苏（俄）交往中点赞过西林的贡献。

1958年7月22日，毛泽东主席在同苏联前驻华大使尤金谈话时，对西林给予赞扬：

> 在长江大桥工作过的西林专家，是一个好同志。我没见过西林同志。我和建设长江大桥的很多领导同志谈过话，他们一致反映：西林是个好同志，一切工作他都亲自参加，工作方法很好，凡事都和中国同志一起做。大桥修好了，中国同志也学会了很多东西。你们当中谁认识他？请代我向他问候！

2015年5月8日，国家主席习近平在莫斯科会见俄罗斯援华专家和亲属代表。习近平回顾了曾经为中国建设和发展作出积极贡献的一批老专家，特别提到了原政务院经济总顾问、苏联援华专家组总负责人阿尔希波夫，武汉长江大桥苏联专家组组长西林等专家的感人事迹，称赞他们的崇高精神风范、高超的职业水准、对中国人民的满腔热忱。习近平主席说：中国有句老话，"吃水不忘挖井人"，中国人民永远感谢那些为中国建设和发展作出贡献的专家！

接着说黄河大桥。1950年8月，时值加固工程第三期正在紧张进行，这时候又有一位名叫吉赫诺夫的苏联专家来到工地，负责技术指导工作，并筹划第四、第五期加固工程。吉赫诺夫的办公室是一节老旧的火车车厢，室外烈日炎炎，室内温度最高时几近40摄氏度，吉赫诺夫在里面从早上6点忙到下午6点，常常是终日伏案，汗流浃背。他的敬业态度和忘我精神，让中国同事们深受感动。有一次施工现场出现技术难题，恰好吉赫诺夫在北京生病，身体不适，闻讯后他立即抱病从北京赶回来。郑州铁路局的领导和同事们为他的健康担心，他笑笑说："看见黄河桥，我的病就好了。黄河桥能治我的病。"吉赫诺夫后来也参加了武汉长江大桥建设工作，是 1954 年 7 月和西林一起首批抵达武汉的七名专家之一。

黄河桥第五期加固工程施工难度最大，施工内容包括把 100 多孔旧梁全部换成新钢梁，并要调整许多桥墩的高度，在大桥常态化通行情况下完成这些施工任务是不可能的，保守估计，大桥需要停止行车一到两个月。这样的话，就使北京至郑州间直达的客货列车不得不向东绕行津浦铁路和陇海铁路，造成运输成本的增加和相关线路的拥挤失衡，影响全国运输的大局。铁道部副部长吕正操为此专程来郑与吉赫诺夫商讨计策，以图减少损失。吉赫诺夫根据苏联桥梁维护施工组织设计的经验，在科学计算的基础上，制定了缜密的不中断行车的施工方案，每天在规定的时段进行抢修，完成预定的工作量——短时间内做完起桥、落墩、打桩、换梁等复杂作业，而后迅速恢复通车条件。在苏联专家和郑州铁路工人的共同努力下，施工工艺不断优化，因施工停止大桥通行的时段（当年习用术语为"遮断工事时间"）从每天两次共十小时，逐步递减至七小时、五小时、四小时。

饱受战火摧残的郑州黄河铁路大桥曾经摇摇欲坠，被称为京汉铁路上难以解开的"死疙瘩"，经过两年多五个轮次的全面整修加固，变身为连接南北客运和物资交流的"钢铁侠"。竣工典礼过后，当月下旬（10 月 31 日）毛泽东主席视察黄河，在铁道部部长滕代远、郑州铁路管理局局长刘建章陪同下走过铁桥全程，对大桥加固工程给予高度评价。

当年河南作家陈雨门（1910—1995，河南睢县人，民盟成员，曾任《青春诗刊》主编，中国作家协会河南分会理事，河南省文史研究馆馆员）写了一段河南坠子说唱作品《苏联专家与黄河铁桥》，专门叙说这段故事：

黄河流水奔正东，
日夜滚滚永不停。
京汉铁路河上过，
有一座铁桥架当中。
这座桥足有六里长，
一九零五年修建成。
工程艰巨规模大，
世界各国都闻名。
真可惜解放以前不管用，
空有个黄河大桥好名声。
解放前大家都知道，
火车过桥慢腾腾。
保险期限已经过，
走得快了出事情。
因此把列车分成两次过，
并换个小号车头慢慢行。
乘车人望见黄河岸，
不由得心中打扑腾。
你听那火车呼哧呼哧声，
真好像被吓得不敢吭。
过次桥，下午走到太阳落，
坐夜车，半夜折腾到天明。
黄河北站到南站，
硬是需要三个钟。

这真是，坐车如同拼性命，

过了桥才敢把劲松。

你要问，现在铁桥怎么样，

火车过桥大不同！

呼隆隆开足马力向前进，

真像是云飞电闪一阵风。

众乡亲你猜时间是多少？

过趟车时间只用四分钟！

这解放前后为啥不一样？

且听俺把那原因说分明。

（白）有位老大爷他说了：这个原因俺知道，因为有咱毛主席的英明领导，工人老大哥的努力，所以就把那黄河大桥赶修好了。

诸位说的是真言，

但还要记住事一件。

新中国开展大建设，

还要有苏联帮助咱。

黄河铁桥有改进，

技术指导靠苏联。

树有根梢水有底，

咱从头到尾说一番。

这座铁桥修好后，

规定的保险期限十五年。

国民党反动派也曾想到这一端，

请美国专家来检验。

鸱子充鹰瞎胡看，

他装着技术很高明。

歪鼻子楞眼开了言：

"除非是再修新桥没法儿办，

你要想继续使用难上难！"

反动派以后再没管，

糊里糊涂好多年。

如果铁桥出事故，

岂不是拿人命闹着玩！

停不久全国大陆都解放，

新中国恢复建设最当先。

那苏联帮咱建设宏图展，

派来大批专家还有技术员。

五零年一批专家来到黄河岸，

那正是旧历腊月天。

有一位金果连柯工程师，

论年龄快到古稀年。

他精神饱满身强健，

从不知什么叫困难。

为着快把桥验好，

抓紧时间带头干。

他不怕风沙扑满面，

他不管黄河流水浪头翻，

他同那巴格罗夫去查看，

爬到那桥下细细观，

一百多桥墩全看遍，

每一节钢梁都查完。

凭着那无限热情和经验，

不禁他满面春风笑开言，

他言讲：

"只要好好修理和保护，

还能够管用好多年！"

急忙忙写出计划和意见，

附张蓝图在里边。

铁道部周密来考虑，

坚决采用不迟延。

按计划修整桥墩和桥面，

又把那腐朽钢梁来更换。

从此后过桥时间大缩短，

大车头开过一溜烟。

您想想美国专家啥本事？

比苏联专家差得远！

您想想拆了旧桥建新的，

要浪费国家多少钱！

（白）各位乡亲：从这件事上，就可以证明美国专家的技术并不高明，也更可以证明苏联老大哥技术的精明和对咱真诚的帮助了。

从这件事上来证明，

就看出美国技术松又松。

可笑那美国专家啥本领，

真是鹞子瞎充鹰。

只知道这桥过了保险期，

就不能另将办法生。

赚钱思想支配着他，

一肚子尽是生意经。

建新桥想把买卖做，

咱的钱落他腰包中。

再看看苏联老大哥，

帮助中国啥情形！

三年来大力来帮助，

宗宗件件数不清。

这只是万千事中一件事，

千万宗中一小宗。

他希望咱们国家建设好，

像苏联一样富强和繁荣。

全人类都能享幸福，

全世界人民永和平。

…………

这个演出作品诞生于 1952 年，正值抗美援朝时期，嘲笑、挪揄美国人更符合历史场景和大众口味。

郑州 363 电厂在贾鲁河畔动工修建，拉开郑州西郊建设的帷幕，也标志着郑州正式成为苏联 156 个援华项目的受益城市。苏联专家从选址、设计，到建筑施工、设备安装、生产运营，参加了 363 电厂创建、送电的全过程。

1953 年 6 月 3 日《新华社新闻稿》（第 1106 期）发文：《苏联专家帮助了郑州电厂的建设》——

"在郑州电厂建设工地，人们经常以感激和敬佩的心情谈到苏联专家在对我国无私的帮助中所作的卓越贡献。由于苏联专家的帮助，郑州电厂在设计和施工中为国家节省的财富是难以计算的。比如锅炉是根据离电厂最近的煤矿的煤质设计的。锅炉用水，一般都需要用软水剂软化过。苏联专家根据当地水质情况，设计了用石灰软化的硬水处理室，以当地的石灰代替从外国来的软水剂。这两件事积年累月为国家节省的财富就难以计算。主厂房的地脚工程按照英美的设计标准，需要在黄土壤中打木桩，苏联专家化验了土质以后，认为不需要打木桩，使工程进行提前了两个月，并为国家节省了十余亿元（旧币——婴父注）。去年冬季施工时，苏联专家采取了完全适应本地情况的最简便最经济的施工方法，如把水、砂加热，把浇灌好的柱子用稻草帘围好，并在柱子附近生上火炉等办法，来保持温度，保证施工。因办法简便、经济，就把预计在冬季施工中增加的费用节省了五分之四。"

"苏联专家的科学态度和负责精神使工程中许多重大事故得以避免，保证了工程质量。苏联专家为了选择一个良好的厂址，在炎热的七月天，协同技术人员沿贾鲁河连续进行了十八天的勘查工作，并深入沿河农村，找老农民了解贾鲁河涨水的情况。个别未经很好改造的技术人员，害怕艰苦，企图马虎了事，苏联专家就以对人民负责来鼓励他们认真工作到底。终于按照确凿的资料，选定了良好的厂址。苏联专家对工程所用的器材，一般都要经过化学分析和机械实验以后才同意使用。如主厂房使用的钢架中有些牌号不明的英美货，经苏联专家建议进行化学分析和机械实验后，证明有的品质极为低劣，无法使用。主厂房用的砖，初经机械实验时，完全合乎标准，但苏联专家很快就发现了这次实验的错误，经重新实验后证明距所需标准差很远。对于个别受英美思想影响较深的技术人员不坚决执行苏联专家意见造成的事故，苏联专家也都用最经济的方法进行了补救。现在，郑州电厂建筑工地的工人和技术人员都具体体验到了向苏联学习的意义。'向苏联专家学习'已经成为他们中许多人的实际行动。"

新华社报道中没有具体列名的专家，据《河南日报》1953 年 3 月 19 日报道，他的名字叫莎比罗。《河南日报》题为《在苏联专家热情指导下，三六三工地冬季施工结束》的报道说："……苏联专家莎比罗同志亲自指导着冬季施工工程，把苏联冬季施工的经验和施工中的技术问题详细地向职工讲解，又用东北冬季施工的成绩来鼓励全体职工，使工人和技术人员对冬季施工有了足够的信心和勇气。莎比罗同志又了解到当地有很多廉价的谷草，就决定用谷草做保暖设备。结果只增加了成本百分之一，打破（消）了怕成本过高的顾虑。""在苏联专家莎比罗同志的指导下，三六三工地的工人努力学习着冬季施工中的各种操作方法，他们采取苏联的分层分段施工方法、平行流水作业法和专职专责检查制度来保证工程进行得又快又好，丁太敬、王德全等八人浇成的混凝土工程质量良好，受到了苏联专家的赞扬，技师魏刚还创造炒砂机，保证炒出的砂温度均匀。"

另据《河南日报》1953 年 5 月 28 日报道，援建郑州 363 电厂的还有一位专家名叫卡尔马科夫。《工人们爱戴的苏联专家卡尔马科夫》一文中说："在工地上，焊接主要结构的地方，每天还可以看到一个身着灰色工作服的苏联朋友，这就是电焊专家卡尔马科夫同志。他把自己二十多年的丰富经验亲手教给了我国的工人。""从前，我们的焊接工作没有什么成套的制度。个人焊法不一样，好坏就从表面看焊得平不平，没有一个科学标准。卡尔马科夫同志来到工地以后，从技工到学工分别进行了测验，对技工的焊样不但用稀硝酸去洗，用放大镜去看，而且做了机械实验。凡是焊主要结构的，都打上了钢印，焊锅炉管子时，还要做记录、制图。焊的时候用的电焊条、火焊条以及瓦斯等也都做了试验，一切都有科学根据。这样，把我们的焊接工作，在一个多月的时间内就整顿得很有秩序了。他教工人用逆向分段焊接法，这样可以避免扭曲，增加焊缝强度。他还告诉了我们成螺旋状前进的焊管法。开始焊锅炉房屋架时，卡尔马科夫同志耐心地指点工人该怎样焊法，焊了几片屋架后，工人的技术有了显著的提高，不但焊得好，而且焊得快。卡尔马科夫同志热情地鼓励工人们积极钻研，有时候也是拿着工人们的手一个个地教。""火焊时的温度高达三千二百摄氏度至三千四百摄氏度。卡尔马科夫同志经常一连几个钟头站在旁边看工人焊，有时他还蹲着、跪着甚至睡着焊给工人看。火烤得眼睛发胀，热得汗水直冒，他从来不喊一声累。""卡尔马科夫同志工作起来很少考虑自己。他的牙齿坏了，有人建议他到汉口的医院去治。他说：'这要花许多时间，现在工作多，不行啊！'就在郑州一家设备比较简单的镶牙店里镶了几颗牙。可是，卡尔马科夫同志对于工人同志们的安全和健康，却非常关心。有一次，他到煤仓间屋顶看冷做工安装屋架，有一个工人没有系安全皮带，他很着急，说：'不行！不系安全皮带不能工作。'当翻译同志准备告诉那个工人时，他又制止了说：'别忙，这时告诉他，他会吃一惊，等他下来时再说。'还有一次，当工人罗光华在焊仰焊时，面罩太小，头发露在外面，火花可能飞到上面去。卡尔马科夫同志看到后，就立刻拿一顶帽子替他戴上。"

《河南日报》1955年2月18日第二版刊登了署名吴昭江的新闻特写：《在苏联专家帮助下掌握了现代化机器》。文中说："郑州电厂百分之九十以上的工程技术人员和工人现在都可以自豪地向你说：经过苏联专家真诚的指导和帮助，我们现在已经学会了独立地掌握和操纵全部现代化自动化的机器。"文中描述说1953年10月机器开始试运转，绝大部分运营人员不能适应岗位需要。苏联专家一面不分昼夜地到现场指导，一面给工人上技术课。锅炉分场老司炉工张德富刚坐在操作盘前观察表针变化时，一系列仪表盘密密麻麻闪闪烁烁，一时忙乱，不知道该看哪个好了。锅炉运转专家沃洛特尼可夫亲切地告诉他：只要注意看气温、气压等两三个主要表盘指针就行了，其他的可以隔上几分钟看一次。他照着专家的话去做，果然有效，能够操作自如了。张德富在锅炉启动运转时气温总是掌握不好，热效率专家达夫卡娅指导他使用减温器开关时要稳定沉着，掌握分寸，既不能开得太大，也不能开得太小，还要注意风和煤的配合。张德富心领神会，掌握了要领，操作水准达到甚至超过了规范标准。

363 电厂的苏联专家除在电厂建设工程中认真履职外，对这个新型工业城市的其他建设工程也高度关注，给以支持。根据郑州国棉一厂厂志记载，国棉一厂 1953 年 5 月开工建设后，在建造锅炉房的过程中，363 电厂苏联专家还主动到工地现场指导施工，所指应为莎比罗和卡尔马科夫同志。

在 363 电厂的建设和后来的生产运营中，工地党委提出了"坚决无保留地执行专家意见"的要求，曾经抑制和束缚了一些同志的才能和主观能动性。大家认为，苏联老大哥设备先进、工艺完美，丝毫不能变更。实际上限于当时的技术水平，苏联设备的设计和制造也有许多不足，尚有完善提升的空间，例如送风机等设备，大马拉小车，浪费明显。锅炉出灰由人力操作，体力劳动过重，投入工人多，且经常出现烧伤现象。当时有些中方技术人员提出改进意见，但与苏联专家意见相左，不被采纳。有的为此受到批评和处理。锅炉车间副主任、共产党员陆宏泉提出二号锅炉安装存在质量问题，投入运营后易出红灰的毛病，当面与专家发生争论，他的见解和建议遭到专家全盘否定。陆宏泉有近三十年锅炉安装和运行的实践经验，对苏联专家的态度很是不满，他私下对同事讲："中，你现在不让改，厂子建成了你有本事住在郑州别回国。你走了我老陆还是要改回来的！"谁知道，这些话被同事暗中给上级打了小报告，结果被批为骄傲自满，自高自大，不尊重苏联专家。1953 年 3 月，老陆受到党内严重警告、行政降一级处分。实事求是的学风，认真负责的精神，独立思考的习惯，不盲从权威的风骨，在很多情况下是有一定风险的。有所坚守而甘于承担风险可能带来的损失，这才是强者的表现。许多年以后，老陆受到的错误处理才被平反。但他人设早已崩塌，无法恢复，人们认定他固执偏狭、不识时务、执迷不悟，这种大众印象却没有随风消散，如影随形伴随了他一辈子。

苏联专家当然也参与了郑州纺织基地的建设过程。《河南日报》1954年4月7日报道，标题是《在苏联专家的指导下，郑州国棉三厂设计工作大有改进，与郑州国棉一厂相比可节省三百多亿元》。报道中说："国棉三厂的设计工作是由中央纺织工业部设计公司负责的。设计中，苏联专家根据我国建筑水平的提高程度提出的许多宝贵建议，按照节约、适用并初步注意到美观的原则，从多方面做了许多改进。和现已局部试车生产的郑州国棉一厂相比较，三厂虽然规模大一倍，但占用的土地与一厂却几乎相等。一厂的工人住宅是两层楼房，比较分散，浪费地皮，三厂的工人住宅则是比较集中的三层大楼；一厂的仓库有平顶和双曲线薄型砖拱顶仓库两种，仓库较小不够集中。而三厂的仓库已全部改为三曲线薄型砖拱顶仓库，每幢仓库比一厂的砖拱顶仓库要大二分之一，这样节约了房墙，占地皮也少。其他各主要建筑也都科学而紧凑地排列，减少占地面积，也节约了水道、暖气和电气等设备。""在设计主厂房过程中，苏联专家根据我国建筑企业管理水平和技术水平的提高，提出把柱子的间距由一厂的七点六米，扩大为十二米。这样柱子减少了，在同样大的房子内就能多安装机器，同时也节约钢筋混凝土三千立方米，价值九十亿元。宿舍楼板和厂房柱梁以上的钢筋混凝土工程，全部采用提前预制，用吊车或卷扬机吊上去电焊安装。这样比直接浇捣混凝土要节约木材支柱八万根，价值四十八亿元。模型板使用也可以由八次提高到使用九十六次。而且采用提前预制，还能使柱子、三角屋架、屋面板和窗台板等多种工序同时制作，加快建设速度。同时，把高空中的工程移到平地上来预制，工人行动方便，就会大大提高生产效率，减少材料运输消耗，保证质量和安全。房屋上边用的隔热层，一厂用的是锯末，苏联专家考虑了本地的土产，采用价格最便宜的高粱秆来代替。总体如按比国棉一厂土木建筑投资大一倍计算，因国棉三厂全部设计的改进，就为国家节约财产合粮食三千二百五十多万斤。""从国棉三厂的设计中，再次证明了苏联的设计是当时世界上最先进的，苏联专家真诚无私的帮助是国际主义的榜样。"对苏联专家的崇拜与感激之情溢于言表。

有目共睹，国棉三厂的厂房和生活住宅的确都很漂亮。根据吴克华老人的回忆，当年曾有顺口溜曰：

> 一厂的路，三厂的楼，四厂的平房碰着头。

意思是说国棉一厂的厂区道路相对较好；三厂的建筑设计在一厂基础上经过了苏联专家的优化提升，堪称优秀之作（这也许是保留三厂部分建筑作为"郑州纺织工业遗址博物馆"馆址的原因之一）；而四厂建设之初正赶上全国建筑领域开展反浪费和批判形式主义、复古主义的运动，降低了设计标准，盖了不少低矮的小平房，受到纺织工人的调侃。

当年"苏联专家"就是先进文化与先进科技的代名词，苏联专家在郑工作，理所应当地受到广泛的尊重和礼遇。

有两位著名的苏联城市规划专家，从未踏上过郑州这片土地，却为郑州城市规划的调整完善从而为城市的合理布局、健康发展作出了贡献。不过由于种种原因，郑州相关的历史叙事对这一段并没有正面的记录和表述，给今人留下了不应有的"历史误会"。我们在这里不妨还原历史情景，作一些讨论辨析。

1953 年春，河南省委第一书记潘复生从开封到郑州视察工作，主要是察看在建的省直机关办公、生活设施。在市委书记兼市长宋致和等

340

郑州领导的陪同下，潘复生通过人民路来到规划中的省府大厦位置。

📖【老郑州城市微观地理小词典】

人民路

自金水路至二七广场，全长 1968 米。1951 年全市干部义务劳动修建金水路至东太康路段路基，初称"省府大道"。1952 年 5 月完工通车，路面为泥结碎石结构，中有街心花坛。1954 年省会迁郑前后上覆沥青面层，1956 年改称人民路——"人民"一词在中华人民共和国成立后地名、机构名称命名中属于顶级配置，另与人民广场位于该路南端有关。1986 年郑州市打通东太康路至二七广场段，展现了它在城市总体规划中的完整线形，进一步改善了中心城区的交通状况。

省府大楼

完成方案设计的省府大楼（面向西南，与人民路形成对景）并未付诸实施，规划位置在紧邻金水路、花园路以东、政二街以西的地块。省府大楼项目在 1953 年决定下马后，该地块种植杨树林，长期预留备用。1979 年河南省人民会堂在这里建成，建筑面积 1.8 万平方米，是河南省容纳人数最多、会议室最多、舞台面积最大的会议场所和文化空间，2011 年被评为郑州十大地标建筑。

人民路是一条从老城区通往省府所在地（人称行政区）的斜向道路，潘复生通过这条斜路到了省府工地，看到已经建成的三四栋楼房也是斜向的，准备兴建的省府大楼身后是十多个小型街坊，所有建筑阵列都迎着人民路面向西南。这种格局与中原地区传统建筑坐北朝南的朝向规则大相径庭。

潘复生沉下了脸，眉心聚成一团，问："路修成斜的，房子盖成歪的，这种布局有啥讲究吗？是哪位领导拍的板呀？"

宋致和与同时作陪的省府工地筹建处的同志面面相觑，一时不知如何回答。

潘复生一再追问，旁边的工作人员迟疑了一下，说："这是苏联专家画的图，苏联专家在北京定的。"

潘复生睐了一下眼睛，不再言语，环绕工地看了一圈，他请宋致和安排通知有关人员在郑州市委召开会议，专题研究城市规划和行政区建设问题。

在随后的会议上，潘复生照例首先说了几句肯定郑州市和省府工地筹建处工作成绩的话，但很快话锋一转，对"斜路斜楼"的规划布局提出批评。潘复生说："据说这是苏联专家的手笔。苏联专家的水平当然没有问题，但苏联和中国的国情、民情有所不同，不能搞教条主义，学习他们的经验不能生搬硬套。中国人的习惯，盖房子要坐北朝南。"他看向宋致和，问："宋书记，你们老家河北房子是不是坐北朝南？"

宋致和点头说："是的，坐北朝南。"

潘复生又转向坐在另一侧的郑州市副市长王钧智，问："均智同志，你们山东老家是不是坐北朝南？"

王钧智连连称是。

潘复生接着说："河北是这样，山东是这样，山西、陕西也是这样。这既是文化风习，也是采光通风的要求。这种习惯已经有千百年的历史，是深入人心的。如果把城市街道和办公楼、家属宿舍的楼群都建成歪的斜的，老百姓无法正确辨别方向，不利于工作和生活，子孙后代会骂我们的！"

潘复生指出，我们办任何事情，都要从实际出发，都要有群众观点，这两条原则，任何时候都要牢记在心，不能忘掉。

潘复生要求纠正所谓的"歪门邪道"：工地停工，规划调整，严格工作程序，涉及城市规划调整需经国家主管部门批准，抓紧进京汇报，争取支持。

省直机关的干部事后对潘复生的意见是普遍认同的，他们都不喜欢规划图上那一片密集的斜向小街坊，他们为以后不会在这样的环境中工作生活而感到庆幸和愉快。

但苏联专家却在毫不知情的情况下无端中枪。郑州市后来不论官方历史记载还是个人的回忆文章中都明里暗里把"歪门邪道"问题归咎于苏联专家。大家说法高度一致，都说是1953年苏联专家穆欣为郑州勾画了一个草图……全国高校普遍使用的教材《中国城市建设史》（董鉴泓著）更直接说：穆欣参与了郑州总体规划（1953年），亲笔在1951年的规划图上修改，确定以人民路为规划轴线。

A. C. 穆欣，又译为"莫欣""莫辛"等，男，1900年出生，据与他曾经共事的我国老一代城市规划工作者介绍，他曾是登山运动员，苏联卫国战争时期参加过保卫莫斯科的战斗，曾在前沿战壕中作战，性格非常顽强。在苏联建筑界地位不算高，名望不算大，但是实际工作经验比较丰富。他担任过苏联头号建筑大师 A. B. 舒舍夫（苏联功勋大师，莫斯科红场列宁墓的设计人）的助手，合作过苏联南部城市索契的规划设计，因而，他到中国来工作，带来的是当时苏联主流的前沿的规划思想和方法。有当代中国城市规划史专家总结评价他对中国城市规划工作的贡献包括：帮助形成新中国"适用、经济、在可能条件下注意美观"的建筑方针；帮助拟定出新中国第一版《城市规划设计程序》；推动一批旧城市按照社会主义城市原则进行规划改建，引导我国城市规划设计工作全面开展并走上规范化轨道——其中就包括听取郑州城市规划的汇报，指导郑州城市规划方案的修改完善；另外，他对"城市规划"专业术语的定名发挥了重要影响——1952年在全国首次城建座谈会上他开始提出相关问题，辨析城市规划与经济计划的关系，介绍苏联相关的用语规范，因为他的学术讲解，当年建工部有关负责人决策，开始以"城市规划"替代"都市计划"的概念，且一直沿用至今。

人民路这条斜向道路是郑州市城市规划中"环形加放射路网构图"中的主干道之一，开工修建于1951年。这时候苏联专家穆欣还在俄罗斯西北部港口城市摩尔曼斯克市担任总建筑师，还没有接到来华工作的通知。根据中央档案馆存原建筑工程部档案记载，穆欣在华工作时间为1952年4月至1953年10月（先在中财委工作，1952年12月转聘至建筑工程部）。1953年10月前后，他的来华工作协议到期，踏上返国归程。通过时间轴分析可知，人民路的修建与穆欣毫无瓜葛。

另外，潘复生看到的那几栋省府工地建成的斜楼，相关的斜向小街坊平面构图的出处和人民路线位一样，都来自1951年版郑州城市规划。这种古典主义风格的构图最早出自哈雄文教授的笔下，又经过金经昌、汪定曾等人的补充调整形成了正式文本，于当年报送中财委获得批准。

穆欣与中国同事（20世纪50年代）　图片来源：李浩论文（《城市规划学刊》2020.1）

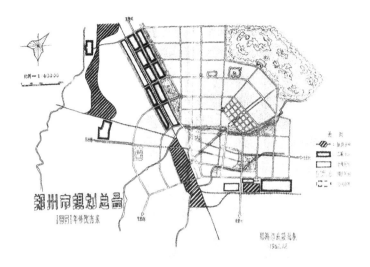

1951 年版郑州市规划总图。斜向的人民路和局部的小街坊出自这个规划，和穆欣无关　图片来源：李浩著《城·事·人——新中国第一代城市规划工作者访谈录》（中国建工出版社，2017）

从时序上看，也早于穆欣来华时间。如果论及功过是非，也不应当由穆欣承担责任。

有关研究资料表明，1952 年 12 月至 1953 年 2 月初这段时间内，穆欣和城建局的同志一起听取了北京、西安、上海、包头、郑州、石家庄等城市的规划汇报，并研究指导过郑州等城市的规划方案。事实上，穆欣这次对郑州规划方案的指导，主要体现在城市跨越京广铁路向西发展的战略方向上。郑州市一批工业项目亟待解决用地问题，这才是城市规划服务经济建设的当务之急（前面谈到纺织工业部钱之光在郑州西郊西十里铺、三官庙、贾鲁河东岸为纺织企业踏勘选址正是在这种背景下进行的，他们和城建局及穆欣等，应当已有会商）。当年哈雄文、金经昌、汪定曾等研究编制郑州规划时，没有预料到工业项目会纷至沓来，产业聚集势头强劲，所以跨京广铁路西南方向只规划了一些生活设施和行政建筑。而这次根据穆欣的意见，对郑州西郊空间布局进行了大规模调整，布置了大面积的工业用地，为纺织基地和机械工业落地搭建了广阔的平台，1951年版城市规划方案的铁路以西地区发生了颠覆性变化，而铁路以东基本维持了哈雄文方案的原有格局。另一位苏联专家巴拉金（来华前担任列宁格勒城市设计院总工程师）1953年接替穆欣后，对郑州规划进行了更具体的指导，对郑州高水平完成新一轮城市规划，提供了宝贵的支持。据王钧智等人回忆，1960年郑州城市总体规划被国家主管部门选送到英国伦敦参加国际展览，受到了广泛的好评。

如此说来，当年潘复生视察省府工地，有人回答询问时说所谓"歪门邪道"规划是苏联专家的手笔，这种说法，是没有依据的和不负责任的。或许这位同志认为这种规划布局虽然超出了大众的认知水准，但极具特色，富有创意，祈望能够保留下来，所以拉大旗作虎皮，祭出苏联专家的旗号，吓阻领导改变规划的决心，并无损害苏联专家形象的初衷。后来时过境迁，中苏交恶，这个说法就固化下来，这又反映了一种"政治正确"的大众心态吧。

当年来华工作的苏联专家从聘用方式、岗位职责、专业地位、发挥作用等方面看大体可以分为两类。一类是单纯的工程性、技术性专家，他们一般和建设工程、引进设备具有对应关系，他们的在华工作周期一般与项目建设的周期共始终，他们有的是由中方聘任，有的是由苏方派遣，甚至有些是代表技术设备供货方前来履行乙方责任的。另外一类则是政策性、顾问型的专家，这一类的专家更具权威性，往往负责一个行业一个部门一个领域的全面咨询工作，提供政策建议，主持或参与制定行业标准和规范，在援华工作中产生的影响是比较广泛和长远的。他们的贡献不是完美地建造一台机器、一栋房子、一条街道或一家工厂，他们的贡献是战略性的，涉及整个城市综合的、长期的、全局性的利益。穆欣和巴拉金即属于后者。他们在第一个国民经济五年计划时期对全国的城市规划研究、编制与管理都发挥了重要的作用；他们对郑州规划的修订完善所做的工作也是影响深远的，在历史叙事中应当得到正确的记载和公正的评价。

郑州市在对苏联的外事交往中，还有两件趣闻逸事值得一记。

一件事是1953年秋天苏联记者欧福钦来郑采访。

这位27岁的年轻记者当年春天刚来中国，工作热情很高，参观一些项目和市容后，他把新中国成立后郑州短短数年的变化写进报道发回苏联国内，在《真理报》上刊出，让许多苏联人第一次听到了郑州这个地名。郑州日报社副社长杨志清参加接待，并把一个自制的郑州工业新闻剪报册赠送给他。以个人名义赠送物品这个细节事先并未列入郑州市的接待计划，被有关方面视为外事活动中的不规范行为。另外郑州日报在翻译欧福钦的名字时译作"欧夫钦"，与官方通报不符，这种大意之失，也受到了上级外事部门的严肃批评。数十年后我们才知道，欧福钦是中苏、中俄关系演变历史的重要见证人，"欧福钦"这个名字竟然是周恩来总理亲自为他译定的，更为神奇的是，后来他竟然与三代中共最高领导人都有过交谈和交往。

欧福钦的俄语名字为弗谢沃洛德·弗拉基米罗维奇·奥夫钦尼科夫，出生于1926年11月。欧福钦从1951年开始在苏联《真理报》工作，1953年春首度来华，连续工作了7年，从此将个人命运与两个国家的命运连在了一起。

周恩来为人随和，爱开玩笑。他知道奥夫钦尼科夫精通中文，于是便对这位《真理报》记者说："你的名字太长了，和中国人打交道很不方便，应当简化一下，不如叫欧福钦——欧洲的欧、幸福的福、钦佩的钦。"奥夫钦尼科夫开心极了，欣然接受。

1956年9月15日至27日，中共八大在北京召开。《真理报》在一版报头位置用中俄文醒目地刊出了"向中国共产党第八次全国代表大会致以兄弟的敬礼!"的标语,并登载了毛泽东的大幅照片。欧福钦与另外两名驻京记者合写了通讯《全中国人民生活中的大事件》。毛主席看到了从哈巴罗夫斯克空运至北京的《真理报》,非常高兴,在会议最后一天,意外来到了外国记者工作室。他问:"哪位是《真理报》记者?"

欧福钦回答:"我就是。"

毛主席向他伸出了温暖的大手,说道:"辛苦了,辛苦了!报道得很好!"

进入 20 世纪 80 年代后,中苏关系逐渐解冻。戈尔巴乔夫于 1989 年 5 月访华。苏联代表团成员名单中,欧福钦的名字赫然在列。这一次他重返中国,身份是负责参与起草相关文件的专家。此次访问的重头戏当然是 85 岁的中共中央军委主席邓小平与 58 岁的戈尔巴乔夫举行的高级会晤。邓小平为这次会晤确立了主题——"结束过去,开辟未来"。

欧福钦参加了戈尔巴乔夫与邓小平的会晤,他听到戈尔巴乔夫对邓小平说:"我们应当用推土机把这个陈旧的共产主义政治体系推平,然后所有改革才能够进行下去,否则所有一切都将掉进沙堆里。"

邓小平回答道:"现在我们和您正行驶在一条乡间土路,也就是计划经济。它是坑坑洼洼的,但已经被车轧平了。而右边有一条高速公路,也就是市场经济。我们需要从现在这条路转向那条路。为了能够转过去,必须牢牢掌握方向盘,而您建议去掉方向控制!那么,您怎么将汽车从这条道路转向另外一条呢?"

欧福钦听了他们的对话,内心受到震撼。他佩服中国领导人的睿智,他看到了不同的格局和高度。

欧福钦还在不同的时代背景下三次采访江泽民主席。第三次是2001 年,上海合作组织成立。按计划,欧福钦将同其他 17 名记者联合采访江泽民。但因江泽民公务繁忙,将接受采访改为同记者合影留念。当记者们从江泽民的办公室走出来时,欧福钦被留下了,江泽民和他单独谈了近 40 分钟。江泽民说："我要搞一个反向采访，我问您答。"江泽民提问的话题是，苏联体系是怎么崩溃的，怎么就一下子垮掉了，中国共产党要从中吸取哪些教训。

欧福钦由衷羡慕中国，始终有坚毅睿智的领导人在掌舵领航。

欧福钦认为俄罗斯国徽中双头鹰的形象很有象征意义——在观察西方的同时，更要关注东方。欧福钦说，对于俄罗斯来说，"重要的是利用伟大中国这个邻邦的活力，来帮助我们发展俄罗斯的亚洲部分区域"。据《俄罗斯报》2021 年 8 月 30 日消息，俄罗斯（苏联）著名记者、东方学家欧福钦去世，享年 95 岁。

另一件事，是 1956 年苏联乌克兰社会主义共和国国家舞蹈团来郑演出。

1956 年 11 月 7 日《人民日报》第七版刊登了苏联乌克兰社会主义共和国国家舞蹈团艺术指导巴维尔·维尔斯基的一封信。巴维尔·维尔斯基是苏联著名舞蹈家、苏联人民艺术家、功勋演员，这一年由他带队在中国进行了为期 3 个月的巡回演出，受到演出城市的高规格接待和广大观众的热情欢迎。他在信中回顾了在中国时的见闻经历："访问了中国的许多城市和乡村，并且留下了极其深刻的印象。我们永远不会忘记同毛泽东主席、刘少奇委员长、周恩来总理以及其他国家领导人的动人的会见，我们也永远不会忘记同许多城市的劳动人民、工厂职工、规模巨大的新工程的建设者、少年先锋队员和小学生、农业生产合作社的农民、文艺界人士以及英勇的中国人民解放军的将军、军官和士兵的动人的会见。我们度过了许许多多动人的兴奋的时刻，但是印象最深的是中国人民给我们苏联人民的使者——苏联演员的友谊、同情和热爱。"

信中说："我想在这里告诉读者一件事，这件事对我们舞蹈团全体人员来说是异常重大的；因为我认为这一个别的事件，极其生动地体现了中国人民对苏联人民的友谊。"

巴维尔·维尔斯基讲了这样一个故事：8 月 11 日，在郑州出生了一个中国婴儿。孩子的母亲张平，是郑州国棉三厂的女工，父亲张恒太，是公安机关的一位民警。孩子出生的时刻，苏联乌克兰社会主义共和国国家舞蹈团 100 多位艺术家正在郑州"河南人民剧院"舞台上表演激情四射的哥萨克骑兵舞，他们精湛的艺术表演赢得了郑州人暴风雨般的掌声。

📖【 老郑州城市微观地理小词典 】

河南人民剧院

位于二七路与太康路交叉口西北象限。始建于 1953 年年初，是迎接省会迁郑的重点文化设施。采用北京天桥剧场设计图纸。观众座席分上下两层，席位 1760 个，舞台台口宽阔，进深较深，乐池、吊杆、多重幕布齐备，灯光、音响、冷暖气设备完善，适宜戏剧、舞蹈、杂技等各种文艺演出。剧院设排练厅、化装间、男女淋浴间、观众休息厅、外宾接待室、首长休息室等，是省会政治、经济、文化娱乐活动的重要场所之一。1954 年 10 月 1 日举行落成仪式，著名表演艺术家常香玉主演的《漳河湾》拉开剧院文艺演出的第一道帷幕。此后，毛泽东、邓小平、李先念、胡耀邦等党和国家领导人先后到此观看演出、参加活动。2005 年拆除后在原址建成大型综合商场"大卫城"。

在郑表演期间，他们参观了近郊陈寨村农业合作社，为村民表演了精彩的舞蹈节目；舞蹈团还到陈寨初级小学参观，向每个小学生都发了一枚鲜红的乌克兰苹果，让小朋友们品尝到中苏友好的甜蜜。

📖【老郑州城市微观地理小词典】

陈寨

　　郑州北郊村庄，位于今北三环北侧，新中国成立后是郑州主要的蔬菜产区，1952 年这里成立了郑州北郊第一个农业合作社。1953 年郑州市拖拉机站在该村成立，首次进口苏联生产的德特–54 型拖拉机一台，培养出赵秀英、陈爱玲等新中国第一批女拖拉机驾驶员；同年著名作家李凖到此驻村体验生活，创作出小说《不能走那条路》。20 世纪 50 年代陈寨是郑州远近闻名的"明星村"。20 世纪末，这里又以花卉市场遐迩闻名，8 万多平方米的陈寨花卉交易市场是我国长江以北最大的花卉交易中心。陈寨也是全国著名的城中村，"郑漂"聚集地，全村超高密度的建筑群中居住人口据估计最多时达到 18 万人，超过郑州解放时全市人口数量，有"中原小香港"之称。2016 年前后陈寨村启动全面拆迁，现已基本拆除。

　　舞蹈团突然收到张平请人送来的一封信，信中说，她非常喜欢舞蹈，因为生孩子错过了欣赏苏联老大哥舞蹈团演出的机会，为了表达她的感情，希望能用乌克兰国家舞蹈团的名字——简称"克奇"，来给自己的儿子命名，以此纪念舞蹈团在郑州成功的访问演出，也为了赞颂中苏两国人民的友谊和团结。

　　张平和丈夫在信中问：您能同意我们的家庭决定吗？

　　巴维尔·维尔斯基的心都被暖化了。

　　他第一时间回复说：我们舞蹈团全体同志怀着极其兴奋的心情听了这个消息，并且感谢你们给予我们这个光荣。

　　苏联乌克兰社会主义共和国国家舞蹈团全体团员 100 多人一起参加了当年 8 月 24 日在郑州举行的这个新生婴儿的命名仪式。命名仪式是按照中国人民的风俗来安排的。巴维尔·维尔斯基发表讲话时说："按照我们苏联人民的风俗，我们大家都把张克奇认作我们的儿子。现在，我们与中国人民联系着的已经不仅仅是友情，而且还有家庭亲戚关系的纽带了。苏联乌克兰社会主义共和国国家舞蹈团在中华人民共和国的访问演出，是我们全团同志生活中的一件具有重大意义的事，而小张克奇的生日，将成为我们舞蹈团永远纪念的日子。"

这是一个发生在郑州的完美的公共外交案例。

苏联乌克兰社会主义共和国国家舞蹈团是当年苏联最优秀的舞蹈团之一，1937 年由巴维尔·维尔斯基创建，以研究和发展民族舞蹈传统为宗旨，1975 年巴维尔·维尔斯基逝世后，该团嵌入了他的名字。

1956 年乌克兰国家舞蹈团演出节目单　婴父收藏

2012 年该团再一次访问我国，再次来郑演出，演出的地点是郑东新区 CBD 河南艺术中心，这时候舞蹈团的名称早已去掉"苏联"字样，变成"乌克兰维尔斯基国家功勋舞蹈团"。他们在巨蛋形歌剧院中以优美欢乐的舞姿，用马刀、骑兵、哥萨克、刺绣、花头巾、小皮靴等元素再度为郑州人展示了乌克兰的民俗画卷，再度赢得郑州人的赞叹。

在本书的写作过程中，笔者曾试图寻找 1956 年 8 月 11 日出生的张克奇先生，但惜无结果。当年的小克奇，现已接近古稀之年了。苏联解体后，俄罗斯与乌克兰两个最大的加盟共和国渐行渐远，反目成仇，以致今日兵戎相见，张克奇不知会作何感想。

第十章　理经纬

张玺是河南省省会迁郑的主要推手。

张玺（1912—1959）原名王常珍，字子璧。出生于河北省平乡县东田村。1931 年加入共青团，1934 年成为中共党员，历任中共冀鲁豫边区党委书记兼军区政治委员，豫西区党委第一书记兼军区政治委员，中共河南省委书记兼军区政治委员，国家计划委员会专职委员、常务副主任、党组副书记等职。

1949 年 1 月，河南省全境解放。1949 年 3 月 1 日，中共河南省委在开封正式成立，中共中央中原局副书记李雪峰兼任省委书记，原豫西区委书记张玺任省委副书记。5 月 30 日，中共中央批准，张玺、刘杰、

解放初的张玺　历史资料

354

杨一辰、吴芝圃、陈再道、毕占云为中共河南省委常委，省委书记张玺，副书记刘杰。因为李雪峰兼任河南省委书记属于临时性过渡性工作，且任职时间只有两个多月（和谷景生代理郑州市委书记的情形颇为相似），事实上河南省委成立后的首位主要领导应当说是张玺同志——李雪峰兼职期间，也是由他主持日常工作。1952年年底，张玺离开河南，奉调进京，主持河南省委工作不过三年半的时间。

即便主政河南时间不长，他也给党中央和中南局交上了优秀答卷。他主豫期间，正值全国国民经济三年恢复时期，在他和河南省委带领下，全省人民圆满完成了恢复经济、发展生产的任务，1950年到1952年，粮食产量增长了50%，国营、合营和私人工业增长了9倍，全省工农业生产达到或超过战前最高水平，人民生活得到不断改善。这个成绩和全国各省市横向比较，也是不落人后的。

1952年10月29日，毛泽东来河南视察黄河，在兰封与河南省委书记张玺、省政府主席吴芝圃、省军区司令员陈再道见面，毛主席当面询问了不少情况，很满意地说："我看过一些材料，也听邓子恢介绍过你们的情况，河南这几年工作搞得蛮不错哩！"

郑州1948年10月22日解放，邓子恢11月15日晚在禹县（今禹州市）专门与时任豫西区委书记张玺谈话——在郑、汴、洛三座中原重镇均获解放的形势下，要求他在今后的工作中高度重视城市工作和交通线的作用。提出现在革命进展的形势是长驱直入，沿交通线前进，过去是先占边沿，"金角银边草包肚"，但今后主要是控制中心城市。提醒张玺要尽快把平汉线、陇海线两侧搞好，大部队和军火都需要这两条铁路运输。利用这两条铁路的关键，是管好郑州这座城市。在邓子恢心目中，在中原诸城的排序中，郑州是重中之重，是枢纽之城，核心之城。

1980年代以后，郑州市的官方出版物出现过这样的表述："郑州一解放，党中央就明确指出了郑州的城市性质及其战略地位，这对指导郑州的城市建设具有深远的意义。"以当代史研究的角度看，这种表述过于粗犷，缺少文献、资料的支持——主笔者也一定遇到了无法破解、表述"何时、何地、何人决定了省会迁郑"这个历史谜题的烦恼。

其实，关于郑州城的战略地位，解放战争时期毛泽东草拟新华社电文时就做过评价；受命经略中原、逐鹿中原的邓小平也多次做过评价；新中国成立后坐镇中原、稳固中原的邓子恢也多有论述。他们对郑州的看重、倚重，超过中原任何城市。这些中共建政后第一代领导集体重要成员的评价，贵逾金玉，重逾千钧，足为制定政策的依据，只是没有与省会变迁等具体措施做技术对应而已。这个时候，张玺作为河南省委主要领导，秉承和贯彻领导意图自然而然应当承担"推手""导演""操盘者"的责任。这就是省会迁郑的历史逻辑。

与邓子恢见面谈话一周后（11月22日），张玺即到郑州检查督导工作，传达落实邓子恢的指示精神，听取郑州市委的汇报。张玺后来在11月22日晚上所作笔记中说："感觉其领导班子尚未完全捏拢。"市委书记谷景生本是兼职，是军管体制的一部分，部队和地方工作兼顾，在时间和精力分配上很难两全。市委机关工作力量不足，多数部门还没有搭起架子，所以张玺有这种看法。市政府领导班子也配备不全，没有副职，工作力量薄弱，宋致和市长急需助手和多方面有经验的骨干力量。张玺要求，当前工作要更加明确地提出以恢复生产为中心。摧毁反动派的基层组织，要与恢复生产相结合。生产不能恢复，市民就业就无法保证，生活不改善，社会就难以稳定，支前工作更会困难重重。总之各项工作中恢复生产是重中之重。另外，张玺还特别强调，解决干部问题要讲究用人之道，让社会上各方面的仁人志士向我党靠拢，争取一切可能团结的力量和我们共同行动。这是有记载的张玺首次赴郑指导工作。

有一个历史信息很容易被研究者忽略：有关党史和政权组织资料显

示，1948年10月郑州市政府成立后，隶属豫西行署；1949年3月中原临时人民政府成立之后，郑州市政府改归这个大区级政府机构直接领导，1949年5月，中原临时政府迁往武汉，这个隶属关系才告结束——形成大区直管关系虽然只有两三个月，但可以从中看出邓子恢对郑州城市规格的态度和亲自掌控的决心。事实上，邓子恢在1948年年底和1949年年初多次坐镇郑州，直接指挥淮海战役和大军南下的后勤保障工作，对郑州的战略地位有切实的感知、认知。这些，张玺是心知肚明的。

1949年11月6日，时任郑州市委书记赵武成在郑州市第二次党代会上作工作报告时，向大家透露省委书记张玺与他的谈话内容说："省委以郑州为工业建设重点，在领导上会更多给以指示和帮助。关于这一点，我们切不能骄傲自满，更应兢兢业业把生产建设搞好。"这句话似有潜隐的意涵。

1950年开始，张玺经常性地到郑州开展调研活动，结合民主改革、工商业恢复、新建工业项目、大型商业活动、城市规划与建设等议题和郑州市领导干部谈话、和企业老板及工人代表座谈，甚至到广场上与基层干部和市民群众互动。张玺来郑调研的情况，有时报纸会刊发活动消息，有时会通过简报、文件向外传递他在调研中对各行业工作的指导意见。而关涉郑州城市规划和省会迁郑议题的，一概未见只言片语的报道——他是在不露声色中推进这项议程的，1950年史隆甫建议邀请北京、上海两地都市计划委员会专家研究提出郑州城市规划初步意见，通过规划揭示省会迁郑的合理性和可操作性，从而启动相关报批程序，这个工作路径得到他的激赏，也得到了他的场外指导。

张玺通过一次赶路的偶然体验，更坚定了加速省会迁郑步伐的决心。

1951年初春某日，开封城中凄风冷雨，傍晚时分，张玺接到紧急通知，邓子恢请他立即赶往汉口，参加一个重要会议。这时，徐州开往西安经停郑州的那班快车已经过去，等慢车的话，第二天就赶不到汉口了。怎么办？

秘书刘洪声请示："要不我给郑州铁路局刘建章局长或耿一凡副局长打个电话，请他们想想办法？"

张玺同意："好，抓紧联系。"

联系上了耿一凡副局长，对方说，调公务车过来时间已不允许。为了应急，可以让开封站的磨电车送领导到郑州。磨电车是有轨电动车的旧称，在铁路特定区间执行联络、巡视、维修等任务。

"只好这样，请郑州路局立即安排。我们也别吃晚饭了，带俩馍赶路吧。"张玺边收拾需要随身携带的文件资料，边招呼秘书刘洪声和警卫员郭佩海、张文纪出发。四人乘坐吉普车很快赶到车站，上了那辆磨电车。

磨电车空间狭小，和小轿车的内部容积大小相仿，光线晦暗，加上司机五个人挤进去如同进了闷葫芦，感觉空气稀薄，让人窒息。行至途中，磨电车出现故障，勉强开到中牟站，停车检修，发现坏了一个零件，难以重新启动，无法继续前行。

"没有替换的零件吗？"张玺控制着内心的焦虑，语气平和地问。

"没有……"司机既惭愧又紧张。

张玺问："中牟站有没有？"

司机答："没有。他们没有这种车。"

警卫员郭佩海大恼，责备司机："怎么搞的，事先为啥不检查车辆?! 你知道你耽误了多大的事吗?!"

张玺摆摆手，制止说："别这样，你说他有啥用？他也不是故意的。我们还是到车站想想办法吧。"张玺大步流星地往站房走去。

这是一个风雨交加的夜晚。雨越下越急，风裹着雨，把雨溅到脸颊上、脖颈里，让人更觉寒凉湿冷。到了站长室，张玺已经冷得忍不住发抖。

从中牟到郑州还有一半路程，进不得，退不了。若在开封，中南局紧急会议可以由省军区调动军用运输机应急，现在只能再和郑州铁路局联系，请他们再想办法。中牟站值班员接通了铁路局耿副局长的电话，耿副局长很是不安，深表歉意，但也没招。即便再派一辆磨电车过来，到郑州后也无论如何赶不上北京到汉口的特别快车了。只能在中牟站乘下趟火车先到郑州休息，再转乘慢车前往汉口。

"只好如此，只好如此。"张玺冻得脸色发白，嘴唇发青，依然隐忍不发。警卫员帮他换下被雨水打湿的外衣，把带来的棉袄给他披在身上。

相信此时，他对开封与铁路枢纽的错位给工作效率带来的制约会有一种更加痛切的体会，此刻省会迁移问题在张玺脑海频频闪现，这是完全可以想象的。

结果他还是迟到了。而且到了汉口，因为受凉，张玺的肠胃病又紧急发作，腹泻不止，一晚上拉了六七次，眼窝都陷下去了。见到邓子恢，邓子恢一愣，端详几秒钟后询问他身体情况。他苦笑着如实讲述了来汉过程。也许这个话题，恰好成了会后两人单独商议河南工作重点时的一个合适的引子和由头。

我们有理由相信张玺和邓子恢讨论了有关河南省会的问题，因为从汉口回来后，张玺在当年上半年就到郑州做了两次调研。第一次是 2 月份，调研后即指示成立"河南省郑州市城市建设委员会"（1951 年 4 月 3 日正式成立），归河南省人民政府直接领导，由河南省政府副主席牛佩琮兼任主任，必要时驻郑工作，加强对郑州市规划建设工作的领导——由省级领导兼职直管省会之外一座城市的规划建设，这在河南以至全国均史无前例，用意一望可知，是要建立在郑州规划工作中省、市两级领导无缝衔接、全时畅联的工作机制。第二次是 6 月份，调研后决定发挥郑州的交通优势，由省政府出面在郑州举办全省物资交流大会，让郑州作为全省商贸中心的地位进一步大放光彩。而在这次调研后不到一个月的时间，上报中财委的"郑州市建设计划草案及发展方向总图"就拿到了"批准执行"的回复，标志着省会迁郑工作开始进入实施阶段。

下半年在郑州举办全省物资交流大会，整个筹备过程给郑州的基础设施建设、市容市貌的变化都带来了重大影响。

20 世纪郑州的城市文化是"双核并置"的，其一是以铁路为主轴的交通文化，其二是以集会为高潮的商贸文化——抗战时期之前，郑州的"新市街"店铺林立，已展现新兴商业都市的繁华盛景，而郑州一春一秋两度在"塔湾"和"眼光庙"举办的大型药材骡马大会，更是给这座城市提供了传统的商业化的狂欢样式，遐迩闻名，影响遍及中部多个省份。

📖【老郑州城市微观地理小词典】

塔湾

地片名，因开元寺塔而得名。乾隆《郑州志》记载："开元寺，在州治东，创建于唐玄宗开元年，头门内唐建舍利塔一座。"古开元寺旧址，即今东大街郑州市第一人民医院现址。开元寺早已荒废不存，13 层的开元寺塔却遗世独立，卓然不群，"古塔晴云"被列为清代和民国郑州八景之一。1937 年梁思成中原访古，曾专程来郑看望古塔，定为宋代建筑。抗战期间古塔被日寇炸毁。开元寺荒圮清除后，塔的周围是开阔的空场和林木，郑州人将此地称为"塔湾"，抗战前是郑州药材骡马大会的春季场地。

眼光庙

位于郑州南关街与民乐里交会处(南关小学一带),道教庙院,据传始建于乾隆年间。供奉神主为"眼光娘娘",又称"眼光奶奶""眼光圣母",是道教中的女神,其道场在东岳泰山,是一位专职负责医疗民众眼疾、守护百姓光明的神仙。眼光庙晚清、民国时期香火极盛,庙前广场和周围街巷是郑州药材骡马大会的秋季场地。

1930 年代初开始,郑州隆重举办药材骡马大会,以塔湾为中心会场,每年会期一个月,东西南北各路药材商人云集郑州,这标志着郑州已取代禹县成为全国最重要的药材集散地。1933 年,郑州商会会长田镜波和张波臣、陈筱轩、阴献庭、李桂荣等商界头面人物共同商议完善郑州药材骡马大会举办规则,议定每年分两处起会:春季会址在塔湾,在原有老庙会(东大街每年农历三月初一有奶奶庙会,三月十六到三月十八城隍庙会,实际上往往能延续半月之久)的基础上,确定整个三月为庙会会期。秋季会址在南关眼光庙周围,整个十月为庙会会期。春秋两季的郑州庙会,形成郑州商业活动和民间娱乐的两次高潮,增加了郑州的辐射力和影响力。郑州作为药材集散地,除全面覆盖省内市场外,还远销北京、天津、上海、汉口、杭州、广州及西北各省。如川芎、藿香、陈皮等多由汉口运郑后转销东西两路,当归、大黄等由西安运郑后转销南北各方。金银花、柴胡、红花也集中于郑州,再分流于各地。1930 年代郑州集中了大药行 28 家,另有坐庄商家 200 余家,成立了药商同业公会,实力雄厚,声名远播。抗战爆发,郑州两度沦陷,庙会停办,多数药行商户或关门停业,或转移禹县经营,郑州药材交易从此一蹶不振。

在一些人的回忆文章和相关文史资料中可以略见当年郑州庙会盛况。

史金腾老人幼年开始记事时由家中老人带领逛过塔湾庙会。庙会上既有各种商品交易（药材、牲口之外，还有布匹、衣服、种子、箩筐、簸箕、木锨、凉席、草帽和各种农具），还有戏剧、曲艺、杂耍、武术表演。但小朋友另有所好：枣糕、熟梨、麻糖，吹糖人、捏面人、泥泥狗、泥娃娃、红缨枪、小木马……简直让人目不暇接，流连忘返。

作家魏巍当年还是文学少年，兴趣点主要是庙会上的戏曲演出。他撰文回忆少年时看戏的体验，写得轻松有趣：

> 我的家乡郑州，是全国药材集散地之一，每年春季都有药材骡马的贸易大会。为繁荣市场，在县城南关（他把两处场地记混淆了——婴父注）要开三台大戏，一唱就是一个多月。这三台戏，一台是河南梆子，一台是越调或曲子或二夹弦，另一台是京剧。河南戏这边往往是人山人海，而京剧台前则观众寥寥，可见河南人对家乡戏的挚爱之情。
>
> 三座戏台一搭起，茶水行业的老板便以三面环抱之势搭起了看台，看台上设有桌凳，专卖茶水瓜子，上看台的人自然是有几个钱的。台前一片天井形的空地，则是留给下层站着看的观众了。那时穷人多，平时能花钱买票进戏园的为数极少，而一旦有了不花钱的戏，乡下的农民和城市的贫民，便一窝蜂似的拥到这里。我这个小戏迷更是闻声而至。
>
> 在戏台与看台之间的这块天地里，可说是一片骚动的海与热情的海。这里拥挤着的都是劳苦群众。他们人挨着人，肩挨着肩，我的前胸贴着你的后背，真是挤得风雨不透。川流不息的来客，一般都从前面挤入，再往后涌（拥），不到十分钟，便从最佳距离涌（拥）到中间或后面去了。血气方刚的年轻人，自然不甘心，一个愤怒的浪头便

把前面的人挤到戏台底下去了。这些很像大海边的波浪不停地涌动。我年纪小，个子小，常常被挤到中间，宛若陷入重围，简直喘不过气来。如果这时再有人放一个大屁，更使人上天无路，入地无门，只好默默享受。劳苦大众真是艺术最热烈的渴求者。

持续一个多月的演出，对县城人，对我都是一个很大的馈赠。每天演两场，每场平均三出，一个多月过去，要有一百多出了。这样我越看越上瘾，上学便常常迟到。随之就受到斥责和羞辱。但我仍无意改正。因为那时我上学很难，买不起书，常受到刺激，对上学已失去志趣。相反，对家乡戏却一天比一天热乎。有时还面对城墙练练嗓子，模仿一些演员的唱腔，甚至颇有挤入梨园之意。如果不是后来革命思想的种子落入心中，也许真的追随哪个戏班子飘零天涯去了。

郑州有庙会这样成熟的商业模式、商业传统，为何不重新激活，使之在新的条件下发挥作用呢？张玺认为，当时（1951年上半年）的城乡经济梗阻，工业品下不了乡，农产品进不了城，这个问题是全省性的。他听到郑州不久前组织过春季药材骡马大会且效果良好之后，兴致大增，下决心在郑州举办全省物资交流大会，调动各方积极性，利用民间资源，创新庙会样式，沟通城乡渠道，尽快繁荣经济。这也是发挥中心城市作用，提高郑州影响力的大好时机。

郑州市委、市政府领受了秋季承办全省物资交流大会的任务。为了搭建平台、搞好服务，郑州市强力推进城市环境建设和改造，其重点区域集中在太康路以北地区。

太康路

　　太康路是民国时期郑州城区的北部边沿。以长春路(今二七南路) 为界，太康路西段先期形成，是老坟岗区域的北部限界，太康路东段成街较晚，始建于冯玉祥 1928 年二次主豫以后。冯玉祥当年察看郑州社情，见有不少老人无依无靠、生活无着，便安排在河阳街平民工厂旧址建立一个养老院，供养 60 岁以上孤苦老人，养老院定名为"太康养老院"，太为极大极高，康为平安喜乐，取义吉祥。当年新修东西向道路，因紧邻太康养老院，便借名而用，将新修路段(北下街至长春路) 与连接铭功路的原有路段统一命名为太康路。

　　太康路以南区域结合解放路的建设和老坟岗的改造，城市景观和环境质量已有较大提升，1951 年借举办全省物资交流大会的东风，郑州市顺势把旧城改造的范围跨过太康路，继续向北推进，在很短的时间修建了小市场街，清理整修了铭功园和胡公祠，启动了人民公园的建设。

小市场街

　　民国时期长春街北端渐入郊外，在郑州市百货大楼位置北边土路旁有小摊小贩聚集，人称小市场。1951 年将长春路向北延展至金水河畔，为全省物资交流大会提供场地和交通便利，建成后初称小市场街。后为纪念二七大罢工长春路改名为二七路，小市场街随之更名，遂有二七南路、二七北路之别。金水河"新通桥"建成后，二七路与文化路连通，变成老城区与行政区相互对接的干道之一。

人民公园

东门面向今二七路，西门面向铭功路，南门面向太康路，总面积 31 公顷，是郑州市最大的综合性公园。1951 年，市政府决定在西太康路以北、金水河以南、铭功路以东、北二七路以西的区域辟建人民公园。解放前的胡公祠、铭功园都包含在这个区域之内，一并划入人民公园管理。建园之前，胡公祠西墙外是一片乱坟岗，北墙外是一条季节性小河沟（老百姓称之为旱河沟），荒草萋萋，垃圾遍地。建园后，在昔日河沟处挖湖堆山，引金水河河水入园成湖，整个公园湖光山色，景色如画，一时成为市民百姓的游憩之所。1952 年 8 月 1 日正式开放。

铭功园

铭功园又名彭公祠，落成于民国十四年（1925 年）。原为彭象乾团长铭记战功之园，故称铭功园，西侧道路因而名之曰铭功路。1922 年 4 月直奉战起，直系主帅吴佩孚率军自洛阳北上，攻打张作霖，陕西督军冯玉祥任后方总司令，以补中原兵力之需。冯玉祥属下张之江旅宋哲元团和吴佩孚直接指挥的部分军队驻守郑州。盘踞开封的河南督军赵倜本属直军势力，这时候误听吴佩孚身亡的谣言，决定孤注一掷来一次政治投机，派其胞弟赵杰突袭郑州，直系军队靳云鹗部团长彭象乾战死。冯玉祥派陕西胡景翼部入郑支援，激战数日，击败赵军。赵倜从此一蹶不振，偃旗息鼓。战后靳云鹗偕同郑州地方商会出资修建了彭公祠暨铭功园，借纪念彭象乾之名，树立自己保境安民的形象。彭公祠原建有祠堂建筑、连体五亭和彭象乾骑马铜像等，据传铜像日寇据郑时被盗，祠堂建筑"文革"中被毁，现存一组连体木结构攒顶角亭，屡经修缮，继承明清传统工艺，红柱绿瓦，翼角高挑，如翚斯飞，楚楚动人，形制为国内仅见。

胡公祠

胡公祠即胡笠僧祠堂，大门位于西太康路北侧，今为人民公园南门。

胡景翼，字笠僧，陕西富平人，原为陕军于右任部将领。1920年冯玉祥督陕时，任陕军第一师长。1922年第一次直奉战争爆发，随冯玉祥入豫，1925年任河南省军备督办兼代省长，同年在任上逝世。胡生前在郑州将其阵亡部属葬在冯玉祥开辟的"碧沙岗"中，又在西太康路觅地拟建祠祭祀，未及实施。1932年，冯玉祥、张群、刘峙、于右任等就其地为胡景翼建立祠堂。1936年胡公祠落成，共占地23亩，围以高墙，进门后中轴线上迎面移植一株巨型古槐，郁郁苍苍，树龄据测达180年以上。绕过古槐，可见主殿——在高大的砖石台基上建雄壮大殿五楹，绿花红垣，雕梁画栋，飞檐斗拱，彩绘绚丽。大殿四角，悬以铜铃，微风拂动，清音远播，如闻天籁。抗日战争期间，国际救济委员会郑州第二难民收容所曾在此设置。

郑州市举全市之力筹办全省物资交流大会，付出的努力与北京举办奥运会、上海举办世博会好有一比。省物资交流大会如期在郑州举行，1951年11月16日《郑州日报》报道了"省物资交流大会隆重开幕"的消息——省物资交流大会在小市场街税务局新建礼堂举行开幕典礼。省人民政府副主席暨大会筹委会主任牛佩琮亲自剪彩并发表讲话，筹委会副主任、省商业厅厅长李友三，筹委会副主任、郑州市市长宋致和致辞。开幕式结束后，与会代表参观交流大会的六个展览馆，即工业展馆、手工业展馆（两处）、土特产展馆、药材展馆和省外展品馆等。这次物资交流大会是郑州市解放后的一次全省性大规模经济活动，郑州各界做了大量的准备工作，根据会议的需要突击完成了相关城市基础设施的建设改造，市容面貌为之一新。报道说："大街小巷都挂着庄严美丽的国旗。沟通城乡物资交流、巩固工农联盟、发展工农业生产、加强抗美援朝力量、保卫世界和平等标语和过街横额布满了全市。""入夜，本市公私企业为庆祝大会特制的十一个巨大牌楼和二七广场六十三呎高的灯塔，放射着万道光芒。"

半个月之前（1951年11月2日）《郑州日报》报道全省物资交流大会在郑州的筹备情况时说："……本市工商界准备在车站和各主要街道扎牌楼11座，在市中心扎五丈高的一个灯塔。"

由以上两次报道可知，从1951年年末开始耸立于二七广场，一直存续至1971年的木质构架是为当年的全省物资交流大会而建，建成后一直被称为"灯塔"，并无"二七纪念塔"之名。从现存的影像资料和文字记载看，该灯塔是木构架木条装饰结构，配有简单的照明线路；从不足半个月的施工周期看，该灯塔也没有永久性的基础工程和主体结构，和其他11座牌楼一样，都属于临时性的公共艺术装置。

📖【老郑州城市微观地理小词典】

二七塔

1951年为举办全省物资交流大会，郑州市工商界在二七广场（原称解放广场）建造一座兼有导向功能和景观功能的木塔，配以灯饰，白昼雄奇挺拔，晚间熠熠生辉，受到市民喜爱，称之为"灯塔"。大会之后长期留存，不断加固结构，美化环境，渐成郑州知名地标，因设立在二七广场，日久天长，市民群众赋予其纪念功能，称其为二七塔。1971年木塔因基础腐朽而倾倒，郑州市委书记王辉邀请著名建筑师林乐义设计方案，在木塔原址上由市建一公司施工，高效率组织"百日工程"，建成连体双塔造型砖混结构的二七新塔，塔基占地800平方米，塔高14层63米，建筑面积1923平方米，具有纪念、展览、观光等功能，2006年被国务院公布为全国重点保护文物，2009年被建设部和中国建筑业协会授予"新中国成立六十周年100项经典精品工程奖"。二七纪念塔被公认为郑州知名度最高的标志性建筑和城市文化符号。

河南省物资交流大会在郑召开期间，虽时值深秋，但整个城市却如沐春风，车水马龙，客商川流不息。小市场街和人民广场等室外交易场地人山人海，临时搭建的 6 个展览馆同时开展，历时一个月零两天，现货与合同成交 1000 亿元（旧币，相当于 1000 万元）以上——这在当时，已经是个天文数字了。

张玺在郑州调研，作风质朴，待人谦和，深受郑州基层干部群众钦服。他听取下级汇报工作时，不断认真做笔记，而且通常是用毛笔快速作精微行书。有人说，很多干部都是听领导作报告作指示时才做笔记，而且毕恭毕敬，做小学生崇拜老师状，但像张书记这样与下级谈话做笔记的领导很少见，绝无表演成分。善于倾听，尊重民意，平等待人，能者为师，不耻下问，这才是高级领导的珍贵品质。

省会迁郑后的二七广场和木质灯塔　魏德忠摄影

1971年建成的二七塔是市民和游客的首选打卡地
婴父摄影

张玺除了喜欢深入工厂、企业调研，还喜欢到公共场所观察社情，与基层群众接触。市体育场他就去过多次。

郑州市体育场即我们前面提到过的人民广场。开辟人民广场并把它改造为体育场的主导者是时任共青团郑州市委书记程金瑞。

程金瑞（1926—2011），山东省莒南县人，1944年加入中国共产党，1948年郑州解放起，历任中共郑州市青委宣传部部长，郑州市青年联合会主席，共青团郑州市委书记，共青团洛阳市委书记，共青团河南省委常务副书记，郑州铝厂党委书记、革委会主任等职务。离休前曾任中国农业工程研究设计院党委书记，国务院三西地区办公室主任，国务院扶贫开发办公室顾问等。

人民广场原本是天成路旁旧城墙（今三角公园）东侧的空场，垃圾成堆，污水横流，长期荒废。共青团郑州市委书记程金瑞自告奋勇，组织全市各学校到这里开展义务劳动，铲除垃圾，清理杂草，拓展边界，修成了 400 米的环形跑道，开辟成了一个简易的运动场地。1949年 10 月 1 日，开国大典在北京天安门广场隆重举行，郑州 5 万多民众在这里集会，欢呼庆祝中华人民共和国成立，红旗飘飘，万头攒动，一时变成人群的海洋。临近郑州解放一周年的喜庆日子，市政府决定在这里举行首届人民体育运动大会，既有促进群众体育活动的用意，更有进一步激发民众爱国热情的思路。10 月 20 日至 10 月 27 日，历时一周，人民广场内举行了田径、篮球、排球、乒乓球、拔河比赛，这里你追我赶，你争我夺，呐喊助威、欢呼贺胜的声浪此起彼伏，一波连着一波。其中 23 日，郑州市 5 万干部群众还在这里举行了纪念郑州解放一周年大会，市委书记赵武成、市长宋致和以及群众代表在会上致辞，为郑州庆生。这个场所随即被命名为人民广场。这是一个郑州市民释放生活激情、展示精神面貌的场所。

1950 年年初，39 岁的杨福乾在河南大学受训后拿着人事部门的派遣单到共青团郑州市委报到，他认为和青年团的工作性质相比，自己已堪称高龄，见到程金瑞时颇有些尴尬。

杨福乾是一个传奇人物。他生于 1911 年，河南省扶沟县韭园乡人，从小受民族英雄吉鸿昌的影响，酷爱武术，拜师求艺，勤学苦练，终成武术界翘楚，在全国和省内武术比赛及体育竞赛中多次获奖，并且担任十六至二十一期黄埔军校国术教官。新中国成立前，他历经战乱，颠沛流离，遭遇不少跌宕挫折。开封解放时，经人介绍报考了河南大学行政学院短期班，学习马列主义毛泽东思想，开始了新的人生历程。

程金瑞是个性格温和、善解人意的年轻领导。对这位大自己 15 岁的新部下张开双臂热情欢迎。程金瑞经过思考，为他安排了一个能够发挥专长的工作——代表团市委到人民广场去完善体育设施，将其拓展改造为既能满足政治集会功能要求，又适合开展群众体育活动，还能够进行竞技比赛的大型体育场。

那时候的人民广场，场地尚称平坦，但四周荒芜，老城墙的残垣旁还是一片乱坟岗，广场中只有一座孤立的主席台，缺少公共体育活动的设施器具。杨福乾在阴暗潮湿的主席台下半地下室中摆上一张三斗桌、两张单人床，和一名临时工开始了创业历程。添置体育设施，先从制作篮球架、木马、山羊开始。缺少木材，程金瑞和城建部门联系，帮忙找来一些拆除老城门时废弃的旧木料，杨福乾自己动手，先当木工再干油漆工，很快制作了一副漂亮的绿色篮球架，街头少年们不邀而至，纷纷到此一显身手。杨福乾在广场入口处架起了一块大黑板，办起了《体育快报》，经常宣传发布省内各地和全市体育活动的动态，开始引起周围市民的持续关注。杨福乾又精心策划，利用主席台经常举办周末晚会，组织体操、戏剧、舞蹈、杂耍表演，一到周末，周边市民男男女女老老少少都带着小板凳前来观看，这里很快成为郑州市声名广播的群众文化中心。紧接着，他们又在广场内划出了篮球场、足球场、排球场专用场地，郑州市众多的机关、学校、企业纷纷成立球队，来这里联系参加周末比赛。当时著名的篮球队有群力队、鸽队和回族群众的穆光队等。每到周末，市民群众和小商小贩就像赶庙会一样向这里聚拢，观看赛事，享受激情。周围一些小商店的店主也是体育爱好者，远远听见球场上传来的声浪，门店干脆落锁停业，跑过来加入呐喊助威的人群。体育场与市政府近在咫尺，市政府领导也经常过来观战，市政府机关还组织了一支名叫"星队"的篮球队，球艺不俗，经常出战，成为活跃在球场上的明星。当年市政府秘书长张北辰（后来任市政府副市长兼市体委主任），军人出身，身手敏捷，有时候技痒难耐，在大家的哄笑赞许声中脱光膀子亲自上阵，秀上一把。这种群众体育活动，一直延续到省会迁郑之后，延续到20世纪60年代。若问当年郑州人气最旺的体育活动是何项目，那一定非篮球莫属，不接受反驳。1950年6月10日，郑州市人民广场暨郑州市体育场建成验收。1950 年秋天省委书记张玺来郑调研，到人民广场参观，程金瑞向张玺介绍了杨福乾的创业事迹，张玺专门要见见老杨。他拉着老杨的手，临时编了一段顺口溜表扬他：

> 杨福乾，非等闲，创办球场人夸赞，人民群众都来玩；群众演，群众看，想坐（就）坐，想站（就）站，院子大，空气鲜，健康快乐不花钱。

围观者听了，为省委书记的风趣幽默折服，一起热烈鼓掌。张玺鼓励他继续努力，不但要把体育场办成群众欢迎的活动中心，还要把体育场建成一座现代化的培养体育人才的基地。

杨福乾因为这段创业历史，1986 年被国家体委授予"新中国体育开拓者"荣誉称号和金质奖章。

张玺十分重视调查研究，勇于探索，把党的政策与具体实际结合起来，在实践中创新突破。他也常用"摸着石头过河"这句话——其含义包括两个方面，一是积极探索，二是稳步前进。这句话本是四川俗语，并非邓小平同志发明。但因为邓小平喜欢使用这个生动活泼的场景化的词语，被中原解放区的干部所熟知和时常借用。我们今天可以看到的张玺同志有关文献中就留存有这类词语使用记录——1951 年 4 月 5 日张玺在河南省城市工作座谈会上，就要求各级领导干部在城市工作中采取"摸着石头过河"稳步前进的方针。他在肯定工作成绩的同时，也指出很多工作走了弯路，如同"瞎子摸鱼"，乱抓乱碰。

张玺个子不高，走起路来步伐稳健，讲话没有太多的手势。他思考问题的时候喜欢把两手插在裤子口袋里走来走去。他有时候也会情绪波动，但从不发作，这时候他又开始来回踱步，你若仔细观察，他这时候与平日的姿势有那么点细微差别，头会稍微仰起一些，眼睛会眯起一些，两只插在裤兜里的手会横向外张，把裤子顶得像马裤那样的形状。不多会儿，随着他思考的进展，他就会重新回到惯常的样子。

张玺性格谦和，善于处理和同僚的关系。处理省委工作时，他不是坐在自己的办公室里，对其他领导呼来唤去，他会主动移步到刘杰、杨一辰、裴孟飞同志的房间去，沟通情况，交换意见。涉及省政府的决策，他有时会到省政府机关去见吴芝圃，一如老友造访；涉及省军区的事务，他会到省军区机关去见陈再道、毕占云，仿佛战友聚会。他从来没有显示过一丁点的权位优越感，也没有试图施展过一丁点的驭人之术，唯其如此，省级领导班子成员之间真正形成了相互信任、相互尊重的关系。

河南省委成立以前，党的地方组织多元并存。除平原省原有范围之外，河南境内原有的党组织，豫西有豫西区党委，豫东有豫皖苏分局，豫西南有桐柏区党委。1949年河南省委成立，以豫西区党委机关作班底，吸收相当一批豫皖苏分局和桐柏区党委的干部，这就存在一个整合、融合、磨合的问题。省委成立初期，领导班子成员来自四面八方，多数是初次共事。来源多，班子新，彼此摸不准脾气。大家各有性格，开会商议工作，意见不合时，就开始争执起来，闹得很不愉快。遇到这种情况，张玺总是有意淡化处理，一笑了之，事后再做细致入微的思想工作。他不愿正面直入，直接谈论是非曲直的大道理，总是摸透大家的兴趣爱好，通过娱乐的方式与大家个别接触，分别化解矛盾。

有一次他约陈再道打弹子球，趁陈打得顺手喜上眉梢，张玺问道："这一杆，你为啥打得那么好啊？"

"打顺手了。"陈再道嘻嘻一笑。

"我看不尽然。"张玺说，"这一杆打得好，主要是瞄得准，角度选得好，不像在前天的省委会上瞎放炮。"

"嘻，我就是这个脾气，有话不说还真不行。省政府在预算上，就是卡了军区嘛！"

"卡不卡咱先不说，你动那么大肝火，不怕气大伤身？也不怕伤了同志？有理不在声高，有意见可以慢慢说嘛。你，芝圃同志，还有我，咱们仨是省委核心领导，咱仨都不能和和气气商量工作，别别扭扭的，你让其他同志怎么想怎么看！预算不足，从芝圃的角度，他可能有他的考虑，我们在一起议一议，不就明白了心思，发现了问题，纠正了偏差嘛。你那么一吵吵，弄得很僵。芝圃眼睛瞪着天花板一言不发，说明他真生了气，也说明他老兄有修养。如果不压制冲动，顺口回撑，解决不了问题，还会伤了你的感情，你说是不是？"

"嘿嘿，嘿嘿。"陈再道乐了。"你这哪儿是约我打弹子啊，你是拐着弯儿来批评我嘞。"陈再道收起笑容说，"我明白了班长。以后注意就是了。"

巧得很，开封一家剧团正在上演《将相和》，张玺就约着吴芝圃去看戏。两人一边看戏，一边交头接耳，说了不少话，大概与陈再道会上"放炮"有关。戏演完了，他们俩也谈完了。张玺一边起身一边说："陈再道同志意识到不妥了，感觉有点对不住你，他心眼直不会说软话，我算把他的心意带到了。"

吴芝圃连连点头，有些感动。

张玺说："你老兄是老师出身，读圣贤书最多。你修养好，涉及各部门的地方多给大家解释，多做细致的思想工作。"

吴芝圃说："我沟通不够，以后多改进。"

一场小小的风波就这样平息了，好像什么事情都没有发生过。领导班子的团结加强了，议事决策的程序改善了，张玺也更受到同事们的尊重。

中南局一位领导同志曾经问张玺："河南是个大省，任务很重，工作搞得不错，你是怎么抓的?"

张玺回答:"你知道，我这个人能力很是有限，全靠大家的力量。省政府有吴芝圃，省军区有陈再道，工作上不用我操什么心。城市工作和农村工作有杨一辰、裴孟飞同志抓，我只不过抽时间过问一下。组织、宣传工作有赵文甫等同志——他们都发挥了重要作用，只是遇到大事商量一下就行了。我是忙里偷闲，到外边多跑跑，搞了点调查研究而已。"

1952年年底，张玺离开河南。在这之前，张玺将跟随他4年之久的警卫员郭佩海送到已迁至郑州办学的省工农速成中学学习——提前两年迁出开封乔迁郑州，工农速成中学也许是最早实现迁郑的省属机构吧。

📖【 老郑州城市微观地理小词典 】

工农速成中学

1952年10月，位于开封铁塔南侧的河南省工农速成中学，由河南省教育厅决定，迁往郑州北郊大铺村(今文化路科技市场一带)。这也许是因省会即将迁郑而提前两年先行一步的案例。1954年10月省级领导机关迁来郑州一年后，这所学校又迁到金水路上最漂亮的地段，距省委大院不足一公里。1958年学校移交郑州市教育局管理，根据郑州市中学的编码序列，被命名为郑州市第七中学。

到国家计委工作，张玺担子很重，压力很大，但依然成绩卓著。在国家计委工作期间，张玺作为中央政治局委员、国务院副总理兼国家计委主任李富春的主要助手，对全面工作安排得细致周到，对各方面的工作关系处理得妥善和谐，使李富春集中时间和精力考虑和处理重大问题。张玺对国家计委其他领导和司局领导都很尊重，常常主动上门交换意见，研究业务，注意用人之长，为他们创造良好的工作环境，计委机关形成了上下团结、关系协调、注重学习的良好风气。

国家计委的情况正如张玺所说："上面领导多，外部关系多，内部单位多。"要把各项工作做好，既需要政治智慧，又需要业务能力，还需要全力以赴的过硬作风。张玺每天的工作时间经常在十三四个小时。往往一天要参加或主持召集几个会议，还要处理大量日常工作；政务院各部门领导之间协商工作，计委内部有关部门请示汇报，苏联专家约谈，中央领导召见……他整天都是车轮大战，忙得不可开交。1955 年夏天某日凌晨 3 点，彭真同志将他找去谈"一五"计划有关意见，一直谈到上午，他来不及吃早饭便投入新的工作。在常年紧张繁忙的工作中，张玺保持了旺盛的斗志和充沛的精力，达到了忘我的境界。

张玺身体开始出现问题是在 1956 年上半年。时有鼻孔堵塞、牙床出血、低烧不退等症状。他自认为是患了感冒，不以为意，照常夜以继日从事繁重的工作——7 月上旬，赴苏联展开为期 42 天的紧张谈判，8 月下旬回国后，立即协助周恩来总理修订国家"二五"计划建议，通宵达旦好多天，还参加了党的八大。直到 11 月底在国家计委副主任宋平、韩哲一、王光伟等人的反复劝说下到北京协和医院，请耳鼻喉科专家会诊，确诊为鼻咽部癌。张玺得知身患此症，毫无畏惧，决心战胜病魔，继续为党工作。周恩来总理获悉后，第一时间安排送他赴苏联治疗。经过在莫斯科数月治疗，1957 年 3 月回国，一边治病，一边坚持工作。他以为自己的病情大有好转，其实转移部位的肿瘤仍在扩散，后来经过大手术，切除了左颈至右锁骨的淋巴系统，此后，他同病魔又进行了长达两年的顽强斗争。他以惊人的毅力忍受癌细胞扩散和放疗、化疗的痛苦，保持乐观心态，坚持读书、看报、写日记、练习书法，而他留下来的书法作品，依然是翰墨飞动，充满力量。1959年1月8日，张玺在京去世，年仅46岁。

张玺逝世遗体火化后，国家计委设立了灵堂，供人吊唁。公祭之后，陈云、邓小平、李富春、薄一波等四位副总理一道，带领各部门工作人员将他的骨灰送往八宝山烈士公墓骨灰堂一室安放。

1952年11月中央人民政府决定撤销平原省建制，平原省原有区域分别归入河南、山东两省，其中三个专区、两座城市和27个县并入河南省——此前的河南省是地理学意义上真正的大河之南，现在新的省域版图向黄河以北作了大范围的扩展，恢复甚至超过了民国时期的面积。中央决定，河南省委书记张玺到国家计委任职，平原省委第一书记兼省军区政委潘复生调任河南省委第一书记兼军区政委，中共河南省委副书记、省人民政府主席吴芝圃任中共河南省委第二书记。

潘复生（1908—1980），山东省文登人，原名刘开浚，又名刘巨川，在地下革命工作中曾被捕入狱，出狱后改从母姓，改名复生。1931年加入共产主义青年团，同年成为中国共产党党员。入党后，他历任中共文登中心县委书记，山东分局秘书长，苏鲁豫区党委书记，湖西地委书记兼军分区政委，冀鲁豫区党委书记兼军区政委、行署主任，中共平原省委第一书记兼军区政委，河南省委第一书记兼军区政委，全国合作总社主任、党组书记，黑龙江省委第一书记兼军区第一政委等职务。

潘复生1931年在山东省立第一乡村师范学校读书，当选济南市学生自治联合会负责人，积极组织学生参加抗日救国运动，曾与蒋介石本人当面辩论斗争，这种经历在中共高级干部中是少有的。1931年12月10日，潘复生等带领学生请愿团从济南抵达南京，12月12日下午蒋介石单独接见了济南学生请愿团。蒋介石花言巧语蒙骗学生，潘复生当场质问："为什么放弃东三省？为什么采取不抵抗政策?!"并反驳了蒋介

潘复生像　图片来源：《风雨春秋》（河南人民出版社，1993）

石所谓依靠国联解决问题的谬论。蒋介石听了恼羞成怒，拂袖而去，接见不欢而散。山东学生的这次请愿示威活动，对山东人民的抗日救国运动产生了积极影响。之后不久，潘复生被捕入狱，经受了六年的铁窗生活。在狱中，他坚拒敌人的威逼利诱，受尽折磨，保持了共产党人的气节。潘复生有诗云：

莫听狼嚎锁镣声，手操真理首昂行。

自古人生谁不死，妖魔不灭恨难平。

锁镣一词并非虚写，潘复生在监狱坐牢时脚上实打实地戴着镣铐，脚脖经常处于红肿状态。七七事变之后，在组织的营救下，他才被保释出狱。

抗战胜利后，潘复生任冀鲁豫区党委副书记和军区副政委职务，是张玺的助手，两人密切配合，在支援野战军作战，反击国民党进攻，扩大解放区巩固民主政权等各方面取得了重要成绩，结下了深厚的战友情谊。所以，张玺上调北京，由他接任河南省的领导职务，无论是张玺还是潘复生，都是很欣喜的事情。

到河南就任不久，潘复生作《鹧鸪天——1953年于开封》词一首，表达了他的欣悦之情：

古汴城南旧禹台，公余信步漫游来。青松翠柳齐丰茂，果树瓜花恰盛开。

笑相语，共徘徊，国仇外虏风雷催。山河喜看工农主，万紫千红巧剪裁。

1952年省政府建立了在郑工作的省直机关筹建处（惯称省府工地），筹建处主任巩法亭、副主任吴克己都是抗战时期参加革命的老干部，长期从事农村工作，对建筑工程和城市规划建设并不熟悉，接受任务之后边干边学，虽然压力很大，但工作努力，非常敬业。1952年年底一批楼房在规划的省直办公区冒出地平，有几栋已经结顶，接近完工。

潘复生上任后数月，没有任何人向他介绍或汇报过省府筹建处在郑工作的情况，这让他多少有些想法。所以，他专门安排了1953年春的那次郑州之行，在宋致和陪同下视察了一些建设项目和省直工地。随即在郑州市委召开了专题会议，重点解决了所谓的"歪门斜道"问题

（详情见本书"老大哥"一章相关叙述），并且指示，取消省府大楼项目，那些建设中的斜向布置的楼房要立即停止施工，尽快研究论证，提出合理的新的规划意见，纠斜改正。对省委、省政府、省军区、省政协（当时还没有成立人大机构）办公设施的选址位置做出了重新安排。按照潘复生的意见，省政府设在纬二路中段，坐北朝南，通过政一街和金水路连通，省政协设在花园路中段，坐西朝东；省委和省军区则选在金水大道北侧，坐北向南，面向金水河。

📖【老郑州城市微观地理小词典】

金水大道

今名"金水路"，曾称"金水河大道""金水大道"，因与金水河平行布置而得名，是郑州市东西向主干道。1953 年 10 月开始修建，自铭功路北端向西，转西南方向跨越陇海铁路线，在医学院广场位置与建设路交接一段，时称"铭功路通工业区大道"；1954 年修通从铭功路至经三路一段，至此，在省会迁郑之时，实现了郑州东北部行政区与西郊工业区两大新建城区的道路连通。1955 年，从经三路东延金水河燕庄桥。20 世纪 80 年代后继续东延至 107 国道(今中州大道)。2002 年郑东新区启动建设后，修建金水东路，东与郑开大道连接，现已成为郑汴两市相互靠拢同城化发展的一条主轴。

潘复生还特别指出，省府建设这么大的事情，事先不向省委请示，是一种无组织、无纪律的行为——这是相当严厉的批评。潘复生要求郑州市委立即派出检查组，到工地全面检查和协助处理解决慢、乱、散的问题，并对行政区规划布局的调整落实到位。省直机关直接操作的工程建设出现问题交由郑州市委检查整改，这种安排不合常规。而且研究省直工地建设，没有省直有关部门参加，也不符合通常的工作方法。毫无疑问，省府工地原有的建设安排，省政府主要领导一定是知情的，现在受到这样的批评和制止，感受可想而知。

1953年4月2日《河南日报》头版下部赫然刊出报道《省级领导上不重视基本建设程序，省府建设工程盲目进行，有关部门必须检查纠正》，文后具名"张世维"，应属化名。文中说：

> 省直属机关的基本建设工作是从一九五一年八月开始的。当时省府建设方针不明，也没有按照基本建设程序办事，单纯依据省直各机关现有人员确定了总的平面布置图。计划占地六千亩，楼与楼之间的距离两百公尺，实际根本没有测量地形，进行钻探工作，更没有从整个市区发展上考虑。以后总的平面设计由于不切合实际，大改了十二次，各种建筑图样设计了百余种，仅设计人员在这上面就浪费了两千工日以上。总面积由原计划六千亩，缩小到五千亩，再缩小到三千七百亩，现在可能连三千七百亩也用不完。六千亩土地很早就划定了，因此多出的两千多亩地去年就没种上麦子，少收小麦约在二十万斤以上。

> 直到今年一月才接受苏联专家的建议，到中央建筑工程部共同研究市政规划及省直机关平面图布置问题。在中央建筑工程部和苏联专家的指导与帮助下，经过两个月完成了平面布置草图的设计工作，目前正在继续计划安排和设计单位工程的布置工作。但是省级领导上急于搬家，不管基本建设程序，把住在北京的人叫回来，令承建省直基建的工程公司四月初开工，并说："设计图纸只要省里批准了就可动工，不开工就要犯错误。"该承建工程公司认为平面布置图未最后确定，设计工作还差得多，无法开工，向省府提出几次建议，但省府领导上一直没好好考虑这些意见，并说："以后出了问题省里负责。"

必须有了正确的设计才能施工，这是中央规定的基本建设施工程序，在省府建设中却一直未按着这个程序办事。去年十一月省府建设开工时，平面图未确定，更说不上技术设计了，因此在施工时好像瞎子摸鱼一样，边设边建，随建随改，施工非常混乱，并造成大量窝工现象。如果今年仍盲目开工，也会和去年的情况一样。因此建议有关部门赶快组织力量检查省府的基本建设，纠正省级领导上的官僚主义，坚决按基本建设程序办事，以免国家财产遭到更大的损失。

此文直率尖锐，批评严厉，直指省级领导。把问题通过省级党媒曝光于公众，这种做法即便是在媒体监督、群众监督非常普遍的时代也实属罕见。这给有关方面带来了一定冲击和压力。省委、省政府领导之间因为沟通不畅而产生纠葛的情况我们在此不作臆想，但郑州的省府工地的进展肯定是出现了停滞不前的局面。

前面我们提到中南军政委员会1952年9月4日给政务院的报告中明确河南省省会迁郑的时间为1953年。到了1953年中央内务部来函询问进展："希将你省省会迁移郑州市的日期、步骤等情况报部备查。"为此，1953年5月29日河南省人民政府给中央内务部的报告（【53】府秘建字第十二号）称：

钧部内民【53】字第二六六号"希将你省省会迁移郑州市的日期、步骤等情况报部备查"的来函悉，查我省郑州新址建筑工程今年开工很晚，且主要为平房宿舍，办公大楼现还正在设计，至于何时迁郑，尚难确定，需在确定后报告。

1953年迁郑的目标显然无法实现了。省会迁郑时间向后延宕，据说有各方面的原因，其实最主要的还是"一明一暗"两个原因：一个是"歪门斜道"纠偏归正，调整规划变更设计；一个是省里领导的沟通协调，达成一致。

潘复生到郑州视察省府工地作出相关指示后，郑州市委旋即从两方面做了布置：一是派王钧智副市长和建委计划室主任程壬等同志，把修改后的城市规划报送国家计委，在国家计委副主任张玺的重视下，由国家城建总局组织审查修订，批准定案。二是派出以萧枫、陈重行为正副组长的检查组到省府工地进行了一个多月的实地检查，检查报告呈报省委后，省委指定宋致和召集有关人员，研究解决工地上存在的问题，加强了工地上的领导力量，省府工地的建设步伐进一步加快，形成了优质高效、大干快上的势头。

史金腾这时候已经是河南省立郑州第一初级中学的学生了，他回忆说：记不清是 1953 年还是 1954 年春天，有一天几个中学同学相约去北郊春游。兴尽回城，天色渐暗，误入一片片建筑工地，到处在挖地基盖新房，一时迷失了方向，我们几个同学好不容易才走出这个"迷魂阵"。此后这里平地起高楼，成了一片新城区，那时候老郑州人都把这里叫作"行政区"。

行政区规划经过调整后，采用了传统北方城市方格网的道路结构，道路纵横，横平竖直，状如棋枰。道路的命名，据王钧智老人回忆，当年是采纳了他的建议，借鉴了济南市商埠新区的部分做法，加以完善，以经纬加序数为名。东西向为纬，南北向为经，按序号排列，经一路、经二路、经三路、经四路、经五路、经六路、经七路、经八路，纬一路、纬二路、纬三路、纬四路、纬五路、纬六路（后依西端相连的黄河路改名）。经纬之间的一些短街窄巷以"政"字号命名，称政一街、政二街、政三街……主持道路命名的是郑州市主管城建工作的副市长王言——史隆甫副市长的分工已做调整，这件事，咱们后边细说。

关于道路名称，有评论说：济南商埠新区道路以"经""纬"命名，与地球子午线的经纬相反，遵循的是"织布机逻辑"，长者为经，短者为纬，这也从某种程度上可以看到纺织文化对济南的影响；郑州行政区的经纬命名遵循的是"地球仪逻辑"，虽与济南不同，但"经、纬"两个汉字的造字毕竟来源于纺织，《说文》曰："经，织也。""纬，织横丝也。"这岂不暗示了郑州纺织业顺利发展的城市运势？

第十一章　迎与送

1954 年开春，省会搬迁就成为省委、省政府的重要工作内容。1954 年 2 月 14 日，省委第一书记潘复生主持召开省委办公会，专题讨论迁郑后的单位布局与建筑分配问题。5 月 18 日，省委决定成立迁移委员会，省会迁郑工作转入实施阶段。

郑州市委 1954 年 6 月 5 日作出成立"欢迎省会迁郑委员会"的决定，由副市长王钧智为主任委员（宋致和时任郑州市委书记兼市长，王钧智主持市政府日常工作），省政府秘书长杨宏猷、市政府秘书长张北辰等为副主任委员，市政府办公室第一副主任萧枫为该委员会办公室主任，具体负责筹划、协调、组织和处理具体事务。

欢迎省会迁郑委员会在之后短短数月之内，组织实施了大量的"迎迁"项目：

——市建委和郊区政府协助省会筹建处搞好规划配合与土地征用；

——市建设局组织专门力量修好通往行政区的道路和供水排水设施；

——粮食、商业、供销、手工业管理等部门，负责建成主要为省直机关家属服务的花园路市场（面向花园路，南临纬三路，郑州八中校园以东），设置粮店、百货、五金交电、煤炭、建材、土产日杂、蔬菜、肉蛋禽、糖烟酒等商业网点，并组织货源，保证日常供应；

——商业、手工业管理部门负责建立饭店、旅馆、理发、洗澡、照相、缝纫、洗染、修车、修表、修鞋等店铺，铁路局负责设立火车售票处；

——商业、手工业管理、市场管理部门制定市场管理办法，订立《守法公约》，保证市场"秤平，斗满，尺码足"，服务态度好；

　　——公安、民政、建设、交通部门负责在全市普遍进行交通规则的教育和车辆管理，加强治安管理，整顿户口，遣送盲流人员，完善消防设施；

　　——房管部门制定私房管理办法和私房租金标准，并建设一批新的出租房屋；

　　——文教部门负责在行政区新建学校、电影院，并在附近一些原有学校适当增加班额；

　　——卫生部门负责加强环境卫生管理，制定《卫生公约》，建立卫生责任制、责任区；

　　——郊区负责增加蔬菜和副食品生产；

　　——邮电部门负责建立行政区邮电所；

　　——电力部门负责完善供电配电设施；

　　——交通部门负责组织运输车辆，增加城市公共交通线路。

　　通过各行业各部门的周密安排、共同努力，万事俱备只欠东风，郑州市形成了省会迁入的各种环境和条件。

　　1954年6月11日《河南日报》刊登"本报郑州记者组"发回的报道《郑州市政建设有很大发展》：

　　　　正在向着工业城市迈进的郑州市，几年来市政建设工作也取得很大成绩。郑州的市政建设，有着明显的"为工业服务，为劳动人民服务"的特点。解放以来，人民政府在市政建设上的投资已接近千亿元（当时的币制——婴父注）。新铺设的洋灰、柏油和碎石马路已达三万一千多公尺（米）。目前全市各主要街道和通往郑州电厂、国棉一厂、二里岗铁路货栈等交通要道，都已修建得十分平坦整洁，运输建筑材料的各种车辆，正不断在上面轻快地来往奔驰。为了给劳动人民创造良好的工作和生活条件，新建的南、北工人新村，已接纳了许多工人及其家属进去居住，公共汽车的添设，大大便利了工人的上下工和休息。下水道开始埋设后，对于畅泄污水，改善居民环境卫生，起了很大作用。

解放前常在郑州住过的人，都会记得一年四季吃苦水的滋味，也不会忘记国民党的官僚们曾经针对市民要求甜水的迫切心情，数次以修建水厂为名，搜敛大批款项，而结果尽皆饱入私囊。解放后人民政府说建设水厂就建设水厂，到去年年底就已正式开始供水，许多市民早就饮用着清洁的自来水了。为了从根本上解决水源问题，目前，人民政府正积极在西郊贾鲁河中游筹建新的水厂和水库，新水厂的计划储水能力，约比现有水厂大九倍，这座水厂和水库建成后，全市工业和生活用水在相当长时期内都不至于感到缺乏。

几年来人民政府在黄泛道东北、东南沙区，金水河、熊耳河两岸和紫荆山、温泉风景区等处营造的防护林、河岸林、风景林和隙地林等，共达七百八十多万株，许多白沙丘已变成起伏的绿山，河岸幼林也以茂密的两条曲折的绿色林带，日益改善着郑州市的环境卫生条件。新开辟的人民公园已有绿化园地三百多亩，栽植着梧桐、女贞、黄杨、侧柏、垂柳、枫树和合欢、牡丹、蔷薇、海棠、桂花、红梅等树木、花卉七十多种，建立了音乐台，设立了游艇和儿童娱乐场所，每逢星期日或假日，来此游园的人总是拥挤不断。

这篇报道在开封引起的关注远超郑州，它全面展示了"候任省会"即将上岗时的风貌与状态。

这个时候，行政区最主要的城市干道金水路、花园路已经建成，为省直机关迁郑提供服务的河南饭店也在 8 月份开始非正式运行。

📖【老郑州城市微观地理小词典】

花园口大道

1954 年 7 月建成金水路至纬五路段，最初拟名为"经一路"，经路名统筹后旋即定名为"花园口大道"。因其北端将向北延展，与郑花公路连接，直通黄河南岸"花园口事件"发生地，也是运送黄河防汛器材的唯一城市干道。如此命名，可突出郑州历史文化特色，借以进行爱国主义、社会主义教育。可惜在地名演变过程中，为求简便朴素，渐变为今名"花园路"，丧失了历史意蕴，仅存字面含义。1960 年向北修通至省委三所（今黄河迎宾馆）。

河南饭店

位于花园路南端，建成之初隶属河南省政府交际处，1952 年开始筹建，1954 年 8 月落成，当时的主要建筑包括南楼、南餐厅、工字楼和大礼堂。1954 年国庆节正式开业，更赶上省会迁郑时为省领导办公和生活提供应急性、过渡性服务。河南饭店在此选址，本意是和原先计划中的省府大楼相对而居，体现了其迎来送往、定向服务的功能。1956 年，河南饭店进行了扩建，新建北楼（包括地下室）、北餐厅、办公楼等。大礼堂后来与饭店隔离开，对外开放，称作河南影剧院，成为行政区一个重要的市民文娱场所。"河南饭店"除实体名称之外，还是一个地片名称——郑州市民习惯用于指称金水路、花园路、人民路相交处的周边地带。

省会迁郑前，郑州第一辆公交车应运而生。刚解放时，郑州市有 340 辆黄包车，1950 年市政府组建黄包车车队，参加组队的车辆 192

辆，归郑州市搬运公司领导，1954年黄包车才逐渐淘汰，更新为脚踏三轮车。为了迎接省会迁郑，也为了西郊工业新区的通行便利，增强城市服务功能，提升公共服务水平，1953年郑州市政府决定，由城建局负责创立郑州公交事业，开辟公交线路。1954年1月成立郑州公交公司，2月1日公共汽车投入运营，从此郑州城市交通开始进入公交服务新纪元。整个50年代，郑州公交一直使用的车型包括匈牙利依卡罗斯60型、原捷克斯洛伐克A型布拉格和斯柯达，到了60年代开始大量使用解放牌底盘改装的国产公交车，公交车丹红箱体加米黄饰线的涂装，定时距、定线路地穿梭行驶，成为马路上移动的风景。

1954年郑州也有了第一辆洒水汽车，用于城市路面的洒水降尘、洒水降温。洒水车的结构是卡车底盘上面加装巨大钢体水罐，白色涂装，走在街上，悬置在车头两侧的铜铃叮当作响，洒水车前保险杠下喷射出左右两个扇面状的水帘，将路面全面覆盖。盛夏时节，洒水车驶过，路面如洗，如降春雨。儿童们会跟着洒水车追逐嬉戏，让水花喷射到自己身上，享受淋浴一样的感觉，有些骑自行车的青年会和洒水车并行，高高翘起双脚，让水帘泚到自行车轮辐上，又一次喷溅出散碎的水花……环卫工人的手工洒水由车辆替代，演进成一种轻松浪漫的街头仪式。

省会搬迁行动分步实施，悄悄开始。8月8日，省委同意组织部关于省直机关迁郑的时间安排，初步确定了省直各单位实施搬迁的时间表。9月，河南省人民政府向中央人民政府政务院、内务部和中南行政委员会提交了关于省会搬迁步骤的报告（【密】54府秘字第177号）。报告说："……河南省人民政府统计局、省邮电管理局业于八月份迁郑，省监察委员会、省人民检察署、省工商联合会、省油脂公司、省食品公司、省保险公司、省交通银行等七个单位于一九五四年九月迁往郑州市省直新址；中国共产党河南省委员会（包括各部及党群党委会）、河南省人民政府及其办公厅、中共省府直属党委会、省协商委员会、中国国民党革命委员会省分部、中国民主同盟省分部、省气象科、省联社、省人民银行、机要交通局、民族事务委员会、计划委员会、财政经济委员会、财政厅、粮食厅、劳动局、人事厅、工业厅、商业厅、公安厅、参事室、农林厅、民政厅、政法委员会、中苏友好协会河南省分会、省妇女联合会、青年团河南省委员会、省总工会、省大众报社、河南日报社、新华社河南分社、省人民广播电台等共三十二个单位统于一九五四年十月中旬迁往郑州市省直新址。另第二批建筑工程估计十二月可能竣工,第二批尚未迁郑的省文委、教育厅、卫生厅、法院等何时迁郑,待后另报。"

国庆节到了,中华人民共和国成立五周年,这是一个重要的时间节点。1954 年 10 月 5 日《河南日报》头版头题为《庆祝中华人民共和国建国五周年　首都举行盛大阅兵式和群众游行》,紧接其下的报道是《欢庆中华人民共和国成立五周年　省会举行盛大庆祝和游行》。报道说,省会开封人民隆重集会庆祝国庆,会后冒雨进行了游行活动,参加人数达八万余人。"雨水只能淋湿人的衣衫,丝毫也不能减退人们澎湃的热情和坚强的意志。队伍分两路出发,昂扬前进。"游行的队伍冒雨前进,开封市民在沿途街道和鼓楼四周冒雨观看,观者如堵,热气腾腾。傍晚天色转晴,鼓楼上张灯结彩、灯火辉煌,市民百姓庆国庆兴致高涨,纷纷拥上街头。许多工厂、学校举行舞会、座谈会、联欢会,人们尽情歌舞,直至深夜。

由于媒体透露有限,大多数开封民众对省会搬迁的相关信息知之不多,10 月 1 日大家都还处在一种快乐无忧的节日气氛之中,他们没有意识到一个月之内开封将痛失省会身份地位——这是《河南日报》最后一次在报道开封消息时冠以省会字样。

半个月之后,1954 年 10 月 16 日《河南日报》头版头条刊登《开封市举行大会欢送省领导机关迁郑》的报道。报道说：开封市十四日举行欢送河南省领导机关迁郑大会。到会的有省、市党政军负责同志，开封市人民政府委员会委员，开封市协商委员会委员，开封市和各区人民代表及省、市机关代表等一千五百多人。

会上，姜鑫市长致欢送词。他指出，河南省领导机关迁郑是有关加强对全省工作的领导和与全省全市人民利益攸关的重大事情，是随着国家经济建设的发展，根据加强重点城市建设的方针，加速社会主义工业化的重大措施。他说：省会迁郑，是我们胜利和发展的结果，标志着河南建设进入了新的时期。姜鑫市长号召开封市全体干部和人民要认识与宣传省会迁郑的政治意义和建设意义，并要以开展爱国增产节约运动、支援重点建设、加强团结、帮助省直迁郑、防止与打击敌人破坏的实际行动，来热烈拥护这一重大措施。

吴芝圃主席讲话，代表省直各机关全体同志对开封市全体人民和开封市全体工作同志欢送的盛意致谢，并以万分留恋的心情，向全市人民和各机关干部告别。吴主席在反复举例说明省会迁郑的重大意义之后，又以极其关切的心情，对开封市今后有关工农业生产发展和文化教育事业、市政建设等各项工作恳切地作了指示。

接着，毕占云副司令员讲话。他代表河南军区全体指战员对开封市人民五年多来对军区工作的援助与支持表示深切致谢，并希望全市人民紧密地团结在党和人民政府周围，做好各项工作，支援国家重点建设，为争取更大更光辉的成就而奋斗！

最后，开封市人民代表胡光弼讲话。他代表全市人民表示要以深入开展爱国增产节约运动的实际行动，来拥护省会迁郑，支援国家重点建设！

报道说："大会自始至终，充满着团结、热情和留恋的气氛。晚上并举行了联欢晚会。"

党报职责所在，公开报道都是正式的、正面的信息。但当年留存下来的一些资料，记载了开封百姓对省会迁郑的真实反应：多数市民在送别过程中，心情是相当沮丧的。

这些资料显示，直接为省直机关提供商品和服务的群众受影响最大，情绪较为悲观。据当年开封官方的调查资料，探庙街有一位做豆芽的妇女说：俺这条街上大部分都是靠做豆芽吃饭哩，省府迁走了，俺这豆芽卖给谁呀？我们以后的生活不得另想办法吗？

缝洗衣服的妇女有一部分是定向为省直机关服务的，如慈酿巷一洗衣妇女说："省直机关搬走，俺两口没有生活门路了，还不得等死啊。"可见情绪相当激烈。

打小工的认为开封不是国家建设的重点，以后无工可打，找不来就业门路，生活会变得越来越难。车夫说：开封的生意不好做了，另打盘儿吧。跟着往郑州搬家，倒是个办法。

有市民情绪激动地说：啥都往郑州搬，有本事，咋不把铁塔也搬走！

这句话耐人寻味。铁塔是开封历史与文化的象征。毛主席 1952 年 10 月在豫考察时专门参观铁塔，要求妥加保护。说这话既有不平不忿，亦有无可奈何之意，深层次里还有开封人特有的自信自尊。

开封城市地位一路下行，开封人难以接受，耿耿于怀，时任开封市长姜鑫开导大家："只要文化还在，开封一定会有一个光辉的前程。"姜鑫事后反思，这句话是肺腑之言，对普通百姓的认知来讲，却又显得苍白和空洞。

姜鑫市长是新中国成立后开封人民政府的第二任市长，在开封工作、生活多年，六个孩子中有五个是在开封出生的，对开封充满感情。省会迁郑是加快河南发展的重大决策，对重整经济地理结构、促进中原崛起产生了重大影响，他是这个决策的执行者、操作者，全程见证和参

开封城安远门　婴父摄影

与了这个历史过程，做了大量的工作，职责所在，义不容辞。但他作为开封市长，对经他的手将省会桂冠拱手让人，他的内心感受却是较为复杂的。他的儿子、著名摄影家姜健回忆（2023 年 7 月 6 日，访谈者婴父、徐伶娜、姜一鸣），父亲后期无论是在北京还是在东北工作，提到开封，总是会说"我们开封"，向亲朋介绍开封风味名吃时说过："我们开封的桶子鸡天下第一。"因而受到大家的嘲笑："你们开封？那是猴年马月的事啦！"改革开放之初，他身在东北，有重新安排工作的机会，面临两个选择：一是到北京，在国家机关任职；二是回河南。他毫不犹豫选择了后者。子女们的倾向并非如此，但他给孩子们解释说，去北京，很难解决全家同行的问题，人家同意带一个孩子就不错了。但回河南就不一样了，有一个算一个，全部都可以同时搬迁，全家团团圆圆多好哇！我们又可以经常吃到开封桶子鸡了！

省直机关最大一波搬迁行动集中在 10 月 15 日至 10 月 25 日，按照既定安排，相关单位在这个时间段基本完成人与物的转移。为了满足省会搬迁的需要，郑州东站提前完成建设，适时地发挥了运输保障作用。

📖【老郑州城市微观地理小词典】

郑州东站

全国路网性大型零担货运中转站，零担中转量排名全国第一。1953 年 8 月建成，当时是三等小站，1954 年 10 月至 11 月初，河南省人民政府和省直各单位由开封迁至郑州，成组成列的搬家货物从开封车站运抵位于郑州二里岗的郑州东站。由于东站组织工作得力，迅速圆满地完成卸车任务，保证了搬家货物的安全，受到省政府表扬。1956 年升级为二等站。经过数十年的发展变化，东站规模由小到大，设备逐年更新，管理不断完善。1979 年随着郑州枢纽第三期工程和东陇海复线的修建，郑州东站建成一站二场(运转场、货运场) 纵列式大型货运车站。1982 年升级为特等站。

象征性、仪式性的行动发生在 10 月 30 日，以省委第二书记、省长吴芝圃为首的省级领导干部在开封火车站与送行者告别，乘坐绿皮火车进入郑州。开封作为省会的历史正式结束。河南省委、省政府 1949 年春在开封诞生，1954 年 10 月迁离，河南省直机关在汴运行五个春秋，虽然短暂，但这段历史在河南省发展史上是不能忽略的。开封为服务省委、省政府，服务中原临时人民政府，为稳定一方，发展经济，巩固中原解放区，支援我军东进、南下进而取得全国的胜利，以及为全省各地市服务，都尽了最大努力，发挥了不可替代的作用。

开封的地名中，还残留着这段历史的痕迹——开封有条老街叫"省府西街"，河南省政府迁郑前驻省府西街53号，1954年后，开封地委迁入使用，直至1980年代开封地区撤销。之后易主为开封市医药公司。大院西北深处有一座三层小楼——原来只有两层，第三层是后来加盖的，吴芝圃省长就在这里办公。据说小楼的历史长达百年以上，当年河南省军务督办兼河南省代省长胡景翼在此短暂主政，亦在此撒手人寰。现在庭院深深，建筑凋落破败，一片荒芜，极少有人看顾，偶有访客，望之愀然而叹。河南省委旧址则在北道门，现在称为旧坊街34号，是开封二中的校园。访客询问学子旧事，皆茫然不知，无可作答。

省直机关大搬家，省委第一书记潘复生为何没有露面呢？原来，1954年7月至1957年3月，经报请中央批准，潘复生因病休养，由省

开封省府西街上曾经的省政府小白楼　婴父摄影

委第二书记吴芝圃主持河南省委的工作，1957年4月，身体状况好转，才开始恢复工作。所以在省会迁郑的各种场合，郑州人一直没有看到过潘复生的影子，在新省会干部群众中，潘的存在感始终不高。特别是郑州市民，只知有吴，不知有潘。

1954年11月1日《河南日报》头版头条刊载《我省省会迁移郑州，省级领导机关均已到郑》的报道：

> 中共河南省委会、河南省人民政府及省一级群众团体等省级领导机关，于十月三十日由开封迁来郑州，河南军区已先数日迁来郑州。从此，这个新兴工业城市已成为河南省的省会。
>
> 为了适应我省经济建设的需要，加强城市建设、工业建设和农村生产建设的领导，一九五一年我省省级领导机关经请示中央人民政府政务院批准，决定把省会迁至郑州。从那时起，省级领导机关新址即按郑州市城市规划在郑州的东北隅开始建设。今年，省级领导机关的新址建筑工程陆续竣工，部分单位的工作人员即相继搬来。郑州市党政领导部门和全市人民，为了欢迎省会迁郑，曾进行了许多工作。十月三十日，省级党政领导机关负责同志及大部分工作人员，均由汴来郑，受到郑州市人民的热烈欢迎。中共郑州市委会、郑州市人民政府负责同志到车站迎接。
>
> 郑州有着光荣的革命历史，它是"二七"运动的策源地；在地理上居河南全省中心，京汉、陇海两铁路在此相会，与全省各地交通均极便利；在市郊以北就是伟大的黄河。一九二二年，郑州就辟为商埠，但在过去的反动政府统治下，郑州工商业并未获得发展，直到解放的时候，还是一个有很少工业的十几万人口的小城市。解放以后，几年来在党和人民政府的领导下，工业获得了迅速的发展，现在已经是一座拥有五十多万人口的新兴工业城市，成为全省经济的中心，并已成

为全国重点建设的城市之一。国营郑州纺织机械厂，国营郑州第一第二棉纺织厂，郑州电厂等许多近代化工厂已经建成，并投入生产；国营郑州第三棉纺织厂、郑州油脂化学厂、郑州面粉厂（原文脱"面"字——婴父注）等许多近代化的工厂，正在按照国家计划紧张建设。解放后与工业建设相适应，并建设了许多中等学校。省级机关迁来郑州后，直接加强了对郑州市的领导，并可在城市建设、工业建设等方面从本市取得经验，指导全省各地。从郑州到洛阳、新乡、焦作等工业城市和各专区也均极方便。同时，郑州距首都北京较近，朝发夕至，省直机关迁到郑州，就更能及时得到中央的指示。河南省会迁移郑州，对于加强全省社会主义建设和社会主义改造事业的领导有极重要意义。

这一天《河南日报》报头中的报社地址已显示为"郑州市纬一路一号"。而前一天的地址还显示为"开封市中山路中段三〇六号"。一夜之隔，便成永诀。

1954 年 11 月 4 日《河南日报》又有头版头条报道《省市各机关及各界代表为省会迁郑举行联欢晚会》：

三日，省会举行省、市直属各机关及各界代表欢迎晚会。到会有省、市党政军负责同志，郑州市和郊区的人民代表及省市直属各机关团体代表一千四百多人。晚会由郑州市人民政府主持。

大会在下午七时十分开始。郑州市人民政府市长宋致和首先致辞，他代表郑州市全体人民对省会迁郑表示热烈欢迎。他说，今后郑州市长期的工作方针，就是为生产建设服务，为劳动人民服务，为省会服务。他说：为省会服务就是为全省四千四百多万人民服务。他号召全市人民，要加强工作，搞好城市建设，为支援省领导机关加强对全省工作的领导，为完成一百四十一项工程在河南的建设任务而奋斗。

省人民政府吴芝圃主席讲话。他代表省直属机关全体干部对大力支援省直属机关迁郑的郑州市的全体人民和各机关、团体的干部深致谢意。吴主席指出：省会迁郑的目的，就是为了适应国家建设的需要，加强对全省工作的领导。吴主席号召省直属机关全体干部，要运用住在郑州的便利条件，努力工作，加强学习，深入工厂，深入农村，密切联系群众，并要遵守社会秩序和群众纪律，和郑州市的全体干部和全体人民紧密地团结起来，为建设新郑州、新河南，为建设社会主义社会的远大目标而奋斗。

接着，郑州市一等工业劳动模范盛婉，郊区金水区前锋第一蔬菜生产合作社副社长孙玉堂相继讲话，都以无比兴奋与喜悦的心情热烈欢迎省会迁郑，分别表示要以学习苏联先进经验搞好工业生产，扩大菜田面积，提高技术，供应市区新鲜菜蔬的实际行动，来欢迎省会迁郑，支援国家工业建设，支援灾区同胞，支援中国人民解放军解放台湾。

宋致和市长在致辞中提到今后郑州"三个服务"的工作方针，其中一项是"为省会服务"——这个说法流行了很长一段时间。大概当年郑州市的领导还没有来得及厘清"省会"一词的确切含义——省会往往是一省之中核心城市的代名词。当省级行政机构入住郑州并稳定运行时，郑州城市本身就成了省会，省会是郑州的一个新身份、新地位、新功能、新形象。相信郑州市领导想表达的意思一定是"为省级领导机关服务"，为领导机关的高效运行和日常生活提供优质充分的后勤保障，以报答他们对郑州这座城市的信任和厚爱。

省直机关迁郑过程总体顺利，秩序井然。历史档案资料《中共河南省委组织部关于省会迁郑后省市直属机关干部对省会迁郑的思想情况的

吴芝圃像　历史资料

报告》中对此有专门的描述：

　　省直机关迁郑后，干部绝大多数是欢欣鼓舞的，感到机关集中，交通方便，设备比在开封好，今后工作更加方便了，工作情绪是高涨的。省供销合作社迁郑后，全体干部一星期没去市区，星期日也在整理内务，还及时制定了提高工作效率、爱护公共财物等制度。有的单位积极主动地想办法克服困难，如省府财政厅的办公室距宿舍较远，且道路不平，干部便动手修平了道路，并对自奶小孩及怀孕的妇女干部做了适当照顾，调整了干部宿舍，挤出房子作哺乳室。河南日报社和大众报社迁郑后合并一起，领导上注意了团结，在各方面对大众报社的同志给以照顾，大众报社的干部很满意。省委机关因公务员忙不过来，办公厅干部主动打扫了礼堂。总的来看，省直机关迁郑后，基本上是团结的，干部情绪是高涨的。

郑州市对迎接省会迁郑做了不少工作，市委在党代表会议上对迎接省会迁郑工作进行了研究，做出了决议，把"为省会服务"，列为市委工作方针之一。在全市干部及群众中进行了迎接省会迁郑的讨论，在各方面做了较充分的准备，如市合作社、百货公司、食品公司等物资供应部门，讨论制定了为省会服务的工作计划，改进业务，保证供应。市邮电局为了保证为省会服务好，对机要人员进行了审查，并创造了同文发报机，工作效率大大提高。干部特别是中层干部对省会迁郑是欢欣鼓舞的，感到距省级领导机关近了，今后在各方面取得上级的领导上更为方便，对今后工作将有很大提高。一致表示今后要积极工作，搞好团结，以实际行动迎接省会迁郑。

《河南日报》在省会迁郑工作中表现优异，也是迁郑工程的重要受益者。1952年省委、省政府决定省府工地集中筹建，河南日报社的领导提前衔接，到筹建处解说本单位业务特点，反映工作流程对建筑空间安排的需求。报社编委会首先派经理马达到郑州对预选的报社新址进行调研，1953年年初，又派承印部副主任陈孝萱、总务科杨祝三等驻郑具体负责报社新址筹建工作事宜。省委要求报社新址一年半必须建成，报纸随省直机关搬迁，不得延误。报社编委会就新址建设提出四点要求：一是靠近省委；二是印刷装备要先进；三是建筑要尊重传统，坐北朝南（这一条应当是针对省委书记潘复生视察省直工地时批评过的"歪门斜道"现象）；四是院内环境要优雅大方。过去在战争年代，报社及印刷厂的条件都相当简陋，在开封的办公地都是接管国民党机关的旧房，生产场地狭小，工序脱节，极为不便。一个理想的报社新址，从电台收报、采访、编辑、排字、校对、印刷、发行到纸张仓储都要形成合理的生产流线，因此上至社长总编，下至编辑记者印刷工人，全体员工都十分关心。为了开阔视野，学习先进，报社派陈孝萱带领建筑部门的工程师一起赴京参观了《人民日报》等报社的办公场所，取经归来后由社里上下讨论汇总意见，编委会审定后，将建设方案意见提交省直建委和有关设计单位。

进入1954年，为迁郑做好准备工作，确保实现省委迁郑第二天在郑州出报的目标，一系列的筹备工作次第展开。报社提前铸制了大批各种字号的新铅字，提前装箱运到郑州新厂房，一排排一行行盛满铅字的新字架竖立起来，新的排字车间率先诞生。印刷厂在上海订购的新式轮转机、新乡《平原日报》撤销后调拨过来的轮转机先后抵郑，印刷车间也先期落成。在新址试印的《河南日报》报样送交省委领导审阅，一次获准通过。10月30日印刷厂干部工人与经理部、编辑部全体同志乘坐三节车厢抵达郑州。报社同志一到郑州新址，便按照事先安排各自进入工作岗位，秩序井然地投入工作。11月1日《河南日报》实现在郑出版发行。据河南日报社老报人回忆，报社刚迁至郑州就遇到寒流，气温骤降，下了一场大雪。排字工人冻得手脚不灵，社领导丁希凌知道了，立即通知行政部门购买木炭火盆送到车间，保证车间温度。没过多久社领导想办法安装锅炉，把暖气送至排字车间。

河南日报社迁至郑州，硬件设施全面升级，大院环境整洁优美，编辑记者阵容加强，气象为之一新，河南日报社集中了新闻、文学、美术、摄影等各方面的专业人才，在全省相关领域都是领军人物，这里成为省会的一块文化高地，对郑州风尚长期发挥了引领作用。

省会搬迁的过程一直持续到第二年。

"省委、省政府和一些重要的部门差不多都在1954年秋天搬家，我们省文联排在后面，等到1955年才迁到郑州。"省会迁郑的亲历者何南丁老人回忆（2016年4月19日，访谈者婴父、张颖）说："我们由开封迁到郑州，肯定是在 1955 年的春天，春暖花开的时候。"

南丁老人曾撰文回忆 1955 年初到郑州时的体验和感受：

新建的郑州行政区，楼是新的，路是新的，树是新的。我们省文联被安置在行政区 24 号楼。这是座三层楼，楼不是南北向，也不是东西向，而是东北—西南向，斜的，据说这是苏式建筑，更便于采光。

……一切都新鲜。文联在这样的楼里办公、开会。自迁入 24 号楼始，楼层就设有男女卫生间，水冲式的，这也是我们迁入 24 号楼后才享用的。从前在开封，那不叫卫生间，叫厕所，是在远离办公区的墙旮旯里，而且是土厕所。这就算我们享用到城市现代文明了。24 号楼西面不远处就是花园路，花园路上三家相邻的是邮局、书店、百货商店，是我们常去光顾的所在。由百货商店穿过花园路到对面，有菜场、肉店、副食店、点心铺、蔡记蒸饺、理发店、洗染店、土产杂货店等。我们也会去那里逛，理发，品尝蔡记蒸饺之类。花园路好宽啊，说是拟建中的商业街，那时还在拟建中，店面不多，楼房不多，繁华尚在孕育中，就显得好安静。由花园路向南走不多远，就是金水路。金水路，那才叫宽，宽敞，东西都望不到头，又长又宽的路，贯通东西，这才叫城市，这才叫省会。车也不多，人也不多，清净。清晨或是黄昏，到金水路的人行道上法桐树长出的新叶下散步，惬意，享受。我们就不时去惬意去享受。

南丁先生所说的 24 号楼，正是 1953 年春潘复生来郑察看省府工地时见到的已经完工的斜楼。70 年过去，眼下依然还在。但愿它能被继续保留下去。它既有珍贵的文物属性，又有难得的叙事功能，可以为我们也为后人讲解一段与省会变迁、与城市规划史、与城市文学史都有紧密关联的故事。

何南丁（1931—2016），曾用名何铿然、何家英，祖籍安徽安庆。著名小说家、散文家，河南省文学艺术界重要领导人之一。历任《河南日报》编辑、河南省文联编辑、河南省作家协会主席、河南省文联主席等职务。1950年开始发表作品，1954年创作成名作——短篇小说《检验工叶英》，写作灵感和人物原型都来自一次郑纺机的生活体验。1957年南丁被错划为右派。"文革"结束复出后，他将主要精力集中在河南文坛建设和栽培人才奖掖后进方面，开办文学讲习班，创办《莽原》《散文选刊》等杂志，培养和引进了一批作家，奠定了文学豫军迅速崛起的基础。他生前留下的最后一部书稿名为《经七路34号》——他从行政区24号楼迁到这里后经历了太多的生命体验，这是这座城市的一个街道门牌、通信地址，是他的工作阵地、家庭住所、生活场景、故事现场、社交空间、记忆容器，也是一个许多人向往的地方。

第十二章　华章

郑州东西两个新建城区的大规模绿化也开始于省会迁郑之年。当时市政府确定的原则是："绿化要为省会服务，为城市服务，为劳动人民服务。""道路修到哪里，树就栽到哪里。机关、学校、工厂建到哪里，就绿化到哪里。基建竣工，绿化完成。"

实际上，城市绿化的时空安排和树种选择也是有所侧重的。1954年至1957年重点实施东部行政区绿化，1957年至1960年重点实施西郊工业区绿化。1954年春季首先在新建的文化路上栽植法桐（悬铃木），从此一发不可收，大规模持续不断种植法桐，以至后来法桐成为郑州市民普遍认可的"绿颜知己"，进入21世纪后郑州市人大常委会通过决议，公布法桐为郑州市"市树"。

1954年秋季为了使全市绿化工作有计划地展开，减少盲目性、自发性，副市长史隆甫亲自组织和主持编制了郑州市绿化规划——当年他以城建市长的身份，引进北京、上海智力，组织编制郑州城市规划，为郑州城市地位的提升和城市建设的有序展开，做出了不可替代的贡献。但在省会迁郑之前，他在市政府的分工已被调整，不再主管城建工作而改为分管水利、农业、林业即所谓的"农口"。王钧智撰文回忆说："1953年，国家进入有计划的大规模建设时期，郑州为国家重点建设城市之一，计划经济又强调保密，涉外活动也比较多，他身为分管城市建设的副市长就有诸多不便。这时，又增选了几位副市长，他分管的工作改为水利、林业、农业，同时兼任市体育运动委员会主任，他对此虽表示没有意见，但实际上他是所用非所学，难以充分发挥长处和积极作用

经六路法桐廊道　婴父摄影

了。他很有自知之明，深知党内党外有别，因而仍一如既往，兢兢业业，积极负责，总是出色地完成任务。"

史隆甫一如既往地注重规划，绿化工作也必须规划先行。他邀请省林业厅副厅长周士礼（原河南农学院教授，曾留学法国）、郑州铁路局工程师张宗铭、省林业厅工程师杨树基（技术室主任）、市建设局园林科副科长绳钦第、市人民公园主任秦荫绍和郑州市林场场长冯钟粒等一起，组成了七人规划小组——这些人皆为当年郑州林业和园艺行业的骨干专家，在调查研究的基础上，用两个月的时间，拿出了郑州市有史以来第一个城市绿化专项规划。为了考察绿化重点区域，他们几人挤坐一辆破旧的中型吉普，带着干粮，跑遍了黄河大堤一线、邙山一带和三李一片三个沙区和金水河、熊耳河两岸。

📖【老郑州城市微观地理小词典】

熊耳河

　　位于市区南部，季节性河流，明清旧志均未见记载。发源于二七区与新郑市交界处，从西南向东北流注，经荆胡、王胡寨，在潘家村汇集成河，经过老城墙东南角后，向东与七里河汇合注入东风渠，全长23.5公里。解放前该河过老城墙后便无固定河槽，平时水量极小，时常干涸，每遇山洪，则漫溢成灾，沈庄、合庄、燕庄、凤凰台等村均受其害。1949年8月，市政府组织全市干部、解放军战士、学校师生开挖疏浚，挖河6530米；1950年8月，动员4个乡的农民开挖6350米，加深河床0.6米；1958年，进一步开挖加深，培高河堤，基本解决了水害问题。

　　他们奔波在外，天天都是灰头土脸，风餐露宿，不辞劳苦，连续奔波，掌握了基本情况和数据。而后在关虎屯郑州林场的办公室一起吃住，进行案头作业，完成了郑州绿化的蓝图。

　　行政区的街道绿化启动于1954年，在1955年春季形成第一次高潮。当时郑州林场缺少适宜用作行道树的大苗，史隆甫副市长就安排到南京、杭州购买法桐树苗。以法桐为行政区行道树主要树种，这是由史隆甫首倡，并得到省林业厅周士礼副厅长大力支持的。据坊间传说，两人一拍即合，是因为两位都曾留学法国，熟悉巴黎等城市法桐树的优异表现，对法桐有着同样的爱好。其实，法桐并非法国专有，美国、英国也有广泛的种植。国内著名城市如上海、南京、杭州等地，法桐都是重要和主要的行道树树种。南京的中山路、杭州的南山路等这些名城名路，以及上海老城区特别是租界区相互联通的清幽街巷，都是法桐的天下。

对选择法桐为主打树种，社会上、市直机关里是有不同意见的。少数人始终看不上知识分子，看不惯民主人士从政，因为史隆甫有留学法国的背景，借他偏爱法桐讥其为"法奴"，这让史隆甫备受打击，情绪低落。

宋致和找到史隆甫，呵呵一笑，安慰他说："那些屁话，不能往心里去。留学法国就是法奴，那留学苏联就是苏奴喽？世界上一万年以后也会有糊涂人，不能听他们的！你不是奴，你是共产党的懂专业的官，我支持你，为你撑腰！"

史隆甫放下了思想包袱，轻装前进，继续实施既定计划。

很快金水河大道、人民路、花园口路、经五路、经六路、纬一路、纬二路、纬五路、纬六路（今称黄河路）、政一街、政二街都栽上了法桐树。其他街道种植了一些不同的树种，例如经三路种的是枫杨，经七路和纬三路、纬四路种的是青桐，这应该是体现了规划的生态丰富化、生物多样性原则。为满足栽种行道树和各有关单位庭院绿化的需求，郑州市林场苗圃扩大了法桐和毛白杨的培育繁殖，但法桐籽生苗质量不好，扦插繁殖又缺少母条，史隆甫安排专人到上海采购，当面嘱咐采购人员，到上海后请当地绿化部门配合到哪条街哪一段采集木条，因为那里的法桐树姿优美，树冠好看。可见他对上海街道和街景烂熟于胸，充满感情，亦足见他对郑州绿化的用心之细，用功之深。

王钧智几十年后作《中国梧桐赞》诗一首，称法桐为"中国桐"。貌似为法桐画像，其实是在怀念故人史隆甫。诗曰：

> 幸有前缘首识君，
>
> 初栽郑邑治沙尘。
>
> 冲天直干长廊远，

罩地繁枝绿荫深。

夏热风来千树舞，

秋凉雨过万蝉吟。

一城绿满欣欣意，

造福儿孙风化淳。

"省会迁郑"作为一个历史事件发生在1954年秋天，郑州由此获得了省会身份。但这和郑州真正发挥省会功能，为全省提供"政治引领""行政主导"以外的各种公共服务，还有相当大的距离——充分发挥省会作用，既需要道路、运输、水电、通信等技术性支撑条件，还需要医院、学校、体育、文化娱乐设施等社会性支撑条件。为完善这些条件，省、市两级政府在1954年后，又付出了多年努力。

有几项1954年之后开建的公共性社会性工程，颇有故事，值得回味。

首先是河南省人民医院新建工程。省人民医院位于纬五路东段（现在由纬五路、经三路、黄河路、经二路合围区域），当年选址的地名叫"马三多"，今天很少有人知道。

📖📖【老郑州城市微观地理小词典】

马三多

省人民医院建设用地位于马坟村，据说这里原为马氏大地主的土地，马家祖茔规模庞大，给马家看坟种地的佃户世代在这里居住，渐成聚落。马家庄园亦在附近，因为马家乃郑州望族大户，土地多，房屋多，人口多，所以郑人以"马三多"作为其庄园的代称，久之演化为地名。

1953 年省政府决定河南省人民医院将随迁郑州，拨款 300 亿元（币制改革前数额）用于新址建设。所谓搬迁，主要指机构和人员的迁移，硬件设施全部留在了开封，搬迁时医院建筑是全新的，设备也是全新的。随迁过来的设备只有两件，一件是一台 30 毫安的 X 光机，一件是接送病人用的中吉普式救护车。

省人民医院的新址筹建工作由当时的卫生厅副厅长曾平分工主持，省人民医院（在开封称为河南省第一人民医院，前身为英国人创办的"福音医院"）院长王先发（兼卫生厅基建处处长）具体负责。全部建筑由省建筑设计院设计，省第二建筑公司负责施工。1955 年年初新址完工，百亩院区建成了"大屋顶"风格建筑群和园林化环境，硬件设施达到国内先进水平。1955 年 5 月 1 日，医院在新址开诊。

新医院的优美环境和医疗水平受到社会上的交口称赞。但建设过程中出现过较大风波。1955 年 1 月 7 日《河南日报》头版头条刊登文章《省府卫生厅在筹建综合医院等工程中盲目追求现代化破坏国家计划》，同时配发社论《反对豪华奢侈思想，为国家节省建设资金》，对省人民医院建设工程给予了严厉批评。文章点名批评了卫生厅主管副厅长曾平和卫生厅基本建设处，擅自扩大建设规模，提高建设标准：病房大楼中部和两翼由三层增加为四层，以显示美观壮丽，建筑面积由原定六千平方米扩大到八千平方米，病床数量由二百五十张增加到三百二十余张，追求"河南第一""中南第一"的地位。另外病房楼内不但选用了木地板，而且铺成苇席纹花饰，建筑外墙采用了水刷石、剁假石装饰工艺，额外增加了投资，浪费了国家资产。1955 年 1 月 27 日，曾平在巨大的压力下，在《河南日报》发表《接受教训，做好今后河南卫生事业基本建设工作》的文章，其实是公开发表的检讨书。报社专门加了编者按："一月七日本报对省府卫生厅在筹建综合医院等工程中盲目追求现代化破坏国家计划的思想、行为提出批评后，与这一事件有关的中共河南省人民政府卫生厅党分组成员、卫生厅副厅长曾平，卫生厅基本建设处处长王先发，卫生厅基本建设处办公室主任孙乐滨和中南水电安装工程公司河南工程处领导方面，均根据自己所犯错误的性质和错误的大小做出了检讨。现在把曾平同志的检讨发表在下面。"曾平检讨说，他认为郑州将来是全国大城市之一，必须有像样的大医院，一开始就想把河南省综合医院"建成为一个河南典型的医疗机构。不顾客观可能地要为病人创造美化与家庭化的优美环境。为了实现这个愿望，因而在医院建筑的规模、质量、设备及内部装备各方面都要求过高。在开始研究医院建筑质量时，我就提出病房要有隔音设置的好木板地（苇席纹地板），病房大楼和门诊部一律要采用钢窗，地面要用磨石；水电设计人员与基本建设处领导人提出医院最好安水暖（水暖温度较平稳，能使病人更舒适些，但水暖散热片多出汽暖三分之一，造价高），医院病房电线最好要暗线（更安全些，但暗线较明线造价约高百分之八十五），我也就同意装水暖，安暗线……"曾平检讨自己所犯错误是严重的：缺乏国家计划整体观念，缺乏组织观念，盲目追求现代化，本质上是资产阶级的铺张奢侈思想作怪，说明自己几年来受到资产阶级思想侵蚀，没有能很好得到改造。曾平表态称，《河南日报》的报道和社论揭发与批判了自己的错误思想，是十分正确的。除诚恳接受此次沉痛教训外，并愿向党向人民做出深刻检讨，警惕以后不再犯类似错误。要抓紧搞好综合医院等建设项目的结尾工程，努力做好今后基本建设工作，以弥补现在的损失。

经过这么一个回合的前戏，人民医院尚未开张，就在全省范围内声名大振。1955 年 5 月医院门诊开始接诊，6 月病房开始接收住院病人。1956 年当年门诊诊治病人达 17.8 万人次，收治住院病人 4280 人次。以后数十年，省人民医院和河南医学院一附院（今郑大一附院）据守在郑州城区一东一西，始终是全省的医界双雄。

曾平先生去世于 20 世纪 80 年代。据他的儿子曾明回忆（2024 年 6 月 19 日，访谈者婴父、马燕、王洪雷），父亲生前对他谈过当年在《河南日报》做检讨的情况，父亲说当年有一个历史背景——1954 年年底到 1956 年年初，全国范围内开展了批判建筑领域"形式主义、复古主义"的运动。在河南需要一个反面典型。北京梁思成先生的"大屋顶"受到批判，我们的省人民医院恰好就是大屋顶，所以就历史性地承担了批判的靶子的任务。至于自己到底是否犯了严重错误，父亲说他自己心中有数。医院里电线走暗线，这是起码的标准嘛！如果这也是错误，那我们的医疗条件只能退步，无法前进。运动来了，只能正确对待，不能锱铢必较，个人受点委屈，不算大事，群众事后都会理解。

再一个项目是河南省体育场新建工程。

📖📖【老郑州城市微观地理小词典】

省体育场

河南省体育场，建成于 1956 年，占地面积 7.5 万平方米，有草坪足球场和 400 米半圆式跑道 8 条，可容纳 15000 名观众，建筑面积 9900 平方米。看台下面 2500 平方米附属用房，设贵宾室、运动员和裁判员休息室、管理用房等。为了迎接中华人民共和国第一届青少年运动会，体育场于 1984 年进行了改造扩建，成为当时河南省最为先进的体育设施。可惜 2000 年前后被拆除，改建为房地产项目"天下城"。周边道路优胜南路、优胜北路、健康路的命名，都和这座体育设施存在语义关联。1966 年在体育场东侧建成河南省体育馆，因为造型看上去像口大锅，郑州市民昵称其为"大锅"。有人戏称体育场的造型为大灶台，一场一馆一锅一灶，堪称绝配，煮出了河南体育运动面向民众的烟火气。

省体育场建设的主导者，是传奇人物范绍增。

范绍增（1894—1977），即著名的抗日将领"范哈儿"——1990年代火遍全国、霸屏各地电视台的四川方言电视剧《哈儿师长》，就是根据他的故事演绎创作的。他28岁当川军营长，29岁当少将旅长，参加过反对袁世凯称帝的护国战争，抗战时期任八十八军军长，1942年浙赣会战，他曾率部击毙日军第十五师团长酒井中将，重伤四十师团长河野少将。酒井阵亡，给日寇造成强烈震动。1949年10月刘邓二野大军经郑州南下转而西进入川，范绍增率部起义，在解放军多个岗位担任军职，1953年转业，任河南省体委副主任。坊间传说老将军一生中有17个姨太太（另有40多房妻妾之说），1957年，他在省委统战部召开的民主人士座谈会上发言说："这里我要辟一下谣。世人传说我有17个老婆，甚至还有说40个老婆的，实际情况是我只有7个，这是旧社会的事情。我在旧社会比较腐化，这次整风，我要把旧思想旧作风彻底整掉。"

范绍增在重庆有个庄园，新中国成立后他要无偿捐献给政府，主政西南的邓小平对他说："老范，这个你不要捐了，交给政府使用也要折价付钱给你的。如果无偿捐献，有人会私下说你的家产充公了。这不符合我们对待起义人员的政策。"范绍增拿到了一笔钱，新《婚姻法》公布实施后，他用这些钱遣散和安置了他的几位太太。之后孑然一身，独自生活。后来承上级领导关心，组织上出面请回他过去的一位夫人来郑州，专门照料他的日常生活。

范绍增腿上曾中枪弹，留下创伤，走路微跛。有人问他是哪次战役受的伤，他赧然一笑无以为答。那是1933年跟贺龙在洪湖地区对战时留下的纪念。贺龙如今不但是国家领导人，国务院副总理，更主掌国家体委，是自己的顶头上司。而河南是人口大省，体育运动却难称先进，体育设施又相当落后。范绍增三子范之维回忆说（2022年6

月22日，访谈者婴父、钟永谊），省会迁郑，郑州正需要建设必要的体育设施，这是一个争取上级支持的良机。父亲为此专门进京求见贺龙，请求对河南给予特殊关照。贺龙元帅生性豪爽，重情重义，热情款待父亲，称赞父亲是体育界的有心人，专门给河南拨款300万元，用于在新省会建一座万人体育场。这种资金扶持的待遇，史无前例，这样规模的体育场，当时全国也没有几座。河南修建体育设施能得到国家财政如此支持，外省体育部门垂涎三尺，但听说范绍增与贺老总的关系后自知无法攀比，只能隔空羡慕。"文革"期间贺龙元帅被打倒，北京专案组来郑找父亲调查贺龙的情况，父亲叫我陪他一起去体委政工处与他们见面，父亲说话非常策略，说：我与贺龙是上下级关系，我是他的下级，他在工作上关心我们，包括支持河南体育场建设，都是他的正常工作。我们谈不上是死党。他在党内，我在党外，有很大差距。群众批判我和他是狗肉朋友，这话倒是不假，因为我们在北京见面，他请我吃过狗肉。

范之维感叹说，父亲读书少，看上去没有什么文化，但见识高远，处事稳妥，是常人所不及的。北京来郑调查贺龙的人被他三言两语就摆平了。他既不躲躲闪闪，也不硬扛，既保全了自己，也不会出卖朋友，他身上始终保留着四川袍哥的生存智慧。"文革"开始后，大字报满天飞，有一天，父亲对我说，老三，大家都在写大字报，你也写一张揭发我的大字报。我很惊愕，不知道他为什么要我这么做。父亲说，你不写，别人就会说你对抗"文革"，是反革命右派，你写了可以保护自己，你不要多写，就揭发我解放前娶过好几个老婆，解放后还喜欢吃喝玩乐就行了。

对郑州市民而言，省体育场是一个重要的体育设施，是一个举办赛事活动的地方；对体育场工作人员的亲属而言，这里则是他们美好的家园。曹苏非女士的父亲在体育场工作，体育场刚刚落成，她的家就搬到了看台下的裙房之中——环形排列带有中廊的裙房中有体育场的办公室、运动员休息室、体育器材仓库，还有许多房间被改造成家属住宅。曹苏非回忆说（2024 年 5 月 13 日，访谈者婴父、赵国强），她和她的姐姐、弟弟都是在体育场中长大的，体育场满足了她关于美好家园的所有想象，给她留下了珍贵的童年和少年记忆。体育场外是高大的杨树林，绿荫蔽日，鸟语蝉鸣；体育场内天高地阔，云淡风轻，绿草如茵——足球场上的草皮是当年全郑州、全河南最完美的一块草质地毯吧。雨过天晴，草坪上会星星点点长出一些小草菇，母亲会扎着小篮子带着他们一起把小草菇拔出来，既保养修整了草坪，还能用葱姜蒜爆炒，给小餐桌上增加一大盘美味。每年夏夜，她和姐弟都带着竹席在草坪上乘凉消暑，在满天繁星之下享受微风轻抚。运动员在体育场里进行田径训练时，她会静静地在一旁观看，她在静观中懂得了什么是人体之美、青春之美、运动之美；他们全院的孩子们同样享有观看赛事的便利，他们又从运动员竞争、拼搏、战胜对手和超越自我的过程中一次次受到激情的冲击和精神的洗礼。

曹苏非婚后迁到西郊居住，很多年后重回健康路，看到自己熟悉的省体育场被房地产商一夜捣毁，内心充满悲伤。

还有一个项目，对强化郑州省会功能、提高郑州文化影响力更有重大意义——郑州大学完成创建，迅速崛起。

新中国成立前郑州没有高校，直到 1954 年省会迁郑，郑州的高等教育都基本处于空白状态，这是郑州最大的短板。说"基本"而不说"完全"处于空白状态，是因为抗战胜利后焦作工学院从大后方迁来，刚刚在河阳街一带安顿下来，又在解放前夕被胁迫迁到江南——焦作工学院抗战期间流离失所，并入国立西北工学院，先迁陕西，再迁甘肃，校址多变。抗战胜利后，于 1946 年在河南洛阳关林复校。1947 年中原解放军陈谢兵团渡过黄河，挺进豫西逼近洛阳，当年 10 月国民政府教育部令学校迁至郑州，以河阳街灾童教养院为校址，坚持教学，并于1948 年继续招生。郑州解放前一个月，举校南迁至江苏苏州平江路积谷仓，迁徙过程中，有半数学生流失。1949 年 9 月，焦作工学院由苏州迁返焦作原校址复课。焦作工学院在郑整整一年，受到郑州人的厚待，无奈浪打浮萍，终归没能留下。前面我们曾经多次提到郑州高等工业职业学校，教学课程属大专层级，所培养的不少人才在地方发展中发挥了中坚作用，但并未被民国政府列入高校序列。

没有高校的中心城市，就是搞笑的中心城市。没有现代高等教育体系，没有一所高等学府，这是郑州作为省会、作为区域性中心城市最大的短板。不要说和全国其他省会相比，就是和已经丧失省会地位的开封相比，郑州也为此英雄气短，难以理直气壮。

郑州的机会很快到来。1952 年之后美苏冷战，台海紧张，1955 年高教部根据中央指示精神，决定沿海大学实施内迁。按照统一规划，青岛山东大学迁往郑州，改名为河南大学（位于开封的河南大学 1953 年院系调整后已改称"河南师范学院"）。高教部与山东大学共同研究决定，山大总务长、化学系主任刘椽教授和数学系资深副教授董树德以及山大行政管理干部于健等先期到郑负责筹建工作。1955 年 4 月，他们离开海风习习的青岛，告别同事和家眷，来到内陆腹地郑州，开始新校园的选址工作。山东大学即将改名换姓空降郑州，这让河南省、郑州市两级领导都喜出望外，心花怒放——郑州没有高校这种尴尬窘态因为中央的决定得到扭转。郑州市政府积极在规划选址、征地拆迁和设计施工各个方面给予了全方位的配合、支持。学校的选址放在郑州西郊新建区域内，城市规划图上金水河的旖旎风光对选址决策发生了重要影响（包括后来的郑州粮食学院选址都是因为有意傍身金水河而最终敲定的），金水河从校区内逶迤而过，其中一个段落被郑大师生浪漫地命名为"眉湖"，校区面积 922 亩，征用的村庄包括菜王、焦家门、蜜蜂张和兑周四个村庄。

1955 年 9 月 23 日，《河南日报》刊发报道《河南大学在郑州开始建校》：

> 国家决定以山东大学部分专业为基础在郑州成立的河南大学，建校工程已于昨日开始施工。这所具有相当规模的综合大学设有物理、化学、数学、生物、历史等系，校址设在郑州市风景幽美的碧沙岗附近，两岸绿树成荫的金水河从校园中流过。学校今、明年建筑的工程，有物理、化学、生物大楼，这些大楼内都有完善的实验设备；有学校共用的教学大楼、图书馆和宿舍住宅、运动场、生物试验场等。图书馆的全部建筑将来可同时容纳两千名学生进行阅读，现已备有图书四十万册。学校将来还计划继续建筑教室大楼、办公楼、大礼堂、体育馆、游泳池和滑冰场等。这些建筑将构成这所美丽和完善的学府，成为数千名学生的良好学习与生活环境。学校近期工程计划于明年七月完工，秋季正式开课。

1956 年年初毛主席发表著名的《论十大关系》，沿海大学内迁计划宣告暂停，山东大学乔迁中原的梦想最终化为泡影，转而迁往济南。但山不转水转，1956 年 2 月高教规划会议决定在郑州创建一所综合性大学，填补河南没有综合性大学的空白。原来的名校内迁，转变为平地起家创建新校，原来的一家乔迁，改变为全国高校共同帮扶、多路支援：以山东大学为外援主力，东北人民大学（今吉林大学）、复旦大学、武汉大学、四川大学等一齐出手，对郑州的高校创业提供人才支持。关于新建学校的校名，参照苏联大学依所在城市命名的原则，定名为"郑州大学"。至今郑大、河大是河南大学中的双雄，但校名中的"河南"

"郑州"并不代表行政层级的高低，为此争论不休的兄弟可以休矣。新学校实行部省共建，由高教部和河南省双重领导，经费和师资由高教部解决，党政干部由河南省选调。

郑州大学1955年秋天开工建设，第二年秋天部分校舍完工，具备使用条件，9月15日就实现了数学系、物理系、化学系三系招生开学。著名哲学家、历史学家、中科院学部委员嵇文甫出任首任校长。1956年8月郭沫若应邀为郑州大学题写校名，沿用至今——书家评论，这是郭沫若先生匾额榜书中最值得称道的案例之一。当年9月15日全校师生千余人欢聚一堂隆重集会，庆祝郑州大学诞生，并举行第一届开学典礼。吴芝圃等省、市领导到会讲话祝贺。当晚还举办了建校晚会，豫剧艺术家常香玉表演了拿手戏《拷红》，相声艺术家侯宝林、郭启儒也登台助兴。郑州市及时修建了大学路，为郑大师生提供出行便利。

📖【老郑州城市微观地理小词典】

大学路

大学路最初拟名河大路——今郑州大学筹建之初曾拟名为"河南大学"。1955年10月先期开工北起建设路南至桃源路一段。1956年向南延至陇海路。2002年，郑州市将大学路与相互连接的金海大道、洁云路三路合一，统一加宽改造，统称为大学路。郑州大学医学院(原河南医科大学)、郑州大学南校区、郑州航空工业管理学院均临此路，大学路之名依然名副其实。但郑州大学已于2001年另在郑州高新区建设新的主校区，所临道路为科学大道。

1958年郑州大学增设政治、历史、中文三系，1959年增设机械、土建、电机、水利和化工等 5 个工科系，1960 年增设外文系（英文、俄文）。1961 年原郑州师专并入郑州大学。1963 年把 5 个工科系分出，成立郑州工学院。2000 年，原郑州大学、河南医科大学、郑州工业大学（原郑州工学院）合并组建新的郑州大学，成为文理医工并重的综合性大学。郑州大学现有四大校区，总占地面积高达 6100 余亩，在校生总人数达到 7 万人，设有 51 个院系，开设 118 个本科专业，为河南唯一的 211 院校，同时也是"双一流"建设高校，教育教学、科研创新都取得了突出成绩，成为河南省和郑州市经济发展社会进步的加速器和培养英才、繁荣学术的主阵地。

另外，对郑州城市地位具有持续拉升和固本强基作用的项目还要数郑州铁路枢纽工程。

郑州铁路枢纽建设缘起于 1952 年 10 月 31 日毛主席视察郑州火车站。这时的站舍、票房大部分还是席棚结构，四面透风，八方漏气。铁道部部长滕代远陪同毛主席登上郑州车站天桥，毛主席听取滕代远的汇报后，俯瞰横向并置的一股股铁轨、一座座站台，对滕代远说："应该把郑州车站建成远东最大、最完善的大站。"说远东，而不说全国，可见对郑州站定位之高——这是党和国家领导人第一次在国际视野全球背景下定位郑州及其交通地位。确定这样的目标，既是对郑州站现有地位的肯定，更是对郑州未来在铁路网中核心作用的期许，还表现了毛主席对郑州城市交通服务功能和社会保障能力的信心。毛主席的指示在铁路系统传达之后，铁路职工热血沸腾平添斗志，郑州市的干部群众也无不欢欣鼓舞。从这一天开始直至今日，郑州人建设铁路、改善场站的努力再没有中止或放缓过。

1953 年，为落实最高领导人对郑州铁路发展的设想，苏联专家祖布科夫来到郑州深入调研。他经过反复观察，发现郑州站南北方向通过的车多，东西向在郑州站拐弯的车多，在他的指导下，铁道部设计局做出了将郑州站规划为"双向三级六场机械化驼峰客运站"的设计，并拿出了总体布置图。苏联专家认为，郑州站的改建升级要循序渐进，不能一口吃个胖子，要分期建设。1955 年，铁道部将郑州站定位为客运站，1956 年 5 月新站建成，投入使用。经过这次扩建改造，郑州站开始拥有全国一流的候车大厅，建起了售票楼、天桥、地道、四座站台，25 条股道，彻底改变了旧中国遗留给郑州站的破旧面貌。郑州站的货运功能 1953 年分解出来，货场迁建至二里岗，建成了全国最大的货运中转站郑州东站，中转量占中国内地的十分之一。郑州站的列车编组功能分解出来，1959 年在郑州北郊建设郑州北站，最终发展成全国和亚洲规模最大的编组站，每天办理的车辆数字占中国内地铁路的八分之一，居世界之首。郑州车站多站联动的综合枢纽功能，让郑州成为当之无愧的中国铁路之都，实现了毛主席擘画的发展目标。

今天的郑州火车站前广场　婴父摄影

在省人民医院开诊、河南省体育场启用、郑州大学开学和郑州火车站新候车大厅剪彩的同一年，紫荆山公园也开始建设。1956 年，蔡迈轮由省民政厅副厅长调任省人民委员会（省政府的新称谓）副秘书长兼机关事务管理局局长。在他的筹划下，对金水河大道旁一片荒草湖、臭水沟进行综合整治，发动并带领省直机关干部将昔日的藏污纳垢之地修建成环境优美、有山有水的紫荆山公园。在造园过程中，蔡迈轮主导规划设计，调配人力物力，组织义务劳动，为营建郑州市民游憩环境，做出了无可替代的贡献。人民公园主任秦荫召、河南省林业局副局长周士礼两位郑州著名的园林专家都参与了紫荆山公园的规划、策划工作。紫荆山公园建成后，很快成为郑州市民特别是行政区居民周末、假日游憩活动的首选之地。

省委第一书记潘复生 1952 年年底调入河南，全心全意投入工作，上任一年多就患了"大脑疲劳症状群"，经常眩晕，犯病时难以自持，经请示中央，于省会迁郑各项工作安排就绪后离职治疗休养，1957 年病情好转后在新省会恢复工作。病愈后的潘复生心情不错，专门到紫荆山公园参观，作诗《郑州游园》一首：

金水河边柳色葱，
紫荆山上桃花红。
中州大地春风暖，
日月新天化雨中。
犹有弹痕留旧貌，
定教山水换新容。
劳歌到处随风起，
嘹亮佳音响碧空。

其实，潘复生对当时河南农村形势既看到了好的一面，又看到了亟待解决的问题。在发展农业合作化问题上他主张分期、分批、有计划、有步骤地稳步发展，批评盲目地认为农业合作社越大越好，过分肯定大社优越性的观点。他亲自主持省委常委会研究农村政策，提出了解决农村问题的一些切实可行的措施，与吴芝圃的主张形成强烈反差。1958年5月18日，中共中央通知：吴芝圃任中共河南省委第一书记，免去潘复生省委第一书记职务。1958年6月2日，中共河南省委发出《关于大张旗鼓地宣传社会主义建设总路线的指示》，要求各级党委坚决贯彻中共八大二次会议通过的"鼓足干劲，力争上游，多快好省地建设社会主义"的总路线，号召全党认真学习，迅速在全省掀起"大跃进"的高潮。

1958年6月底至7月1日，中共河南省第一届委员会召开第九次全会扩大会议，吴芝圃经过精心准备，在会议上集中揭发批判省委原第一书记潘复生、省委书记处书记杨珏和省委副秘书长兼省直机关党委书记王庭栋的所谓"右倾机会主义"错误，做出了《关于彻底揭发批判以潘复生同志为首的反党集团的决议》，会后吴芝圃未经请示中央批准，便在省内报刊上公然掀起批判"潘、杨、王"的运动，伤害了一大批干部。

吴芝圃发动倒潘攻势之后，在河南对浮夸风推波助澜，宣传"人有多大胆，地有多高产"的跃进哲学，大放"卫星"，造成人为灾荒，给广大农村带来了生命财产的巨大损失，生产力遭受严重破坏。有民谣曰：

跟着潘复生，一天吃一斤；
跟着吴芝圃，白吃好多苦。

值得特别提示的是，在 1958 年末，中央已经着手纠正"左"倾错误。11 月 2 日至 10 日，毛泽东主席在郑州召开部分中央领导和部分地方领导参加的工作会议（史称"第一次郑州会议"），开始纠正公社化运动中的一些错误。

时过境迁，本书将 1948 年至 1958 年的时间段，界定为郑州解放之后的第一个发展时期、第一个上升阶梯，并称其为"郑州华章"（"章"字造字结构为"从音从十"，本义是由十段音乐组成的一个篇章段落。这里指十个年度组成的历史阶段）。当年郑州的干部群众评价这十年，是"郑州有史以来最好的十年""党和政府威信最高的时期""发展最快、人心最齐、风气最正的时期"。以 1958 年为这个历史段落的截止期，是因为这一年，是郑州解放十周年，无数个剧情丰富的故事也都像有剧本规定一样集中在这一年发生：

这一年，全国胜利完成了第一个国民经济五年计划，郑州也在这一年基本完成纺织工业基地建设，塑造出郑州的产业支柱；郑州国棉六厂在国庆节竣工投产，标志着郑州纺织业产能全面形成。

这一年，全国最大的电缆企业郑州电缆厂开工兴建，标志着郑州工业在下一个五年计划期间开始由本地资源导向型工业向全国市场导向型工业升级。

这一年，河南医学院在郑建成，河南中医学院在郑建成，郑州的高等院校自此不再是郑州大学一枝独秀，开始形成群星灿烂的格局。

这一年，河南省工人文化宫建成开放，河南省图书馆建成开放，标志着郑州市省会功能中的文化服务功能得到进一步加强。

这一年，省人委决定将开封地区西部的荥阳、密县、登封、巩义、新郑划归郑州市管辖，郑州开始形成了与今天大体相同的行政区域。

这一年，郑州铝厂在郑州西部远郊建设，后来成为郑州市的城市飞地和区级建制。

这一年，河南省第一条民用航线（郑州—南阳）开通。可以说，今天郑州的中欧空中丝绸之路中国桥头堡、中国航空都市的地位，也是以那一年为起点凌空起步的。

这一年，金水河按80个流量的标准进行了系统治理，形成了30多米宽的绿色长廊，初步实现"河岸披柳，槐花飘香，花草丛生，百鸟争鸣"的环境。

这一年，郑州人用义务劳动的方式开挖修建引黄工程"东风渠"（渠首在花园口镇岗李村东北，引水往东南行42公里，与贾鲁河交汇），借以灌溉万顷良田，更兼舟楫之利，梦想恢复隋唐时期水旱码头的历史地位。

这一年，新的京广铁路黄河大桥开工典礼在黄河北岸隆重举行，新桥建成后，那座距离新桥500米远的富有传奇色彩的黄河老桥将下岗退休。碰巧也在这一年，夏汛期到来，黄河出现百年不遇的特大洪峰，黄河老桥被拦腰冲倒，铁路行车中断。7月18日，周恩来总理视察黄河，深夜察看京广铁路黄河桥抢修工地，部署抢险工程。8月5日周总理又一次来郑州，视察已经修复通车的黄河大桥。

这一年春天，周恩来总理曾和彭德怀副总理一起视察郊区关虎屯农业社——加上两次视察黄河大桥，这一年周总理曾三访郑州，察访险情、民情、社情、市情，风尘仆仆，不辞辛劳，周公吐哺，天下归心。

📖【老郑州城市微观地理小词典】

关虎屯

据史书记载，周朝第五代君主周穆王喜好巡狩游猎，在位时多次到圃田泽（今中牟县和郑东新区）周围打猎。据《穆天子传》记载，某年周穆王再次到此秋狩，芦苇丛中意外撞见一只猛虎，穆王大惊失色，卫士高奔戎奋勇向前，为保护穆王与老虎肉搏，终于生擒猛虎，献给穆王。穆王大悦，下令暂时把老虎关在柙中，放置在一个村子里面。后来，穆天子又命匠人在东虢制作大型牢笼，长期蓄养老虎。临时囚禁老虎的村子因而得名"关虎屯"，东虢牢笼养虎之地即著名的虎牢关，后世成为天下闻名的古战场。关虎屯村现已成为繁华街区，其位置在河南省农科院一带。关虎屯与老虎似有不解之缘，1980年代郑州市在此选址建设动物园，再次蓄养华南虎、东北虎，神奇重现"关虎"场景。

这一年，因参加"第一次郑州会议"，毛泽东、刘少奇、陈云、邓小平、杨尚昆等中央领导来到过郑州，另据历史档案记载，周恩来、朱德、彭真、陈毅、彭德怀、邓子恢、胡耀邦等中共党史上的重要人物都曾在这一年到访郑州，进行调研视察活动。其中有些领导如刘少奇、周恩来、邓子恢在这一年多次来郑。党和国家最高领导集团成员在这一年云集郑州，更让这座城市熠熠生辉。郑州解放十周年这一年，指挥了郑州战役的邓小平、陈毅和坐镇郑州指挥支前的邓子恢都故地重游，似为天意安排，他们回顾当年初定中原的历史情景，为这座新省会的卓异表现深感欣慰。

郑州解放十周年这一年，郑州才真正完成了初步的技术性基础设施和社会性基础设施的建设，软硬实力初步兼备，省会功能和中原中心城市的功能得到稳定发挥，为未来全国中心城市的灿烂前景奠定了基础。

这一年10月6日至8日，美国著名女作家安娜·路易斯·斯特朗（1885—1970）来郑州参观访问，她浏览了市容，并由河南省对外文化协会副会长冯登紫陪同，参观了黄河花园口、东风渠、郑州大学、全国水利工程展览会和郊区古荥人民公社。1946 年斯特朗访问延安，多次与毛泽东主席长谈，毛泽东"一切反动派都是纸老虎"的论断就是同她谈话时提出的，又通过她向海外传播，由此毛泽东向英语世界贡献了一个意涵丰满且饶有趣味的中国式政治概念。她 30 年前（1927 年）夏初，武汉国民政府与冯玉祥举行"郑州会议"时到访过郑州，现场亲历和观察了这个历史重大事件的过程，也好奇地凝视和踏勘了这座初识的中原城市。她写道：兵荒马乱之中，"在郑州，中国城市古老的商业生活还在延续，虽受干扰，却能适应。我们从住处出来时，人力车夫大声地招揽生意。在古老的市场上，一大清早，地摊席上就摆满了新鲜蔬菜。男人和一丝不挂的小男孩在闲逛、聊天，在大街上进行各种日常活动，而妇女则身着蓝裤和华中地区常见的蓝色长衫，用小脚谨慎地走着路"。月光之下，她曾专门步行穿越城区，以观察这座城市沉寂中的面貌，她在城墙内的传统街区看到的是一个古典的中国场景。那时候，郑州城还保留着较为完整的城池体系。

📖 【老郑州城市微观地理小词典】

郑州城墙

明嘉靖《郑州志》、清乾隆《郑州志》、民国《郑州志》前后因袭皆曰郑州城始建于唐武德四年。1950 年代开始，考古发掘揭示郑州古城乃商代都城遗址，此后历经数十年考古成果日积月累，经考古学界、历史学界和城市学界专家学者共同参与反复论证，确认郑州商代都城遗址系商朝开国之都"亳都"，至今已有 3600 年历史。亳都遗址面积 25 平方公里，城墙四至位置用今天的城市路网名称叙述，即东城墙位于城东路附近，南城墙位于城南路附近，西城墙位于南顺城街、北顺城街、杜岭街一线，北城墙在金水路南侧一带。商代亳都到西周时变成诸侯国管国的都城，战国时期魏国曾占据加固；汉代时北部城墙大幅度内缩，后退到今城北路一带，面积减少到亳都面积的一半。唐代初年在此基础上重新修葺，以后代代沿袭，直至民国初年。据记载，郑州"城围九里三十步，高二十尺，广十尺有奇"。东、西、南、北四座城门，东门称寅宾门，宋仁宗亲政后曾指导过改建扩建；西门称西成门，宋代苏辙送其兄长苏轼西行前往凤翔府上任，曾在此挥手作别；南门称阜民门；北门称拱辰门。城墙西南角曾有角楼名"夕阳楼"，唐代著名诗人李商隐登斯楼留下珍贵诗篇；城墙东南角曾有角楼名"魁星楼"，俗称魁星阁，与东大街文庙南北呼应，主掌郑州文运兴衰。郑州城墙和全国多数州城一样，在明朝加砖砌护，由土城变为砖城。李自成农民军攻郑时重创郑州城，以后历朝历任官员多次修复加固。有记录的最后一次城墙修葺工程为1927年冬，民国河南省政府通令各县修理城池，郑县县长朱伯珍督导郑州城墙加固，历三月竣工，完好坚实。1928年3月，新成立的郑州市政府根据冯玉祥的意图议将拆除城墙墙砖，用于市区建设，遭到郑州士绅反对。3月10日，市长刘治洲限三日拆除城砖，将城砖做修筑马路和阴沟之用。3月20日，经冯玉祥核准，为了市政建设，将拆出的700万块城砖，分别用于在阜民里、杜岭、西五里堡建立三处平民村，建房100余间，并修建了大同路、德化街、福寿街的阴沟，此外，还建立了平民食堂、平民图书馆、平民公园和卫生井台等。古城墙、古城楼是传统城市经典的景观体系和人文环境。近年一直有专家建议还原复建郑州局部古城(如夕阳楼、魁星楼或东城门)，以利于营造郑州历史文化氛围，显示郑州古都身份。

斯特朗写道："……漫步穿过郑州历史悠久的被城墙环绕的市区，它早就被铁路沿线较新的市区超过了。难以忘怀的美妙的月光照在耸立在我们面前的高大城墙上，洒在威严的古城门上，倾泻在城中满是尘土的杂乱的街道和住宅上。不时能看见一家很晚还营业的店铺，里面有个商人坐着招徕生意，嘴里叼着长烟袋。铺子的正面敞开着，几乎成了街

现存的郑州古城东城垣　婴父摄影

道的一部分。但大多数铺子都上了门板。那是些古老的门板，有许多缝隙，从缝内射出门后那生活的烛光。"

与30年前她的亲眼所见对照，安娜·路易斯·斯特朗无法判定她现在与当年身处于同一城市。她告诉身边陪同的地方官员说："你们取得的伟大成就太让人惊讶了。你们不是在改造城市，你们是在表演魔术。我看到了奇迹。"

这一年，史隆甫因为在一些会议场合发表过时政见解，提出过工作建议和意见，被少数人上纲上线，揪住不放，坚持要把他打成右派。但名单报到省委，被坚决驳回：这样的人会反党反社会主义？鬼都不信！

大学时期的史金腾　图片来源：史金腾提供

　　这一年，国棉三厂细纱车间机修工武克华遇到了一喜一忧：喜的是他有生以来第一次体验爱情的滋味，姑娘叫李秀英，是本车间上百名青年女工里最漂亮的那一位，高挑个儿，大辫子，一双大眼清澈温婉，还是共青团员，车间生产标兵。两人情投意合，心心相印，很快确定了恋爱关系。忧的是他作为全省纺织系统劳动模范在工作上处处争强好胜，劳累过度，因发烧咳血到医院检查出了肺结核，这在当时的医疗条件下是相当严重的疾病。领导上对他特别照顾，在厂内自办的"结核病疗养所"内治疗两个月之后，又把他送往洛阳龙门"河南职工疗养院"治疗休养。坏事变成好事，他躲开了日益升温的政治运动，卸下了高速运转带来的工作压力，静下心来，天天在微笑的卢舍那大佛陪伴下读书静养，连续阅读了《钢铁是怎样炼成的》《苦菜花》《迎春花》《野火春风斗古城》《林海雪原》等文学作品，他感觉自己因祸得福，身体逐渐恢复健康，文化知识也提高了，他和李秀英的爱情也得到了稳固和升华——每隔三天五天，他都会收到她的来信，每遇假日，秀英都专程从郑州坐火车赶去看他陪他。爱情的力量，加上及时的医治、舒心的疗养，让他数月后完全恢复健康，重返工作岗位。

这一年，郑州一中学生史金腾完成了三年高中学业后，考上了洛阳医学院。郑州一中的历史可以追溯到1931年创立的郑州"明新中学"，郑州解放后，人民政府决定在明新中学基础上组建成立郑州市立高级中

年轻的劳动模范武克华　图片来源：武克华提供

学。1953 年史金腾考入该校读书时，校址还在农业路路北。那时的郑州一中，集聚了一批郑州风华正茂、志向高远的少年，原国家新闻出版总署署长于友先，著名民营高校创始人、黄河科技大学校长胡大白等都是史金腾在校时的校友，曾任河南省委宣传部常务副部长的葛纪谦则是史金腾的同班同学、团支部书记。史金腾上高中时酷爱文学，却阴差阳错考上了洛阳医学院，洛阳医学院又推选他前往武汉医学院（同济医学院）就读，在郑州的"兄长之城"武汉完成大学学业，从此他义无反顾，在异乡踏上了救死扶伤、兼济天下的道路，直至苍颜皓首，归返故乡。

2024 年 7 月 31 日第一稿，西郊鄙庐

受访者名录

（以在本书中出现先后为序）

宋致和：郑州市人民政府首任市长

王钧智：郑州市人民政府第二任市长，曾任郑州市欢迎省会迁郑委员会主任

史金腾：郑州解放之日见证者，医生

武克华：郑州解放之日见证者，曾任郑州国棉三厂车间主任

李宝光：曾任郑州市委第一书记

魏　巍：郑州籍军旅作家

刘征远：郑州解放后首次城市测量参加者，曾任河南省建设厅副厅长

朱翔武：郑州解放时一区负责人，曾任郑州市委副书记

梁美珍：郑州国棉四厂工人

杭慧兰：曾任郑州国棉一厂厂长、郑州市委副书记

张江山：郑州二七纪念馆馆长兼郑州纺织工业博物馆馆长

姜　健：省会迁郑时的开封市长姜鑫之子，摄影家

何南丁：省会迁郑亲历者，作家，曾任河南省文联主席

曾　明：河南省人民医院建设工程主管领导、河南省卫生厅副厅长曾平之子

范之维：著名川军抗日爱国将领、河南省体育运动委员会副主任范绍增之子

曹苏非：河南省体育场内居住者，曾任郑州市国资委副主任

访谈者名录

(以在本书中出现先后为序)

婴　父，于德水，徐顺喜，朱宝山，王　力，刘方明，党　华
武静彬，徐晓娟，张　罡，程忠民，郭　莉，顾冠群，张玉梅
王　晨，徐伶娜，姜一鸣，张　颖，马　燕，王洪雷，钟永谊
赵国强

432

参考资料

文章

《人民日报》《河南日报》《大河报》《郑州日报》《郑州晚报》相关报道

赵子立:《蒋军郑州绥靖公署组织人事和作战活动概况》,手稿,1964

城工科座谈会,《战斗在敌人心脏——中原局组织部城工科在武汉的斗争概述》,《武汉市文史资料》第十七辑,1984

秦基伟:《中野九纵在淮海战场》,《军史资料》,1985 年第八期

莫元钦:《武汉解放后的第一任市长吴德峰》,《武汉文史资料》,1985,第一辑

李一清:《人民战争,人民支援》,《河南党史研究》,1988 年第 2、第 3 期合集

董洪国:《对豫皖苏军区供给部工作的回忆》,《河南党史研究》,1988 年第 2、第 3 期合集

戈力:《回忆向淮海战场进军》,《河南党史研究》,1988 年第 6 期

王光临:《我与郑州》,《郑州文史资料》第六辑,1989

王永川:《1945 年至 1948 年郑州见闻》,《河南文史资料》第 32辑,1989

戴济民:《管城回族区名溯源》,《管城文史资料》第一辑,1989

王国庆等:《中原局、中原军区在宝丰》,《平顶山文史资料》第二

辑，1989

李韶华：《郑州的外科耆宿王而信大夫》，《管城文史资料》第三辑，1991

李茹玲：《青、洪帮在郑州的发展》，《郑州文史资料》，1993 年第一辑

萧枫：《省会迁郑纪事》，《郑州文史资料》，1993 年第二辑

唐寰澄：《苏联桥梁专家西林在汉阳》，《武汉文史资料》，1994 年第一辑

田玉振：《新中国体育开拓者杨福乾》，《郑州文史资料》，1994 年第一辑（总第十五辑）

史希正：《回忆父亲史隆甫》，《郑州文史资料》，1994 年第一辑

袁培经：《国民党郑州绥靖公署始末记》，《郑州文史资料》，1994

王钧智、萧枫：《五十年代前期郑州市的城市规划和省会迁郑》，《河南文史资料》，2000

吴惠民：《对郑州难童学校暨圣德中学的回忆》，《郑州文史资料》，2001 年第二十二辑

赵锡铭：《拥军支前》，《郑州文史资料》，2001 年第二十二辑

朱翔武：《回忆郑州市的统战工作》，《郑州文史资料》，2002 年第二十三辑

阳臣夫：《郑州被服支援解放战争》，《郑州文史资料选编》第二十四辑，中国文史出版社，2003

冯钟粒：《从风沙城到绿满郑州》，《郑州文史资料选编》第二十四辑，中国文史出版社，2003

海小猛：《郑州环卫百年史话》，《郑州文史资料》第二十五辑，2004

金柏林：《往事杂忆》，《二七区文史资料》第二辑，2006

刘光夏：《记郑州大学建校之初》，《郑州文史资料》第二十九辑，2008

王龙章：《河南第二新华印刷厂的往昔岁月》，《郑州文史资料》第二十九辑，2008

钱润波：《回忆 1948 年印刷郑州新闻电讯的一段生活》，《郑州文史资料》第二十九辑，2008

魏巍：《郑州，我可爱的故乡》，《郑州故事》，河南人民出版社，2009

张震：《缅怀吴芝圃同志》，《开封文史资料》第二十二辑，2010

高成林：《中原战场上的张际春》，《纵横》，2012 年第 12 期

刘晖：《铁路与近代郑州城市空间结构变动及功能演变》，《安徽史学》，2015 年第 4 期

赵诺：《南京国民政府"绥靖区"制度流变述论》，《山西师大学报（社会科学版）》，2015

李扬：《新中国成立初期北京都市计划委员会相关史实考论》，《北京档案史料》，2016 年第 4 期

秦岱：《回忆从宝丰到解放郑州的岁月》，《宝丰文史资料》第十九辑，2017

孙玉亮：《省会迁郑前后》，《开封文史资料》第二十七辑，2016

骆新华：《前苏联著名桥梁专家西林印象》，《湖北文史》总第一零三辑，2017

王钧智：《金水河治理杂忆》，《河南文史资料》，2017 年第 5 期

胡莉婷：《20 世纪 50 年代苏联影响下的郑州城市建设探研》，中原工学院硕士学位论文，2019

袁培经：《民国时期郑州老坟岗江湖行当内幕》，《河南文史资料》，2019 年第 3 期

刘守华：《档案揭秘：诞生五四宪法的 255 天》，《档案春秋》，2019 年第 9 期

盛婉、庞倩华：《一名纺织工人的自述》，《河南文史资料》，2020 年第 3 期

李浩：《苏联专家穆欣对中国城市规划的技术援助及影响》，《城市规划学刊》，2020 年第一期

梅兴无：《西林：帮助建设武汉长江大桥的苏联专家》，《党史纵览》，2023 年第 8 期

著作

《嘉靖郑州志》

《康熙郑州志》

《乾隆郑州志》

《民国郑县志》

王火、钟然等：《苏联专家在新中国》，北京：劳动出版社，1950

中南社：《苏联专家在中南》，武汉：中南人民出版社，1953

（美）埃德加·斯诺：《斯诺文集》，新华出版社，1984

（美）安娜·路易斯·斯特朗：《千千万万中国人》，北京：中国社会科学出版社，1985

中共河南省委党史资料征集编纂委员会：《郑州战役资料选编》，郑州：河南人民出版社，1985

中共党史人物研究会：《中共党史人物传·第二十三卷》，西安：陕西人民出版社，1985

戴其萼、彭一坤：《陈赓大将在解放战争中》，北京：解放军出版社，1985

郑州市服务公司：《郑州市服务志》，油印本，1986

河南省建五公司：《河南省第五建筑工程公司志》，油印本，1986

郑州市纺织公司：《郑州市纺织志》，内部印行，1986

苗冰舒：《刘邓在中原前线》，北京：中国青年出版社，1987

河南省建设厅城建志编辑室：《河南省城建史志稿选编·第二辑》，内部印行，1987

河南省建设厅城建志编辑室：《河南省城建史志稿选编·第三辑》，内部印行，1987

郑州市中级人民法院：《郑州法院志》，内部印行，1987

国营郑州第一棉纺厂：《郑州国棉一厂志》，内部印行，1987

河南革命印刷史研究会：《河南革命印刷史料》，内部印行，1987

河南省人民医院：《河南省人民医院史》，内部印行，1987

中共郑州市委党史工作委员会：《光辉的历程》，内部印行，1988

中共郑州市委党史工作委员会等：《郑州革命史人物传》，内部印行，1988

中共河南省委党史工作委员会：《河南党史人物传》，郑州：河南人民出版社，1988

郑州市人民检察院：《郑州检察志》，内部印行，1988

中共郑州市纺织公司委员会：《中国共产党郑州纺织组织史资料》，内部印行，1988

人民公园编纂小组：《郑州市人民公园志》，油印本，1988

中国社会科学院、中央档案馆：《1949—1952 中华人民共和国经济档案资料选编（基本建设投资和建筑业卷）》，北京：中国城市经济社会出版社，1989

孔从洲：《孔从洲回忆录》，北京：解放军出版社，1989

陶大钊：《爱的乐章——时乐濛传》，广州：花城出版社，1989

河南省城乡建设环境保护厅：《当代河南城市建设》，郑州：河南

教育出版社，1989

郑州市妇联：《郑州妇女志》，郑州：河南人民出版社，1989

张大岭等：《郑州国棉四厂志》，内部印行，1989

河南日报新闻研究所：《河南日报四十年回忆录》，内部印行，1989

侯志英：《河南党史人物传》，郑州：河南人民出版社，1990

王宝善：《郑州工会志》，郑州：中州古籍出版社，1990

郑州市卫生局：《郑州市卫生志》，郑州：河南人民出版社，1990

毛泽东：《毛泽东选集·第四卷》，北京：人民出版社，1991

盛平：《中国共产党历史大辞典》，北京：中国国际广播出版社，1991

杨国宇：《刘邓麾下十三年》，重庆：重庆大学出版社，1991

中共河南省委党史工作委员会：《伟大的创举——郑州市对资改造资料选编》，郑州：河南人民出版社，1991

管城回族区人民政府：《郑州市管城回族区地名志》，郑州：中州古籍出版社，1992

郑州市二七区建设环保局：《郑州市二七区建设环保志》，内部印行，1991

文化部党史资料征集工作委员会等：《延安鲁艺回忆录》，北京：光明日报出版社，1992

中共郑州市委组织部等：《中国共产党河南省郑州市组织史资料》，北京：中共党史出版社，1992

刘洪声、张林南：《张玺纪念文集》，郑州：河南人民出版社，1992

曹江淮等：《郑州市民政志》，油印本，1992

王烈：《钱之光传》，北京：中国文联出版社，1993

邵文杰：《河南省志·商业志》，郑州：河南人民出版社，1993

陈啸原等：《刘岱峰纪念文集》，内部印行，1993

李振华：《河南省大事记》，郑州：河南人民出版社，1993

郑州市委党史工委：《解放郑州——纪念郑州解放 45 周年》，郑州：河南人民出版社，1993

中共河南省委党史工作委员会：《风雨春秋——潘复生诗文纪念集》，郑州：河南人民出版社，1993

郑州市二七区地方史志编纂委员会：《郑州市二七区志》，郑州：中州古籍出版社，1994

郑州市教育委员会：《郑州市教育志》，郑州：中州古籍出版社，1994

毕殿岭等：《郑州晚报老报人回忆录》，内部印行，1994

郑州市管城回族区史志编纂委员会：《管城纪年》，内部印行，1994

王廷曦、谷风：《郑州地名传说故事》，郑州：中州古籍出版社，1994

李英芳等：《博爱县志》，北京：中国国际广播出版社，1994

刘树发：《陈毅年谱》，北京：人民出版社，1995

邵文杰：《河南省志·人物志》，郑州：河南人民出版社，1995

郑州市中原区城市建设环保局：《郑州市中原区城市建设志》，内部印行，1995

毛泽东：《毛泽东文集·第五卷》，北京：人民出版社，1996

中共郑州市委党史研究室：《历史的涛声》，内部印行，1996

陈丕显等：《回忆邓子恢》，北京：人民出版社，1996

陈丕显等：《邓子恢传》，北京：人民出版社，1996

邓子恢：《邓子恢文集》，北京：人民出版社，1996

陈幹：《京华待思录》，内部印行，1997

李明晨等：《风雨桃李情——郑州难童学校暨圣德中学回忆录》，内部印行，1997

河南省地方史志编纂委员会：《河南省志·人物志》，郑州：河南人民出版社，1997

郑州市地方史志编纂委员会：《郑州市志·城市建设卷》，郑州：中州古籍出版社，1997

郑州铁路局史志编纂委员会：《郑州铁路分局志》，北京：中国铁道出版社，1997

郑州铁路局史志编纂委员会：《郑州铁路局志》，北京：中国铁道出版社，1998

梁小岑：《中原解放区革命文艺史料选编》，内部印行，1998

郑州市地方史志编纂委员会：《郑州市志·商业贸易卷》，郑州：中州古籍出版社，1998

郑州市地方史志编纂委员会：《郑州市志·政法卷·军事卷》，郑州：中州古籍出版社，1998

郑州市地方史志编纂委员会：《郑州市志·工业卷》，郑州：中州古籍出版社，1999

邵文杰：《邵文杰文集》，北京：方志出版社，1999

王化隆等：《李一清传》，内部印行，1999

武汉地方志编纂委员会：《武汉市志·人物志》，武汉：武汉大学出版社，1999

安徽省地方志编纂委员会：《安徽省志·人物志》，北京：方志出版社，1999

中共中央组织部等：《中国共产党组织史资料·第四卷》，北京：中共党史出版社，2000

李之琏：《纪凯夫事件始末》，郑州：河南人民出版社，2000

刘建章：《我的九十年》，北京：中国铁道出版社，2001

姜思毅：《刘邓大军史话》，北京：解放军出版社，2002

同济大学建筑与城市规划学院：《金经昌纪念文集》，上海：上海科学技术出版社，2002

郑州市收容遣送站：《郑州市收容遣送站志》，内部印行，2002

董鉴泓：《中国城市建设史（第三版）》，北京：中国建筑工业出版社，2004

北京市规划委员会、北京市规划设计研究院：《北京城市规划志资料稿》，油印本，2004

胡世权：《郑州市第七中学校志》，内部印行，2004

徐贵祥：《秦基伟上将》，北京：解放军文艺出版社，2005

河南省偃师市第二高级中学：《刘道安同志百年诞辰纪念文集》，内部印行，2005

向守志：《向守志回忆录》，北京：解放军出版社，2006

中共河南省委党史研究室：《河南大跃进运动》，北京：中共党史出版社，2006

赵国成、张放涛：《文史撷萃》，郑州：河南人民出版社，2006

（瑞士）R.A.勃沙特：《神灵之手——一个西方传教士随红军长征亲历记》，济南：黄河出版社，2006

中共湖北省委党史研究室：《刘邓大军挺进大别山与三军经略中原》，武汉：湖北人民出版社，2007

任涛：《邓小平在中原》，北京：中央文献出版社，2007

郝友三：《郝友三回忆录》，内部印行，2007

中国中共党史人物研究会：《中共党史人物传》，北京：中央文献出版社，2007

中共湖北省委党史研究室：《吴德峰》，北京：中共党史出版

社，2007

王禹斌：《当代中国的城市建设》，北京：当代中国出版社，2009

姜华峰：《解放军（解放战争时期）》，成都：四川人民出版社，2009

洛阳市委党史研究室：《红色先驱——中共洛阳历史人物传》，内部印行，2009

郑州市档案馆：《郑州解放》，北京：中国档案出版社，2009

王少安：《河南理工大学校史》，北京：中华书局，2009

汤其伟、张豫：《回望六十年——郑纺机记忆》，内部印行，2009

政协二七区委员会：《二七区文物志》，郑州：河南人民出版社，2010

文范、徐鹏辉：《郑州古今传奇故事》，郑州：中州古籍出版社，2010

中共中央文献研究室：《邓小平传》，北京：中央文献出版社，2014

秦基伟：《秦基伟回忆录》，北京：解放军出版社，2014

毛德富：《百年记忆——河南文史资料大系》，郑州：中州古籍出版社，2014

湖北省档案馆：《中南大区简史》，北京：中国人民公安大学出版社，2014

兰寨村民委员会：《兰寨村志》，内部印行，2014

沈志华：《苏联专家在中国（1948—1960）》，北京：社会科学文献出版社，2015

李浩：《八大重点城市规划》，北京：中国建筑工业出版社，2016

谢晓鹏：《近代郑州城市变迁研究》，郑州：河南人民出版社，2016

秦立海：《从共同纲领到五四宪法》，北京：人民出版社，2017

全国政协文史和学习委员会：《回忆城市接管》，北京：中国文史出版社，2017

郑州市档案馆：《郑州解放》，北京：中国文史出版社，2017

南丁：《经七路34号》，郑州：河南文艺出版社，2017

李浩：《城·事·人——新中国第一代城市规划工作者访谈录》，北京：中国建筑工业出版社，2017

彭倍勤、于平生：《彭敏的路桥情缘》，北京：中共党史出版社，2017

李新芝：《邓小平实录2》，北京：北京联合出版公司，2018

吴鹤松等：《中国纺织工业发展历程研究（1980—2016）》，北京：中国纺织出版社，2018

中共湖北省委党史研究室：《吴德峰传》，北京：中共党史出版社，2018

史金腾：《记忆中的老郑州》，郑州：中州古籍出版社，2018

张勇：《河南省会变迁研究（1951—1957）》，北京：中国社会科学出版社，2019

中共中央文献研究室：《邓小平年谱》，北京：中央文献出版社，2020

陶柏康：《赵祖康传》，上海：上海交通大学出版社，2020

河南省政协文化和文史委员会：《河南记忆——同心同行七十年》，郑州：中州古籍出版社，2020

木樨、路瑞海：《法桐树下的故事》，成都：成都时代出版社，2021

姚燕、姚宁：《我们的父亲姚继鸣》，北京：时代文艺出版社，2021

魏巍：《魏巍散文》，北京：人民文学出版社，2022

婴父：《郑州人》，南京：南京大学出版社，2022

婴父：《水龙吟》，郑州：河南文艺出版社，2023

后 记

非虚构文学写作，殊非易事。

难在坚守史实，实事求是，言出有据，不能臆想臆造。

特别是你的选题并不热门，而你所研究的事件沿着历史的动线已遥遥远去，与你已有半个世纪以上的间隔，你关切的人物大多数也早已作古，叩访无门，解铃无人，那就更难。当你好不容易在复杂的历史线索中梳理出一点头绪推导出一些观点和结论时，因为缺少文献和资料的支持，你深陷泥沼苦苦挣扎也无法前进一步，这时候你会感叹难上加难。正因如此，你在写作中才会经常体验到不一样的快感——山重水复疑无路，柳暗花明又一村。当你意外寻访到历史时刻的亲历者、见证者，当他们清晰流畅、生动详尽地向你叙述他的历史记忆时，你会顿觉满目春光，心花怒放。本书写作中就有幸遇到这样的情况——史金腾和武克华两位老人的讲述贯穿了全书，像两个大梁支撑起了叙事框架，不但提供了宝贵的历史信息，还顺带营造了本书的结构美感。这超出了本书动笔开工之初的设计。每一次发现没有读过的关键史料，每一次获得难得一见的关联影像，每一次踏访不曾涉足的历史现场，都会觉得自己看到了世上最美丽、最明艳的风景；每当推测被证实，疑团被破解，证据链被连通，研究与写作取得进展，都会觉得仿佛自己窥到了历史真相，摸到了历史脉动，好像自己身手不凡力大无比推动着历史车轮轰鸣前行，感觉眼前云开雾散，阳光灿烂，大道如砥，云霞似锦。写作之乐，莫过于此！

高品质的非虚构文学写作应该在"史""识""诗"三个方面都有良好表现。"史"指非虚构写作大多数属于跨界写作，涉及现代史当代史学科领域，要求忠于史实，熟悉史籍，发现史料，考察史迹；"识"指研究和写作过程中，要求以史为据，发微抉隐，辨析阐释，有所创见，推陈出新；"诗"则是形容文本应有的文学特征，要求使用文学语言，寻求历史叙事中的诗性诗意。既然是文学作品而非纯粹的学术著作，理当更加感性，更注重对个体经历、私人记忆的采集和描述，同时，在史实的间隙和内部，营造文学空间，灌注文学想象，让历史的呈现更加生动鲜活，给读者以更好的阅读体验。本书未必完全达到了这些要求，但这的确是笔者在本书写作中始终秉持的理念。

起心动念写这本书是二十年前的事了。之后零星做过一些采访，搜集了一些资料。准备的时间长，动手的时间晚，写作周期只有半年左右。行笔荒率之处必不能免，祈盼方家提点指教。今年是河南省会由汴迁郑七十周年，之所以要赶在这个时间节点完成本书的写作，一为纪念历史事件，表达对先贤们的敬意；二欲抛砖引玉，期待提高这个课题的社会关注度，希望以后能看到更高水平的研究成果和文化产品；三则希望本书能借机获得较好的市场反响。

感谢史金腾先生、武克华先生和各位受访者对本书的宝贵支持，感谢共同采访者的大力协助。此外，还要感谢——

王鲁民教授通读审阅了全部书稿，提出了重要的修改意见；

李修建先生和河南省档案馆提供了关键性的档案资料并给予查阅相关报刊资料的便利；

金华先生提供了他的父亲——中国城市规划学科奠基人之一、著名摄影家金经昌（金石声）先生拍摄的郑州解放初期的珍贵影像；

梁远森先生帮助查证落实相关历史人物的生平事迹；

张江山先生和郑州二七纪念馆、郑州纺织工业博物馆提供了调研方面的支持；

胡启龙君高质量制作了本书使用的全部图片；

党华女士作为责任编辑在本书写作出版的全过程提供了富有专业精神的优质服务。她不但对笔者跟进督导，还参与了部分采访工作。

谨此致谢！

婴父

2024 年 7 月 31 日，京水左岸，聚忆厅